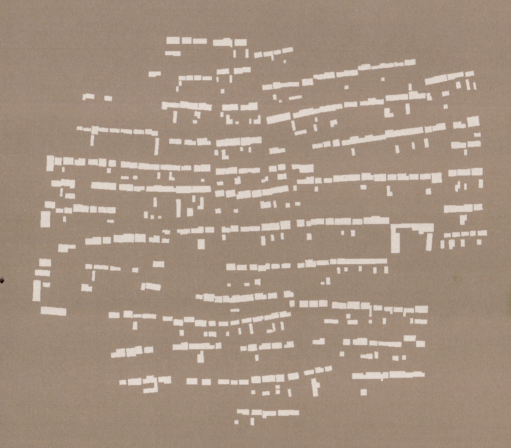

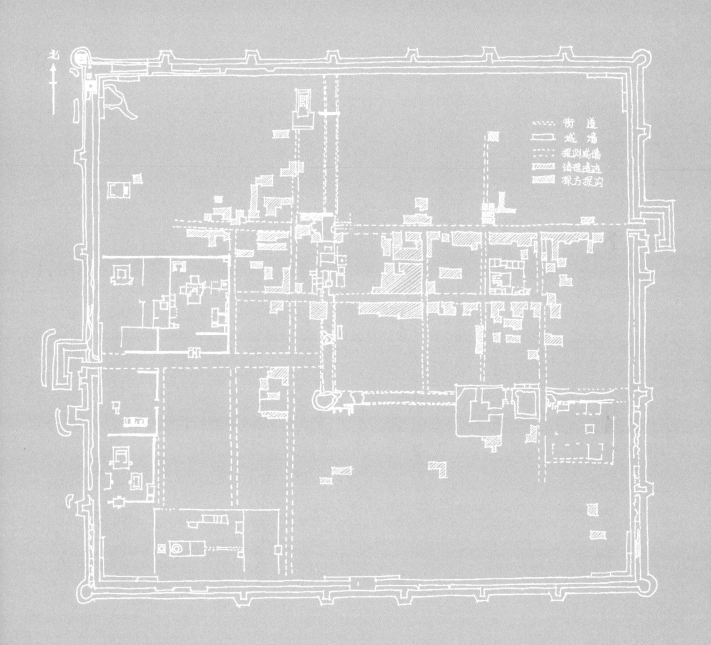

国家出版基金项目

国家重大出版工程项目
"十三五"国家重点图书

中国传统聚落
保护研究丛书

# 内蒙古聚落

韩瑛 编著

中国建筑工业出版社

# 总编委会

顾　问：

张锦秋　　陆元鼎　　王建国　　孟建民　　王贵祥　　陈同滨

编委会主任：

常　青

编委会副主任：

沈元勤

总主编：

陆　琦　　胡永旭

委　员：（按姓氏笔画排序）

| 王　军 | 王金平 | 韦玉姣 | 冯新刚 | 朴玉顺 | 刘奔腾 | 关瑞明 |
| 李群(女) | 李群(男) | 李东禧 | 李树宜 | 杨大禹 | 吴小平 | 余翰武 |
| 张兴国 | 张鹏举 | 陆　峰 | 范霄鹏 | 金日学 | 周立军 | 郑东军 |
| 单晓刚 | 赵之枫 | 姚　赯 | 贾　艳 | 高宜生 | 郭　建 | 唐　旭 |
| 唐孝祥 | 黄　耘 | 黄文淑 | 黄凌江 | 韩　瑛 | 靳亦冰 | 雍振华 |
| 燕宁娜 | 戴志坚 | 魏　秦 | | | | |

# 《中国传统聚落保护研究丛书　内蒙古聚落》

韩　瑛　编著

参编人员：（按姓氏笔画排序）

马　悦　王　腾　白苏日图　朱秀莉　任中龙　刘　冲　刘　玮
齐卓彦　李　昊　李　佳　李超明　阿拉腾敖德　殷俊峰

编撰顾问：张鹏举　彭致禧

审稿：张鹏举

# 序一

## 一、引子

　　中国传统文化将一个地方的环境气候和风俗民情的特质和韵味称为"风土"。《国语·周语上》韦昭注："风土，以音律省土风，风气和则土气养也"，即从当地方言的乡音民谣中便可感知一方土地、民风的文化气息，因而"风土"一词与英文的Vernacular近义。"风"指风习、风俗、风气，"土"指水土、土地、地方，所谓一方水土养育一方人，供奉一方神，从这个意义上，"风土"与西方的"场所精神（Genius Loci）"也有一定的关联性。日本近代哲学家和辻哲郎著有《风土》一书，他对"风土"的定义是自然环境气候诸因素加上"景观"，这里的"景观"应指审美角度的自然和人文两个方面，二者相融合的文化景观就是一种典型的传统聚落。

　　然而，在当今乡村振兴的时代大潮中，传统聚落最常见的关键词是"乡土"而非"风土"，差不多已约定俗成了。"乡土"一词是中国农耕社会中故乡、家乡、老家和乡下的意思，至今中国社会还延续着这个传统的语义。但中文"乡土"与英文Vernacular的语境存在差异，因为西方并不存在以宗法制为基础的传统乡民社会，其乡村也就不会有类似于中国"乡土"的概念内涵。而乡村的发展前景是要走出农耕语境的乡土，留住文化记忆的乡愁，延续场所精神的风土，再造生态文明的田园。再说自近代以来，乡土并不包括城里的传统聚落，比如北京的胡同，西安、成都、苏州的巷子，上海的弄堂等属于"风土"而非"乡土"的范畴。

　　自1930年朱启钤先生发起成立中国营造学社以来，在梁思成和刘敦桢两位学科巨擘的引领下，我国建筑界对传统民居和乡土建筑的研究持续推进，成就斐然，形成了传统建筑研究的一大专业领域。但如何使这些研究更多地关联和影响城乡建设的进程，对整个建筑类学科都是一个很大的挑战。

## 二、中国传统聚落的源流与特征

### 1. "匝居"与城乡同构

　　中国传统聚落营造的信史可追溯到商周时期的聚落遗址。其中有关"营造"的最早文字记载见于《诗·大雅·灵台》："经始灵台，经之营之"。这里的"经"，是策划、管控的意思；而"营"，原意即"匝居"，是围而建之的意思，例如"营窟""营市（阛、阓）""营垒""营国"等一系列聚落营造范畴的词汇。因此，古代聚落即以"匝居"的方式，形成血缘的乡村聚落，地缘的城邑聚落，以至作为国家统治中心的都邑聚落——都城。这些华夏聚落以宗庙或祠堂为空间秩序的中心，以城垣壕堑为空间领域的边界，虽层级和功用不同，但从深层构成看却大多同构，保持和发展着"匝居"的聚落营造方式，从而部分地诠释了城乡一体的"亚细亚生产方式"学说。因为，一方面，许多乡村聚落拥有城垣、堡楼、街坊、庙宇等要素，俨如一座座城邑，如从汉代的"坞堡"到明清的庄寨、围堡均是如此；另一方面，城邑甚至都邑虽然看上去坚固伟岸，依然不过是政治权力和经济活动高度集中，等级制度极为森严，壕堑防卫更加严密，水平向扩展开来的巨型村寨而已，是乡村聚落的放大升级版。

## 2. 聚落原型与变换

从"匝居"的外在方式到聚落的内在构成，可以看到中国传统聚落源于商周"井田制"的"井"字形空间概念及其原型意象。所谓"井田制"，即以王室收取贡赋为目的的土地经营制度和划分方式。如周代王室拥公田，公卿以下据私田，遗有周代理想的营国制度，以百亩为夫，九夫为井，九井为国（都邑）。据此制度，田野的纵横阡陌就演变为聚落内经纬交错的街衢，并围合成间、里等空间尺度及单位。后世的里坊、厢坊、街坊，以及后来的胡同、街巷和弄堂等都是这样演变而来的。但这一"井"状网格空间原型的聚落并非处处趋同，而是因地制宜，异彩纷呈，依循了"因天材，就地利，故城郭不必中规矩，道路不必中准绳"（《管子·立政篇》）的变通法则，适应地理环境和地貌条件的差异而产生拓扑变换。这就犹如某种语言，尽管"方言"各异，但"句法"和"语义"相通。或许以这样的解读，方可辩异认同、知恒通变，把握住中国传统聚落的结构本质及其演变方向。

## 3. 水系与聚落分布

中国传统聚落源于近水的邑居，据《史记·五帝本纪》："禹耕历山……一年而所居成聚，二年成邑，三年成都"。其中，对水畔、雷泽、河滨等的劳作场所描述，均寓意了聚落是伴水而生的文化地景。甲骨文中的"邑"字右边旁加三撇表示傍水，即"邕"字的金文来历，同样表示聚落即环水的邑居。除了统治与防卫上的考虑，古代聚落选址的首要地理条件，是必须依傍满足漕运需要，方便物资供给的水系。因此，自上古以来聚落选址一般都位于大河的二级台地或其支流的一级或二级台地上。在物流以漕运为主的古代，这些水系可以说是聚落生存的命脉，对于都城而言尤甚，如长安、洛阳、汴梁（开封）沿黄河及其支流东西走向一字排开，建康（南京）、江都（扬州）濒临江淮，北京（涿郡）和临安（杭州）则处于南北大运河的两端。实际上历代中心聚落——都城在空间上的移动，均因应了文化地理的条件和漕运线路的兴衰，并与社会动荡、族际战争和人口迁徙相伴随。

## 4. 乡村风土聚落

在中国古代，与城邑聚落不同的是，乡村聚落社会是按血缘关系和经济共同体为纽带所形成的聚居系统，聚族而居的社会秩序和居住形式仰赖宗法制度维系，特别是自宋代以来，程朱理学倡导"敬宗收族"，形成了以祠堂、族田和族谱为核心的宗族组织及其聚居制度，宗法的社会结构更加趋于自组织化。但由于特定地域下的自然环境（如气候、地貌、水土、材料等）和人文环境（如宗法、宗教、数术、仪式等）的差异，聚落中的宗法秩序和空间布局亦有着同中有异的呈现方式，营造活动很少有统一法式的约束，较之城邑营造更加因地制宜，灵活多变，因而在与自然地景融为一体的有机生长中，保留了纯朴的古风和浓郁的地方性，可以说是千姿百态，谱系纷呈，表现了与西方的"场所精神"相类似的地方特质。以下按地理纬度和等降水量线，将中国各地域的聚落建筑分为四个区段。

1）农耕—游牧混合地区，即400毫米等降水量线以北半干旱北方地区的聚落建筑。如昆仑山南北侧和蒙古草原上游牧民族的帐幕、蒙古包；塔里木盆地周缘突厥语族—东伊朗民族的木构平顶阿以旺住宅；青藏高原上的藏式碉房，甘青地区各族建筑元素相混合的"庄窠"式缓坡顶两合院与三合院，以及青藏高原东部边缘的羌式碉房及合院等。

2）西北、华北和东北地区，即400毫米等降水量线以南至800毫米等降水量线以北之间半湿润北方地区的聚落建筑。如豫、晋、陕、甘各式窑洞，木构坡顶及包砖土坯（胡墼）墙房屋组成的晋系狭长四合院；东北、京、冀、鲁、豫木构坡顶、平顶、囤顶建筑构成的宽敞四合院等。

3）西南、江淮、江南地区，即800毫米等降水量线以南湿润地区的聚落建筑，如川、黔、桂、滇地区，以穿斗体系、干阑—吊脚为显著特征的楼居及合院，藏缅语族各民族的"土掌房""一颗印"（"窨子屋"）"三坊一照壁"等合院；湘、赣、闽北地区"四水归堂"的天井合院或"土库"建筑；江淮地区介于南北方之间的合院和圩堡；徽州地区以堂楼为中心，高耸的马头墙、墙厦、精工木雕、楼面地砖为特色的天井合院；江浙地区穿斗—抬梁混合式的多进厅堂和宅园等。

4）华南地区，即大部处于1600毫米等降水量线范围的高湿多雨地区聚落建筑，如闽南、粤北地区客家、潮汕（闽系）聚落以夯土墙和木屋架构成的大厝、土楼、土堡、围龙屋；粤南广府地区大屋、天井、冷巷构成的合院群等。

总体而言，延续至今的乡村传统聚落基本上都是明清以来的遗存，说明经过两晋南北朝开始的由北而南为主流的历次民族、民系大迁徙，明清时期各地乡村建筑相对稳定的地域分布格局已基本形成，可以从民间流传的营造匠书和聚落族谱中得到印证。如元明之际的《鲁般营造正式》、明万历年间的《鲁班经匠家镜》和清末民初的《营造法原》等，对江南地方的民间建筑影响尤其广泛。

至于少数民族地区的乡村传统聚落，因源于不同的文化传统，其构成及相互关系比较复杂，与汉民族聚落也存在交融现象。比如，明清两代逐渐推进"改土归流"，在南方的少数民族地区以"流官"管理制取代"土司"世袭制，推进了汉族与少数民族的异质文化交融，但后者的"熟化"（或"汉化"）程度，大大超过了前者的"夷化"。

自1930年中国营造学社成立以来，在梁思成和刘敦桢两位学科巨擘的引领下，建筑史界对乡土民居的研究成就斐然，形成了传统建筑研究的分支领域。跨世纪以来，建筑史界对传统民居的人文地理背景和建筑形态分布区系已有一些学术探讨，并有过以传统建筑结构类型为主线的地域区划专题研究。但是这些研究成果怎样对城乡改造中的遗产保护难题产生积极影响，还有待实践中的借鉴和运用。

## 三、城乡改造与传统聚落

### 1. 消亡中的乡愁载体

自19世纪末以来，直到改革开放之前，传统中国逐渐从农耕文明走向了工业文明，演变进程是相对缓慢曲折的。尽管传统聚落的宗法社会结构已经崩解，但血缘和宗族关系依然得以延续，聚落的空间结构和传统风貌依然大致如故。随着近30年来城镇化和城乡改造浪潮的冲击，传统聚落的文化特征已发生巨变，大部分古城只保留着少量的历史文化街区。作为乡村传统聚落的大多数村镇，经过撤并集聚或自发式改造，使原有的自然和社会生态系统瓦解或巨变，残留下来比较完整，较多保留着原生态风貌的多在边远山区，占比很大的部分已破败不堪，或被低质化改造，总体上正以极快的速度趋于消亡。

据中外学者的研究，民国时期的城镇化水平不过10%左右，中华人民共和国成立直到改革开放前也只达到17%左右。20世纪70年代末改革开放以来，城镇化开始飞速地发展，城镇化率2018年已达59.58%，其中城镇户籍人口42.35%（包括拥有宅基地的部分镇人口和城中村人口），与欧美约75%~85%及日本93%的城镇化率相比仍差距明显。截至2016年，我国乡村自然村仍有244.9万个，基层自治管理单位"村民委员会"52.6万个，乡村户籍人口7.63亿，常住人口5.6亿，在本地和外地谋生的农民工约2.88亿。2017年全国城乡人均收入倍差2.72，一些贫困的山区和边远地区农村人均收入与全国城乡平均收入倍差则远高于这个数字，这些地方的衰败或空村化现象更加严重（数据来源自2017年、2018年国家统计局公布的数据）。

虽然这种文明进程在任何一个走向现代化的农耕社会迟早都会发生，但是中国作为人类文明诸形态中唯一保持了连续性进化的国家，文化传统的基因和源头即存在于城乡传统聚落之中。这一"乡愁"载体的消亡，不但会使国家和地方失去身份认同的文化根基，而且会使城乡一体化发展的战略目标发生偏差。

## 2. 风土建成遗产

在中国传统聚落的话语体系中，"民居"是对功能类型而言，"乡土"是对乡村聚落而言，而"风土"是对城乡聚落及其文化地理背景而言，三者均属同一范畴。因此，乡村聚落也是最具文化载体性的风土聚落，呈现了各个地域环境、气候和民族、民系背景下异彩纷呈的风土特质。西方的风土建筑研究可以追溯到法国18世纪新古典主义理论家德·昆西（Quatremère de Quincy），他最早指出了建筑语言的风土（Vernacular）和习语（Idiom）属性。到了当代，英国建筑理论家兼乡村爵士乐作曲家鲍尔·奥利弗（Paul Oliver，1927—），集风土建筑研究大成，在1997年出版了覆盖全球的《世界风土建筑百科全书》（*Encyclopedia of Vernacular Architecture of the World*），他认为研究风土建筑不只是为了记录过往，对未来的文化和经济可持续发展也是不可或缺的。随后R. 布伦斯基尔（Brunskill R. W.）在2000年出版《风土建筑：一部图解的历史》一书，把20世纪以前定义为"风土建筑时代"，以大量的插图详解了数百年来英国风土建筑在农耕时期和工业化早期的形态特征。

"建成遗产"是经由营造活动所形成的建筑、聚落、景观等文化遗产本体的总称。1999年，国际古迹遗址理事会（ICOMOS）在《风土建成遗产宪章》（*Charter on the Built Vernacular Heritage*）中，首次提出了"风土建成遗产"的概念，即特定风俗和土地上所建造的文化遗产，其保护价值今已成为全球共识。首先，"聚落建筑"作为风土建成遗产的第一保护对象，是城乡历史环境的栖居场所，也是民族民系身份认同和乡愁记忆的空间载体，携带着可识别的中国传统文化基因。其次，"营造技艺"蕴含乡遗的工巧智慧精华，是对其进行保护、传承和再生的意匠源泉，而只有将传统聚落的营造技艺真正传承下去，保护才是可持续的，才能使聚落遗产长存下去。再次，"文化地景"（或文化景观Cultural Landscape）呈现聚落的环境因应特征，是人工与天工相交融的在地景观。韩国建筑师承孝相，为了表达地景建筑创意，生造了"Landscript"（地文）一词，本意是强调人的活动在土地上留下的印记，就如大地书写一般。显然,"地文"需要保护和续写,即像日本的"合掌造"民居、中国的西递—宏村那样,严格保护好聚落遗产标本,激活历史环境的"场所精神"(Spirit of Place),在新建筑中创造性地转化风土建成遗产的原型意象。

## 3. 国家级聚落遗产

根据住房和城乡建设部和国家文物局颁布的最新保护名录,中国传统聚落列入国家保护名录的有三大类,均可看作风土建成遗产。其一为100多处"国家重点文物保护单位"身份的传统聚落;其二为国家历史文化名城、名镇、名村,包括135座"名城"、312个"名镇"和487个"名村";其三为6819个部分由国家财政资助保护的"传统村落"。此外,皖南古村落西递—宏村、福建土楼、开平碉楼与村落,以及红河哈尼梯田文化景观等4项乡村传统聚落及景观被收入世界文化遗产名录。

这其中的传统村落数量最为庞大,部分还同时具有国家级历史文化名村及重点文物保护单位的身份。其分布特点为:南方约占全国总量的78%,大大多于北方;山区多于平原、盆地,如晋、湘、滇、黔、闽的山区占比超过全国总量的二分之一;方言区多于官话区,如晋系方言区约占北方各官话区总和的40%左右;工业化、城镇化起步较晚的地区多于起步较早的地区,如西北地区多于东北地区;城乡人均收入倍差相对较高的地区多于发展水平相近的较低地区,如贵州、云南处于全国传统村落数量排名前列。

上述的三大类传统聚落遗产保护系列中的前两类,有着相应的国家保护法规及实施细则,生存问题相对无虞。而第三类——传统村落量大面广,没有直接的相应保护法规作保障,其生存问题看似有国家财政资助,实际状况则堪忧。

# 四、传统聚落的保护与活化

## 1. 模式与问题

对风土建成遗产的专项保护,比较典型的首推北欧斯堪的纳维亚半岛的挪威和瑞典,这里在第二次世界大战前最早以民俗博物馆的方式,保护和展示当地的风土建筑,这种方式随后风靡欧洲大陆和英国。1952年英国"古迹委员会"将18世纪以前的风土建筑均纳入了保护名录，特别值得注意的是，英国将乡村划为120个自然区和181个特色景观区，这是可以借鉴的乡村文化地景谱系保护策略。日本于20世纪70年代兴起的"造村运动"，是通过农业升级改造、乡村特色塑造和技术培训投入，提振乡村经济社会活力和磁力，最终使乡村聚落得到活化和再生。聚落遗产保护和传承是其中的一个部分，如长野县的妻笼宿和岐阜县的马笼宿，其风土建成遗产在存真、修缮、翻建、活化等方面皆有坚定的价值坚守和丰富的保护经验，可供中国乡村风土建成遗产保护和再生实践学习借鉴。

我国城乡风土建成遗产保护与活化前后已历20载左右，经验和教训并存，其中数量占大多数的乡村聚落遗产保护与活化主要有三种模式。第一种为国家文博体系和大型国企主导的乡村博物馆模式，如山西的丁村、陕西的党家村、湖南的张谷英村、福建的田螺坑土楼群及玉井坊郑氏大厝等，经费、法规、导则等条件较为完善，部分村民通过村委会组织参与经营活动受益。第二种为社会企业主导的风土观光综合体模式，乡村聚落遗产由企业与当地政府、村自治体——合作社以契约形式合作及分成，如安徽黟县宏村、浙江松阳县村落、山西沁水县湘峪村、福建连江县杜棠古村三落厝等。第三种为村自治体主导风土生态体验区模式，以由村自治体所属企业及乡村活化能人掌控风土观光资源，进行乡村聚落开发，村民参与其中的相对较多，受益也相对大一些，如安徽黟县西递村、山西平遥县横坡村、陕西礼泉县袁家村、山西晋城市皇城村、福建屏南县北村等。

不可忽视的是，乡村聚落遗产在保护和活化中存在一些带有普遍性的问题和挑战：一是大多没有以乡村经济、社会的改造升级为根本前提，而是过多地依赖于旅游资源的消耗；二是管理政出多门，既条块分割，又一事多管，造成一些村落一村多名，准入标准和处置方式交错低效；三是原住民生活资料——集体土地、宅基地和房屋处于不确定的流转状态，所有权和使用权分离，但土地与房屋租金普遍低廉，收益分配不成比例，原住民的公平共享诉求难以兑现，存在着大量的权益矛盾和法律纠纷，潜在的社会风险已然存在；四是维修和民宿化改造等多为村民自发行为，存在严重的安全隐患，如结构安全意识薄弱，涉及公众安全的强制性技术规范和安全施工监管缺位，消防间距、人身防护不合规范的状况随处可见，声、光、热等室内环境控制指标大都达不到基本使用要求；五是宅基地内滥建低质楼监管缺失，低质翻建率常在一半以上，严重的达70%~80%，使村落风貌严重失控，而招揽观光的利益驱动导致拆真造假现象也随处可见；六是薪火相传趋于中断，大部分营造技艺面临失传，由于种种原因，"非物质文化遗产传承人"名誉并未起到明显的弥补作用，传统意匠及技艺存续与再生尚待突破，新旧修复材料融合手段薄弱等问题普遍存在；七是同质化严重，社会资金普遍投入乡村聚落保护与再生项目的可能性有限，而传统村落依赖国家财政扶持也是很有限的，且不可持续。

## 2. 标本保存谱系化

当下我国城乡风土建成遗产的保护与活化，首先并不是个建筑学问题，而是涉及保护什么，如何保护，怎样活化的实质性问题，与经济、社会的可持续发展背景息息相关。从物种标本保存的战略眼光看，传统聚落保护与活化的前提是对聚落遗产标本的保存和研究。

少量被定格在某个历史时期或文化样态下的聚落遗产，比如平遥、丽江古城以及各地名镇、名村一类进入各种遗产名录，是受到严格保护的风土建成遗产标本。但这些遗产标本只是聚落遗产中极小的一部分，我们认为，实际上需将我国城乡风土建成遗产按民族、民系的语族区或方言区进行全覆盖，成体系地作分类分级梳理，为后世存续完整的风土建成遗产谱系标本，兹事体大，关及国家和地方历史身份和文化传承的根基。因此，应依风土建成遗产谱系统一甄别、筛选和认定聚落遗产，再以地景修复、聚落修补和技艺传承为基础，将之纳入再生过程。当务之急，是应对其谱系构成缘由与分布有比较系统的认知。

由于语言作为文化纽带的重要性仅次于血缘，而风土在语言学上的含义，即连接一个地方聚居群体的交流媒介"语缘"，既可代表不同的文化身份，也可作为判断各文化身份间亲疏关系的参照。因此，从文化地理学和人类学的角度，可尝试以民系方言和语族—语支为参照，对各地风土建筑做出以"语缘"为纽带的谱系分类区划。总体上看，历史上语族相近，说明有相关的文化渊源；语族的方言或语支相通，说明血缘和地缘存在关联性。传统的汉语族—方言和少数民族的语族—语支是在漫长的历史变迁中，由于地理阻隔及民族、民系迁徙所形成的。虽然建筑谱系和语言谱系是否完全对应确是个问题，但设若不同族群在语言上可以交流，则其聚落及建筑一般也会存在交互关系。

参照语言人类学家的语缘区划，汉藏语系的汉语族民族民系聚落及建筑谱系主要可分为：其一，东北、华北、西北、江淮和西南等五大官话区建筑谱系；其二，华北的晋语方言区建筑谱系；其三，江南的吴语、徽语、赣语和湘语四大方言区建筑谱系；其四，华南的闽语、粤语和客家语三大方言区建筑谱系。少数民族语族区聚落及建筑谱系主要可分为：其一，西南地区汉藏语系藏缅语族17个民族的建筑谱系，壮侗语族9个民族和苗瑶语族3个民族的建筑谱系；其二，北方地区阿尔泰语系突厥语族7个民族，蒙古语族6个民族和通古斯语族5个民族的建筑谱系等。此外，还有少量西北地区印欧语系斯拉夫语族和伊朗语族的民族的建筑谱系，以及华南地区南亚语系和南岛语系民族的建筑谱系。以这样的谱系认知方式，对风土建成遗产谱系遗产的标本系列进行谱系化的保护，是有重要意义的一种尝试。

| 突厥语族区建筑 | | 其他区建筑 | 蒙古语族区建筑 | | 其他区建筑 | 通古斯语族区建筑 | | 其他区建筑 |
|---|---|---|---|---|---|---|---|---|
| 定居区 | 游牧区 | | 定居区 | 游牧区 | | 定居区 | 渔猎区 | |
| 北方官话区西部建筑 | | | 晋语方言区建筑 | | | 北方官话区东部建筑 | | |
| 河西 | 关中 | | 北部 | 中部 | 东南部 | 京畿 | 胶辽 | 东北 |
| 西南官话区建筑 | | | 北方官话区中部建筑 | | | 江淮官话区建筑 | | |
| 滇 | 黔 | 川 | 鄂 | 豫 | 鲁 | 淮 | 扬 | |
| 藏缅语族区建筑 | | | 湘语方言区建筑 | | 赣语方言区建筑 | | 徽语方言区建筑 | 吴语方言区建筑 |
| 藏区 | 羌区 | 彝区 | 其他 | 湘西 | 湘中 | 湘东 | 豫章 | 临川 | 庐陵 | 歙县 | 婺源 | 建德 | 苏州 | 东阳 | 台州 |
| 壮侗语族区建筑 | | | 客家方言区建筑 | | | 闽语方言区建筑 | | |
| 壮区 | 侗区 | 其他 | 西部 | 中部 | 东部 | 闽中 | 闽东 | |
| 苗瑶语族区建筑 | | | 粤语方言区建筑 | | | 闽语方言区建筑（闽南） | | |
| 其他区建筑 | | | 桂南 | 粤西 | 广府 | 潮汕 | 南海 | 台湾 |

我国民族民系风土建成遗产谱系分布示意图

## 3. 大量性传统聚落的出路

除了经典传统聚落风土建成遗产谱系的标本保存，大量性的传统聚落，特别是乡村聚落，总体上面临着景象劣化、原有建筑被大量低质改建、乡村经济和民生有待振兴的境况。因此，需要将聚落有机更新和文化地景再造，作为未来发展的主要方向。实际上，对大量性传统聚落的可持续发展而言，实践中应考虑保存有标本价值的聚落典型建筑，延承风土营造谱系所曾依存的地貌特征、空间格局和尺度肌理，再造出隐含着基质原型、适应生活变迁的新风土聚落及文化地景。

此外，传统聚落遗产管理系统和遗产归口的合理化，遗产运作的信托化，遗产基金、社会"领养"

和活化途径的模式化，营造技艺传承的制度化，以及保护技术的系列化等，都应作为传统聚落保护与再生的改进方面加以关注和实施。

## 五、关于丛书编纂

这部丛书是第一部关于中国传统聚落特征与保护的大型研究集锦，内容覆盖了各省市自治区传统聚落的历史溯源、地域特征与现存状态、保护与活化的方法与途径，以及未来走向的展望等。丛书中的"传统聚落"聚焦于狭义的"村"和"镇"，并可选择性地涉及"城"，即"县"或"市"的老城区，如北京的胡同和上海的弄堂。书中内容兼顾理论观点和叙述方式的历史性、逻辑性和独特性，引述材料要求真实可靠，体例同中有异，充分表达地域特征，并将之纳入史地维度和经济、社会发展的叙事语境。保护与活化内容要求选取兼顾普适性和典型性的工程实践案例，对乡村振兴中的建成遗产存续和再生问题进行全方位的讨论。由于本丛书仍是以行政区划单位作为各分册的研究范畴，难免存在少量跨省市区之间的互涵和重复内容，但作为一部大型丛书，总体上还是完整统一的，其中不少篇章都可圈可点，对乡村振兴和传统聚落的未来探索有多方面的参考价值。

（本文主要内容及参考文献见《建筑学报》2019年12期）

中国科学院院士、同济大学教授
己亥夏至于上海寓所

# 序二

聚落，是人类聚居和生活的场所，《汉书·沟洫志》曰："或久无害，稍筑室宅，遂成聚落"。聚落这一概念最早出现时是为了描述区别于都邑的居民点，现在已泛指人类生活地域中的村落和城镇。聚落是在各个地域内发生的社会活动、社会关系和特定的生活方式，并且是由共同的人群所组成相对独立的生活空间和领域。传统聚落主要是指具有一定历史性的城乡聚落，拥有物质形态和非物质形态的文化遗产，是先人运用自己的智慧，依据自然、气候、地理、习俗等环境因素建立的适宜的居住空间，同时具有较高的历史、文化、科学、艺术、社会、经济价值，能够反映一定历史时空的社会物质文化与精神文化的重要载体。

传统聚落是人们与自然协调过程中不断地尝试和调整所形成的，是在一定的时空条件下的总结。传统聚落是一定地域空间范围内的人文现象，它既是一种空间系统，也是一种复杂的经济、文化现象和社会发展过程。其起源、形成、发展均在特定地理环境和社会经济背景中，通过人类活动与自然相互作用下的结果，是对自然地理条件、社会治理结构、文化机制作用等多方面的缓慢调整适应，既是人类不断地适应、改造自然环境的实践积淀和智慧结晶，也是特定地域环境人地关系的空间反映。正如本套丛书之一《云南聚落》编写作者杨大禹教授所说："几乎所有的传统聚落，作为联系自然环境和人文环境的中介，从它们的地理分布、外部整体形态、内部空间结构，到聚落与周围自然环境、山水地形的紧密关系，都体现出因地制宜、和谐有机的共同规律。"这些共识是协调当地的地理条件、社会风俗与生活方式等积累而成的。在以聚居为主的生活模式下，都会充分考虑到聚落的环境特点，尽量找到资源配置最为合理、微气候最为和谐的场所。聚落形态与民居建筑形式的存在，与人们应对自然环境的生理、心理需求有着千丝万缕的联系。所以，传统聚落都能反映出在一定的地域空间环境、一定的民族和一定的历史时期所承载的建筑文化底蕴。

传统聚落作为中华文明的一种载体，凝聚着具有地域性、民族性与艺术性的布局特色和建筑风采，以及文化习俗下构成的聚落分布、空间格局、生产模式、景观形态等风情各异、千姿百态的元素。传统聚落是先人们长期适应自然，与自然和谐相处的历史见证，凝聚着中国悠久的农耕文明，展示着人们自古至今的生存智慧，可以说，传统聚落承载着中华文化精华和中华民族精神。所以，保护传统聚落就是维系中国传统文化的延续，就是在保护中华文明的根。

对于聚落空间的研究，既要把控聚落自身各种要素以及各要素之间的相互关系，也要关注聚落内部空间与聚落外部空间之间的关系,从而进一步了解单个聚落与同一个地域内其他聚落之间的关系,以便获得对聚落空间完整概念的把握。通过对传统聚落特色的系统研究,包括将传统聚落的不同历史发展阶段,各种历史文化要素和不同形态载体归纳合一,作为相互交融、贯通的体系来研究,从理论层面上梳理传统聚落各种有关形成、发展、演化的普遍规律和地区特征,挖掘其精神文化及生命智慧,发现其内在的文化价值,尊重其自身的运营机制,肯定其在现代聚落发展中的积极作用,以丰富我们对于人类聚居的认识。

长期以来,我们的先人经过不断的实践,运用了他们的丰富智慧,无论在聚落总体布局或在民居建筑技术、艺术方面都取得了很高的成就,积累了丰富的经验。传统聚落生存智慧拥有中国优秀传统文化的内核,是体现传统建筑智慧最具特色的代表。如何重新再认识传统聚落所具有的地域性、民族性与文化多样性特征,进一步发掘潜藏其中的营建技艺、理论精华和创造智慧,寻求传统聚落的持续发展相应的理论支撑,是我们当前重要的课题。当然,蕴含着中华文化基因的传统聚落更是当代建筑文化特色形成的基础,值得我们去进行研究、总结、学习和借鉴。

"中国传统聚落保护研究丛书"各卷作者综合运用文献研究法、调查研究法、比较研究法、定性分析法等科学研究方法,建构传统聚落研究的基本思路。采用文献分析、田野调查、理论研究与实证分析结合、系统化分析等方法,通过对学术文献、地方志、文书族谱等史料资料进行梳理筛选,对现有传统聚落进行建筑测绘、口述访谈,在吸取前人研究成果的基础上,归纳总结我国传统聚落发展特点及其背后蕴含的丰富文化和物质内涵,从整体上考虑多元文化影响下的传统聚落特征。丛书作者在编写过程中,借鉴历史学、社会学、建筑学、城乡规划学、文化地理学、景观生态学等跨学科交叉的思路,采用融合融贯的研究模式,既对传统聚落的基本共性特点归纳总结,也对受各区域条件影响的传统聚落比较分析,从整体上来把握研究对象。

在新时代的聚落发展和建设中,对传统聚落的保护与研究就显得尤为重要。传统聚落所呈现出来的优秀空间格局与营造技艺,不仅能给聚落的保护更新提供更为合理的方法途径,同时也能为新时代的聚落建设提供更多的方式方法及可能性。探究历史文化基因的内在联系,研究传统聚落的起源、演变、特点和价值,为传统聚落的传承提出依据,以便于更好地加以保护与利用。与此同时，在弘扬与传承优秀传统文化的基础上，探寻传统聚落发展模式及其保护的策略与原则，对保护与更新提出更为具体的要求与措施，构建整体保护的格局理念，以及与其相适应的、分级分类的传统聚落保护体系，更好地把握传统聚落在当代的发展道路与方向。

"中国传统聚落保护研究丛书"的编写希望以准确翔实的史料、精确细腻的测绘、真实生动的图片来全面展示中国传统聚落悠久的历史、灿烂的文化、淳朴的民风。由于各地区的状况不同和民族差异，以及研究基础也会参差不齐，故在编写中并未要求体例、风格完全一致，而以突出各地区传统聚落自身特色，满足各地区建设的需求为主。同时，丛书的编写，也希望对全国各省、直辖市、自治区传统聚落保护与传承、历史街区与传统村落建设，以及城乡人居环境提升起到重要的参考与指导作用，这是本套丛书研究编写的目的和意义所在。

2020年11月16日

# 前言

纵观中国历史，我们发现内蒙古地域一直以来都是独立于中原文化之外的少数民族地域。因此，在政治、宗教、文化等方面往往表现出鲜明的地域性和独立性。直到明清时期，在宗教文化、政治以及移民文化等重大影响下，形成了以多元文化为主要特征的独具特色的地域文化。然而中国建筑史和城市史的研究，一直以来都是以中原民族为主体的"民族国家"的时空范畴下进行的整体研究，忽略了少数民族地区建筑与聚落的独立性。今天，在全球文化语境下，边疆少数民族地区的传统聚落与建筑更需要以地域为研究对象来进行考察才能得到更加客观和全面的研究视野。

内蒙古地域，东西狭长，多种地貌并存，自然气候丰富。在历史发展的过程中，各个民族在这片土地上轮番上演了一幕幕精彩的画面，留下了多姿多彩的文化。自汉代丝绸之路开始，内蒙古地域就开始了对外的文化交流，从古代遗留下来的城市遗址上就可以反映出来，例如辽上京、元上都等，这些遗址是游牧民族与农耕民族之间文化交流的见证。

内蒙古地域现今留存下来的传统聚落大多建于明、清两代。明—北元时期，吸收汉族流民和引进藏传佛教是蒙古土默特部首领阿拉坦汗采取的影响内蒙古聚落形成与发展的两项重大举措。内蒙古地区大量性的城镇聚落，主要是在清至近代开始形成。首先，清政府为了驾驭蒙古民族，颁布了一系列奖励政策，鼓励蒙古人民信仰藏传佛教，并支持大量建设召庙。到清代中期，蒙古地区数量最多的聚落便是召庙聚落；其次，在清代中后期，清政府为了应对各国列强的威胁，解决中原旱灾带来的危机，解除了蒙古地域的封禁政策，放垦蒙地，导致大量汉族移民流入蒙古草原，致使蒙古地域出现了大量性的农业聚落；第三，清初的随军贸易是形成买卖城的重要契机。到18世纪初，清朝和俄国签订恰克图条约，于是山西商人纷纷来蒙古进行蒙古贸易。这些被后世称为旅蒙商的人们在蒙古形成了特有的城市街区，即买卖城。于是在商品交换和周转的要冲，相继出现了很多大小不等的买卖城，成了蒙古地域18世纪以来外来文化影响下的新兴城市；第四，清代盟旗制度形成后，大量蒙古贵族开始建设府邸，也促进了一部分城镇聚落的形成。最后清政府为了有效管理蒙古地区设立了一系列的行政建制，同时还派军队驻防。这些举措也促使一部分聚落的形成。

以上是内蒙古大量性聚落形成的历史过程。需要说明的是，从聚落形成的时间来看，这些聚落除明代及以前的城池有明确的时间节点外，其他现存数量最多的如藏传佛教聚落、农业聚落以及买卖城聚落等都是历时几百年形成。也就是说，这些不同类型的聚落，在形成的过程中并没有明确的先后顺序。有的地域受单一文化的影响，形成了单一文化主导下的传统聚落，有的地域是多种文化交织和碰撞形成的综合性聚落。因此，为了清晰地梳理内蒙古传统聚落的突出特色，本书立足于内蒙古地域历史和地域文化视角，以文化的交流与传播为基本切入点，探讨不同文化影响下内蒙古传统聚落的基本特性。

书稿在上述思路下，共分为以下几个部分：

第一部分：第一、二章，主要梳理了自然地理气候特点、人文环境主导因素，以及内蒙古传统聚落的历史演变过程。上述内容从宏观上厘清了内蒙古传统聚落的形成背景、分布以及形态的总体特征。

第二部分：第三章，城镇聚落的类型与实例。由于城镇聚落地处交通节点，影响要素多元化，所以小型城镇以单一文化为主导而形成，大型综合性城镇则是多元文化相互影响、交融而形成。

第三部分：第四、五、六章，分别探讨了内蒙古原始的游牧、游猎文化主导下的少数民族的聚居形态，藏传佛教文化主导下的传统乡村聚落，以及汉族移民文化主导下的乡村聚落。

第四部分：第七章，聚落的构成要素。由于内蒙古聚落形成的影响因素复杂，构成要素多样化，本书就从建筑类型要素的角度进行介绍，主要有宗教类建筑、府衙类建筑、晋风商住类建筑、各民族的民居建筑等。

第五部分：第八章，聚落价值与保护。本部分内容主要分析了内蒙古传统聚落的主要特征和突出价值，探讨了内蒙古传统聚落的保护与发展的基本方向。

由于内蒙古地区研究起步较晚，传统聚落与民居方面的研究积累薄弱，书稿的编写总有力不从心之感，有不足之处希望各位专家批评斧正。本书稿的编写只是内蒙古传统聚落研究的一个开始，但希望以此成果能引起社会各界的关注与重视，推动内蒙古地区传统聚落的价值认知，促进聚落的科学保护和相关研究的进一步发展。

韩瑛

2019年12月28日

# 目 录

序 一

序 二

前 言

## 第一章　自然社会文化与聚落

第一节　自然地理特征 —————— 002
　一、地理位置特征 —————— 002
　二、自然环境特征 —————— 002
　三、气候特征 —————————— 004
　四、内外交通 —————————— 006
第二节　社会文化背景 —————— 008
　一、清以前的蒙古社会 ———— 008
　二、清代的社会变迁 ————— 009
　三、清末到内蒙古解放前的社会 — 012
第三节　聚落的总体特征 ———— 012
　一、聚落时空分布特征 ———— 012
　二、城镇多元文化特征 ———— 017
　三、乡村地域文化特征 ———— 020
　四、多样建筑形态特征 ———— 026

## 第二章　历史环境演变与聚落形成

第一节　早期历史与聚落遗址（远古至唐代）- 035
　一、历史背景概述 —————— 035
　二、旧石器时代 ———————— 035
　三、新石器时代 ———————— 035
　四、青铜器时代 ———————— 040
第二节　辽金、西夏、元的聚落遗址 —— 042
　一、历史背景概述 —————— 042
　二、辽金聚落遗址 —————— 043
　三、元代聚落遗址 —————— 044
　四、西夏聚落遗址 —————— 046
第三节　明—北元历史与聚落形成 — 048
　一、历史背景概述 —————— 048
　二、明代中原政权建立的"九边""三卫" —— 049
　三、蒙古土默特部阿拉坦汗建立"板升" - 049
　四、藏传佛教聚落开始形成 — 051
第四节　清代历史与聚落发展 —— 052
　一、历史背景概述 —————— 052
　二、清代城镇聚落的形成 —— 053
　三、农耕、半农半牧和游牧村落的形成 - 053

## 第三章　传统城镇聚落类型与实例

第一节　城镇聚落的基本类型 —— 056
　一、宗教传播与寺庙聚落 —— 056

二、商贸活动与买卖城聚落 —— 057
三、行政建制与移民城镇 —— 058
四、军事防御与军营城 —— 059
五、王公府邸与府城聚落 —— 059
第二节 单一文化城镇聚落实例 —— 060
一、藏传佛教聚落——库伦旗 —— 060
二、汉族移民城镇——赤峰州城 —— 066
三、商业贸易聚落——包头城 —— 071
四、军事防御聚落——绥远城 —— 078
五、王公府邸聚落——定远营 —— 081
第三节 多元文化城镇聚落实例 —— 085
一、宗教与商业文化影响下的聚落——
多伦诺尔 —— 085
二、王府、宗教与商业影响下的聚落——
大板镇 —— 088
三、多元文化综合型聚落——呼和浩特 - 092

## 第四章 游猎游牧文化主导下的传统聚落

第一节 游猎文化主导下的传统聚落 —— 100
一、鄂伦春族游猎聚落 —— 101
二、鄂温克族游猎聚落 —— 104
第二节 游牧文化主导下的传统聚落 —— 106
一、传统游牧聚落——"古列延"的形式
概念 —— 106
二、游牧宫廷聚落——"斡耳朵"的基本
形态 —— 107
三、移动的黄教聚落——"乌尔格"的历史
变迁 —— 110

## 第五章 宗教文化主导的乡村聚落

第一节 内外围合型聚落——美岱召村 — 122
一、村落历史背景 —— 122
二、村落形态演变 —— 125
三、村落格局特征 —— 128
四、村落构成要素 —— 130
第二节 曼陀罗原型聚落——乌审召嘎查 – 139
一、村落历史背景 —— 139
二、村落形态演变 —— 141
三、村落格局特征 —— 143
四、村落构成要素 —— 144
第三节 双组团并列聚落——乌素图村 — 147
一、村落历史背景 —— 147
二、村落形态演变 —— 150
三、村落格局特征 —— 153
四、村落构成要素 —— 153
第四节 三组团围合型聚落——鄂门高勒
嘎查 —— 161
一、村落历史背景 —— 161
二、村落形态演变 —— 162
三、村落格局特征 —— 166
四、村落构成要素 —— 167

## 第六章 农耕文化主导的乡村聚落

第一节 黄土高原的农业聚落——口子上村 - 176
一、内蒙古黄土高原的村落概述 —— 176
二、黄土高原村落案例：口子上村 —— 177

第二节 河套平原的农业聚落——河口村 - 190
 一、内蒙古河套平原地区的村落概述 - 190
 二、河套平原传统村落案例：河口村 - 190
 三、河套平原传统村落的特征与传承 - 197
第三节 西辽河平原的农业聚落——井子沟村 —— 199
 一、内蒙古西辽河平原的聚落概述 - 199
 二、西辽河平原村落案例：井子沟村 - 200
 三、内蒙古西辽河平原农业聚落特征 - 211

## 第七章　传统聚落的建筑构成

第一节 宗教类建筑 —— 220
 一、藏传佛教建筑 —— 220
 二、汉式宗教建筑 —— 231
第二节 衙署府第类建筑 —— 235
 一、衙署类建筑 —— 235
 二、府第类建筑 —— 238
第三节 传统民居类建筑 —— 243
 一、蒙古包 —— 243
 二、斜仁柱 —— 247
 三、晋风民居 —— 250
 四、窑洞民居 —— 256
 五、宁夏式民居 —— 260
 六、东北民居 —— 264

## 第八章　传统聚落的保护与发展

第一节 内蒙古传统聚落的价值分析 —— 270
 一、见证历史的价值 —— 270
 二、文化景观的价值 —— 273
 三、空间形态的价值 —— 282
 四、建筑遗产的价值 —— 285
第二节 内蒙古传统聚落的现状分析 —— 290
 一、聚落形成时间较晚，基础研究不足 —— 290
 二、管理部门对传统聚落的价值认识不足 —— 291
 三、设计部门保护方案和实际发展需求脱节 —— 296
第三节 保护与活化基本思路 —— 296
 一、传统聚落保护与活化的基本方向 - 296
 二、以村民合作社或城镇社区为主体 —— 297
 三、建筑师搭建平台，多方共建机制 —— 297
 四、传统聚落保护与发展定位是关键 —— 298

**索　引** —— 301

**参考文献** —— 302

**后　记** —— 305

# 第一章 自然社会文化与聚落

# 第一节 自然地理特征

## 一、地理位置特征

内蒙古地域在清代历史上属于漠南蒙古的范围。到清代，清政府将较早内附的漠南蒙古各部称为"内札萨克蒙古"，后来演变出"内蒙古"一词。汉语一般仍称为"内蒙古"，也有少数人称这一地区为漠南蒙古，直译为"南蒙古"。

漠南蒙古地区位于中国北部边疆，辖境呈东北—西南的斜长形，纵狭横广，东临黑龙江、吉林两省，南与辽宁、河北、山西、陕西、甘肃五省以长城为界，西抵漠西蒙古厄鲁特（新疆、西藏部分地区），北与漠北蒙古和俄罗斯接壤，范围包括今内蒙古自治区大部，河北、辽宁长城以北，吉林西部和黑龙江西南部地区。漠南蒙古地区是衔接漠北、"满洲"、华北、漠西四大区域的十字枢纽，在清代有拱卫京畿、防御蒙古与沙俄、联络"满洲"的战略地位。

如今的内蒙古地区是历史漠南蒙古所辖的大部分地区，其地域辽阔，横跨东北、华北、西北三大区域。内蒙古自治区跨越经纬度宽广，东起东经126°04′，西至东经97°12′，横跨经度28°52′，东西距离达2400多公里；南起北纬37°24′，北至北纬53°23′，南北直线距离约1700多千米，国境线长4221千米，总面积118.3万平方千米，占全国土地面积的12.3%，居全国第三位。内蒙古中部紧靠京津冀地区，是环渤海经济圈的腹地；东部连接东北三省，融入了东北经济区；北部同蒙古国和俄罗斯接壤，有满洲里、二连浩特等国家和地区一、二类内陆口岸18个，是中国同蒙古国、俄罗斯和东欧交往的陆上桥梁，其地理位置十分重要。

## 二、自然环境特征

### （一）地形地貌

内蒙古地区位于蒙古高原东南缘，是一个由山脉、高原、沙漠、长城围合的较独立的地理单元：北抵阴山—大兴安岭构成了蒙古高原分水岭，南界长城，东临长白山余脉大黑山，西抵沙漠。境内地貌形态复杂，包括高原、山地、平原、盆地、草原和沙漠戈壁等，其中海拔1000米以上的高原占全区总面积的50%，东西延绵3000多千米，从东至西为呼伦贝尔高原、锡林郭勒高原、乌兰察布高原、巴彦淖尔、阿拉善以及鄂尔多斯高原（图1-1-1）。

内蒙古地区山脉主要沿大兴安岭自东北向西南延伸，至阴山山脉处转折为向西延伸，最后再折为南北延伸的贺兰山，这一系列山脉为内蒙古高原东南部隆起边缘，构成南北自然环境差异的分界线，形成区域地貌的脊梁。山北地带统称为内蒙古高原，是整个蒙古高原的一部分。大兴安岭，西南起于西拉木伦河源头，东北向行于漠南地区，是漠南与"满洲"的地理分界；阴山，西起河套西北向东北方向延伸，由狼山、额尔腾山、乌拉尔山、大青山构成；贺兰山，又称"阿拉善山"，"起于松山，北贯长城并黄河而东北"[1]，是漠南与漠西的界山。连绵的山地构成南北之间的天然屏藩，抵御了西伯利亚冷空气的南侵，在一定程度上保护了山南平原的气候环境，为农业发展提供了可能。与此相对，南部长城也阻挡了中原地区农业的蔓延，一定程度上保护了山

---

[1] （清）姚明辉. 蒙古志［M］. 台北：文海出版社，1966.

分省（区、市）地图—内蒙古自治区

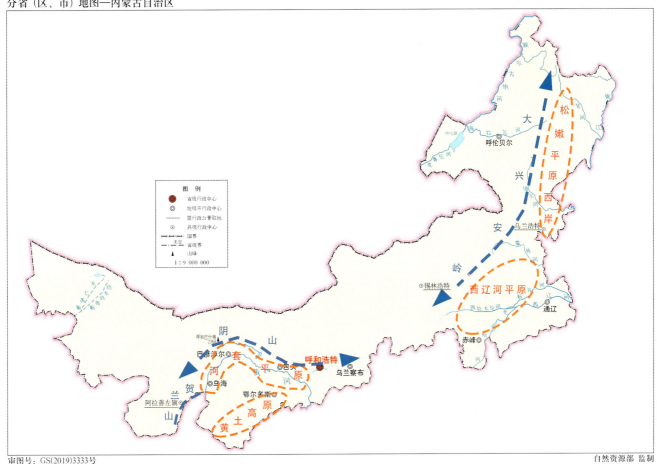

图1-1-1 内蒙古地形地势分析示意图［来源：孙冠臻 改绘，底图审图号：GS（2019）3333］

南地区的生态平衡。此外，群山叠嶂中众多沟谷，在战时成为防守的战略关隘，和平时期成为沟通内外的交通孔道。

内蒙古地区的平原主要分布于大兴安岭地区东麓、阴山脚下和黄河岸边。平原面积10余万平方公里，主要包括大青山南麓、黄河岸边的河套平原（前套和后套）、大兴安岭东麓的辽河平原和松嫩平原，这些地区地势平坦，有黄河和辽河水系灌溉之便，是目前自治区重要的农业生产基地，被誉为"内蒙古粮仓"。

内蒙古分布着中国四大沙漠和四大沙地，主要分布在内蒙古高原、鄂尔多斯高原和大兴安岭东麓的西辽河平原，由于沙漠和沙地所处的地理位置和自然地理环境不同，地貌形态特征上有一定的差异。戈壁、沙漠和沙地约占内蒙古自治区总面积的1/4。阿拉善高原的戈壁最大，其中巴丹吉林沙漠是我国第三大沙漠。巴彦淖尔—阿拉善高原的腾格里沙漠、巴音温都尔沙漠、乌兰布和沙漠，鄂尔多斯高原的库布齐沙漠，都是著名的荒漠景观。沙地则有鄂尔多斯高原的毛乌素沙地、大兴安岭南段东麓和西辽河平原上的科尔沁沙地、察哈尔丘陵的浑善达克沙地、锡林郭勒高原的乌珠穆沁沙地、呼伦贝尔高原的呼伦贝尔沙地。这些沙漠、沙地有不少是近一两千年甚至是近几百年才形成的，是破坏天然植被、破坏生态平衡引起沙化造成的。

## （二）河流水系

内蒙古自治区境内分布着数千条河流和近千个湖泊，其中流域面积在300平方千米以上的河流有450余条，湖泊在200平方千米以上的有四处，水文地质结构复杂多样，各种类型的地下水均有分布。水资源的量与质均由东向西或由东南向西北呈有规律的变化，这种有规律的变化与气候、地质地貌等自然条件的变化相一致。

流经内蒙古地区的河流以贺兰山—阴山—大兴安岭为分水岭，有外流河和内流河之分。内流河较少，外流河中以黄河水系、辽河水系、嫩江水系为担负流域农业灌溉和地区间联络的主要水系，内蒙古的城镇聚落大多位于上述三条水系的干流和支流沿岸，其中黄河水系流经与山西、陕西接壤的河套地区，辽河水系、嫩江水系流经与东北三省接壤的东部地区。

黄河水系，自青海经甘肃北出长城进入蒙地，向北流经鄂尔多斯地区，是该地与阿拉善往来的水陆通道；再向东流经乌拉特旗过包头渡口，又东流至与图尔根河交汇处之托克托渡口，转而南流复入长城，成为山西、陕西二省界河。总体来看，黄河北出长城后，先向北再向东再向南，折出了一个"几"字形的走向。该段黄河水流较缓，不同于关内段黄河的湍急，因而可行船航运，是清代归绥地区向西联络的黄金水道。此外，黄河冲积而形成的河套地区雨水充沛，土地肥沃且湿润，可耕可牧，是农业开发的首选地区，也是内蒙古农业和农村聚落的主要聚集地之一。

辽河水系，发源于大兴安岭东南和燕山山脉北部的夹角地区——沟通漠南、华北、"满洲"的枢纽地带，其南源为老哈河，北源为西拉木伦河，两支流汇合后东行途经开鲁、通辽、双辽等地，在昌图地界与东辽河汇合为辽河，再南流注入渤海。辽河河面宽阔，"春夏两季常有渡船，若秋水涨溢则流势甚急，渡辄往返竟日，而冬季则反之，河冰坚硬人马可行"[①]。西拉木伦河源自直隶省北界克什克腾旗西，向东经巴林旗、阿鲁科尔沁旗、翁牛特旗、至敖汉旗境内与老哈河汇流；老哈河源出直隶省北界喀喇沁右翼旗，沿途受巴尔哈河、英金河、昆都仑河等注入，长度与西拉木伦河相仿，"隆冬严寒坚冰数尺，无须舟楫车马可行"。

嫩江水系，源自黑龙江伊勒呼里山，东南经墨尔根、齐齐哈尔城进入东蒙牧地，经杜尔伯特旗、西扎赉特旗、郭尔罗斯前旗入吉林省汇合于松花江，沿途主要注入雅鲁河、淖尔河、洮儿河等支流，"此江水势缓若池泊，自入蒙古界内而至雅尔淖尔入嫩江处，河床宽阔，积沙成洲，星罗棋布，沿岸地势平坦，江水盛涨时或溃决，少灌溉之利，而输挽甚便，自伯都讷至齐齐哈尔，中俄小汽船往来其间络绎不绝"[②]。

## 三、气候特征

漠南蒙古地区位于内陆中纬度，幅员辽阔，南北跨约16个纬度，太阳热辐射分布的差异决定了辖区内气温、降水等分布极其不均匀，日照充足，多风干燥，冬季漫长，夏季短促，以温带大陆性季风气候为主是地区主要的气候特点[③]。地区年气温变化幅度和形式基本一致，呈一高一低单波浪形（最热/冷月分别为7/1月）。相对于年平均气温变化的稳定，日气温变化幅度较大，尤以春秋两季最为明显，幅度可达13℃，冬夏两季则相对较小。水是生产和生活的基本原料，在生产力不发达的古代农业社会中，降水分布和降水量直接决定农作物产量，进而影响城镇兴衰。漠南地区地处亚欧大陆腹地，远离海洋，全年降水集中于夏季，占年总降

---

① （清）姚明辉. 蒙古志[M]. 台北：文海出版社，1966：41.
② （清）姚明辉. 蒙古志[M]. 台北：文海出版社，1966：42.
③ 王文辉. 内蒙古气候[M]. 北京：气象出版社，1990（09）：50.

水量的60%~70%[1]。区域年降水量由大兴安岭向西南方面递减,大兴安岭东侧可达500毫米,西侧兴安盟、哲里木盟、赤峰以及大青山南坡为300~400毫米,伊克昭盟西部和阿拉善东部为100~200毫米,阿拉善盟中西部为降水最少地区,降水不足50毫米。与降水量相对应,区域蒸发量自东向西递增,蒸发量大于降水量致使空气和土壤干燥。此外,漠南蒙古地区降水极其不稳定,不仅仅年份之间差异较大,年内分配也不均匀[2]。这样不稳定的降水特点,致使该区域农作物种植缺乏有效的保障,农业产量低且不稳定。

400毫米等降水量线是划分湿润区和半干旱区的地理分界线,在区域内大致经过大兴安岭—阴山山脉—鄂尔多斯地区;200毫米等降水量线是划分半干旱和干旱区的地理分界线,在区域内大致经过阴山山脉北部—贺兰山脉,这决定了漠南地区地表植被分布呈"森林→草原→荒原"的递进特征,以及经济形式以农耕和畜牧并存,为日后农牧文明之间上千年的博弈埋下了伏笔[3](图1-1-2)。

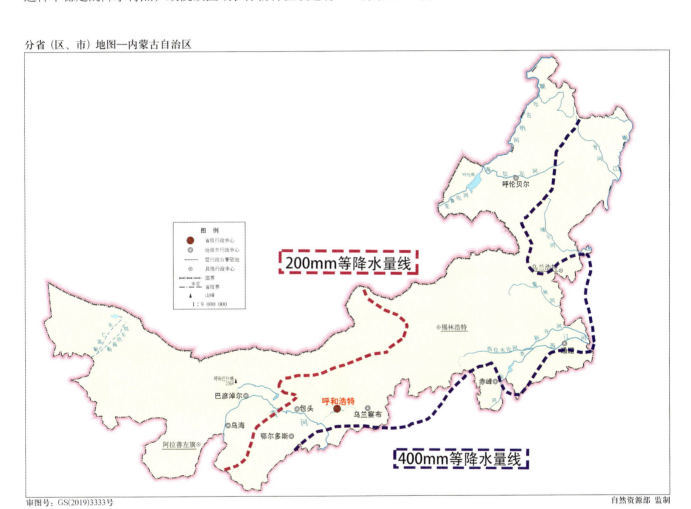

图1-1-2 中国年降水量图—内蒙古降水量分析[来源:孙冠臻 改绘,底图审图号:GS(2019)]

---

① 内蒙古自治区气象学会. 内蒙古气象漫谈[M]. 北京:气象出版社,1987:86.
② 同上.
③ 张昊雁. 清代长城北侧城镇研究——以漠南地区为例[D]. 天津:天津大学,2015(12).

## 四、内外交通

由于内蒙古大量性的传统聚落主要是在清代及以后形成，因此本书的主要交通体系也是以清代为主进行介绍。

清朝统治下的中国是一个多民族国家，在相对宽和的民族政策基础上，如何高效地传递政令和投放军力直接关乎中央对于边界地区的控制。因此入关后，内地至东北"满洲"的驿路系统被首先安设起来。随后在清康熙三十年（1691年）接受喀尔喀四部归降的多伦诺尔会盟上，康熙皇帝决定重建内蒙古至内地朝贡路线，并交由部院商议[①]。次年（1692年），内大臣及理藩院尚书等便前往口外丈量远近、勘察选址，并在随后两年时间内逐渐建立起京师至内蒙古的驿路体系，由理藩院主管、兵部协助监督[②]。该体系主要由五条干路构成，从京师出发，分别经由喜峰口、古北口、独石口、张家口、杀虎口五个长城关口通往漠南诸部，史称"口外五路"或"草地路"（图1-1-3）。通过五路驿站，可通往漠南的各个盟旗。在这些驿道上属于内地的驿站由内地维持，称汉站。当时出喜峰、古北、独石、杀虎等四口的驿站一般都称"站"，出张家口通往西北的各路驿站都称"台"。

### （一）喜峰口驿路

喜峰口驿路是通往漠南卓索图、昭乌达和哲里木三盟二十旗的交通线。此驿路自喜峰口抵扎赉特旗的哈达罕终点站，全长1000多公里，共设蒙汉驿站24座。其中，北京至喜峰口共有6站，喜峰口至杜尔伯特共18站。喜峰口驿路是清代东部盟旗来北京的必由之路，其走向平行于"满洲"干道"盛京—吉林—伯都讷—齐齐哈尔—瑷珲"，两者共同架构起清时期内地与东北地区互通的交通动脉。

### （二）古北口驿路

古北口驿路，设置于清康熙三十二年（1693年）[③]，由京师北通锡林郭勒盟的乌珠穆沁左旗。由北京出发，经顺义、密云至古北口，由此出关向北经昭乌达盟的翁牛特左右两翼旗、扎鲁特左右两翼旗、巴林左右两翼旗、阿鲁科尔沁旗，直至锡林郭勒盟的乌珠穆沁右翼、左翼旗。古北口驿路途经二盟九旗，总长580公里，设站19座，其中北京至古北口三座，古北口外蒙汉驿16座。

### （三）独石口驿路

独石口驿路设置于清康熙三十二年（1693年）[④]，由京师出发经昌平、居庸关、赤城到达独石口，由此出关往北经察哈尔左翼、昭乌达盟的克什克腾旗，锡林郭勒盟的阿巴嘎左右两翼旗、阿巴哈纳尔左右两翼旗，直至浩齐特左右两翼旗。独石口驿路途经察哈尔、昭乌达和锡林郭勒盟，全长共590公里，共设驿站15座。其中京师至独石口有驿站8座，独石口口外蒙汉驿站共7座。独石口驿站在长城以内由赤城驿同去赵州之驿道分道。同时，这条驿站在长城以北所经过的路线基本上同元代帖里干站道南段相符合的。不过清代由于阿尔泰路军台的安设，除了1696年（清康熙三十五年）康熙亲自统帅中路军经过此路到达克鲁伦河流域之外，后来清朝官方人员到外蒙古一般都不走这条路了。

---

① 《清圣祖实录》卷一五三，康熙三十年冬十月丙申："古北口、喜峰口外，见各有五十家一村，设为驿站。自北至科尔沁等处，其间亦须照此例……其传问朝正诸王、贝勒、台吉等。具奏。"
② 《清圣祖实录》卷一五四，康熙三十一年三月丙辰："内大臣阿尔迪、理藩院尚书班迪等，奉差往边外蒙古地方，五路设立驿站，请训旨。上曰……特遣尔等料理，务加详慎，必将确然不易，可垂永久之策，筹划而行。"
③ 《清圣祖实录·卷一五八》载："康熙三十二年二月庚辰……议于古北口至乌珠穆秦设立六站……。"
④ 《清圣祖实录·卷一五八》载："康熙三十二年二月庚辰……独石口至蒿齐忒设六站……。"

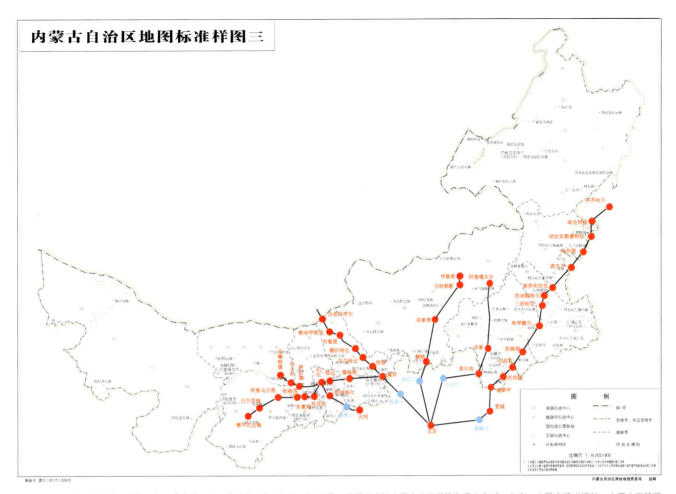

图1-1-3 口外五路驿站及路线示意图［来源：底图审图号：蒙S（2017）028号，根据王光汉内蒙古古代道路交通史［M］.北京：人民交通出版社：内蒙古五路驿站示意图，刘冲 改绘］

### （四）张家口驿路

张家口驿路的另一条四子部一路，安设之初主要是到达内蒙古乌兰察布、锡林郭勒二盟的四子部落旗、苏尼特右翼旗、苏尼特左翼旗、喀尔喀右翼旗、茂明安旗等五旗。后来，由于从张家口到外蒙古地区各路主要驿站的安设，特别是到1728年（清雍正六年）由于准噶尔战争形势的变化，清朝政府下令裁除了从张家口到归化城一路，将原来张家口驿站两路合并为一路。从此以后，四子部一路不仅成为张家口外唯一一条驿站，而且它从内蒙古境内延伸到外蒙古地区。这样延伸到外蒙古地区的张家口驿站，就成为清代著名的长达数千里的阿尔泰路军台的组成部分，即阿尔泰路军台的南段。合并以后，张家口驿站除了张家口本身汉站一座之外，设蒙古站23座，蒙、汉共24站。此条驿路不仅沟通归化城地区，且西部的阿拉善厄鲁特旗和额济纳土尔扈特旗也借由此路往返京师与旗地。

### （五）杀虎口驿路

杀虎口驿路，设置于清康熙三十一年（1692年），由杀虎口出关，经设四站达到归化城，再由归化城分出两路，一路往北经四站到达乌兰察布盟乌拉特三旗，全长280公里，曰"北路"；一路往西经七站通往鄂尔多斯地区，全长650公里，曰"西路"。清代山西、直隶汉民正是经由杀虎口和张家口前往土默特地区开垦种植、发展商贸，并以此为中转将贸易延伸至新疆、青海和俄罗斯地区，史称"走西口"。

清代漠南通往漠北的陆路联系是由阿尔泰军台承担，自四子王部境起，经六站至赛尔乌苏，由赛尔乌苏分出两路：一路经21站至哈拉尼敦，再经20站至乌里雅苏台（今蒙古国扎布哈朗特），再经14站至科布多（今蒙古国科布多省会）；另一路经14站至库伦（今蒙古国乌兰巴托），再经12站至中俄互市口岸恰克图。阿尔泰军台与内蒙古五路驿站相结合，即张家口—四子王部—赛尔乌苏—库伦—恰克图，可搭建起内地—漠南—漠北地区的交通往来，清代著名的茶叶贸易路线张库大道正基于此路发展而来。

除陆路交通外，水运也是漠南地区联络内外的重要方式。土默特、河套地区的物产可借由黄河水运进入山西、陕西沿河流域，也可承接上游甘肃往来的货物。境内主要码头有河口镇（托克托厅）、南海子镇（包头）、柳青镇（丰镇厅）；奉天洮昌地区可利用西辽河水运南下盛京（今沈阳），继而到达营口海港；杜尔伯特旗和郭尔罗斯旗地可利用嫩江—松花江水系联系齐齐哈尔、墨尔根、吉林。

有清代，内地至漠南地区形成总长超过2500公里、共71座驿站的交通网络，从京师可以直达漠南任何一个盟旗。正是得益于超越前朝的交通体系，清政府有效地实现和巩固了对于漠南地区的管控和影响，也为开发过程中的资源优化配置搭建了流通渠道。

# 第二节　社会文化背景

## 一、清以前的蒙古社会

从公元前221年秦始皇结束战国时期地方割据的局面后，在中原建立起统一的中央集权国家，随着以皇权为核心的中央集权制的确立，中原地区不但在政治上高度统一，而且在意识形态、道德风范等各个方面以一体化的形象出现在历史舞台上。在中原统一体形成与发展的同时，北方蒙古高原逐渐成为游牧民族生息繁衍的场所。大约在秦末汉初，匈奴冒顿单于第一次在蒙古高原建立了统一政权。直至蒙古汗国建立前（1026年），北方民族鲜卑、柔然、突厥、薛延陀、回鹘和契丹分别先后建立了强大的政权。需要说明的是，虽然契丹人原驻蒙古高原东南部，但契丹人在历史、民族、人口等方面对蒙古高原有着深远的影响，所以在此将其纳入蒙古高原政权。直到蒙古民族出现之后，蒙古高原逐渐形成了由蒙古族统治的，以游牧生活为主导的大一统政权。

蒙古，明时称鞑靼，大元之后裔。蒙古源于东胡之鲜卑，《旧唐书》始称其族名为"蒙兀室韦"。"蒙兀"者，"蒙古"之音转，"室韦"者，"鲜卑"之另音也，盖元魏君主，以此区别入主中原之鲜卑。自唐中期薛延陀汗国瓦解，到唐末回鹘汗国瓦解，室韦鞑靼人西迁的机会一再出现。漠北多次的政权瓦解和长年的征战，使得向西发展的室韦鞑靼人越来越多。经过长时间的民族融合，辽、宋、金时代，由尼鲁温蒙古和迭列斤蒙古两大支组成合木合蒙古（全体蒙古）。蒙古乞颜部博尔只斤氏贵族铁木真，历经艰辛，统一蒙古诸部，兼并其他突厥部落，于金泰和六年（1206年）建立大蒙古国，被拥戴为蒙古大汗，号成吉思汗。成吉思汗为其制定军事、政治和法律等社会制度，发展和完善北方游牧民族的万户、千户、百户划分制度，创立大汗直接掌握的护卫军，实行按等级身份分配牧地与人口的分封制，颁行《大札撒》法典，创制畏兀体蒙古文字，将"黄金家族"的统治确立起来。大蒙古国的建立，标志着一个具有共同语言、共同地域、共同文化的蒙古民族的最终形成。

成吉思汗六年至成吉思汗十年（1211~1215年）间，几次南下攻金，占领金中都。成吉思汗十三年至成吉思汗十八年（1218~1223年）间，率兵西征，灭西辽和花剌子模，并西越高加索，大败斡罗斯和钦察突厥，把领土扩展到中亚和南斡罗斯。成吉思汗二十一年至成吉思汗二十二年（1226~1227年），率兵南下灭西夏，病逝军中，三子窝阔台继承汗位。窝阔台汗六年（1234年）灭金国。翌年再次西侵，窝阔台汗十三年（1241年），征服斡罗斯，军锋直达波兰、德意志境，攻下马札儿首都布达佩斯。蒙哥汗三年至蒙哥汗八年（1253—1258年），蒙军第三次西侵，灭亡木刺夷国，攻下黑衣大食都城报答，将其领土扩展到西南亚。1253年至此，成为横跨欧亚的大国，将首都建立在鄂尔浑河谷地的哈喇和林。

在长期的征战过程中其统治集团内部的矛盾冲突也日益加剧，致使其逐渐进入分裂阶段。成吉思汗的子孙各自在分封的领地上建立大小诸汗国，忽必烈时期，已形成四大汗国——钦察汗国、伊利汗国、察哈台汗国、窝阔台汗国。

蒙哥汗三年（1253年），忽必烈攻入云南，灭大理，同时招降吐蕃。忽必烈汗中统元年（1260年），忽必烈自立为蒙古大汗，建都开平。至元八年（1271年），定都大都，建立大元王朝。至元十六年（1279年）灭南宋，统一全中国，结束了唐末以来长期分裂的局面，奠定了中国统一多民族国家的基础。

元朝中后期，朝廷腐败，权臣专权，民族矛盾激化，于元顺帝至正二十八年（1368年），明军逼近大都，元顺帝北走开平，退居草原，继续以"大元"称国，史称"北元"。北元与明朝对峙，形成新的南北朝。明太祖、成祖两朝，多次深入草原征伐北元势力，却始终未能将其就范。明朝修长城防御蒙古的南侵，同时想隔断南北经济联系。双方时战时和，长达300多年。

由上述历史过程可见，中国在清代以前始终是以长城沿线为界，形成了中原农耕民族和北方游牧民族相互对峙的政权结构。元朝曾有过短暂的南北民族大一统的局面，中原民族与游牧民族间曾有过和平交往的时期，游牧畜牧业仍旧是蒙古族人民的主要经济部门，同时农业、手工业、商业和城市均形成一定的规模，但清朝以前两种政权对峙的局面以及以游牧为主导的生活方式从未得到过根本的改变。

蒙古民族文化，也随着蒙古民族登上历史舞台并扮演着重要的角色而逐渐形成。从生存环境来讲，蒙古民族从东部的森林地带迁徙到位于三河流域（斡难河、土拉河、克鲁伦河）的草原地带，并以此为大后方建立了一个以血缘关系为基础的封建帝国以取代部落统治，经济方式也从以狩猎为主、游牧为辅的狩猎—游牧型向游牧为主狩猎为辅的游牧—狩猎型转化。

这一时期蒙古族主要以移动式蒙古包为主要建筑，但特殊的游牧生活方式以及军营制度造就了蒙古包群落的特殊聚集形态。

## 二、清代的社会变迁

### （一）清前期盟旗制度

清朝统一西北边疆后，长城内外归于一统，南北对峙的格局被彻底消除。清朝建立了远比汉、唐、宋、元、明更加统一的国家，这是多民族中国历史上极其重要的一页，也是彻底改变蒙古民族历史的重要历程。

清朝实现大一统后，为了对幅员极广的西北边疆地区实施有效的统治和管辖，清朝首先在政治方面加强了中央对边疆地区的管理，在中央政府设置理藩院，专门处理边疆民族事务，编旗、会盟、赏赐、通婚等事务均由理藩院负责处理。理藩院还设有尚书、侍郎和各司属机构以及驻派边疆地区的将军、都统、大臣等大批军政官员，实行层层管理，从中央到地方形成了一套比较完整严密的体系。

在蒙古地域，清统治者根据蒙古游牧社会的特点，在蒙古人原有的鄂托克和爱玛克制度的基础上参照"满洲"八旗制，建立了盟旗制度。旗是清朝国家行政体制中蒙古社会的基本行政建置。每期设扎萨克一人，即旗长，由清廷任命，职位世袭。每旗各自管理自己的土地和属民，各旗之间互不统属。旗与旗之间通过会盟的形式解决冲突、纠纷和其他协作事宜。这种会盟成为清廷监督、控制蒙古各部的一种制度。清朝规定，若干旗合为一盟，在指定地点会盟。盟设正副盟长一人，由参加会盟的各旗札萨克中任选，并报理藩院呈旨简放。

盟旗制度分散和削弱了蒙古封建主的权利，把原先以部落为单位在草原上自由迁徙的蒙古人严格地固定在以旗为单位的小块领地内，不能再像以往那样进行氏族或部族的活动。这是清王朝为了防止少数民族过于集中带来的军事威胁而采取的"分而治之"的基本政策。这样，极大地削弱了蒙古封建主的军事实力和政治影响力，同时也为后期蒙古民族的定居奠定了基础。

### （二）宗教政策与蒙古社会

早在16世纪中后期，蒙古土默特部首领阿拉坦汗效仿忽必烈，再次引入藏传佛教，并很快风靡蒙古。到清代，统治者为了从思想上征服蒙古民族，将藏传佛教作为一种统治工具而大力支持，同时也体现了清政府"因俗而治"的边疆政策。具体表现为：首先，通过优礼喇嘛上层人物，在蒙藏地区形成了达赖喇嘛、班禅额尔德尼、哲布尊丹巴和章嘉呼图克图等四大活佛系统，稳定蒙、藏边疆局势；其次，大力鼓励和提倡新建喇嘛教寺庙，把蒙古地区的财力、物力和人力，完全耗费在新建寺庙上。同时，提倡大量发展喇嘛。通过提高喇嘛地位、增加喇嘛收入、赋予喇嘛特权等形式的奖励措施，鼓励蒙古人民出家当喇嘛。据统计，清朝中期内蒙古地区的喇嘛约有15万人，清朝末期约有10万人，约占当时蒙古社会男子总数的40%~50%，个别地区达到60%左右[1]。

这样，由于喇嘛人数剧增，社会生产力相应地急剧减少，社会负担不断增加，极大地阻碍了蒙古地区社会生产力的发展，导致蒙古地区社会经济、文化处于极度落后的状态。同时，由于出家喇嘛不结婚无生育，严重地影响了蒙古族人口的发展。而喇嘛教宣言的宿命思想也大大地削弱了蒙古人民对于统治阶级的反抗精神和斗志。

喇嘛教寺庙的大力建设，成为蒙古地区重要的政治、经济和文化中心，有力地促进了内蒙古传统聚落的发展，形成了大量极具宗教特色的聚落形态。内蒙古地区拥有大量宏伟壮观、金碧辉煌的殿堂、佛塔，同时还有大量的活佛仓、僧舍以及其他的附属建筑群。建筑形态、壁画、唐卡、塑像、雕刻、彩绘等艺术品极大地丰富和发展了蒙古族的民族文化艺术。

喇嘛教寺庙较大的寺院都设有各种"扎仓"（学部），这些扎仓是蒙古人学习哲学、历法、数学、医学和文化艺术的专业机构，也相当于是唯一的"学校"，通过各种专业知识的学习和研究，把印度、藏区以及中原地区的文化传播到了内蒙古地区，这对于学习交流各民族文化，促进和发展蒙古地区文化起到了重要的作用。同时，藏传佛教思想逐渐渗透到蒙古民族的价值观念、审美情趣、道德规范、思维模式、行为方式等深层结构中，积淀成为一种独特的地域文化[2]。

---

[1] 德勒格. 内蒙古喇嘛教史[M]. 呼和浩特：内蒙古人民出版社，1998：153.
[2] 乔吉. 内蒙古寺庙[M]. 呼和浩特：内蒙古人民出版社，1994（09）.

### （三）清末新政与移民

明清以前，内地人口就有过向塞外地区规模移动的历史。明—北元对峙时期，蒙古土默特部首领阿拉坦汗为了发展农业，吸收了大量的边境流民，在土默特地区建造板升聚落，成为清代大量新移民潮的前奏。

清初，统治者为了维护专制王权的稳定和统治阶级的利益，实行民族隔离制度，禁止各民族之间自由往来。但是，由于内地人口压力不断递增，加之连年灾荒，使大量汉人不顾国家的隔离政策，冒险偷偷流入蒙古地区。清朝统治者无法解决汉族农民丧失土地、生计无着的困境，对于流入蒙古地方的汉族移民只能睁一只眼闭一只眼，视而不见。到清雍正元年（1723年）、雍正二年（1724年），直隶、山东一带连遭饥馑，灾民大批涌入京师及边口地方。清政府为了解决灾民度荒问题，公开允许内地饥民前往口外垦地谋生，蒙古族称之为"借地养民"。从此，内地汉族荒民逐渐如洪流般涌入蒙古地区。

清末，鸦片战争爆发以后，西方资本主义势力接踵而至，给中国社会各个方面造成了猛烈的冲击，使中国逐渐变成为半殖民地半封建社会。严重的内忧外患，使清朝深深地陷入了统治危机，而周边各国同清朝之间的宗藩关系被瓦解。于是"俄北瞰，英西瞵，日东眈"，蒙、藏、回各部因地位特殊，成了俄、英、日等帝国主义列强侵略中国的主要目标，边疆出现严重危机。清朝政府为了应对边疆危机，边疆的统治政策出现重大转变，实行新政。废除封禁政策，完全放垦蒙地，增设州县，筹划设省。

这样，从清代到民国时期，以汉族为主体的内地人口，向内蒙古地区大规模地迁徙定居，历时300余年。迁移范围东起辽东边墙，西至嘉峪关万里长城一线，形成全线迁移之势，移民跨鲁、冀、晋、陕、甘五大内地行省，涉地之广，在中国近代移民史上独一无二。

就各省移民在塞外的分布形势来看，山西、山东两省移民所占范围最大，河北、陕西、甘肃三省次之。山西移民以归化城土默特、察哈尔右翼为中心，向东西两个方向延展，东达哲里木盟，西及阿拉善旗，覆盖了整个内蒙古地区[1]；山东移民以卓、昭、哲三盟为基地，不断向西扩散，民国时期零星移民已达及阿拉善[2]。从表面看，晋、鲁两省的塞外移民区是相互重合的。但实际上，二者在各区的相掺程度有很大差别。东蒙地近山东，故山东移民是其主要群体，西蒙毗邻山西，故山西移民最多。这一情况反映出塞外移民带有很强的分区对应特征，这样就形成了绥远及其周边的晋陕移民圈和东蒙的鲁冀移民圈[3]。

到19世纪初，内蒙古地区的汉族人口增加到100万左右。民国初，汉族人口进一步增至400万左右，相当于蒙古族人口的4.5倍。到1949年，仅现在内蒙古自治区范围内的汉族人口已达到515.4万，相当于蒙古族人口的6.17倍。[4]

经过汉族移民，内蒙古地区的民族结构、行政制度、经济布局发生了历史性的改变，由单一的蒙古游牧社会转变为蒙汉杂居、旗县并立、农牧双兴的多元化社会。而汉族移民在自然地理特征和放垦政策的双重作用下，主要集中于靠近水源，易于耕种的河套平原、土默川平原、西辽河平原、松嫩平原右岸等地，形成了大量的农业和半农半牧的聚落，也构成了我国农牧交错带的

---

[1] 闫天灵. 汉族移民与近代内蒙古社会变迁研究[M]. 北京：民族出版社，2004（12）：58.
[2] 根据"《中国少数民族社会历史调查资料丛刊》修订编辑委员会. 蒙古族社会历史调查[M]. 北京：民族出版社，2009：65."中1995年在对阿拉善汉族农户统计中，有两户祖籍山东高堂县。
[3] 闫天灵. 汉族移民与近代内蒙古社会变迁研究[M]. 北京：民族出版社，2004（12）：60-71.
[4] 闫天灵. 汉族移民与近代内蒙古社会变迁研究[M]. 北京：民族出版社，2004（12）：1.

主要组成部分。

### （四）商业贸易与集镇

14世纪后期，自元王朝灭亡后，中原与蒙古高原地区以长城隔绝、重兵把守，经济贸易和文化交流被完全隔断，蒙古民族陷入了孤立无援的困境。明代后期，自隆庆俺达封贡以后，明蒙之间在长城沿线40多个边城卫所开通了互市贸易。处于明蒙边境的防御性边城卫所，也逐渐向经济贸易型城镇发展。同时这也为后期清朝的蒙汉经济贸易活动奠定了基础。在这种频繁贸易活动中，造就出一批颇为熟悉蒙古等北方游牧民族生活习俗和供求所需的民族贸易商人，当时人们统称谓之"边商"。

清朝入关，长城南北被统一。到康熙朝，圣祖玄烨亲征噶尔丹，组织部分山西商人跟随清军贩运军粮、军马等粮饷供应，并兼与沿途蒙古人以绸缎、布帛、烟茶交换马匹、皮张等做"蒙古生意"，这些随军贸易的"皇商"，后来就被称为"旅蒙商"。1727年，清朝和俄国签订恰克图条约，于是山西商人纷纷来这一地区进行贸易。在清代200多年的历史中逐渐形成内地—蒙古—恰克图的一条茶叶之路。另外，蒙汉地区产品的互补性有力地推动了商业贸易的发展。因此，蒙古地方的贸易活动空前地繁荣起来。

旅蒙商人们早期沿着驿路沿线做生意，恰克图条约以后，又开辟出了内外蒙古以及到漠西蒙古的几条商路。商路沿线逐渐有旅蒙商人开始定居下来，开设固定店铺，形成著名的买卖街区，后来发展成为蒙古地域独有的买卖城。内蒙古地区大型买卖城都是集中在王府、寺庙等人流密集的地区，这些地区逐渐地发展形成集镇。内蒙古地区有名的买卖集镇主要有归化城、多伦诺尔、包头等。

## 三、清末到内蒙古解放前的社会

从辛亥革命爆发到民国政府统治时期，这一时期的内蒙古社会动荡不安，当地人民长期处于水深火热的泥潭中。统治政府的对蒙政策主要体现在两个方面：一方面延续清末的放垦政策，吸收大量汉族移民进入蒙地，同时将蒙藏地区改设行省，并不断增设州县。另一方面，对喇嘛教采取保护、监管和限制并用的政策，保护喇嘛教的基本权益，监管喇嘛深层人物的政治活动，限制喇嘛的数量发展，解放寺庙奴隶，抑制了喇嘛的进一步腐败，蒙古喇嘛教开始逐渐衰落。

这一时期对于传统聚落的影响主要是放垦蒙地的过程中继续形成了大量的汉族村落和集镇。

# 第三节　聚落的总体特征

## 一、聚落时空分布特征

### （一）城镇聚落的时空分布特征

#### 1. 内蒙古地区城镇形成原因分析

内蒙古城镇聚落的形成，同清政府的对蒙政策息息相关。

首先，清政府对蒙政策的转变是清代内蒙古城镇形成的最主导因素。有清一代，清政府为了更好地控制蒙古民族，采取"分而治之"的盟旗制度，把蒙古游牧民族限制在自己旗的领地范围内，这一政策有力地促进了蒙古民族从游牧转向定居的生活。王府就是蒙古族定居的核心，蒙古王公贵族们往往会选择旗内靠近中原的农业基地，或交通便利的位置建立王府。这些王府随着商业逐渐发展，形成城镇。

其次，清政府的宗教政策，也是内蒙古地区形成大量性固定建筑群，进而发展形成城镇的推动力量。清政府为了很好地驾驭蒙古民族，极力地鼓励和支持发展藏传佛教，大力新建寺庙。这些寺庙不仅集中了大量的财富，同时也发挥着蒙古族学校的重要功能，这样就会吸引大量的旅蒙商人和蒙古牧民围绕在寺庙周边居住，逐渐发展形成城镇。

第三，清政府对蒙古的移民政策是内蒙古地区形成大量性城镇的直接原因。游牧民族自身的游牧业经济本身具有单一性、脆弱性的缺陷决定了蒙古地域对于农业的依赖。同时，由于内地不断增加的人口压力，迫使清政府采取"借地养民"的政策，允许大量汉人进入蒙古地域耕种生活。到清末，严重的内忧外患，使清政府的统治已经岌岌可危，放垦蒙地成为保护蒙古边疆的最好办法。中原地区的汉人由少到多，最后变成一股洪流涌入该地区，彻底改变了其地域的生产生活和民族格局。清政府为了加强对汉族人口的管理和统治，设立州、府、厅、县等行政建制，形成了大量城镇。

第四，商业贸易的发展，是内蒙古城镇繁荣发展的重要推动力。中俄恰克图条约的签订有力地促进了中俄贸易的发展，而蒙古作为中俄贸易的中转站，发挥着不可替代的重要功能，也促进了草原丝路的繁荣发展。这样，该地域以驿传体系为基础，形成了一套完整的商贸路线，沿线在交通节点处，形成了大量城镇，而原来的王府、寺庙以及行政建制型城镇因周边形成大量商业街区而逐渐繁荣起来。

以上是内蒙古大量性城镇形成的主导因素，此外，还有清政府军事防御体系也促进了一部分军防型城镇的形成，但由于在内蒙古数量较少，这里不作为主导因素论述。

2. 内蒙古城镇形成的时间分布

从时间历程来看，内蒙古大量性城镇是以移民和商贸为主导的城镇数量最多，城镇的形成也完全依赖于清政府的主导作用。本部分内容主要参照张昊雁的博士论文《清代长城北侧城镇研究》和闫天灵的专著《汉族移民与近代内蒙古社会变迁研究》两项成果，来对内蒙古城镇聚落形成的时间分布进行综合分析。

由于清朝政策的反复性和放垦的渐进性，城镇发展具有明显的阶段性。

第一阶段：1644~1722年（顺治~康熙）为设治前的封禁期。顺治十二年（1655）规定："令各边口内旷地，听兵治田，不得往垦口外牧地"[①]，将汉民和旗民统一纳入限制对象，此后又颁布了一系列限制蒙汉贸易、文化交流和通婚的法令。康熙朝为解决西北兵粮和人口压力，开始对前期封禁政策作出部分调整，默许口内农民以"春去秋归"形式开垦蒙地。

第二阶段：1723~1755年（雍正元年~乾隆二十年）为城镇增长初期。雍正时期，对蒙封禁政策被进一步放松，政府为解决流民问题而推行"借地养民"政策，以免租的方式鼓励内地流民出口谋食，同时晓谕蒙古王公收容汉民，承认吃租的合法性。正是政府的默许态度以及汉人的大批涌入，为长城北侧地区的设治奠定了基础，并推动其呈快速增长趋势。新增城镇主要集中于近边的察哈尔、土默特地区。该时期建立的治所多为理事厅，职责仅限于处理蒙汉纠纷、诉讼等，"厅"一级别的建置也表明其作为正式理民机构的条件尚未成熟，只是代表所属上级行政机构（府）在关外的延伸。

第三阶段：1756~1795年（乾隆二十一年~乾隆

---

① 清史稿·卷一百二十·志九十五·食货志一。

六十年）为城镇增长停滞时期。该时期内国内形势逐渐稳定，历经雍正和乾隆朝前期的默许，清朝于乾隆中后期再次收紧对汉人蒙垦的限制。自乾隆十三年起，相继颁布回籍令、禁止出典土地令、禁止出口令等，从移民方和接收方两方面中止移民并将已有汉人驱逐回关内，还直接导致该时期新增治所无多的局面。虽然城镇个数变化不大，但治所级别却变更频繁和显著，例如土默川地区托克托、和林格尔、清水河、萨拉齐四处协理事通判于1760年更换为理事厅，正式由府城专项事务管理的附属机构发展为专地管理的地方机构，至此"归绥六厅"的早期格局正式形成。内地行政建置历经"厅"的过渡正式出现在漠南地区，且归绥道、口北道、热河道的城镇格局也基本确立，并一直延续至光绪朝末期。

第四阶段：1796~1820年（嘉庆元年~嘉庆二十五年）为城镇增长恢复时期。嘉庆时期，封禁政策逐步松弛，汉民向东北方向的哲里木盟继续扩散，并在新辟农垦区中置长春厅、昌图厅和梨树城照磨；而面对已建置地区开发的深入，则派遣佐贰官分驻新涌现的较大市镇，为日后行政区划的分裂奠定了制度基础。此类次县级市镇包括赤峰县大庙镇（县丞）、萨拉齐厅包头镇（巡检司）、平泉州大宁城（州判）、建昌县四家子镇（县丞）、蟒庄（巡检司）。

第五阶段：1821~1874年（道光元年~同治十三年）再次为城镇增长停滞时期，54年期间新增治所三座，且均为次县级市镇，即1825年多伦厅白岔镇巡检、1849年归化城厅毕克齐镇巡检、1866年昌图府八家镇经历，此外无治所级别变更。

第六阶段：1875~1911年（光绪元年~宣统三年）为城镇增长高速期[①]。光绪朝时期封禁政策逐渐废除，尤其光绪二十八年（1902年）推行新政，更是以国家主导的形式全面推进蒙地开垦，废除对于内地汉民的迁徙限制。光绪朝前期（1875~1892年），治所城镇继续向哲里木盟郭尔罗斯前旗和科尔沁左翼中旗腹地深入，新增康家屯、八面城、郑家屯等七座次县级市镇。光绪后期（1892~1911年），随着蒙垦的全面推行，漠南地区全境迎来城镇增长的高峰时期，新增治所34处，包括府城一座、厅城九座、县城13座、分驻市镇11处，占治所总数的43%。土默川地区新增武川、五原、陶林、兴和、东胜五座厅城，标志着农业开发已深入大青山北麓和鄂尔多斯地区。

民国时期继续执行清末的放垦政策，通过一系列的禁奖政策，将蒙旗土地逐渐转变为国有领地，实现塞外与内地的地权统一。民国时期，内蒙古的行政设置发生了重要变化。1914年，北洋政府在内蒙古设热河、察哈尔、绥远三个特别行政区，各设都统管辖。1928年9月，南京政府又将热、察、绥三个特别行政区改建为热河、察哈尔、绥远三省。这样，受中央政府放垦政策以及边省（区）利益的双重驱动，蒙地放垦及移民规模加速扩大。民国时期的塞外移民，除像大片已放未垦地区继续迁移外，新的移垦区主要是绥远后套、塞北大马群牧群、昭乌达盟巴林左右翼二旗及哲里木盟的索伦山一带地方。[②]这一时期，内蒙古的主要城镇体系已基本形成，大量汉族移民的到来一方面充实了原有城镇的人口，另一方面也形成了大量小型集镇和乡村。

### 3. 内蒙古城镇布局的空间分布

内蒙古城镇的形成，从寺庙、王府、商业城镇到行政建制的城镇，这些城镇的选址主要遵循了两方面的规律，一方面是靠近农业区，便于商品交换；另一方面就是为了交通便利，尽量靠近驿路，或者商贸路线。

---

① 张昊雁. 清代长城北侧城镇研究——以漠南地区为例[D]. 天津：天津大学, 2015 (12).
② 闫天灵. 汉族移民与近代内蒙古社会变迁研究[M]. 北京：民族出版社, 2004 (12): 38-39.

首先，从整体来看，内蒙古传统城镇横向主要分布于200～400毫米降水线的农牧交错地带，处于气候的半干旱区，又靠近农业区，土地相对来说更适合农耕或半农半牧的生产方式。地理上处于阴山南侧和大兴安岭东侧的平原区，地理条件更适合城镇的发展。因此，内蒙古城镇沿着农牧交错带向东西方向横向发展，密集度较高。

从纵向的空间分布特征来看，城镇沿驿路和商路，在这些交通节点处分布。内蒙古地区由于传统的牧业生产方式，草原上地广人稀，分散居住，从元代开始的驿传制度促进了草原深处交通的发展。到清代，驿站交通依然是草原的主要交通形式。随着经济贸易的发展，旅蒙商人在原有驿路的基础上又进一步推动草地交通的发展，形成了错综复杂的贸易交通网络。草原城镇，不论王府聚落还是寺庙聚落以及买卖城聚落，其选址无不受到当时交通条件的限制，选择水草丰美、交通便利的节点设置城镇。另一方面，清朝对明长城防御体系进行调整，依托其对蒙施行封禁，通过指定关口、驿路线、票照等引导和限制内地资源向口外流动，从而间接影响城镇分布[1]（图1-3-1）。

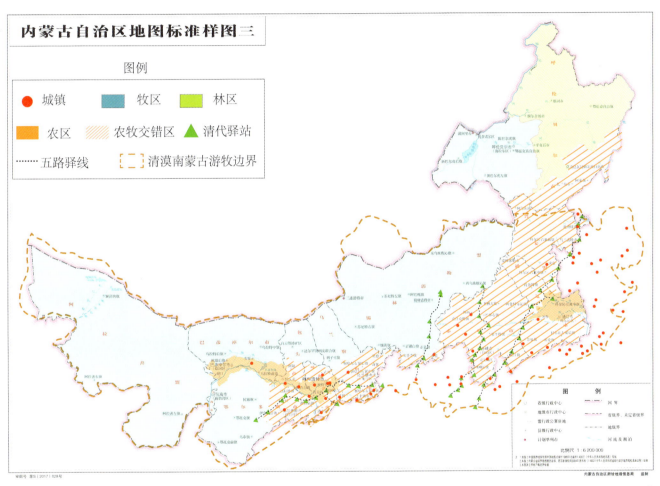

图1-3-1　清代内蒙古城镇分布图〔来源：根据张昊雁博士论文《清代长城北侧城镇研究》和内蒙古土地利用分区图，朱秀莉 改绘，审图号：蒙S（2017）028号〕

---

[1] 张昊雁. 清代长城北侧城镇研究——以漠南地区为例[D]. 天津：天津大学，2015（12）：142.

双核心城镇集群：西部区在河套平原区，以归化城为核心，包头镇、清水河厅、萨拉齐厅、和林格尔厅、武川厅等围绕，形成城镇集群。东部区则是以口北三厅（张家口厅、独石口厅、多伦诺尔厅）为核心向东西两侧扩展，东部地区主要形成了建昌县、朝阳府、大宁城、阜新县、康平县、辽阳县等城镇，这些城镇目前属于黑龙江、吉林、辽宁三省管辖。内蒙古境内在东部区主要沿着独石口和张家口驿路，形成了赤峰州、大庙镇、经棚镇、林西县等城镇。如内蒙古的土地利用分区和人口分布的分析图也恰恰说明了内蒙古大量性城镇和乡村主要集中在内蒙古同中原地区相邻的农牧交错地带和农业区，城镇以河套平原和西辽河平原区形成两个城镇核心，而乡村则围绕城镇展开分布。

## （二）乡村聚落的时空分布特征

由于少数民族的游牧游猎聚落的形成历史久远，同时由于其特殊游动式的生活方式，目前并没有留下相应的遗址，其聚落的分布也无从谈起。另外就是农耕文化主导的村落的形成时间分布特征随移民进程的影响同城镇基本相同，都取决于清政府对于移民的政策和态度。因此，前文在城镇移民中已详细叙述了内蒙古汉族移民的时间分布特征，所以这里不再赘述。

### 1. 农耕文化主导的村落的空间分布特征

下面主要分析内蒙古农耕文化的乡村的空间分布特征。农耕文化的乡村主要是汉族移民村落，其乡村的分布往往跟内蒙古自然地理条件和汉族移民的基本特征息息相关。内蒙古汉族移民主要来自于山西、山东、甘肃、河北等省区，而山西、山东移民成为内蒙古汉族移民的主导。从移民的路线特征来看，内蒙古移民属于多源多线的散漫状态，但由于各省分区相对固定，主要的迁移路线比较稳定，因此称之为"对口移民"，绥远的山陕移民和东蒙的鲁冀移民就是塞外对口移民类型的两大基本构成部分。[①] 晋、陕两地的移民主要进入现在的河套地区、土默川地区以及察哈尔的部分地区，形成中西部的晋陕移民圈。鲁、冀两地的移民主要进入现在的赤峰、通辽、锡林郭勒等地区，形成东部区的鲁冀移民圈。另外，甘肃的大部分移民都进入相邻的阿拉善地区。

从内蒙古的地貌及气候特征来看，内蒙古地区以蒙古高原为主导，另外还有沙漠、丘陵、山地等，平原主要集中在阴山山脉以南，黄河冲积下的河套平原、土默川平原以及东部区西辽河及其支流冲积下的西辽河平原。因此，晋、陕移民圈的大部分移民都集中在土地肥沃、自然条件较好的河套地区、土默川地区，而鲁、冀移民圈的大部分移民都集中在西辽河平原一带。而这一带基本构成了内蒙古农牧交错地带的主要部分（图1-3-2）。

### 2. 宗教文化主导的村落的时空分布特征

以藏传佛教寺庙为核心的聚落，其分布主要受藏传佛教寺庙的影响较大。藏传佛教寺庙的时空分布主要分为三个历史阶段。第一阶段是明代后期到清初，这一阶段主要是蒙古土默特部首领阿拉坦汗引入藏传佛教，并在归化城大量建设召庙，时归化城呼和浩特就形成了素有"七大召、八小召、七十二个绵绵召"著称的"召城"。这一时期，其他的大小寺庙也都在蒙古土默特部归化城的周边，形成了土默特地域的一个宗教文化片区。第二阶段是清初到清政府入关前，这一时期由于清政府的影响，喇嘛教寺庙的分布以盛京为中心向蒙古地区辐射，形成了内蒙古东部以库伦三大寺为核心的藏传佛教文化片区。第三个阶段是以清朝政府入关到乾隆年间，这一阶段主要是以北京、承德为核心，辐射到内

---

[①] 闫天灵. 汉族移民与近代内蒙古社会变迁研究 [M]. 北京：民族出版社，2004：60.

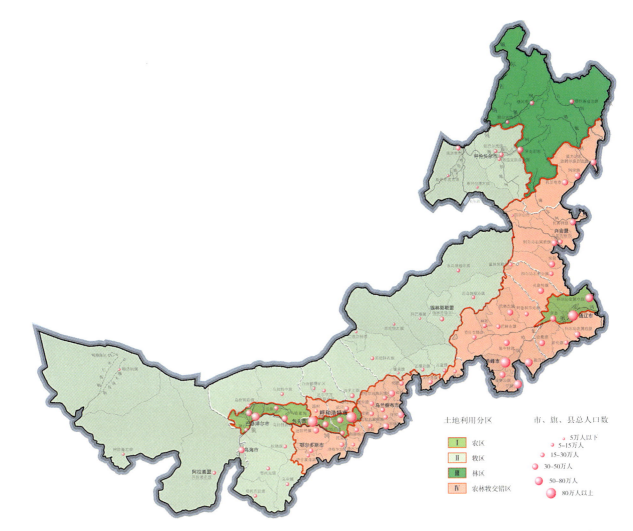

图1-3-2 内蒙古土地利用分区及人口密度分布分析图 [来源：孙冠臻 改绘，底图来源：2015版内蒙古自治区地图集，审图号：蒙S（2015）004号]

蒙古地区，形成了以章嘉活佛所在的多伦诺尔为核心的藏传佛教文化片区。第四阶段，乾隆以后到内蒙古解放前，清朝社会不断衰落，藏传佛教也开始走向衰落，新建寺庙数量极少（图1-3-3）。

可见，内蒙古藏传佛教召庙主要以上述四个阶段为主导，形成萌芽期、发展高潮期，然后转入衰落，大量性寺庙主要是在高潮期建设。因此藏传佛教寺庙主要形成了蒙古土默特片区、库伦三寺庙片区以及多伦诺尔的及其周边的寺庙片区。宗教文化主导的村落一方面以藏传佛教和蒙古族定居点相结合形成蒙藏文化聚落片区，这个片区主要位于阴山山脉以北以及大兴安岭以西的游牧聚居区。另一方面是藏传佛教同汉族聚居区相融合或蒙汉藏相融合形成村落，这一类村落多数位于汉族人口较多的农牧交错带，尤其是河套平原、土默川平原以及西辽河平原三地。而藏传佛教自身独立发展形成的召庙聚落，如乌审召，则大多位于偏僻的、人烟稀少的山区。

## 二、城镇多元文化特征

（一）多元文化影响形成多样化的城市空间

内蒙古地区大量的城镇聚落，是在清至近代开始形成。首先，清政府为了驾驭蒙古民族，颁布了一

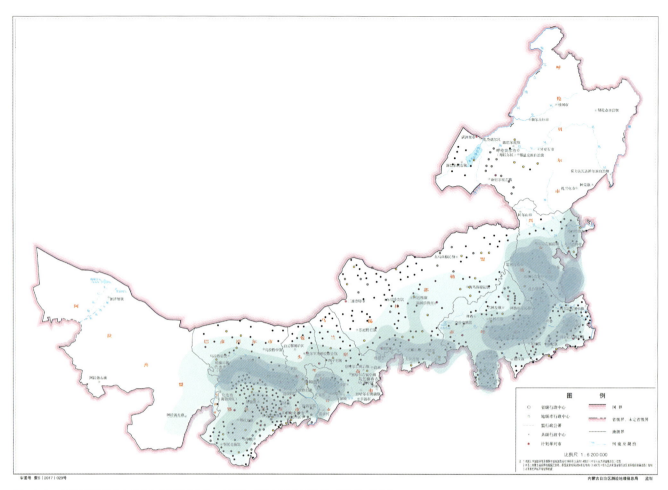

图1-3-3 内蒙古藏传佛教寺庙分布分析图［来源：审图号：蒙S（2017）029号，张海涛 改绘］

系列奖励政策，鼓励蒙古人民信仰藏传佛教，并支持大量建设召庙。自此，在蒙古地域的广袤草原上，携带着佛教以及汉、藏等地文化信息的藏传佛教寺庙建筑，开始星星点点地出现，形成了该地域数量最多、规模最大、社会影响力最为广泛的寺庙聚落，蒙古草原由游牧到定居的发展历程自此开启。其次，在清代中后期，清政府为了应对各国列强的威胁，解决中原旱灾带来的危机，解除了该地域的封禁政策，在自发性移民的基础上放垦蒙地，导致大量汉族移民流入蒙古草原，或从事农耕，或半农半牧，内蒙古地域出现了大量的农业聚落，在农牧相接的地域形成了重要的农牧交错带。第三，1727年，清朝和俄国签订恰克图条约，于是山西商人纷纷来该地域进行贸易。这些被后世称为旅蒙商的人们在此形成了特有的城市街区，即买卖城。于是在商品交换和周转的要冲，相继出现了很多大小不等的买卖城，成了该地域18世纪以来外来文化影响下的新兴城镇。第四，清代盟旗制度形成后，大量蒙古贵族开始建设府邸（图1-3-4），蒙古族牧民定居之后也逐渐围绕王府居住，这样，王府建筑群以及相应的花园以及附属建筑和民居建筑等形成了完整的王府聚落。最后清政府为了有效管理蒙古地区设立了一系列的行政建制，同时还派军队驻防，这些举措也促使了一部分城镇的形成。

内蒙古城镇聚落兴起于蒙古草原上，多数是由内地

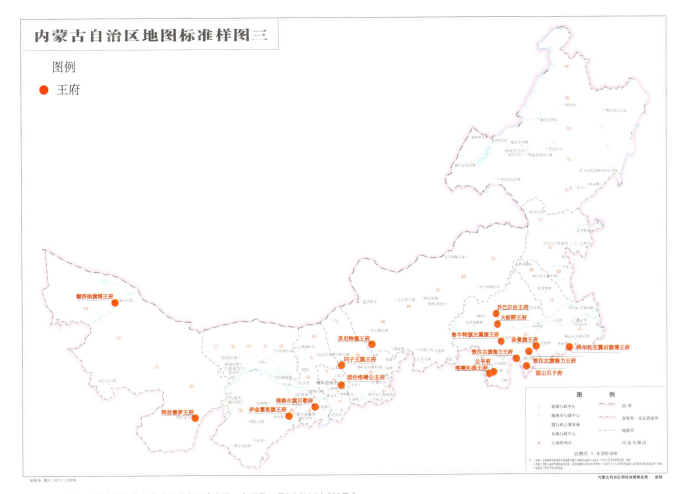

图1-3-4 清—内蒙古解放前王府建筑分布图 [来源：审图号：蒙S（2017）028号]

移民所创建。从起初的农业村落、集镇，或者以庙会集市、王府或军事中心为基础形成的居住点，最终发展成为大小不一的城镇。

为了更加清晰地分析内蒙古传统聚落的形成过程以及多样化的空间形态，笔者曾将这些聚落按照文化主导因素的不同分为都城、地方性政治经济军事文化中心、王府型城镇、宗教中心型城镇、交通贸易型城镇、定居村落等六类聚落原型[1]。本书在上述基础上，结合前人的研究成果，将以上类型略作修改，具体为：王城（汗城）、宗教型聚落、农业型聚落、买卖城、王府型聚落、军防城（八旗城）六类。上述六类聚落空间，每一种都因生产生活方式的不同而形成截然不同的社会组织结构，同时又构成了多样化的聚落空间形态。由于城镇形成因素复杂，较大型的城镇往往是多种因素的共同作用，这就使得城镇形态更加多样化。

（二）不同类型城镇空间的组合模式

从聚落形成的时间来看，这些聚落除明代及以前的城池有明确的时间节点外，其他现存数量最多的如藏传佛教聚落、农业聚落以及买卖城聚落等都是历时几百年

---

① 张鹏举. 内蒙古古建筑[M]. 北京：中国建筑工业出版社，2012.

形成的，也就是说，这些不同类型的聚落，在形成的过程中并没有明确的先后顺序。有的地域受单一文化的影响，形成了单一文化主导下的传统聚落，有的地域是多种文化的交织和碰撞形成聚落。

为了更加清晰地了解不同文化的聚落空间之间的关系，我们作一个分析和总结：首先不同文化的聚落空间组合关系共有五种，有寺庙与买卖城的组合，寺庙与农业聚落的组合，军防城与买卖城的组合，还有王府、寺庙和买卖城的组合，最后就是王城、寺庙、买卖城以及军防城的四重组合。这几种聚落空间的组合关系并非随意组合，而是历史发展的必然，也是内蒙古传统聚落区别于邻省传统聚落的鲜明特色。

从聚落空间的组合方式来看，有以下几种。第一种是双城并置：这种组合就是有两个聚落组团并列，形成一个新的聚落的过程。例如多伦诺尔召庙组团和买卖城的并列关系、科布多军防城和买卖城的并列关系，以及归化、绥远双城并列的空间格局等。第二种是内外围合：这种关系是以内部的城或寺庙为中心，外围由另外一种或多种文化的聚落空间围合而成。具体实例有呼和浩特归化城为核心、召城和买卖城的围合。美岱召就是以内部的召城为核心，外部以农业聚落来围合而成，形成了内部组团和外围组团的空间关系。第三种是一核两翼：也就是说以一个王府或寺庙组团为核心，其他两个组团布局在核心组团中轴线延长线的两侧分布，形成一核两翼的组合方式。这跟蒙古族军制左右两翼的构图方式相对应，也是游牧民宿营时的基本布局方式，即汗帐设于北，下属营帐左右八字形排列。这是以游牧民特有的空间原型为依据而形成的聚落关系。例如大板城，就是王府和公主府设于北侧中心，寺庙和买卖城分别居于左右两翼，形成一核两翼的空间关系。第四种是上下叠加：这种关系是以一种空间结构为基础，另外一种空间的形成是以前一种空间节点为核心，形成组团叠加在前一种空间之上，形成新的城市结构和空间关系。例如归化城就是在召城的基础上形成了买卖城。买卖城的空间组团都是以召庙为核心，叠加在召庙结构之上，形成了新的城市空间结构。第五种是融为一体：多种文化的聚落空间在不断碰撞和交流的过程中，几种文化会逐渐地融合，形成一体化的空间格局，实例如阿拉善定远营。藏传佛教寺庙从明代传入，一直发展到清代，寺庙已经成为王府建筑的重要组成部分，等级较高的王府都会建设家庙。定远营中王府建筑群和寺庙建筑群已经融为一体。王府佣人的住宅同寺庙喇嘛住宅也完全融合成了一个片区，因此定远营就是王府建筑文化与宗教文化融为一体的见证。第六种是混合并用：也就是多重空间、多种组合方式的混合并用，这种方式以呼和浩特最为典型。呼和浩特归化城是以王城为核心，喇嘛庙围绕王城形成内外围合关系，买卖城又是叠加在召城之上形成上下叠加关系，归化城同绥远城又形成双城并置的新格局。

## 三、乡村地域文化特征

### （一）游猎游牧文化的聚居形态

谈到我国的北方少数民族，游牧的生活方式与文化常常是第一印象。而事实上，游猎的生活方式与文化起源更早，是游牧文化的发展源头。所有的北方民族早期无疑都是狩猎民。随后，有一部分森林狩猎民走出森林并适应了草原的游牧生活方式，转化成为草原游牧民，形成新的民族文化形态。

内蒙古地域的游猎民族主要包括鄂伦春与鄂温克族。这两个民族是在历史上经历了漫长的具有原始特征狩猎文化的北方少数民族。因此"迁徙无常，居无定处"是这两个民族在长期的狩猎生涯中所形成的一个非常显著的特点。内蒙古地区，以游猎为主要特征的聚落中包含两种最主要的建筑类型，一类是用来迁徙居住的"斜仁柱"，另外一类就是固定的贮藏用的仓储建筑，叫"奥伦"或"格拉巴"。斜仁柱是外形似圆锥形，以森林中随处可见的树杈搭建而成骨架，外面夏天用桦树皮，冬天用孢子皮覆盖而成的简陋住所。斜仁柱一般排成一排，口都朝东南或西南方向开，这样的建筑群就形成了一个小小的游猎聚落。奥伦或格拉巴则是游猎民族在深山中建造的固定式仓房，这种仓房一般是以树干和树皮为原材料，架在树上像巨大的鸟巢一样形成悬空的高仓式建筑，这种建筑一般由一个或几个组成，也是游牧民族聚落的重要组成部分。

游牧文化的聚居形态主要经历了从"古列延"到"斡耳朵"，再到"豁里牙""浩特""阿寅勒"的历史过程，每一种聚居方式的出现都同蒙古民族的生产生活方式以及社会关系的演变息息相关。

"古列延"这种聚落形态可以追溯到尚处狩猎时期的原始氏族社会。"古列延"一词在现代蒙古语中主要是指"院子"或"范围"，是古代蒙古人游牧屯营或军队驻防的组织形态，是由各种篷车环绕而成的一个环形空间。中间设有部落酋长的牙帐，四周围绕着众多帐幕和勒勒车。起初，它是为了繁殖牲畜、抵御极端气候和野兽攻击而设的聚落形态。但后来，随着原始社会向宗族社会的转变，母系氏族制转为父系氏族制引发部落间频繁的战争，"古列延"的防御性功能变得尤为重要。①

13世纪蒙古族统治阶层的聚落——"斡耳朵"让蒙古族传统聚落步入极盛期，形成了空间严密、等级森严的皇家古列延。斡耳朵核心是蒙古可汗的牙帐，周围是妃子们和子嗣们的牙帐，外围由各种辅助性宫帐，宫廷护卫的帐幕、灵帐等；最后，用各种篷车或木栅将上述所有帐幕围在一个封闭的圆圈之内，形成了可汗的"大古列延"（相当于中原的皇城）。由于这种游牧宫廷帐幕群规模庞大，其直径有时可达1000多米，此外，依然有许多帐幕以"阿寅勒"（血亲家族）为单位，分圈散居于"大古列延"的外围。13世纪的蒙古人正是在这种"斡耳朵制度"的基础上创造了具有"行国"特色的游牧帝国②。

到清代，随着蒙古帝国的灭亡，其上述宫廷的社会组织及其斡耳朵也随之消失。随后，清朝政府采用盟旗制度限制蒙古人的游动，其游牧的生活逐渐被定牧取代，而其聚落形态也逐渐被"豁里牙""浩特""阿寅勒"等具有较小规模且游牧地点相对固定的生产单位所替代。这种小型群落组织依然是上述"古列延"形式的延伸，但也是游牧走向定居的一种过渡形态。

### （二）农耕文化特征的乡村聚落

自明清以来，以走西口、闯关东为代表的两大移民群成为内蒙古汉族移民的主流。以山西、陕北为代表的走西口移民群进入河套地区、绥远地区以及察哈尔左、右翼等地，形成了以晋陕文化为代表的晋陕移民圈③；以山东、河北为代表的移民群主要分布在卓索图盟、昭乌达盟、哲里木盟等地，形成了以鲁冀文化为代表的移民圈④。因此，以汉族文化特征为主导的传统乡村聚落主要聚集在内蒙古农牧交错带，而以河套平原、土默川平原、黄土高原内蒙古段以及西辽河平原等地最为集中。

来到内蒙古的汉族移民，携带着特定地域的传统文化，同内蒙古特殊的地形地貌、气候、景观相结合，形成了内蒙古所特有的汉族移民聚落。在这样结合的过程中，由于极度的贫穷，以及客居他乡的心理作用，使得农民们在建房时就地取材，因陋就简，基本的民俗活动

---

① 阿拉腾敖德. 蒙古族传统游牧聚落"古列延"的历史变迁[J]. 内蒙古青年《这一代》, 2015 (12): 60.
② 同上.
③ 闫天灵. 汉族移民与近代内蒙古社会变迁研究[M]. 北京: 民族出版社, 2004: 60.
④ 闫天灵. 汉族移民与近代内蒙古社会变迁研究[M]. 北京: 民族出版社, 2004: 168.

也逐渐减少。这样就形成了汉族移民村落自由随意的布局、简单粗犷的建筑,但与当地地形地貌、景观紧密结合的基本特征。

汉族聚落的基本构成要素与特征:

首先,以血缘为基本纽带,聚"族"而居依然是典型汉族移民村落的基本特征。从山西、山东等地来到内蒙古的农民们,往往先找同村或同族的亲戚朋友落脚,依靠亲近关系的帮扶逐渐在某一地方扎下根来。同族亲戚或同乡在外地抱团居住往往能相互照应,增加安全感。因此,内蒙古大量村落都是以某几个姓氏组团而居形成聚落,或以某一地区搬迁而来,形成村落,并以来源地的名称命名村名,例如"寿阳营"(图1-3-5)就聚集着山西寿阳县迁来的村民,"忻州营"则聚集着山西忻州县来的村民等。但内蒙古的汉族村落基本没有宗祠,这也说明,由于条件限制和客居他乡的观念使得人们对于宗族观念已经逐渐弱化,在节庆礼仪需求的时候往往临时搭建帐篷来供奉祖先和神灵。

其次,以戏台子和寺庙为核心组成公共活动空间。内蒙古传统村落的寺庙建筑往往体现出汉族多神论的典型特征。因此,规模稍大的村庄建设寺庙较多,例如财神庙、龙王庙、观音庙、文庙等。戏台子和观音庙往往位于村庄核心,组成村民的公共活动空间,

图1-3-5 呼和浩特土默特左旗寿阳营村姓氏组团与寺庙的分布分析
(来源:孙冠臻 绘)

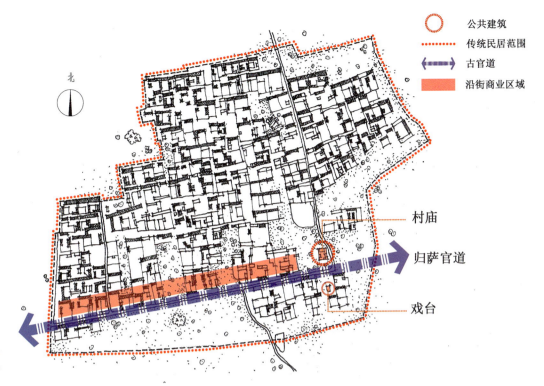

图1-3-6 美岱召村商业与公共建筑的分布分析（来源：殷俊峰、张海涛 绘）

祭祀活动和看戏往往成为各村最重要的文化活动。其他寺庙则常位于村庄的各个村口处，起到守护村庄的作用（图1-3-6）。此外，较大型的村庄，在发展的过程中都会形成一些商业网点或街区，也是村落公共活动的重要组成部分。

最后，汉族文化的聚居状态同内蒙古原始景观地貌结合。内蒙古河套地区到土默川一带，其主导景观就是背靠大青山（阴山山脉的一部分），旁边依傍着黄河，灰蒙蒙的阴山和黄色的土地上，星星点点地点缀着大大小小的移民村落，形成一种荒凉、沧桑而又带有浓浓烟火气的聚落景观；黄土高原内蒙古地区的地貌特征是峦峁突起，沟壑遍地，这一地区的移民多数是从长城、黄河对岸的山西村庄移民而来。河岸两侧的村民多数都是亲戚，其形成的聚落往往同对面的山西村落几乎完全一样，都是就地取材，以当地特有的"剁斧石"为基本材料，形成错错落落的窑洞建筑，同当地高低起伏的地形融为一体；西辽河平原是由辽河及其支流冲积而成，形成了由平原和很深的沟壑构成的地貌景观。很多移民村庄为了取水方便，往往聚集在河流冲积的沟壑旁边。沿沟形成了错错落落的线性聚落景观，这类聚落景观的重要特点是平原景观往往以自然地貌为主，到很深沟壑下面才能看到沿河形成的村落群（图1-3-7）。

（三）宗教文化特征的乡村聚落

以藏传佛教文化为主导所形成的乡村聚落是内蒙古乡村聚落的一大特色所在。这种聚落既不同于以汉族文化为主导的乡村聚落，又不同于后期形成的蒙古族游牧聚落，也不同于藏区的宗教聚落，而是经过长时间的积淀和变迁，形成了以藏传佛教为核心，蒙藏文化、汉藏文化以及蒙、汉、藏三种文化相融合的聚落形态，这是内蒙古藏传佛教聚落的典型特征，也是内蒙古现存传统聚落特色的典型代表。

图1-3-7 呼和浩特清水河窑洞聚落景观（来源：韩瑛 摄）

具体表现如图1-3-8所示：

首先，到清代中后期，内蒙古地域形成了大量藏传佛教寺庙聚落。这些聚落有的因位于商业贸易的交通枢纽处，或围绕在王府周边而逐渐形成城镇。大量的小型寺庙聚落位置偏僻，寺庙聚落的形式被保留下来。到内蒙古解放初期，政府要求喇嘛还俗，寺庙里一部分喇嘛回到家乡结婚生子，另外一部分喇嘛就地依靠寺庙的住所还俗，并开始从事农业生产活动。因此，这些寺庙基本保留了原来寺庙聚落的规模和形态，形成了以寺庙为核心的农业聚落，乌审召就是典型案例。这一类聚落往往位于交通偏僻、人烟稀少的山区和牧区，是难得的研究样本。

其次，汉族移民的涌入是以藏传佛教寺庙为核心，形成汉、藏文化相融合的传统聚落发展的主导因素。随着清政府移民和放垦政策的实施，大量汉族移民涌入内蒙古地区。其中一部分移民来到农牧交错带的寺庙周边，通过租种寺庙土地，开始围绕寺庙定居下来。逐渐形成了以寺庙为核心，汉、藏文化相交融的传统村落。汉族移民同寺庙的长期相处过程中，逐渐地开始崇信藏传佛教，到寺庙的烧香礼佛活动已经成为村民们日常生活的重要组成部分，这一类聚落多数都位于内蒙古的农牧交错带上，例如美岱召村、乌素图村等。

第三，随着盟旗制度的广泛实施，大量蒙古牧民开始定居下来。为了日常礼佛活动和孩子教育的便利条件，围绕寺庙居住已经成为周边牧民的首选。始于清末的大量还俗喇嘛和寺庙信徒围绕寺庙周边建造住所，形成了以寺庙为核心，富含蒙、藏文化特色的传统村落。这类聚落往往位于农牧交错带以西、以北的牧区，例如锡林郭勒盟西乌珠穆沁旗乌兰哈拉嘎苏木。

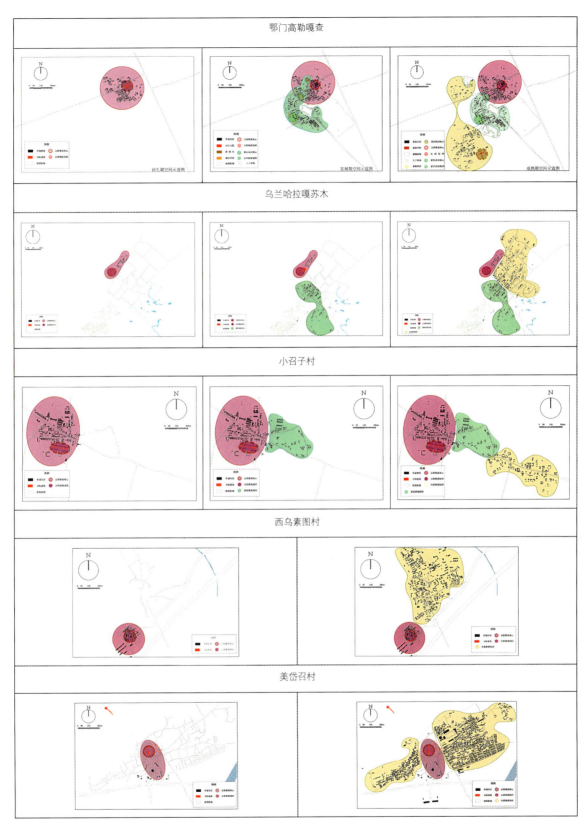

图1-3-8 宗教文化影响下的乡村聚落的形态特征分析（来源：朱秀莉 绘）

第四，位于河套平原、土默川平原以及西辽河平原的藏传佛教寺庙，由于具备优越的交通条件和肥沃的土地资源，吸引了大量蒙古族和汉族移民。首先，还俗的喇嘛和寺庙信徒会围绕着寺庙周边定居下来。汉族移民到来之后，会租种寺庙土地，同时会遵守寺庙要求在距寺庙较远的地方定居下来。逐渐地，商业、手工业也会进入，随着人口增加，聚落规模逐渐扩展，寺庙聚落会跟蒙古族聚居区、汉族聚居区连成一片，形成蒙、汉、藏三种文化相融合的传统村落。这类村落也往往聚集在内蒙古农牧交错带，例如位于包头市的小召子村。

以上分析了内蒙古藏传佛教寺庙文化同汉族移民文化以及蒙古族文化相互融合并形成聚落的历史过程，在这个过程中，逐渐形成了以藏传佛教为核心的曼陀罗原型聚落、内外围合型聚落、双组团并列型以及三组团线性村落等多种聚落形态。这些传统村落见证了在清代风云变幻的历史背景下，藏传佛教寺庙聚落于多种文化融合过程中形成与变迁的历史过程，具有很高的景观和遗产价值。

## 四、多样建筑形态特征

### （一）多样化的藏传佛教建筑（藏式、汉式、多元混合建筑）

内蒙古地域藏传佛教召庙受到藏族地区建筑文化和汉地官式建筑文化的共同影响，同时又在发展的过程中与本地域的建筑传统相结合，形成了丰富多样的建筑形式，可以说，内蒙古地域的召庙是藏、汉、蒙文化的结合体[1]。

一直以来，学界把内蒙古藏传佛教召庙从总体布局到单体建筑形态大致概括为藏式、汉式和藏汉混合式三种。其实，这种概括仅是一种粗放的风格归类，其中的每一类形态又极其丰富。从基本类型上看，内蒙古地域藏传佛教召庙大致有两类：其一是移植明清中原官式建筑形制和汉地民间丰富多彩的建筑风格，较为典型的实例是多伦汇宗寺、赤峰法轮寺；其二是移植藏区召庙风格，其单体建筑形制有一层碉房和多层都刚法式，实例有阿拉善的巴丹吉林庙、巴彦淖尔的善岱古庙。它们之间不同的融合方式呈现出极为丰富的形态，主要类型有"都纲法式"空间加汉式屋顶和"副阶周匝"平面加藏式檐墙等，前者较为典型的实例有包头的美岱召、呼和浩特的大召，后者有包头市的希拉穆仁召等。同时，仅屋顶类型本身就十分丰富（图1-3-9）。[2]

由上述分析可见，内蒙古地域由于受到政治、宗教、移民等多种文化的影响，其建筑形态也呈现出汉、藏建筑相融合，官式与民间营造技艺相互补充的基本特征，这些多元混合的折中主义建筑，就成为内蒙古传统藏传佛教建筑的一大特色。这些寺庙建筑群往往成为城镇和乡村聚落的主导性建筑，引领着城镇和乡村的发展。

### （二）形式多变的汉族民居建筑

内蒙古的汉族民居建筑是我区传统建筑中数量最多、分布范围最广泛的民居建筑。晋风为代表的民居建筑主要分布在呼和浩特市、包头市、鄂尔多斯市、乌兰察布市和巴彦淖尔市等地，而以呼和浩特—包头一带的土默川平原分布最多，也最为集中。

晋风民居建筑，以生土和青砖作为主要建筑材料，正房采用土木结构，有三间五架甚至五间以上的基本空间，加东西厢房以及倒座形成合院式的布局，这是上述建筑的基本特征。晋风民居建筑根据生产方

---

[1] 张鹏举. 内蒙古藏传佛教建筑[M]. 北京：中国建筑工业出版社, 2011（12）.
[2] 张鹏举, 高旭. 内蒙古地域藏传佛教建筑形态的一般特征[J]. 新建筑, 2013（01）.

(a) 锡林郭勒盟汇宗寺大殿

(b) 赤峰市法轮寺大殿

(c) 阿拉善盟巴丹吉林庙大殿

(d) 巴彦淖尔盟善代古庙大殿

图1-3-9 内蒙古藏传佛教建筑多样化的形态特征（来源：张鹏举《内蒙古地域藏传佛教建筑形态研究》）

(e) 包头市美岱召大殿

(f) 呼和浩特市大召大殿

(g) 包头市希拉穆仁召大殿

图1-3-9 内蒙古藏传佛教建筑多样化的形态特征（来源：张鹏举《内蒙古地域藏传佛教建筑形态研究》）（续）

| 寺庙名称 | 大殿立面图 | 大殿剖面图 | 寺庙名称 | 大殿立面图 | 大殿剖面图 |
|---|---|---|---|---|---|
| 梅力更召 | | | 希拉木仁庙 | | |
| 梵宗寺 | | | 延福寺 | | |
| 百灵庙 | | | 席力图召 | | |

(h) 召庙殿堂立面

图1-3-9 内蒙古藏传佛教建筑多样化的形态特征（来源：张鹏举《内蒙古地域藏传佛教建筑形态研究》）（续）

式主要分为两类：一类是大部分从晋、陕、冀、鲁等地来到蒙地务农的贫苦人民，由于经济条件限制，只能建造生土院落——晋风农宅；另一类是来自周边各地的旅蒙商人和达官显贵来到蒙地做买卖，建造了自己使用的四合院——晋风商宅。晋风农宅和商宅之间并无严格界限，多数农民的生土农宅采用生土材料，条件稍好的生土民居四角的局部添加砖瓦，旅蒙商和达官显贵则营建外熟内生（墙体内部用土坯、外部用青砖加固的建造工艺）的四合院民居。由于地形地貌以及气候条件的限制，同时受蒙古民族的影响，移民生产方式也形成了农耕、半农半牧，甚至有一部分汉族移民进入牧区完全从事牧业生产。因此，晋风建筑也完成了一系列的地域化转变，例如院落加宽以适应牧业生产的需求，建筑正房一般以居住为主，东西厢房和倒座往往根据需求建成牲畜棚圈以及仓储等用房，建筑就地取材，厢房和倒座以随意搭建为主，没有固定规制，这也是晋风民居地域化的一个表现。

窑洞民居，晋陕两地移民来到内蒙古，根据地形土质以及来源地的建筑特征，形成了窑洞民居建筑。窑洞民居建筑有多种形态，有靠崖式窑洞、独立式窑洞，还有模仿窑洞构成的大窑式的筒拱形房屋。可见，窑洞民居自山西、陕北、宁夏等地随着移民传入内蒙古，又根据当地的生产生活需求和特有的环境与材料，形成了内蒙古地域多样化的窑洞民居建筑。

山东、河北两地为代表的鲁冀民居在东部地区西辽河流域分布最为广泛。由于这两个地区的移民混合程度较强，同时东北严酷的气候条件对民居建筑的保温以及除雪等方面提出了诸多的限制条件，逐渐形成了囤顶碱土房以及双坡顶草坯房等建筑形态。这类建筑基本都是三开间，中间是入口廊道兼灶台，两侧形成两个主要的居住空间。这类建筑屋顶一般做成圆弧形的囤顶，或者是陡峭的双坡顶，以减少大量降雪给屋顶带来的压力。我们把这一大类民居建筑统称为内蒙古东北民居。东北民居也是山东、河北移民根据严酷的气候条件形成的地域化特征的民居建筑。

宁夏式民居，以甘肃民居和宁夏民居的营造技术为主导，并结合北京四合院的建筑形式，形成了内蒙古独树一帜的汉族民居建筑形态。阿拉善地区除了西部与甘肃省相邻，南部与宁夏回族自治区隔贺兰山而望，地区之间商贸往来较为频繁，从早期的行商到后来的坐商，很多外地商人逐渐定居于此并修建宅院①。这一类民居建筑的主要特点就是建筑布局主要是合院式，尤其三合院居多，入口位于中轴线正对正房入口，院落南北较长，呈窄条状，房屋以平屋顶为主，前檐多带柱廊，并有精美的砖雕装饰。宁夏式民居建筑形态是融合了北京合院建筑的布局，甘肃平屋顶以及宁夏柱廊、砖雕等多地域的多种建筑特征，形成了独具特色的汉族民居建筑。

由上述分析可见，内蒙古汉族民居建筑受到山西、陕北、山东、河北、甘肃、宁夏等各相邻省份民居建筑的广泛影响，同时又根据当地的地形地貌、气候特点以及生产生活方式等进行了多种因素的融合与适应，形成了多样混合、形式多变的汉族民居建筑，这类建筑是内蒙古地区大量性传统聚落的基本构成要素。

## （三）蒙古包、斜仁柱共存（游牧游猎类的民居建筑）

由于内蒙古早期的生活方式以游牧、游猎生活为主，逐水草而居或在森林深处游动，没有较为固定的聚居地，这种生活方式决定了他们不具备掌握较为先进建造技艺的客观条件。同时游动式的生活也决定了其建筑必须满足简易、轻便、小巧、方便携带和临时搭建的需求。因此这一类建筑往往就地取材，以木材、树皮、动物皮毛以及毛毡等材料为主，建筑形态往往以圆形蒙古包或圆锥形的斜仁柱为主。由于鄂伦春、鄂温克等游猎民族数量少，生产和生活相对较闭塞和落后，造就了斜仁柱原始、简易的基本特征。蒙古游牧民族的蒙古包虽然在元代有了一个跨越式的发展，但总体来说，其建筑简易、尺度较小、舒适度差等特征依然是此类建筑的基本特点。虽然经过多年的发展，这两类建筑形态、建筑材料等基本特征没有出现本质性的变化。但是这两类建筑的存在依然见证了内蒙古广阔的大地上曾经驰骋千年的游牧、游猎民族的生活。

随着盟旗制度的出现，大量游牧民族逐渐转为定牧，而游动式的蒙古包建筑也因不能适应越来越高的生活需求而逐渐退出了历史舞台，取而代之的是汉族的土坯房或砖瓦房，目前这类游动式的蒙古包也只能作为附属用房存在，甚至蜕变为一种曾经的建筑标本展示给大家。而鄂伦春和鄂温克游猎民族在中华人民共和国成立后，也全部定居，其游动式的建筑也逐渐消失。

此外，内蒙古由于少数民族众多，还形成了达斡尔族的传统"介字房"、俄罗斯族的"木刻楞"建筑等多种少数民族建筑形式，为内蒙古地区的多样化民居建筑增添了别样的色彩。

## （四）植入为主导的官式建筑

内蒙古地区曾经居住过许多北方少数民族，这些游牧、游猎民族同中原汉地民族在长期战争的过程中，也促进了文化方面的相互交流和发展。汉族先进的建筑文化深深地吸引着这些少数民族，他们的统治者纷纷利用汉族工匠俘虏来建造汉式城池或建筑。明清后，随着城镇聚落的出现，加之中原汉民的移入，少数民族定居后的主体生活建筑无一例外地选择了从域外植入的固定建筑形式。

这种植入型的建筑在辽代、元代就已经有明确的史料记载，例如据《元史》中记录的大小官署六十所，

---

① 梁丽霞. 阿拉善蒙古研究 [M]. 北京：民族出版社，2009.

佛寺一百六十余座，以及孔庙、道观、城隍庙、三皇庙、清真寺等各种宗教寺院，其形式风格皆为中原建筑式样。辽上京、辽中京、元上都等都是利用汉族工匠模仿中原建设的典型案例。由于上述城市和建筑已毁，对于近代传统聚落与建筑的影响较小，我们暂不做分析。

本书要讨论的主要是明清以来以植入为主的城池和官式建筑。这类建筑主要是以植入式的满洲八旗城（呼和浩特绥远城以及城内的将军衙署）、各王公贵族府邸以及敕建的藏传佛教寺庙等为代表。这一类城池的建筑的建设都有统一的规制，一般都由清政府的工部统一出图、统一管理，形成了由北京皇家输入的标准化的官式建筑。这些建筑带着汉族官式建筑的建筑标准和成熟的营造技术进入内蒙古地区，引领着本地域汉式建筑的发展，同时也是内蒙古城镇聚落形成的重要参与对象。正是这一类城池与建筑，同藏式建筑、游牧游猎式的建筑以及汉族民间传统建筑等形成鲜明对比，造就了内蒙古传统建筑多样化的基本特征。同时，这些建筑由于其重要的功能，往往成为城镇或乡村聚落的核心，是内蒙古传统聚落的重要组成部分。

第二章

历史环境演变与聚落形成

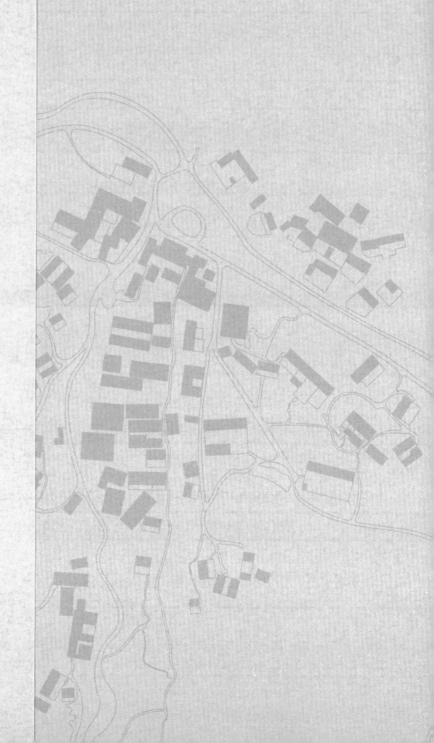

内蒙古地区曾经居住过许多北方少数民族，主要有匈奴、鲜卑、柔然、突厥、薛延陀、回鹘、契丹、女真、蒙古等，这些游牧民族同中原汉地民族在长期战争的过程中，也促进了文化方面的相互交流和发展。城郭制度本是汉族等农业文化的一种形态，但北方游牧民族统治者为了学习先进的农耕文化，引进中原汉地的城镇文明，也开始建造起自己的城镇。

从考古发掘的成果来看，内蒙古地区早在新石器时代就已经出现了聚落。战国、两汉已出现城池，北魏草创了都城（盛乐），而规模较大的中心城镇则是在辽代。辽代契丹族建造的上京城、中京城，以及各个方州军城；元代蒙古族建立的上都城和行省下辖的城镇等，都是结合游牧民族生活的实际创造性地发展我国的城郭制度，形成了并列型、环套型、以及环套型外设四向关厢等独特的城市格局，体现了农耕和游牧二元文化的有机融合。

内蒙古地区大量性的城镇聚落，是在清至近代开始形成的。清代内蒙古城镇的兴起，有着深远的历史原因。1840年鸦片战争爆发后，在资本主义列强的侵略下，中国边疆地区普遍出现危机。与此同时，国内阶级矛盾、民族矛盾愈演愈烈，地区日益动荡不安，各民族的反抗斗争与日俱增。严重的内忧外患，迫使清政府对蒙古地区逐步废除"封禁"政策，放垦蒙地，从此，大量汉族移民像潮水般涌入内蒙古。农业经济发展和农业定居点的出现和不断扩大，为内蒙古城镇的兴起奠定了基础。清政府为加强管理不断扩大的农耕区，处理蒙古人和汉人之间的纠纷，将内地的地方行政建制推广到内蒙古。地方设置是促使政治中心型城镇形成的重要原因。除此之外，内蒙古原有的政治中心、宗教中心、军事中心以及交通要冲，也为城镇聚落的形成起到了推动作用。

内蒙古城镇聚落兴起于蒙古草原上，多数是由内地移民所创建。从起初的农业村落、集镇，或者以庙会集市、王府或军事中心为基础形成的居住点，最终发展成为大小不一的城镇。

从村镇聚落方面来看，草原农区的扩大和商品经济的发展，日益影响到蒙旗原有的经济生活。蒙旗内有了牧区、半农半牧区和农区的划分，同时促进了以汉族为主导的定居型村落的形成。

因此，内蒙古城镇聚落也根据其形成的主导原因不同而分为以下六种基本类型：都城，地方性政治、经济、军事、文化中心，王府型城镇，宗教中心型城镇，交通贸易型城镇，定居型农牧业聚落。

综上，内蒙古城镇聚落的形成和发展具有多元化、多样性的基本特征；清代形成大量性城镇聚落也是内蒙古地区特有的历史现象；内蒙古游牧文化和农耕文化的不断碰撞融合形成了独具特色的草原都城；宗教寺庙成为影响城镇形成和城镇形态的一个主导因素；由于大量王府和公主府邸而形成的王府型城镇也是内蒙古地区城镇聚落的独特特点。

内蒙古地区由于长期的游牧文化的主导和后期破坏性建设等多种因素，目前遗留下来的传统城镇聚落较少，因此本章的实例分析也较为薄弱。但本书对内蒙古城镇的形成原因、特点以及基本类型加以分析，一方面能展示内蒙古这个独特历史地域城镇聚落的鲜明特点；另一方面，对于本地域城镇聚落的进一步研究、规划和保护工作都将具有重要意义。

# 第一节　早期历史与聚落遗址（远古至唐代）

## 一、历史背景概述

根据考古发现和考古学家的研究，旧石器时代内蒙古地区就已有人类的活动。旧石器时代以及新石器各时期的文化遗址，在内蒙古东、西部的许多地区都有发现。在我国早期的文献中，记载有活动于内蒙古地区的古代北方民族，且中原地区的华夏族也开始进入到今内蒙古地区。

## 二、旧石器时代

旧石器时代的遗迹在内蒙古地区的许多地方均有发现。呼和浩特市保合少乡大窑村石器制造场遗址的发现，将内蒙古历史提前到距今50万年的旧石器时代早期。该石器制造场一直延续到旧石器时代中晚期。原始人群以燧石为原料，使用锤击法制造石器。这些石器台面不加修整，石核利用率很高，以刮削器为主，砍砸器次之，石球晚期为多。大窑遗址有力地说明了呼和浩特地区也是中华民族古老文明的发祥地之一。

伊克昭盟乌审旗萨拉乌苏河畔出土人类化石23件，其年代距今5万至3.5万年，属晚期智人。萨拉乌苏河畔的动物化石很多，有诺士古菱齿象、披毛犀、野驴等，表明这一带气候温暖，以草原为主，兼有阔叶混交林。萨拉乌苏文化遗址出土很多石器，多以石英岩和碎石为原料。刮削器较多，种类复杂，还有钻器、尖状器、雕刻器等。

此外，清水河县、托克托县和准格尔旗的黄河沿岸，以及卓资县的火石窑沟、武川县的二道洼村、翁牛特旗老虎洞山等地都发现了旧石器时代的遗址。

## 三、新石器时代

新石器时代，内蒙古境内的主要山川、河流、湖泊附近，大都有人类居住。据不完全统计，到目前已调查的新石器时代遗址约有100多处。比较有影响力的新石器聚落遗址主要包括兴隆洼文化遗址、老虎山文化遗址、哈民忙哈文化遗址以及红山文化遗址等，说明内蒙古地域早期多种生活方式以及固定式建筑及聚落的存在。近年来一些并不广为人知的考古发现，揭示了内蒙古地区远古聚落的形态。在西辽河哈民遗址，发现了十几座保存较为完整的木质房屋构架遗址，再现了新石器时代半穴式房屋形态和建造模式，在世界范围内的史前聚落遗址中尚属首次。

兴隆洼文化遗址是距今8200年前到3600年前，兴隆洼遗址不仅是内蒙古地区最早的新石器时代文化遗址，也是20世纪80年代我国发现年代最久远、居住面积最大、排列最整齐的远古人类村落，被誉为"华夏第一村"，列为20世纪中国百项考古大发现之一（图2-1-1）。

经过发掘的兴隆洼文化遗址有10处，因为有的遗址内可进行分期，区分出不止一个时期的聚落，因此可提供参考的兴隆洼文化的聚落超过10个。兴隆洼文化聚落由居住区、烧窑区、墓葬区、祭祀区组成，各功能区范围上有明确划分，紧密结合在一起，形成一个相对独立的经济和精神文化集体。遗址居住区为凝聚式格局，部分有环壕，部分没有环壕。还可以分单体聚落和多体聚落两种。带壕单体聚落有兴隆洼遗址一期聚落和北城子遗址聚落，无环壕单体聚落有南台子遗址聚落、兴隆洼遗址二期聚落等。环壕多体聚落有两种

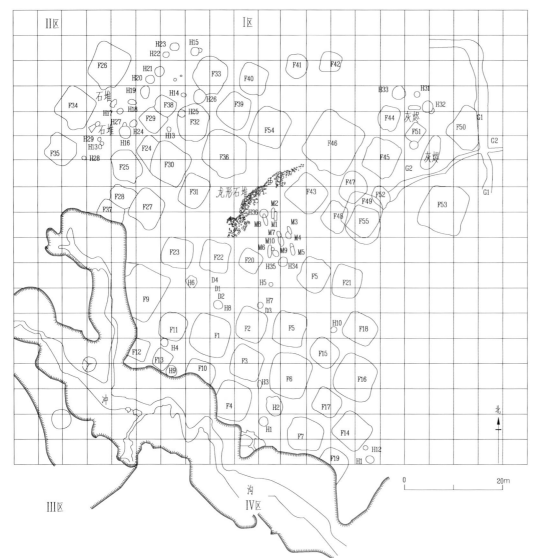

图2-1-1 兴隆洼遗址总平面图（来源：索秀芬、李少兵《兴隆洼文化聚落形态》，孙冠臻 改绘）

形制，一种是双壕各环绕一个居住区，如白音长汗遗址兴隆洼文化乙类聚落（图2-1-2）；另一种是在一个环壕内有三个不同区划，如查海遗址兴隆洼文化聚落。从各聚落结构看，各聚落的社会结构差别较大。例如白音长汗遗址兴隆洼文化甲类聚落可能只是一个大家庭，南台子遗址兴隆洼文化聚落为一座单体聚落，可能代表一个氏族。多个环壕和多个区的聚落代表由不同氏族组成的胞族。兴隆沟遗址和查海遗址兴隆洼文化聚落中的三个区代表三个氏族，整个聚落由三个氏族组成一个胞族。兴隆洼文化聚落有大家庭、氏族和胞族三种规格。①

居住区内房屋成排布局，每一区内门向大致一致。每排房址数量不等，少则几座，多则30余间。兴隆洼文化房屋均为方形半地穴式建筑，绝大多数为单

---

① 索秀芬，李少冰. 兴隆洼文化聚落形态[J]. 边疆考古研究，2009（12）：16-17.

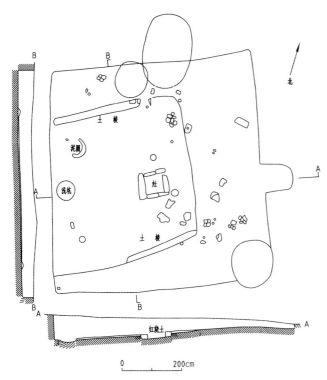

图2-1-2 白音长汗遗址AF25平面、剖面图（来源：索秀芬、李少兵《兴隆洼文化聚落形态》，孙冠臻 改绘）

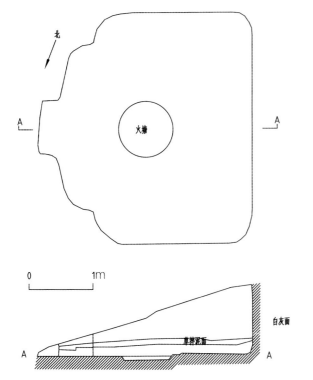

图2-1-3 园子沟F3020平面、剖面图（来源：内蒙古文物考古研究所《岱海考古（一）》，孙冠臻 改绘）

间，只在南台子遗址发现一座双间房屋。有带门道和不带门道之别，带门道房址平面呈"凸"字形，不带门道房址平面呈方形。尽管各遗址房屋面积不尽相同，但均有大、中、小三个等级。每一排有一座中心性大房，位于聚落中心部位。各遗址大、中、小三级房屋面积不同但各级别房屋用途大致相同。

内蒙古凉城县岱海地区龙山时代老虎山文化遗址群主要包括老虎山、园子沟、西白玉、面坡和大庙坡五个遗址，其中原子沟聚落遗址是其最具代表性的一个。整个聚落包括三个区。所在三坡略显突出，前傍水面，背靠深山，实际上组成一个相对独立的大山坡。明确的早期房屋仅18座，总体偏少。早期房屋普遍偏小，最小者仅4平方米左右，最大者不过11平方米。早期的房屋分布显示出明确的血缘关系，有的三座在一处代表一个大家庭，另外还有11座房屋呈两排分布，代表两个家族组成的一个大家族。晚期的房屋达48座之多，在各区均广泛分布。晚期房屋变大，最小者6平方米，最大者约16平方米。晚期房屋分布出现了三个以上家族组成的大家族，这些家族共同构成一个更大的共同体，共计三四百之多，或可用"家族公社"来指称。[1] 园子沟遗址的房屋居室多为前部短的"凸"字形（图2-1-3），墙壁一般逐渐内弧收顶，另外一种居室多呈前部长的"凸"字形（图2-1-4），墙壁流行两段直壁后收顶的做法，同时也出现了夯土墙窑洞式建筑做法。居住面距地表4米，为原生土层，房子为圆角方形，进深2米，间宽2.9米，房顶向内倒塌。

哈民忙哈遗址是我国考古工作者在北纬43°以北地区，首次大面积发掘保存最完整的史前聚落遗址。揭露面积4000余平方米，共清理房址43座、灰坑38个、墓葬6座、环壕1条。哈民忙哈遗址房址呈西北—

---

[1] 内蒙古文物考古研究所. 岱海考古——老虎山文化遗址发掘报告集[M]. 北京：科学出版社，2000（09）.

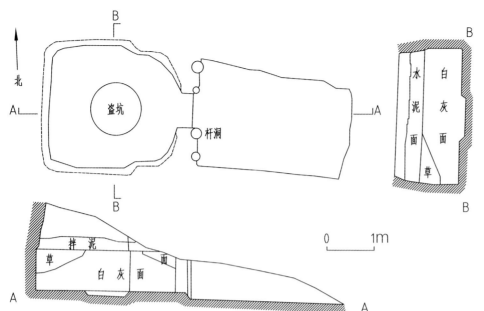

图2-1-4 园子沟F3027平面、剖面图（来源：内蒙古文物考古研究所《岱海考古（一）》，孙冠臻 改绘）

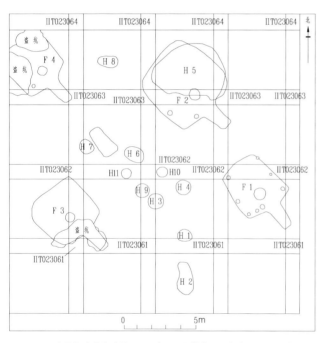

图2-1-5 哈民忙哈遗址总平面图（来源：内蒙古文物考古研究所、科左中旗文物管理所《内蒙古科左中旗哈民忙哈新时期时代遗址2010年发掘简报》，孙冠臻 改绘）

东南方向成排分布，门道朝向统一，排列整齐，外围有环壕相绕，说明聚落在营建之初经过了统一规划（图2-1-5）。

哈民忙哈遗址发掘房址43座、平面皆呈"凸"字形半地穴式建筑，按居室半地穴面积可分为小型、中小型、中大型和大型四种规格（图2-1-6）。据现场观察分析，我们认为该遗址发现的房址半地穴外围应有一圈"二层台"，即这类房址营建时空间范围要大于半地穴居住面的使用面积。房屋居住面平整，保存较好的房址居住面和穴壁壁面有烧烤的痕迹，灶坑位于居室中部偏向门道一侧，平面为圆形。柱洞有明柱和半壁柱两种，一般沿穴壁内侧排列，也有置于灶坑四角或对称发现于居住面上，分布较有规律。有七座房址程度不同地清理出屋顶塌落的木质构架痕迹，基本反映出屋顶的建筑构架。现场观察，横梁位于房址中部，四角由承重柱子支撑，檩子搭建在主梁上，一端接地，一端聚向中间，檩子之间等距离铺设椽子。梁、檩、椽相互结合形成完整构架，初步判断房址的屋顶为四面斜坡式方锥形建筑。

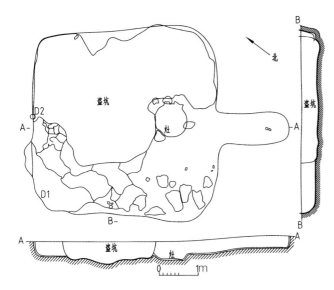

图2-1-6 F2平面、剖面图（来源：内蒙古文物考古研究所、科左中旗文物管理所《内蒙古科左中旗哈民忙哈新时期时代遗址2010年发掘简报》，孙冠臻改绘）

哈民忙哈遗址揭露出保存相当完整的史前房屋构架，在东北乃至北方地区尚属首次发现，是发掘取得的重要考古收获之一。[1]

哈民忙哈遗址所揭示遗存的独特文化面貌与周邻地区已发现命名的新石器文化均不相同，根据对其文化内涵的认识，可确立一种新的考古学文化——"哈民文化"。"哈民文化"的发现，在空间上填补了以往区域考古工作的空白，在时间上充实和完善了新石器时代晚期考古学文化研究的薄弱环节，在聚落考古方面取得了突破性进展。[2]

红山文化由赤峰红山遗址而得名，分布于内蒙古东南部、辽宁西部和河北北部以及吉林西北部地区，包括辽河、大小凌河、西拉木伦河、老哈河、教来河流域，测定年代为公元前3500年。目前考古发现的红山文化遗迹主要有聚落、房址、灰坑、窑址、积石冢、石棺墓等，它们是研究红山文化聚落形态的重要资料。

红山文化时期以居住址为中心的聚落形态有如下特点：红山文化时期聚落遗迹分布范围较广，在大凌河、老哈河、西拉木伦河流域都有发现。遗迹种类丰富，主要有房屋居住址、灰坑、聚落、环壕、墓地等，除了一般的居址外，还出现了专业性生产中心窑址。依据布局和使用功能，大致可分为三种类型[3]：第一类只具有单一的居住功能，包括一般居住址、无壕聚落、环壕聚落、集中分布的聚落群等不同的形态（图2-1-7）；第二种类型是制陶窑址、陶器的制作及使用，与定居生活有密切的关系，因此，独立存在的窑址，作为手工业作坊遗迹，也是聚落的一个主要组成部分（图2-1-8）；第三种类型是在居住址和墓地组成的聚落中，墓地位于在居住址附近，是聚落的一个组成部分（图2-1-9）。聚落选址主要是便于居住、易于生产生活，居住址多选择在河流分布地区的临河高地或向阳地带，适宜居住、饮水方便。房屋皆为半地穴式，基址平面形制多样，有长方形、近方形、圆角方形、"凸"字形，少数为圆形。在红山文化早期，遗址规模小，为单一的房屋建筑，中期以后不仅出现了大规模的聚落群、环壕聚落，而且在聚落附近还有墓地，到晚期出现了中心聚落。从聚落考古现状推测，可能存在过一个从聚落形态上看具有三级结构的社会集团，按西方的概念，这种集团是典型的"酋邦"[4]，这是红山文化时期社

---

[1] 朱永刚，吉平. 探索内蒙古科尔沁地区 史前文明的重大考古新发现——哈民忙哈遗址发掘的主要收获与学术意义[J]. 吉林大学社会科学学报，2012（07）:86.
[2] 同上。
[3] 崔岩勤. 红山文化聚落探析[J]. 赤峰学院学报（汉文哲学社会科学版），2012（08）：6-10.
[4] 酋邦：美国学者塞维斯对于国家产生之前人类社会组织形态的一种称谓。美国文化人类学家塞维斯（E·R·Servise）在《原始社会的组织》（Primitive Social Organization）和《国家与文明的起源》（Origins of the State and Civilization）中认为，人类社会的政治组织经历了四个连续发展的阶段，即游群、部落、酋邦、国家。

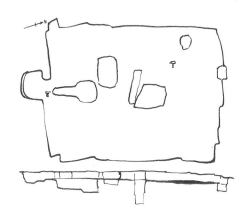
图2-1-7 赤峰西水泉遗址平面图（来源：崔岩勤《红山文化聚落探析》，张宏宇 绘）

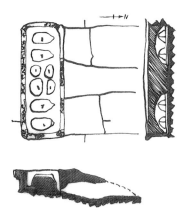
图2-1-8 四稜山窑址Y6平面、剖面图（来源：崔岩勤《红山文化聚落探析》，张宏宇 绘）

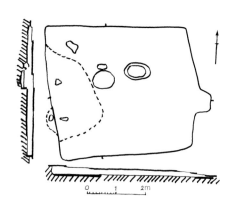
图2-1-9 白音长汗遗址BF67平剖面图（来源：崔岩勤《红山文化聚落探析》，张宏宇 绘）

会不断进步和发展的表现。

另外，位于包头东阿善沟门遗址的阿善一期文化（相当于中原仰韶文化早期），二期（相当于仰韶文化中晚期），三期（相当于仰韶文化和龙山文化之间）的考古发掘中又有石墙房子和窑穴发现。同类文化在清水河白泥窑也有发现。而近年环岱海（凉城）新石器时代原始聚落遗址群的大量考古成果显示，这些半地穴双联式窑居不仅规模大，而且明显带有专业施工痕迹，还发现了最早期的室内抹灰装饰。

## 四、青铜器时代

赤峰市夏家店下层文化遗址具有明显的青铜文化特征，距今年代约为3965或3550年，分布在老哈河流域、辽西、燕山南北、锡盟东南，北越西拉木伦河，西至张家口、宣化。从出土的青铜器来看，当时人们已经掌握了冶铜、铸铜技术。石锄、石铲、石刀等工具说明农业生产的存在。猪、狗、羊、牛、鹿科动物的骨骼以及大量骨器的出土，说明当时已经驯养了很多动物。聚落多在河岸高地，房址数十乃至百余座不等，以围墙、壕沟为防御，墙用石砌和夯筑。墓地大者近千座。聚落特点以三座店石城遗址和二道井子聚落遗址最具代表性。在石城遗址中，石城由大小两城构成，小城紧傍大城东侧，略呈长方形，南北长50米、东西宽40米，面积近1600平方米。大城城墙形制特殊，整座城址看上去更像是一个凸起的高台。在城墙外侧共发现15个"马面"，城内有南北两条主干道，一条通向中心院落，院落南部有石砌的关门。城内有单圈、双圈石砌房址及半地穴房址等几种建筑形式。在城址内还存在若干条不同走向的石墙，它们把众多房址和窑穴划分成20余处相对独立的建筑单元——院落，诸多院落呈现出由高到低呈阶梯状分布的特点[①]（图2-1-10）。

赤峰市二道井子遗址的发掘，是夏家店下层文化遗址的一项重大考古发现。2009年4月，内蒙古文物考古研究所组队对赤峰市二道井子遗址进行了考古发掘，揭露面积5200平方米，清理城墙环壕、院落房屋道路、窑穴灰坑、墓葬等遗迹305处。二道井子遗址是发现房址数量最多的夏家店下层文化的聚落，清理的绝大

---

① 郭治中，胡春柏. 内蒙古赤峰市三座店夏家店下层文化石城遗址[J]. 考古，2007（07）：17-27+101-102.

数房址均保存得非常完整，房址内发现排气口（瞭望孔）、尚存过梁的门道及其他附属设施（图2-1-11）。特别是遗址普遍存在的诸多房址在同一位置相互叠压的现象，反映了其建筑方式的特殊性。以房址为中心构建的土石混筑院落尚属首次发现，院落间布局合理。遗址属于夏家店下层文化中小型聚落，环壕与城墙是其重要的防御设施。环壕的修筑与城墙密切相关，为适应城墙修筑的需要不断拓宽加深环壕的现象，目前仅见于二道井子遗址。

二道井子遗址文化内涵单纯，堆积深厚，建筑遗迹保存完整，是目前所见保存最好的夏家店下层文化遗址。由环壕、城墙、院落、房址、窖穴、道路等遗迹入手，可考察该遗址不同时期聚落形态的变化，进而复原整个遗址始建、修缮、扩建、重建直至最终废弃的过程。

赤峰地区多为山地丘陵地带，在早期农业阶段，这种地貌较大河平原地区更适宜农业生产，发展也更快。

夏家店上层文化遗址的年代相当于公元前1000年至前300年。青铜器种类较多，具有地域特色。陶器制作粗疏。居址为地面建筑和地下建筑两种，设袋形穴窖。墓葬聚居村落附近，墓葬情况反映了夏家店上层文化的多种社会等级。出土大量的动物骨骼和青铜马具，反映了当时经济日趋畜牧化。从地物、年代和出土器物特点来看，夏家店上层文化与中原文化关系密切。

图2-1-10　三座店石城遗址院落钢笔画（来源：内蒙古文物考古研究所　郭历子　绘）

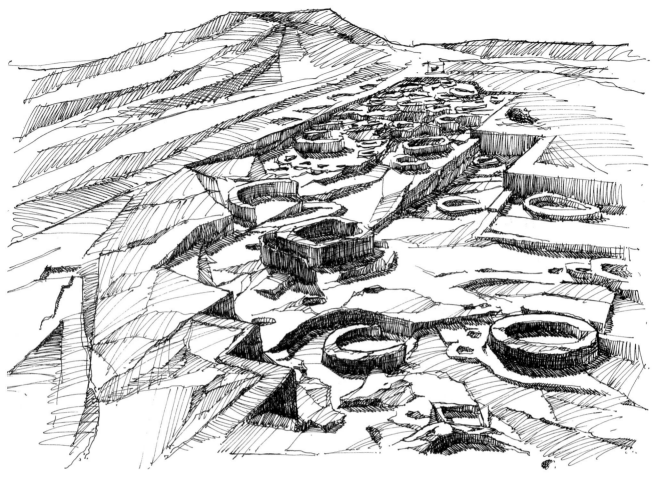

图2-1-11 赤峰二道井子遗址全景（来源：内蒙古文物考古研究所 郭厉子 绘）

# 第二节 辽金、西夏、元的聚落遗址

## 一、历史背景概述

新石器时代末期到青铜器时代初，蒙古高原及其附近地区分布着许多支被称为"狄""胡""戎"的游牧部落群体，随着历史的发展它们逐渐形成部落联盟。前者逐渐占领蒙古高原并以它为中心，不断扩张势力，于公元前209年（秦二世元年）建立了蒙古高原第一个较为成熟的政权——匈奴单于国，从而打开了北方游牧民族文明的大门，统治该地域长达两个半世纪之久。其后，直至蒙古汗国前，我国北方民族鲜卑、柔然、突厥、薛延陀、回鹘和契丹，在历史的潮流下，先后建立了规模各异但都很强大的政权。从匈奴单于国到辽朝各政权之间，并非完全衔接，有的间隔数十年乃至百余年。这些政权因其民族性很强，故以"民族政权"或"民族国家"称之。以牛马羊为主要产品的游牧业是各政权的经济命脉，狩猎、捕鱼、采集等是畜牧业的必要补充，农业比重很小，手工业、商业大体都围绕畜牧业、狩猎业而存在和发展。随着社会的进步，各种经济的比重有所调整和改变。因此，基于以上经济构成，这一时期老百姓的生活方式以游牧业为主，没有形成大量性农业聚居地，而是以统治者主动建设的都城和行政建制的城镇为主。

公元10世纪末至13世纪，300年时间，唐末到蒙古帝国前，中国一直处于一个多民族政权对峙的历史时期。汉民族政权的宋、契丹族政权的辽、女真族政权的金以及党项族政权的西夏，曾先后互相并存，在内蒙古也留下了相应的城池遗址，如辽上京、辽中京、西夏黑城等遗址。直到元代统一中国，元朝统治者在内蒙古境内留下了大量的城池遗址。这一时期是以游牧生活为主导，这些游牧民族同中原汉族在长期战争的过程中，羡慕先进的农耕文化，所以利用俘虏来的汉人工匠，建造起自己的城镇。所以，这一阶段的城镇几乎都是游牧与农耕文明在上百年的碰撞、融合过程中所建立的独特的草原城市。

## 二、辽金聚落遗址

契丹族是中国历史上一个贡献多和影响大的古代民族，它兴起于今内蒙古西拉木伦河和老哈河流域，以习鞍马善骑射著称于世。如果从见于文书的北魏算起直至元朝，有1000多年的历史。契丹族在中国北方建立了长达200余年的辽王朝，与北宋形成中国历史上的第二次南北朝。金灭辽后，部分契丹人到了西域和中亚，建立了长达80多年的西辽王朝。蒙古汗国灭西辽后，又有部分契丹人在今伊朗南部建立了长约80余年的起儿曼王朝，史称后西辽，直至14世纪结束。可以说契丹族不但在中国，而且在世界史上也占有一席之地。

辽国极盛时期，疆域辽阔。据《辽史》地理志云："东至于海，西至金山，暨于流沙，北至胪朐河，南至白沟，幅员万里"，大体上北跨今蒙古人民共和国，包括俄罗斯贝加尔湖地区，东临日本海，包括今伯力、符拉迪沃斯托克，南达京津地区，由天津向西包括霸县、容城、涞源、五寨偏关（山西灵丘、应县、朔县、神池等地），河北包括唐山、承德、张家口等，山西包括今大同市在内；西至今内蒙古西部地区，包括准格尔旗、东胜以西的广大地域。

金兴灭辽，复承继辽之疆域，于长城以北之政区、城市、人民亦大体相沿，但仍有其特色与相异之处。金代于长城南北各级之政区城市，大体都沿辽制，新建者甚少。因此，目前所发现的该时期城市遗址，均称之为辽金城市遗址。

辽国地处北疆草原，地域辽阔，交通不便，人口分布疏密不均，境内部族群众多，除主体民族契丹、汉族外，尚有渤海、高丽、女真等十余个民族杂居相处，经济结构类型多，社会发展不平衡。因此，辽国在政治体制上始终奉行"因俗而治，各得其宜"的原则，在城镇聚落类型上集中体现了契丹民族风格和富有独特的创造。契丹统治者们，在吸收汉族文化的同时，强烈而又鲜明地保持着本民族的人文内涵，建国后兴建的数百处城镇聚落散布在北疆各地，构成了一个恢宏博大的城镇网络。现存城镇，大体有九种类型：皇都、陪都、头下城、斡鲁朵、（官卫）城、奉陵邑、边防城、五国部城、方州军城。[①]

《辽史·地理志》记载："太宗以皇都为上京，升幽州为南京，改南京为东京，圣宗城中京，兴宗升云州为西京，于是五京备焉……总京五，府六，州、军、城百五十有六，县二百有九，部族五十有二，属国六十。"

辽代城址的型制多样化，总体型制特点为单城

---

① 项春松. 辽代历史与考古 [M]. 呼和浩特：内蒙古人民出版社，1996（08）：28.

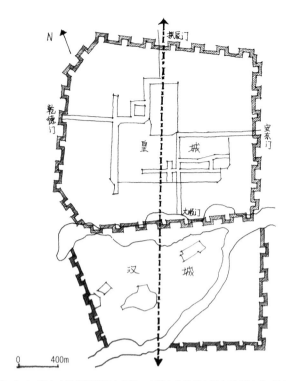

图2-2-1 辽上京遗址平面图（来源：内蒙古文物考古研究所 张宏宇 绘）

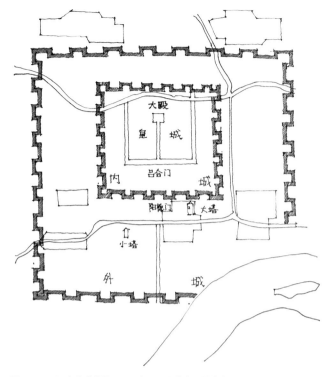

图2-2-2 辽中京遗址平面图（来源：内蒙古文物考古研究所 张帅 绘）

型、双城型、多城型。辽朝五京之中的东京、西京、南京系在原旧城基础上扩建而成，而分布在契丹本土上的上京和中京都为契丹人新筑，并且这两京是辽代最为重要的政治中心，其建筑特点反映了契丹统治阶级的思想。辽代的都城分布在今内蒙古地区有两座。上京城分为南北两城，南为汉城，北为皇城，两城相连，平面呈"日"字形，分别居住着汉人、契丹人。汉城的规模小于皇城的规模，城墙上没有马面或其他防御设施；而皇城城墙高大并且筑有马面、敌楼等防御设施。皇城呈不规则六角形，由外城和大内（内城）组成。上京皇城四面城门内各有一条大街，只有南街较宽且长，大街两侧布满建筑，没有中原城市的中轴线。靠近皇城西墙的日月宫等主要建筑台基，都是东向，反映了契丹人早期崇尚东方的习俗。外城南部分布坊市区，建筑采用南北向，从外城正中的朱夏门到阊阖门，为一条中央直线大道，大道两侧的建筑对称布局，形成了中轴线

（图2-2-1）。中京城的设计和上京区别很大，倾向于中原都市的布局特点，反映了辽人在其统治后期开始学习和吸收中原汉族文化（图2-2-2），并创造性地建造城市的历史过程。

## 三、元代聚落遗址

随着蒙古汗国战争不断扩大，高级贵族俘虏来的工匠、农民越来越多，于是在他们的驻地周围形成了一些聚落。这些高级贵族广泛而长期接触封建城市文明，向往这种方便、舒适的生活，开始利用俘虏来的工匠建设城镇。蒙古帝国的首都哈喇和林之建筑艺术成就，即是蒙古人向着城镇的物质文明迈进的一大标志。

随着城镇的兴起，越来越多的蒙古人向着城镇的物质文明迈进，随着城镇地区的文化生活逐渐向蒙古草原渗透，建筑艺术方面的知识开始向蒙古草原地区传

图2-2-3 元上都遗址现状图（来源：韩瑛 摄）

播。由于蒙古人居住区的扩大和发展，其结果出现了诸多蒙古人的定居点。

到元代，当时的统治者已经在内蒙古建立了大量城池。据考古调查，在今内蒙古地区，元代城市遗址计有20多处，分别是元上都故城、全宁路故城、应昌路故城、大宁路故城、集宁路故城、净州路故城、德宁路故城、砂井总管府遗址、察右后旗察汉不浪古城、察右后旗红崖子古城、兴和县魏家村古城、凉城县淤泥滩城卜子古城、丰州故城、和林格尔小红城古城、东胜州故城、准格尔旗大石拉沟古城、包头古城湾古城、乌拉特中后联合旗新忽热古城、清水河县下城湾古城、兴平县台基庙古城、多伦县白城子古城、松州故城、额济纳旗黑城、元亦集乃路故城，等等。

下面以元上都（图2-2-3）为例进行介绍：

上都所在地，金代属桓川管辖，元宪宗五年（1255年）赐封给忽必烈，次年忽必烈命刘秉忠选地建城郭，用了三年时间建成，命名开平府。中统元年（1260年），忽必烈在此继位成为临时首都。忽必烈为成就统一大业，广招天下名士，建立了蒙元历史有名的"金莲川幕府"。以后大都城建成，中统四年（1263年）将开平府改名为上都，并对上都进行了扩建，扩建后的上都城面积约5平方公里。上都城是元王朝的陪都，在当时是一个在政治、经济、军事和文化上具有重要地位的城市，也称上京、滦京等（图2-2-4）。明洪武二年（1369年）又更名为开平府，不久废府为卫，宣德五年（1430年）迁开平府至独石后，这个城市就进一步废弃了。到了清代，这里是正蓝旗察哈尔部驻牧地。

元上都的布局，按《周礼·考工记》记载："匠人建国，辨方正位"的都城设计思想，元上都的外城轮廓取正方形，四方四正，每边长度为2200米。外城的北部地势稍高，出北门又与卧龙山相邻，山清水秀，景色

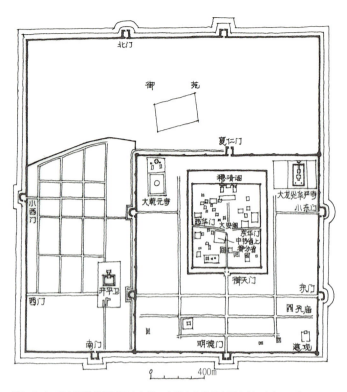
图2-2-4 元上都遗址平面图（来源：内蒙古文物考古研究所，李新飞 绘）

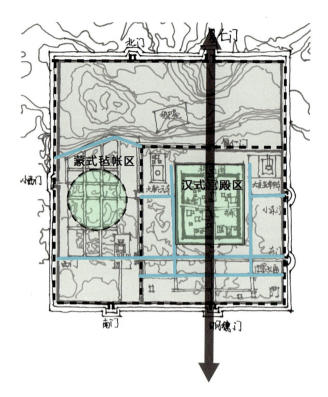
图2-2-5 元上都遗址功能分区（来源：根据陈同滨《元上都遗址突出普遍价值的对比分析研究》中插图改绘，张帅 绘）

佳丽，是设计苑囿区的最佳位置。游牧民族喜欢居住的毡宫、毡帐，即蒙古包群，也可以架设于此，这是蒙古民族吸收汉文化后，建设的草原都城特点。由此，皇城与宫城只能设计在整个城址的南半部，以东南部向阳、向明为宜，皇城在外，宫城在内。皇城也取正方形，经实测，每边长为1400米，皇城的北墙，又横列在地势稍高的龙岗背上（图2-2-5）。宫城居皇城的中部略偏北，略呈纵向长方形，经实测，南北长620米，东西宽570米。宫城的南墙外有小片广场，是当初众大臣在此聆听御诏的地方。出外城，围绕城墙外侧，四周有一道宽约20米的护城河环绕。城外，出东、南、西三面的城门，各有关厢。西关西北部，由北向南延伸的是拦洪坝遗址，一铁幡竿渠遗址。

元上都遗址清晰地展示了蒙古游牧民族和中原汉地农耕文化的交融和冲撞以及对全球文化的影响。"元上都遗址"属于"特定自然条件下，更主要是人文历史背景下两种文明人群的共同的作品"[1]，体现的是不同民族在生活方式和价值观方面如何进行融汇交流与结合，并由此创造出一种具有亚洲北方农耕文明与游牧文化相结合的城市典范，对于研究蒙元帝国的社会结构、生活方式、文化特征等具有重大意义。

## 四、西夏聚落遗址

党项贵族李元昊于1038年正式称帝，建立"大夏"国，并定都兴庆府，历史上又称"西夏"。西夏强盛时疆域范围很大，今内蒙古阿拉善盟的全部、乌海市、鄂尔多斯市、巴彦淖尔市的大部分地区都是西夏的版

---

[1] 陈同滨，蔡超，俞锋，徐新云，李敏. 元上都遗址突出普遍价值的对比分析研究[J]. 中国文化遗产，2012（03）.

图。西夏在内蒙古地区亦建造了一定数量的城市，并且目前在这些地区发现了一定数量的西夏城址。总体来说，西夏城址的特点是城址数量较少，大量继承前朝州县城镇和边城，多数城址具有明显的军事性质，同时城址中的大量佛寺也反映出西夏人重佛教、崇佛的特点。

下面以黑城遗址为例进行介绍。黑城遗址在内蒙古阿拉善盟的额济纳旗境内，曾是古丝绸之路上连接欧亚的一个枢纽点，西夏时为十二监军司之一的黑水镇燕军司治所（图2-2-6）。黑城始建于11世纪初，是西夏王朝设在北部边境的一座重要的军事城堡。它是河西走廊通往漠北的必经之路和交通枢纽，战略地位极为重要。发掘查明，黑城遗址分大小两座城址，其中小城位于大城内东北隅，为西夏黑水镇燕军司的故城，是西夏防卫吐蕃和回鹘的北方军事重镇；外围大城是元代扩建的亦集乃路故城。

小城平面呈方形，边长约238米，墙基宽约9.3米。其东、北墙体叠压在大城城垣下，西、南两面城垣被元代居民改造利用，分解为不相连的数段。城墙平地夯筑，夯土中夹有大量沙砾，夯筑坚实，夯层清楚。南墙

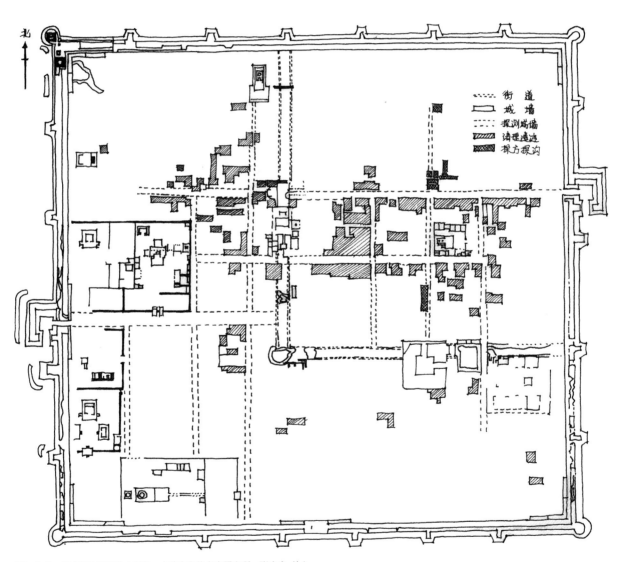

图2-2-6　黑城遗址平面图（来源：内蒙古文物考古研究所，张宏宇 绘）

中段尚存城门、瓮城遗迹。瓮城方形，辟门东开。其利用额济纳河为天然屏障，未设护城壕。

大城平面呈长方形，东西长421米、南北宽374米。四周城垣保存较好，基宽12.5米，顶宽4米左右，平均高度达10米以上。东西两侧设错对而开的城门，城门外拱卫正方形瓮城。城外另有羊马城遗迹，土墙夯筑，厚约2米、残高2.4米。大体随城外马面、角台等形势曲折，在城垣外的西、南部，尚有断续的残垣。

城内有东西向主要大街4条，南北向经路6条。已经发掘、清理的房屋基址287间（所），总面积达10759平方米。小城大街两侧多集中店铺和民居。总管府、广积仓等路府司属的官衙和住宅，主要分布在元代扩建的大城以内。佛寺遗址散见于城中。城外东关也分布大片密集的居址，多见土屋小院，为庶民百姓的住所。清真寺与墓地分布于城外西南傍城处。古城外围的戈壁滩上，还发现了多处墓地。

# 第三节　明—北元历史与聚落形成

## 一、历史背景概述

由于统治民族与被统治民族之间的巨大文化差异，元朝的统治在中原地区未能长久持续下去，不久便呈现衰退之势。元朝中后期，朝廷腐败，权臣专权，民族矛盾激化，于元顺帝至正二十八年（1368年），明军逼近大都，元顺帝北走开平，蒙古中心势力退居草原，继续以"大元"称国，史称"北元"。

大蒙古国从建立到元朝灭亡仅仅延续了160多年，但它在世界历史中写下了光辉的一页。蒙元时代所创造的历史，成为人类历史的奇迹流传于世。蒙古铁骑打破了欧亚之间的铁壁界限，使东西文化的交流畅通无阻；蒙古帝国横跨欧亚，使东西方生产方式得以互通，极大地促进了人类生产力的发展；随着军事技术的交流，火药、大炮的使用真正成为可能。13～14世纪的蒙元帝国，代表着世界最先进的科学技术和生产力，代表着世界文明的主流。蒙元时代所创造的文化，更是人类文明宝库中的经典。多种族、多民族、多元文化争奇斗艳，多语言、多文化、多宗教平等存在。蒙元时代创造的物质和精神财富，至今仍影响着人类。

北元与明朝对峙，形成新的南北朝。明太祖、成祖两朝，多次深入草原征伐北元势力，却始终未能将其就范。明朝修长城防御蒙古的南侵，同时想隔断南北经济联系。双方时战时和，长达300多年。

北元政权长期处于内部纷争之中，后又形成西蒙古瓦剌部与东蒙古之间的矛盾冲突。明正统年间西蒙古瓦剌部曾经短暂统一东西蒙古，并俘虏明英宗。明成化年间，属于成吉思汗黄金家族正统的达延汗统一东蒙古，将蒙古分为左右翼各三万户，即：左翼三万户为察哈尔、乌梁哈、喀尔喀，右翼三万户为鄂尔多斯、土默特、永谢部。明嘉靖年间，土默特部俺答汗强盛，西逐西蒙古瓦剌部于杭爱山以西，占领青海。隆庆年间与明朝修好，接受明廷"顺义王"封号，在丰州滩筑板升，营库库和屯城，引进藏传佛教格鲁派。从此，喇嘛教在蒙古广为传播，古老的萨满教被强势排斥。

由于对峙双方长期战争的因素，到北元时期的元代城池几乎全部毁灭。北元城市聚落的成因主要以后期的统治者建立城池为主：达延汗建立庭和林，阿拉坦汗建立大板升城。另一方面，明朝政府为了有效防御蒙古人入侵，在明蒙交界处修建长城，并建立了大量以军事防御为主要目的城镇聚落。到明后期，明蒙之间的互市贸易促进了这些边城的发展，这些边城有一部分在今内蒙古地区。

明代内蒙古地区的村镇聚落，主要形成于土默特地区。顺义王阿拉坦汗为了发展农业，吸收大量明朝逃亡的汉人进入蒙古，形成了以农业为主的"板升"聚落。

元室北迁以后，蒙古族地区的藏传佛教并未停止活动。直到16世纪中期，蒙古土默特部首领阿拉坦汗引入藏传佛教格鲁派，并在蒙古地区迅速发展，形成了影响蒙古几百年社会历史的重要社会力量。而藏传佛教聚落也是当时蒙古草原上最早的固定建筑群。

## 二、明代中原政权建立的"九边""三卫"

明朝建立以后，退回到漠北草原的蒙古贵族鞑靼、瓦剌诸部仍然不断南下骚扰抢掠；明中叶以后，女真族又起于东北地区，也不断威胁边境的安全。为了巩固北方边防，明朝200多年的统治中几乎没有停止过对长城的修筑工程。为了加强长城的防务和指挥调遣长城沿线的兵力，并方便经常修缮长城关隘工程，中原汉地在长城沿线设置了汉东、大同、宣府、榆林、蓟州、太原、宁夏、甘肃、固原九个重镇，合称"九边"。大宁卫（凌源县境）、开平卫（多伦县境）、东胜卫三个军事重点，称"三卫"。每镇设总兵、领辖，沿九镇有星罗棋布的卫所、关隘和城堡，处处设兵，屯田防守。每镇几万人到十几万人不等，总兵力常达百万人左右，其防卫之严密为以前各朝各代所未有。

明长城的防御工程体系是由关城、城墙、墙台、敌台、烟墩、营、寨和城堡等要素组成。明朝将沿北方边疆长城的修筑作为守备的主要内容"修葺城池，严为守备"作为战略方针——砌筑高墙以防敌，修建房舍以屯兵，经营军镇以保障，形成一个既有经济基础，又有物质、人力防御设施的强大边疆保卫体系。经过先后18次，历经200余年的修缮和修筑，筑起了东起鸭绿江边，西至嘉峪关，全长1.34万余里举世罕见的巨大国防工程——万里长城；通过屯田开发、徙民实边、互市贸易，允实着防御的人力、物力资源，做到了五里一堡，十里一屯，烽火相接，攻守可以相互支援。此外，明朝施行的"宽乡"移民政策和屯田政策——鼓励私人到边境地区开垦荒地；开中政策——吸纳商人参与到军事供给流通系统中，使长城沿线军事聚落的范围和内涵都得以扩大，长城沿线广大地区在战略上起到军事缓冲区的作用，堡寨也成为边墙以南很大纵深范围内主要的聚落形式，大小不等的墩堡也在长城沿线广大地区星罗棋布，与寨、营、隘口、墙壕、关等防御工事一起构成严密的内部防御网络（图2-3-1）。根据魏保信《明代长城考略》记载，上述九边分别位于今辽宁省、河北省、山西省、陕西省、宁夏回族自治区以及甘肃省等省区境内。三卫中的开平卫是今内蒙古地区的元上都遗址境内，而东胜卫遗址在今内蒙古托克托县境内。

上述明蒙边境的边城、卫所大多在今内蒙古区域范围以外各省分布，但这些边关卫所都围绕内蒙古边境设置。明代后期，明蒙之间互市贸易活动都在这里开展。清军入关之后，蒙汉之间的边城贸易迅速发展，极大地促进了这些边城聚落的发展。

## 三、蒙古土默特部阿拉坦汗建立"板升"

### （一）板升农业聚落

北方游牧民族从16世纪初期开始，阿拉坦汗为了经济的发展和必要的粮食补给，开始吸收大批汉族农民流入蒙古地区，进一步促进了农业的发展。到16世纪末，土默特万户内已经"开良田千顷，村连数百"。人们把草原部落出现的这种特殊的定居聚落称之为"板升"。

根据史载，关于板升的说法不一。《明史·鞑靼

历代长城分布图

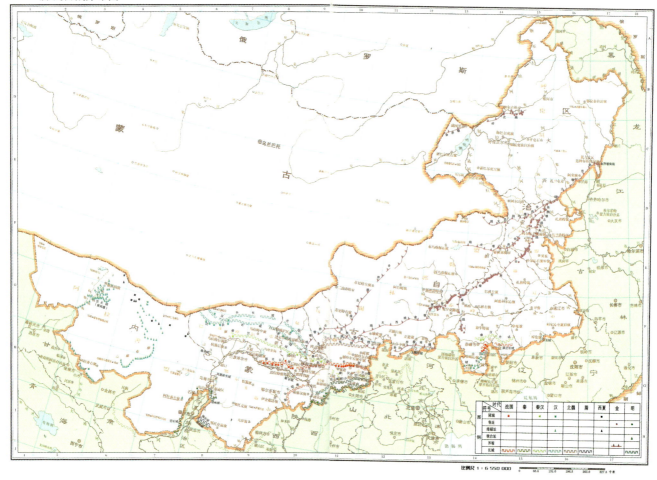

图2-3-1 历代长城分布图［来源：《内蒙古历史沿革地图集》，审图号：GS（2017）837号］

传》载："时（丘）富等在敌，召集亡命，据丰州，筑城自卫，构宫殿，垦水田，号曰板升。板升，华言屋也。"《明实录》嘉靖三十九年七月庚午："有地曰丰州，崇山环舍，水草甘美。中国汉人丘富、赵全、李自馨等居之，筑城建墩，构宫殿甚宏丽，开良田数千顷，接于东胜川，虏人号曰板升。板升者，华言城也。"《大隐楼集》载："所谓板升者，何也？曰板升华言堡子也。皆云晋诸道筑以自卫，非虏人所据也。"以上解释各有所偏，侧重点不同。其实板升就是明代后期前往塞外发展的汉人集居而成的聚落，指丰州滩汉人聚居的农耕区域，以区别于蒙古族的牧地。

板升，是内蒙古土默特地区城镇及乡村的前身。关于板升特点、规模及分布状态，史料比较零散，没有全面、专门的记载。在俺答汗建城之前，丰州滩地区板升的分布状况、密度以及规模，可从史料的只言片语中得知大致轮廓。据明代《赵全谳牍》中的描述可知，明代中后期，在俺答汗驻牧的丰州滩由被掳汉人修筑的板升数量众多，并具备一定的规模。其大者周回五里，且周围分布着不同规模的小板升，由大小板升构成的村落，不但为定居耕种提供了居所，而且还具备一定的防御功能。其多数外设城墙、城楼，内设宫殿、粮仓。这些板升的存在为归化城的建立提供了充分的物质经济准备，也是城市形成的重要社会基础之一。

这种现象是在特定历史条件下出现的，是蒙古族统治者根据经济需要、允许汉人进入这一地区从事农业生产的产物。农业人口习惯定居生活，但存在于丰州滩地区的板升却有别于中原地区的普通村庄。其建筑形制方面都具有明显的军事色彩，有防御功能。另外，在组织管理上，根本命脉掌握在蒙古族统治者手中，这点与板升的建立者所处的被统治地位是一致的。而从经济学角度看，板升本身又有经济功能，它在蒙古政权统治下扮演了补充单一游牧经济和在一定程度上推动蒙古社会发展的角色。

## （二）大板升城

15世纪，达延汗曾建庭和林。16世纪以后，该地区各封建领地之内，先后都兴建了一批规模大小不等的城市。阿勒坦汗从1545年开始就派人到明朝边境地区招募技艺娴熟的木匠、铁匠和画工，到蒙古地区施展才华。1557年，汉族能工巧匠们在丰州滩上建造了"五塔和八座大板升"城。被明总兵毁掉，后又重建"大板升城"。

据史料记载，早期赵全、丘富等率领汉人在黑河流域开垦良田，蓄备积粟，营建板升，已经为俺答建立归化城奠定了基础。《赵全谳牍》书中描写的这种早期由赵全为俺答修建的城堡布局极似汉式宫城，或者说就是按中原城市模式建立的。在建城布局方面，以前后为顺序，辅以东西对称建筑，明显的是在强化南北向轴线；而从所建朝殿开间数量（九间、七间）及屋顶形制两滴水（重檐）、三滴水（楼分两层，下一重屋檐上两重屋檐），内有朝殿、寝殿及龙凤图案可以看出，建造者试图按皇家、王侯等级营建；再有城堡围以具有军事防御性质的城墙，周围又以城堡及大小板升环绕，都体现了中原城市布局特点即以宫城为中心、其他建筑围绕着宫殿沿南北轴线两侧展开的思路。

不过，尽管汉人早期为俺答汗修建的城堡具有汉式宫城特点，但游牧民族的生活习俗和传统使得俺答汗后来建立的归化城注定具有草原都市半农半牧的特色。有学者推测，日本学者和田清著《东亚史研究·蒙古卷》卷首所附顺义王贡马表图中，北靠青山、南临平川的城即是归化城。图中描述俺答汗坐于帐内，帐外有城楼、城墙环绕，城内有墩堡和七孔桥。城中设有营帐的这一特点，与明朝汉人"咏归化"诗中描绘的"宴罢白沉千帐月，猎回红上六街灯"那种半农半牧的城内外景观极为相近，且从时间及建城位置上基本能够与归化城吻合。利用城内的大量空地，设置毡帐，以适应不习惯定居屋内的蒙古族部落首领宿营。归化城这种鲜明的草原都市特色，是由蒙古族统治者统治思想中浓厚的游牧统治传统决定的。因此，在板升基础上建立的归化城在空间形态上、建筑形制及布局密度上有别于中原城市。至于城的规模，历时四年之久的兴建，又主要是由汉人工匠参与，可以估计到归化城兴建的难度及规模。另外，明朝兵部尚书郑洛撰写的《抚夷纪略》谈到，归化城能容军民入城贸易，同样说明了归化城的规模相当可观。

这些"板升"聚落目前是呼和浩特城中村的一部分，然而多数聚落已不复存在，但它们的名字仍然被沿用下来，例如攸攸板、麻花板、刀刀板、塔布板、沟子板、辛辛板等。

## 四、藏传佛教聚落开始形成

随着喇嘛教在蒙古族地区的传播，蒙古族各个封建领地内部相继建造了规模不等的寺庙。寺庙一般都是砖瓦结构，有的呈楼形，故称"楼子"。在蒙古族左翼地区，封建主的住帐一般都设置在寺庙近旁。寺庙和封建主的住帐约三四十里外为佃户的板升房。这种建设布局大概就是当时蒙古族城郭的一种特色。寺庙往往是蒙古人学习和交流文化的场所。这些以寺庙为中心的同板升房连为一体的城郭，是那些过着游牧生活的蒙古人进行精神和物质交流的基地。

# 第四节　清代历史与聚落发展

## 一、历史背景概述

17世纪前半叶蒙古各部陆续被"满洲"人创建的爱新国（后金）和清王朝征服，从此蒙古人面临并接受了新的编制，蒙古高原出现了新的局面。1644年（顺治元年），清定都北京，统一长城南北。从元朝灭亡、蒙古人北退蒙古高原到归附清朝，内蒙古200余年的封建割据状态和长城南北政权对峙局面宣告结束，为长城南北的人口流动创造了客观前提。

从崇德到乾隆年间的百余年间，"满洲"首领在蒙古地区设立不同性质的旗制，在内蒙古先后设内扎萨克49旗、锡坍图库伦喇嘛旗、阿拉善厄鲁特、额济纳土尔启特套西2旗以及归化城土默特2旗、察哈尔8旗、呼伦贝尔8旗等。各旗分别驻牧在东北自大兴安岭山区、西南达河套以西的广袤地域上，以游牧为主的清代早期内蒙古地域社会形成。旗是清朝国家行政体制中蒙古地区的基本军事、行政单位。同时，旗地（扎萨克旗）是清朝皇帝赐给旗内各级蒙古封建主的世袭领地。也正是这样为数众多的旗，成为内蒙古地域社会的基本行政单位。其中，内扎萨克49旗和套西2旗由世袭的扎萨克各领一旗，锡坪图库伦喇嘛旗由扎萨克达喇嘛掌任，归化城土默特2旗和察哈尔8旗、呼伦贝尔8旗则分别由副都统、总管掌管。对旗境内的土地，无论是扎萨克，还是副都统和总管，都没有所有权。土地的最高所有权被掌握在清朝皇帝手中。

在清朝对蒙各部的"众建以分其势力"原则的实施下，内蒙古被分成许许多多的互不统属的旗。与此同时，若干扎萨克旗以会盟的形式，被安置在盟之下。盟本是蒙古人过去的传统，遇有重大事情，采取会盟协商的办法加以解决。清朝将会盟定为惯例，使其有效发挥检查军实、巡阅边防、清理刑名、编审丁籍的作用。盟设盟长、副盟长，由盟属旗内扎萨克、王公贵族担任。内蒙古的扎萨克旗被分属卓索图、昭乌达、哲里木、锡林郭勒、乌兰察布、伊克昭等六盟之内，套西2旗不设盟，由陕甘总督监督。盟旗制度到乾隆年间基本定型，是清代以来集军政于一体的内蒙古最基本的行政建置。

清朝在蒙古族地区除了施行盟旗制度之外，从爱新国时期，"满洲"首领便利用宗教优待政策拉拢蒙古人。早在被清朝征服以前的16世纪末开始，由于蒙古族封建主的崇信与提倡，蒙古人已经广泛地信奉藏传佛教。清朝皇帝对佛教的崇信和大力扶植，又使藏传佛教更加深入到蒙古民间，成为清代蒙古人最重要的宗教信仰。

在清代中后期，清政府为了应对各国列强的威胁，解决中原旱灾带来的危机，解除了蒙古族地域的封禁政策，放垦蒙地，导致大量汉族移民流入蒙古草原，致使蒙古地域出现了大量性的农业聚落。相应地，内蒙古地区也逐渐形成了农业区、农牧交错地区和牧区三部分，而农业聚落则集中在农业区和农牧交错地区。汉族移民的涌入是内蒙古地区形成大量性城镇与乡村聚落的根本原因。

1727年，清朝和俄国签订《恰克图条约》，于是山西商人纷纷来蒙古进行蒙古贸易。商人进入蒙古地区后，在其聚居地开设货栈，内地商号则并设分号，经营发展贸易，衍生为"买卖城"。关于"买卖城"形成的原因，具体有以下几个方面：首先，由于寺庙建设集聚了大量的人口和财富，对商品的需求日益增加，于是买卖人就在寺庙附近支设帐房进行经营，并逐渐定居下来，开设分号或货栈，形成"买卖城"；其次，随军贸易的活动也促成了军营附近买卖城的形成，康熙帝平准时，曾有大批商人从行，康熙帝为维护随军贸易秩序，令在其军营1公里外建买卖城，以便于沿途购买蒙古的驼马牛羊等物品；第三，蒙古地区贸易商品的特殊性，也可能是"买卖城"形成的重要因素，买卖城的经营项目除牲畜贸易外，日用百货、丝绸布帛、茶酒烟糖和土产杂货行行都有涉及，产品多至上千种，更有兼营放贷金融、旅店运输、手工业制品和粮食、醋酱油、烧酒酿造等。"买卖城"也就逐渐发展成为一个"贸易城"。

## 二、清代城镇聚落的形成

清前期，地方行政建置的官吏们在农耕区域选择地理位置适中之地设立衙门，日久发展为城镇、政治中心和商贸中心。清前期包括萨拉齐、托克托、和林格尔、清水河、宁远、丰镇等。东部主要有平泉、丰宁、建昌、朝阳、八沟、塔子沟、三座塔、赤峰、长春、昌图、海拉尔等。

清朝对蒙古的宗教政策，对蒙古近代城镇的兴起，起到了一定的作用。寺庙每逢宗教、传统法会，举行各种宗教仪式，蒙古人从四面八方前来朝拜，交易活动，促进定居，推动了蒙古城镇的形成。内蒙古，由宗教中心转变为城镇的有多伦诺尔、小库伦、大板升等。城镇形成过程中，王府起到了奠基作用。这类城镇有喀喇沁郡王府、公爷府镇（喀喇沁右翼旗）、大沁他拉（奈曼旗札萨克王府）、土默特左翼札萨克王府（土默特左翼西部，大凌河上游，蒙名昭伦塔拉）、定远营（被称为"小北京"）。巴林右翼旗大板即公主王府则形成村落。

另外，由于蒙汉经济的互补性，极大地促进了内蒙古地区商业贸易的发展，其重要标志之一就是商业市镇的形成。蒙汉之间以粮食交易和牲畜皮毛交易为主，其商业中心的分布一般都靠近产品产地和销售市场的交通要冲，逐渐形成商业市镇，如经棚、包头、满洲里等；还有矿业发展形成城镇，如扎赉诺尔（满洲里以东，巴尔虎左翼旗游牧地）、吉拉林（室韦，额尔古纳河岸）等。

## 三、农耕、半农半牧和游牧村落的形成

由于放垦蒙地，一批批农民像潮水一样涌入内蒙古地区。人口的大量流入和耕地面积的日益扩大，成为不可遏止的洪流，使内蒙古社会的政治、经济发生了重大变化。放垦后越来越多的汉人进入内蒙古地区，越来越多的耕地被开辟出来，牧场逐渐缩小，许多蒙古族人民由游牧变为定居，由经营畜牧业变成经营农业或农牧兼营，相继出现了农耕区和半农半牧区。而少部分的牧民则被迫迁往更加偏远的北部草原进行放牧。

蒙古族、汉族人民在共同的生产劳动中，通过相互学习，提高了农牧业生产的技能。蒙古族人民以牧业为主，也少种一些"靠天田"，从汉族人民那里学到了兴修水利、掌握农时、开畦培垄等田间管理技术，居住方式也就从游牧改为定居，或走向半定居的生活。内蒙古地区逐渐出现了土木结构的蒙古包。放垦区的蒙古人，由于定居已久，逐渐习惯于居住汉式平房，有土木结构的，有砖木结构的，还有苇子的大草房。一般的蒙古人居住土平房，有权有势的蒙古人住砖瓦房。其中有些地主、官僚、王公甚至大动土木建造带大院墙的大瓦房，有正房、东西厢房，也有三进大院等建筑出现。这样草原上逐渐形成了农业区、半农半牧和牧区三种生产方式的定居村落。

据1921年的资料，东蒙农耕带占5/10，农牧带占3/10，纯牧区只占2/10，反映出农业区已居于主导地位。到内蒙古解放初，居住在纯牧区的蒙古族人口只占内蒙古蒙古族总人口的1/3，绝大多数蒙古族都在半农半牧区与汉族居住在一起，这说明蒙汉杂居是大规模的。

# 第三章 传统城镇聚落类型与实例

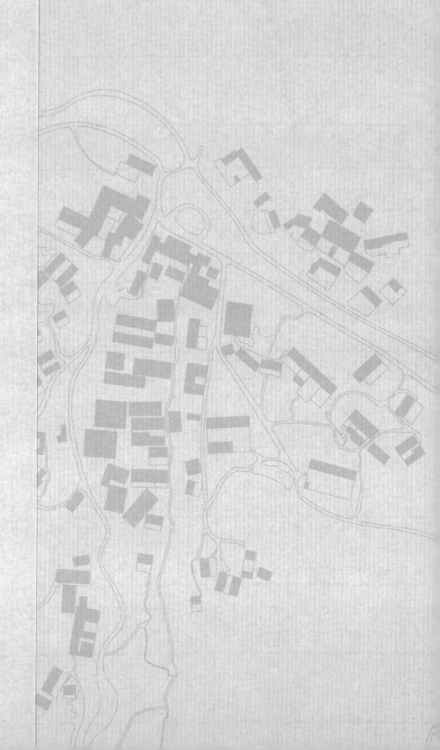

从内蒙古大量聚落形成的历史过程来看，这些聚落除明代及以前的城池有明确的时间节点外，其他现存数量最多的如藏传佛教聚落、买卖城聚落等都是历时几百年形成，并没有明确的先后顺序。这些城镇一般分为两种类型，一种是由某一类文化的建筑组团逐渐发展形成小型的城镇，如库伦三大寺形成库伦镇；另外一种模式就是个别的交通枢纽处或军事防御节点，由几种不同类型又相互关联的组团形成一个大型城镇。因此文化传播在不同时空中的交织与叠加，构成了内蒙古城镇最主要的空间格局特征。例如王府的周边一般都会建成一个或几个大型寺庙来供养，而王府和寺庙中大量的商品需求又会促使买卖街区的形成，以上三种类型的组团就会形成一个独具特色的草原城镇。

内蒙古的传统城镇聚落往往表现出与外来文化传播和政治、军事等多方面影响的印记，这是内蒙古城镇同其他地区城镇聚落最突出的区别。然而，总体来讲，不同文化所形成的聚落都具有鲜明的时空分布特征，内蒙古地区的大量性城镇主要是在清代中期以后开始形成，同时这些城镇主要分布于内蒙古东部、南部的农牧交错地带。为了更加清晰地分析内蒙古传统聚落的形成过程以及多样化的空间形态，笔者曾将这些聚落按照文化主导因素的不同分为都城、地方性政治经济军事文化中心、王府型城镇、宗教中心型城镇、交通贸易型城镇、定居村落等六类聚落原型[①]。这些城镇有的受单一文化的影响最为突出，如汉族移民城镇赤峰，交通贸易型城镇包头等。另外一部分城镇，由于其特殊的地理位置、优越的交通条件等成为寺庙、王府等建设的首选，同时随着商业贸易的发展，又形成大片的买卖街区。这类城镇往往受多元文化的影响较多，形成本地域大型的综合型城镇。为了更加清晰地厘清内蒙古传统城镇聚落的空间特点，本书将本地域的城镇分为单一文化影响下的城镇和多元文化影响下的城镇两大类来进行论述。

# 第一节　城镇聚落的基本类型

## 一、宗教传播与寺庙聚落

喇嘛教从明代再次传入蒙古地域，并迅速风靡蒙古。到清代，统治者利用喇嘛教的影响来降服和驾驭蒙古民族。因此，清政府通过实行册封、赐号制度，部分地区还实行政教合一的制度，也授予寺庙和喇嘛以很多的经济优惠与特权，并赠送寺庙大量的农奴与牧奴。同时在该地域大力鼓励和提倡兴建喇嘛教寺庙，把该地区的财力、物力和人力，完全用于兴建寺庙上。蒙古地方的喇嘛教寺庙，绝大多数是清代建造的，而且主要是在清朝盛时——康熙、雍正、乾隆年间兴建得最多。清代经过康熙、雍正、乾隆三朝，积极推行保护发展喇嘛教政策，大力兴建寺庙，达到了高峰。在全国以北京为龙头，以承德为中心，在内蒙古地区逐步辐射至多伦诺尔、呼和浩特乃至普及整个蒙古草原，兴建寺庙达到了狂热程度。到藏传佛教发展高潮——清朝中期，内蒙古地区建有喇嘛庙约1800多座。至清朝后期，清政府对喇嘛教的政策有了一定的改变，从原来的扶持，发展转为限制的政策，使喇嘛教的势力逐步趋于削弱。到1911年，清朝统治被推翻，内蒙古地区的喇嘛教势力

---
① 张鹏举. 内蒙古古建筑[M]. 北京：中国建筑工业出版社，2012.

和影响又进一步削弱，喇嘛人数大量减少，寺庙也停止建设。到中华人民共和国成立前，内蒙古地区仍然有寺庙1366座，有喇嘛6万人。

由于清朝政府的大力扶持和发展喇嘛教，使得内蒙古地区形成了寺庙林立、喇嘛众多的局面。这样，喇嘛教寺庙不仅是蒙古地方宗教信仰的中心，而且也是各地政治、经济和文化的中心[1]。

喇嘛教寺庙是政治中心。由于清代授予呼图克图、葛根等上层喇嘛很多特权，有些寺庙变成了"政教合一"的组织形式，如喇嘛札萨克旗、喇嘛印务处。有些呼图克图、葛根等具有很大的封建特权，有些人甚至超过了世俗封建贵族的特权，他们实际上已经变成了封建贵族阶级，寺庙也就相应地变成了政治中心。

寺庙是蒙古地方的经济活动中心。由于蒙古人逐水草而居，没有固定的定居点，清代初期，草原深处大量的藏传佛教寺庙，不仅是草原深处蒙古牧民出行的风向标，更是内蒙古地域内涉及范围最广、数量最多、规模最大、人口最多的地方。由于这些寺庙聚集了蒙古近一半的人口和大量财富，同时居住集中，消费量大，在草原上逐步形成消费集团，他们对产自中原地区的粮食、布匹、绸缎、烟茶等生活日用品的需求极为迫切，这就导致了在大寺庙附近通常驻有一些坐商。另外，寺庙每逢宗教传统法会，举行各种宗教仪式，蒙古人便从寺庙八方前来朝拜，而庙会期间的集市交易也相继出现。寺庙也就逐渐成为蒙古地域的经济中心。

寺庙是牧区的文化中心。由于喇嘛教的发展，蒙古族男子人口中近半数的人当了喇嘛，而且蒙古族人出于信仰，往往把最聪明的孩子送去当喇嘛。加之蒙古地区经济文化等条件有限，除少数封建贵族和富豪子弟学习文化知识外，一般的平民百姓没有条件学习文化知识。因此，寺庙变成了学习文化知识的地方。喇嘛通过宗教经典的学习，掌握了政治、经济、历史、文学艺术、哲学、天文地理、医学等知识。同时，通过对各类专业知识的学习和研究，把印度、西藏和中原汉地的文化传播到蒙古地区，对于交流各民族文化、促进和发展蒙古地区文化，都起到了重要的作用。因此，藏传佛教的传入有力地促进了蒙古地域文化的发展，也使得喇嘛庙成为蒙古地域的文化中心。

喇嘛庙也是蒙古人民的社区活动中心。蒙古草原除了"祭敖包""那达慕"等文化体育活动外，其他的文化活动甚少。"庙会"既是宗教信仰活动，又是文化娱乐活动。比较大的寺庙，除了例行法会以外，每年正月、四月、六月八月、十月等大的宗教节日活动期间，都要举行"跳查玛舞""灯会"等宗教形式的文艺活动。通过这些活动，信教群众既满足了宗教信仰，又丰富了文化活动，而寺庙也真正地成了蒙古牧民社区活动的中心。

寺庙也是蒙古牧民的医疗中心。蒙古草原缺医少药，医疗条件十分困难。蒙古草原的医生，绝大部分都是寺庙的喇嘛医生，寺庙的"曼巴扎仓"是培养医务人才的主要场所，蒙古族群众医治疾病，主要依靠喇嘛医生。因此，寺庙自然变成了蒙古草原的医疗中心。

随着时间发展，寺庙周边的交易活动日渐增多，旅蒙商人也由行商变成坐商，在寺庙周边开设店铺定居下来。周边的蒙古牧民随着国家的政策导向，也逐渐在寺庙周边定居下来。另外，随着移民的发展，大量汉族租种寺庙土地，也会在寺庙周边定居，由此以寺庙为主导形成了大量性的城镇和乡村聚落。

## 二、商贸活动与买卖城聚落

1644年，清军入关，长城南北被统一。清前期由

---

[1] 德勒格. 内蒙古喇嘛教史[M]. 呼和浩特：内蒙古人民出版社，1998.

于西部战事所需，在内蒙古安设五路驿站，从北京出发，越过长城中部五个关口进入内蒙古境内，同时，各驿站又以关口命名。五个关口，由东向西分别为喜峰口、古北口、独石口、张家口和杀虎口。以上五口驿站分别是中原地区进入蒙古必经的通道，同时也承载了蒙古贵族进京朝觐、朝廷传达政令、官吏奏折递送等军政要任。恰克图条约以后，又开辟出了内外蒙古以及到漠西蒙古的几条商路。清末新政，导致大量人口流动和贸易的发展使上述五口驿路和商路的交通要冲处逐渐形成了一些重要聚落和城镇。

除此之外，内蒙古地区农区、牧区以及农牧交错地带的分布，使农牧产品之间形成极大的互补性，促进了商业城镇的形成和发展。出于集散和辐射功能有限，县城及以下商业中心的分布一般尽量靠近产品产地及销售市场，具体表现为接近牧区、接近粮食主产区和接近边区（即靠近内地）。因此，在地理布局上，这类中小商业市镇可大体分成南、中、北三路。南路市镇地处农区，朝向内地市场，以销出粮食、皮张及牲畜为主，如龙胜转、丰镇、张皋、宁条梁等；中路市镇处于农牧区腹地，主要功能是进行区内贸易，如集宁、喇嘛湾、隆兴长、马道桥等；北路市镇朝向蒙旗牧区，以向牧区销粮和购进牲畜、皮毛为主，如包头、乌兰脑包、磴口等。

## 三、行政建制与移民城镇

### （一）清前期城镇

清前期大量的汉族移民进入了内蒙古。面对内蒙古在移民带动下所发生的新变化，清朝统治者担忧会造成一大批失控无籍人户，引发蒙汉矛盾，也会壮大蒙旗的力量。清朝统治者从乾隆至道光的一百年间，曾经三令五申地禁止汉族移民流入内蒙古开垦行商。但是清朝统治者不可能也无法解决汉族农民丧失土地而生计无着的难题，当然也不可能完全禁止汉族移民的流动和流入长城口外的内蒙古。而汉族移民流入内蒙古，不仅使蒙古地区的经济结构和民族组成发生变化，而且使盟旗制度下的蒙古地区，产生新的社会矛盾，即蒙古族人和汉族人之间的交涉和矛盾。

为了解决移民流入内蒙古后所发生的各种社会问题，统治阶级不得不采取新的统治措施，既能让移民在新垦地定居，又可使属于朝廷户籍的汉人不致流失，不能让蒙古王公所辖人口突然增多，渔利坐大。于是将内地中央集权制统治下的地方行政建制推广到内蒙古，管理不断流入的汉族移民。

雍正年间，在汉族移民首先进入的长城以北与山西、直隶相连的归化城土默特、卓索图盟和昭乌达盟南部开始出现了新的地方行政建制——厅。新地方行政建制的官吏们在农耕区域选择地理位置适中之地设立厅衙门，以便有效行使政治职权。以这些厅治为中心，日久发展成为城镇[1]。

这些城镇在内蒙古西部主要有萨拉齐、托克托、和林格尔、清水河、宁远、丰镇等；在内蒙古东部主要有八沟、塔子沟、三座塔、赤峰、长春、昌图等。此外有海拉尔一处，尽管清前期呼伦贝尔没有厅县设置，却因雍正年间开始在呼伦贝尔新编索伦、巴尔虎等八旗，作为八旗首领的办公所在地，海拉尔成为呼伦贝尔最重要的政治中心。

### （二）清末民初城镇

光绪二十六年（1900年）春，义和团运动波及华北以及全国各地。八国联军以此为借口武装干涉，俄国侵略军乘机大举入侵东北。空前的国内外危机，使腐败

---

[1] 乌云格日勒. 十八至二十世纪初内蒙古城镇研究[M]. 呼和浩特：内蒙古人民出版社，2005.

落后的清朝封建专制统治处于崩溃的边缘。光绪二十七年（1901年），签订了对外妥协退让的《辛丑条约》后，帝国主义列强形成瓜分中国之势，而国内社会矛盾更加激烈、财政更加枯竭空虚。这时，扼杀维新运动的清朝统治者感到不能再恪守旧制以维持统治了。还在西安避难时期，清朝统治者便发布了"变法"上谕，开始在全国推行所谓"新政"，三月，设立督办政务处，总理"新政"各项事宜。

盟旗制度是清朝在蒙古实行的最基本的行政统治体制，此外在部分地方实行八旗制度和郡县制度。至清末，在国内外和蒙古内部各种形势的变化之下，清朝对蒙统治体制已暴露出种种不稳定迹象。

清末"新政"在内蒙古地区的具体实施，最主要的内容就是改变原有对蒙古的封禁政策，官垦蒙地，向内地无地农民招垦，以此企图增加国家财政收入。改盟旗制为郡县制，并通过改制加强国防。

在放垦蒙地过程中，与此紧密相连并不断推进的是在内蒙古新垦区域设置新的府厅州县。新的地方政府所在地，由朝廷派官治理，地方官修建衙署，修筑城墙、城门，或者倡议划定城基、街基，出售街基，修建文庙。这些城镇是所辖四乡的政治中心，日后也成为该地的商贸中心[①]。

这些城镇主要在东部区有卓索图盟、昭乌达盟的阜新县城、临西县城、开鲁县城，哲里木盟的彰武县城、靖安县城，西部区有五原厅城、武川厅城、东胜厅城、兴和厅城等。

## 四、军事防御与军营城

清朝从政治军事需要出发，自后金时期即不断调整对蒙古的政策。入关后，特别是康熙时随着内地的统一和稳定，面对漠南、漠北蒙古复杂的时局和准噶尔的侵扰，康熙帝为加强对漠南、漠北蒙古的有效控制和管理，保证京师的安全，就开始酝酿在漠南蒙古地区沿长城一线设立八旗驻防，构建军事驻防体系的构想。

出于战略考虑和现实需要，康熙帝开始了沿长城一线设立八旗驻防的构想。军事驻防体系由八旗驻防、绿营组成，二者相辅相成，形成了八旗驻防战略要地，控制战略重心，绿营驻守地方，捕盗缉匪，互为依托，组织严密。清在漠南蒙古地区设立八旗驻防的主要目的是抵御西北准噶尔的侵扰以及预防蒙古高原上可能发生的不测，加强对漠南、漠北蒙古的管理和有效控制，保证漠南蒙古的稳定和安宁。

漠南蒙古地区的军事驻防体系为乾隆朝最终平定准噶尔以及统一西北，以及稳定漠南蒙古地区统治秩序发挥了重要作用。它通过其防御功能、隔离功能、政治功能达到了屏藩溯漠的作用。作为一种新的统治机构与设立的府厅州县一样渗透入各盟旗，对漠南蒙古地区后来的行政建制变化产生了重要影响，并且由于大量驻军的存在对这一地区的经济、生态产生了不可忽视的影响。

绥远城将军、察哈尔都统、热河都统组成的军事驻防体系西起宁夏、河套，南接长城各要口，东联东三省八旗驻防，形成半月形的防御态势，将军、都统通过统率八旗，兼辖绿营，兼管各站军台。在京师北部，特别是长城以北地区形成一道屏障，外控盟旗，内护京师，形成严密而有序的体系。

## 五、王公府邸与府城聚落

清政府的对蒙政策对于传统城镇聚落的形成也有较为突出的影响。清前期，清朝政府在统治期间的对

---

① 乌云格日勒. 十八至二十世纪初内蒙古城镇研究[M]. 呼和浩特：内蒙古人民出版社，2005.

蒙政策主要是"联蒙制汉",授予蒙古各部封建王公爵位。同时为地位较高的蒙古贵族(受封亲王)建造府第。

清代北疆共建有48座蒙古王府,每座王府作为蒙古王公行政与起居之所,享有政治、经济、司法与军事统治大权,成为当地(蒙旗)的政治中心。这些府邸王府建筑群之外,还有一系列附属建筑,如王府寺庙、佣人住所、喇嘛住所、花园以及狩猎场所等。由于王府日常用品需求量大,王府周边寺庙庙会又能吸引周边牧民,逐渐有旅蒙商开始入驻王府周边,极大地促进了当地商业和经济的发展,形成了辐射周边的中心城镇。另外还有皇室公主下嫁到蒙古地区,公主府邸逐渐发展形成城镇。

清代内蒙古因王府而形成的城镇数量较多,其城镇的规模也因王府的等级而略有差异。例如喀喇沁郡王府形成了喀喇沁旗王爷府镇就是典型的王府聚落的案例,这种聚落起初都是以王府和寺庙为原点,随着汉族移民的增加和商业贸易的发展逐渐形成城镇(图3-1-1);另外还有拉善王府形成了阿拉善定远营,喀喇沁右翼旗的公爷府形成了公爷府镇,奈曼旗札萨克王府形成了大沁他拉镇,土默特左翼旗札萨克王府形成了王府镇。巴林右翼旗的大阪镇就是由公主府邸逐渐发展而成。

从目前保存的现状来看,阿拉善盟的定远营是目前保存最好、最典型的王府型城镇。

# 第二节　单一文化城镇聚落实例

## 一、藏传佛教聚落——库伦旗

库伦本为牲畜的存栏单位,1000个帐篷被称为1个库伦,蒙古语意为大圈。根据Barkmann的研究,这样的居住形式继承于蒙古帝国时期,并且广泛应用于亚洲内陆的多个民族中,其推测受到了突厥或阿拉伯之影响。在库伦正中本来是军事首领的营帐,借用到佛寺中时,中心区域多为佛殿,而喇嘛的住宅围绕在佛殿周围[①]。后来这个蒙语词统指围成圆圈的一群建筑物,特别是指寺院(图3-2-1)。有清一代,内外蒙古境内共有七个比较大的库伦,其中土谢图汗部的乌兰巴托前身即大库伦,规模最大;赛因诺言汗部有扎雅葛根库伦、喇嘛葛根库伦在内的四个较大库伦;札萨克图

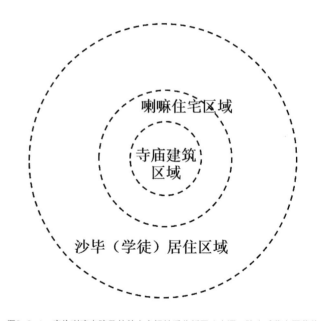

图3-2-1　库伦喇嘛寺院及其基本空间关系分析图(来源:陈未《蒙古国藏传佛教建筑的分期与特色探析》)

---

① 民东未. 蒙古国藏传佛教建筑的分期与特色探析[C]. //中国建筑学会建筑史学分会暨学术研讨会2019论文集(上), 2019(11).

汗部有扎萨克图汗库伦；内蒙古唯一库伦在通辽的库伦旗。

库伦是喇嘛寺院特殊的一种聚落形态，而这种聚居形态是模仿藏区的寺庙聚落，又根据蒙古人移动型的生活方式而逐渐形成的。喇嘛库伦的布局形态在中国内蒙古唯一的喇嘛旗——库伦旗目前已无踪迹可循，但大库伦（乌兰巴托）由于其规模比较庞大并在演化中不断丰富和发展，其形态被近代学者很好地记录下来，让我们形象地了解这种继承了游牧民族聚居传统、以政教合一统治为基础、喇嘛寺庙为聚落核心发展起来的宗教聚落形态。库伦这种独特的宗教聚落形态，从移动逐步定居的演化模式，在世界聚落历史发展中独树一帜，是聚落研究和建筑人类学研究不可或缺的内容。尽管内蒙古唯一一个政教合一的库伦旗，史料匮乏，现状保存并不理想，但笔者仍然认为关于库伦及其聚落空间的介绍是很有必要的。因此本节以内蒙古喇嘛库伦旗为例，探讨其形成与发展历史过程，同时参考蒙古库伦的基本形态分析此类聚落的空间特征与基本建筑要素，力求呈现一个蒙古地域政教合一的一种特殊聚落形态。

### （一）库伦旗历史背景

清代库伦喇嘛旗初建时期隶属卓索图盟，如今的库伦旗位于内蒙古自治区通辽市的西南部，距离通辽市140公里。库伦旗与辽宁省阜新蒙古族自治县、彰武县接壤，东连科尔沁左翼后旗，西部至北与奈曼旗相邻，辖域面积4714平方公里。库伦旗位于燕山北部山地与科尔沁沙地之间。燕山山脉从库伦旗西南部一直延伸到中部与科尔沁沙地相连接，形成库伦旗独特的南部浅山连亘、中部丘陵起伏、北部沙丘绵绵的地形地貌。

清初，皇太极及其父努尔哈赤优礼藏传佛教的政策，将其视为"驭藩之具"，继续采取笼络和优待喇嘛上层的政策，对于前来投靠的喇嘛首领，给予丰厚赏赐和册封各种尊贵名号及职衔，甚至指定封地和属民作为喇嘛供养，使其成为辖众喇嘛，享受与蒙古世俗王公同等的待遇和权力。

清政府为更有效地管理蒙古地区还制定了多项针对蒙古的宗教政策及相关制度，首先就是兴建藏传佛教寺院和扩充喇嘛人数，优礼喇嘛上层，规定喇嘛等级等。至19世纪时，仅在内蒙古地区就有寺院和喇嘛庙1200多座，在今蒙古国的领土则共有700多座。喇嘛人数占人口总数的1/3。至嘉庆年间，在理藩院登记造册的内蒙古地区呼图克图有55人。到光绪年间（1900年之前），在蒙古人居住地区总共生活有243位呼毕勒罕[①]、葛根[②]（Gegen、活佛），仅在内蒙古地区就有157名，形成了一批身份地位显赫的僧侣贵族。这批僧侣贵族不仅是所在寺庙的寺主，也是经营和管理寺属领地、产业和属民（沙毕纳尔、哈力亚图）的封建领主，在一些喇嘛和属民较为集中地区或重要喇嘛驻锡地还设置喇嘛旗和册封札萨克达喇嘛，实行政教合一制度。

天聪八年（1634年），皇太极把今库伦旗一隅作为特殊的宗教领地赐给早期在漠南蒙古土默特、喀喇沁、巴林等部传教的阿升曼珠习礼喇嘛，作为喇嘛供养，由此，库伦地区历史上亦被称作"曼珠习礼库伦"。崇德元年（1636年）八月，阿升曼珠习礼喇嘛圆寂，后"经巴素绰尔济提议，皇帝命察汉绰尔济传谕曼殊希礼喇嘛（阿升喇嘛）之弟囊素，赐垫褥等赏品，并赐锡图达尔罕绰尔济封号，继承席位。下设四个札萨克、四个德木齐辅佐。漠南蒙古四十九旗奉命自丙子

---

① 根据德勒格《内蒙古喇嘛教史》P261：呼毕勒罕：也称呼毕勒干，是蒙古语转世者的意思。如喇嘛教中，呼图克图、葛根转世时所选定的灵童，即称某某呼图克图、葛根的"呼毕勒干"。直到这位呼毕勒干正式坐床后，即正式成为某某呼图克图、葛根。

② 根据德勒格《内蒙古喇嘛教史》P261：葛根：是蒙古语"智慧者"的意思。葛根是在转世者中，道行高、法理源深者的尊称，俗称"活佛"。获得"葛根"这一尊称，必须是经过各盟、旗扎萨克王公推荐、认可，或由西藏、青海、内蒙古、外蒙古地区的大呼图克图等大喇嘛授予的尊称。

图3-1-1 喀喇沁旗王爷府鸟瞰（王府、花园原址一书城）

（1636年）至戊寅（1638年）年间各遣若干僧俗迁住库伦"[1]，并由卓索图盟喀喇沁左、中、右旗和土默特左旗每年送米千斛，作为奉养，"锡勒图库伦"（Siregetti Xtiriye）之号由此而来。顺治三年（1646年）囊素喇嘛圆寂。同年，顺治命盛京实胜寺的西布札衮如克喇嘛来库伦继任囊素喇嘛之职，并赐锡勒图绰尔济封号和札萨克达喇嘛印信。清代蒙古地区首个实行政教合一制度的札萨克喇嘛旗就此确立，其政教统治制度也在这一时期基本定型。

内蒙古库伦旗就是清代漠南蒙古地区唯一实行政教合一体制的喇嘛旗。自库伦旗建旗以来，曾有"曼殊室利库伦""锡勒图库伦""小库伦"之称。"曼殊室利库伦"（1633或1634~1636年）是库伦旗建旗最早的名称，"锡勒图库伦"（1636~1931年）为库伦喇嘛旗建旗初始的名称，而"小库伦"名称大约始于清末民国初。

1646年，囊素喇嘛逝世，清廷派盛京实胜寺喇嘛西布札衮如克任锡勒图库伦掌印札萨克达喇嘛，并赐札萨克印，统领政教，从此基本确立了"锡勒图库伦"的政教合一制。西布札衮如克创建锡勒图库伦札萨克喇嘛主庙，由顺治皇帝赐名"兴源寺"，他卸职后监造供奉锡勒图库伦主神"吉祥天女神"庙。故漠南蒙古地方出现了唯一实行政教合一制的封建地方政权，成为同漠南蒙古49旗并列的一个旗，其疆域南北长约75公里，东西宽约30公里。

有清一代，锡勒图库伦札萨克喇嘛旗曾拥有20余座大小寺院（喇嘛庙），度牒喇嘛1000人。其中兴源寺、象教寺、福缘寺和吉祥天女神庙为该喇嘛旗的四大旗属寺院。兴源寺为该旗主寺，是札萨克达喇嘛举行盛大法会的场所。象教寺是札萨克达喇嘛的寓所和喇嘛印务处所在地。福缘寺为全旗的财务机构，也是札萨克达喇嘛法定继承人和历任札萨克达喇嘛卸任后的休养之所，故亦称之为"下仓"。而吉祥天女神庙则是供奉锡勒图库伦的主尊——天女神的庙宇。

## （二）库伦的聚落特征

"库伦（呼勒）"即蒙古语"Xariyen"一词汉语音译。《蒙古秘史》《史集》《阿勒坦汗传》《蒙古社会制度史》和一些汉籍多译为"古列延""古里延""库里业""霍里牙""库林"[2]，其本义为"圈子、圆圈"，引申含义为庭院、围墙、范围、领域、边框、营盘、古列延（古代蒙古人的生产和军事单位），还特指蒙古人的藏传佛教寺院，多以"召庙、寺庙、库伦庙"等词组形式出现于文献当中，如大库伦（今蒙古国首都乌兰巴托）、锡勒图库伦（亦称小库伦，今内蒙古库伦旗）、蒙古库伦（今新疆伊犁州昭苏县）、东乌珠穆沁旗原旗驻地喇嘛库伦庙（今乌里雅斯太）等地方曾经都建有规模宏大的藏传佛教寺院建筑群，也是著名喇嘛和活佛们的驻锡之所，是在该地区乃至整个蒙古地区都具有深远影响的宗教活动中心。称寺院为"库伦"的文献记载还有很多，例如清代漠北蒙古善孚寺的蒙古语名称为"都图音呼勒"，还有赛因诺言部的额尔德尼班弟达库林（库伦）等。起初，这些寺院按照蒙古传统古列延形式，寺属沙毕纳尔和喇嘛班第围绕大喇嘛、呼图克图驻锡的宫帐（移动式的毡包寺院）居住。随着寺院及大喇嘛、呼图克图声誉的提高，其所属沙毕纳尔和庙产也愈多，以往的移动式毡包寺院也逐渐发展成土木结构的固定式的喇嘛驻锡之所。加之寺院规模扩大和各地香客云

---

[1] 额尔敦昌. 内蒙古喇嘛教[M]. 呼和浩特：内蒙古大学出版社，1991.
[2] 分别出自额尔登泰等. 蒙古秘史[M]. 呼和浩特：内蒙古人民出版社，1980：90.；（波斯）拉施特. 史集[M]. 余大钧译. 北京：商务印书馆，1983：18.；珠荣嘎. 阿勒坦汗传[M]. 呼和浩特：内蒙古人民出版社，1990：170.；（俄）弗拉基米尔佐夫. 蒙古社会制度史[M]. 刘荣焌译. 北京：中国社会科学出版社，1980：200.；中国第一历史档案馆，承德市普宁寺管理处. 清宫普宁寺档案[M]. 北京：中国档案出版社，2003.

集,以朝拜者为对象的商贸活动也日益繁盛起来,吸引了众多关内大小商贾前来贸易,进而形成以寺院为中心的新兴城镇,"库伦"也就有了新的含义,即指代城镇或地名。而历史上的大库伦、锡勒图库伦就是以大规模的寺院建筑群为中心逐渐演变成的蒙古地区极具影响力的集宗教、政治、经济、文化于一身的重要城镇,也是大喇嘛、呼图克图管辖之下的实行政教合一制度的宗教领地[①]。

俄罗斯学者阿·玛·波兹德涅耶夫在他的《蒙古及蒙古人》中,详细记载了大库伦的基本构成,原文如下:

……关于库伦的最早记载见于编年史《宝贝念珠》中1651年条。据说在这一年温都尔葛根即哲布尊丹巴呼图克图在蒙古的第一位转世者,从西藏回来后,按照古代绛央曲杰[②]在哲蚌寺创立七个扎仓的例子,在诺门伊克呼勒建立了七个爱玛克。

……到1877年,库伦成立了第二十八个爱玛克,这样喇嘛人数就增加到了一万三千两百人。爱玛克是寺院为了行政管理的方便而划分的地段。每一爱玛克的喇嘛就好像是一个单独的教区,大家都住在一个地方,他们的住房就坐落在爱玛克庙的周围。爱玛克都是以他们在呼勒的总圆圈上的位置为序,其中第一个爱玛克阿木多纳尔就在这个圆圈中轴线的北端。第二个爱玛克摩诃摩耶在它的东边。第三个爱玛克在更东面等。在呼勒的中心,即由各爱玛克组成的圆圈的中心,首先是葛根的宫殿;其次是供住在库伦的全体喇嘛做法事公用的一些庙宇;最后是供属于不同爱玛克但是具有相同专业和知识的喇嘛各自举行法事的一些庙宇(图3-2-2);我说不出每一个爱玛克成立的时间,然而它们无疑是逐渐形成的,在大多数情况下是由一个爱玛克分成两个,由此逐渐形成了由二十八个爱玛克构成的大型寺庙聚落。

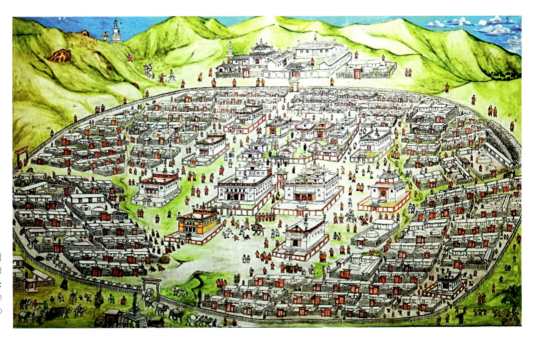

图3-2-2 喇嘛葛根库伦全图
(来源:Humphrey Caroline, Ujeed Hurelbaatar. A monastery in time: the making of Mongolian Buddhism [M]. Chicago: University of Chicago Press, 2013.)

---

① 双宝. 清代锡勒图库伦札萨克喇嘛旗若干问题再探[J]. 西北民族论丛,2018(02).
② 绛央曲杰,西藏名僧,宗喀巴八大弟子之一。

以上是史料记载关于库伦的概念以及基本的空间构成方式。上述史料对于库伦这种特殊的政教合一聚落形态的进一步研究和内蒙古库伦旗的进一步深入研究都具有重要的意义。

### （三）库伦旗现状

库伦三大寺是库伦旗聚落发展的原点。库伦旗从荒芜之地发展到漠南蒙古东部最大的贸易交易中心始于阿升喇嘛被库伦景色所吸引，从法库山移居到库伦驻锡。清军入关后，顺治皇帝为推行藏传佛教在蒙古各部中的传播，加大扶持力度，大力兴建寺庙，在此背景下兴源寺开始兴建。最初库伦旗并没有原住民，随着库伦旗成为蒙古地区七个政教合一的喇嘛旗之一，清政府派遣喇嘛和漠南49旗迁徙的属民前往库伦，围绕寺庙定居下来。随着人口的不断流入，库伦旗逐渐形成以库伦三大寺为原点的旗城镇格局。与此同时藏传佛教迅速风靡蒙古地区，部分游牧的蒙古族人开始信仰藏传佛教，开始定居生活，他们与属民一同居住在兴源寺的周边。喇嘛、属民和转为定居的蒙古族牧民共同构成最早的库伦旗人口来源。伴随着寺庙的兴建，内地的汉族工匠不断向库伦旗聚集，一部分工匠在寺庙修建完毕之后选择在库伦定居下来。随着库伦旗政治地位的提高，影响力逐渐增大，库伦旗的商业逐渐繁华，旅蒙商、回族生意人涌入库伦。人们的生活范围逐渐扩散到库伦河两岸，库伦旗聚落的规模不断扩大，形成多民族聚居的生活图景（图3-2-3）。喇嘛、属民、工匠和旅蒙商人等几类人根据同寺庙的亲疏关系分别围绕在寺庙周边，同当地的地形特征相结合，形成了以寺庙为核心，逐渐向外辐射的圈层关系，也就是我们所看到的放射状的库伦格局（图3-2-4）。

## 二、汉族移民城镇——赤峰州城

### （一）历史背景

赤峰位于内蒙古东南部，地处燕山北麓、大兴安岭南段与内蒙古高原、辽河平原的复合截接部位，根据考古学探究和古籍记载，赤峰地区在一万年前就有人类活动于此，并在此后的很长一段时间产生了兴隆洼文化、赵宝沟文化、红山文化、富河文化、小河沿文化和夏家店下层文化等多段由先民定居生活而产生的文化。

虽然赤峰地区很早以前就产生了人类文化，但是开始产生建制则是在燕秦时期。燕将秦开击破东胡之后，燕国在北方设置右北平郡，这是该地区有史以来第一次

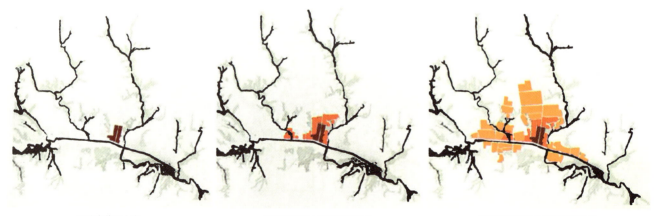

兴建库伦三大寺　　　　　围绕库伦三大寺形成定居点　　　　　居民聚居区沿库伦河两岸发展

图3-2-3　库伦喇嘛旗聚落发展过程（来源：库伦旗城建局　高伟毅　绘）

图3-2-4 库伦喇嘛旗聚落现状（来源：库伦旗城建局 高伟毅 绘）

建立真正意义上地方行政机构。在随后的秦、汉时期一直沿用了燕国时的行政设置，分别更名为秦右北平郡和汉右北平郡。一直到唐朝时期行政设置改为府州，在库莫奚地（今林西县下场乡樱桃沟）设饶乐都督府。在契丹地设松漠都督府，在老哈河与西拉木伦河交汇之地附近。而今赤峰市西南属于霫游牧之地[1]。到辽代，赤峰地区随着政权的更迭，成了辽朝的政治中心，辽上京和中京都在今赤峰境内。以苍耳河一线为界，北为上京道，南为中京道，上京临潢府（今巴林左旗），中京治所在大定府（今宁城县大明镇古城址）[2]。从金代到清朝初期赤峰地区经历了多次政权的更迭，逐渐被蒙古游牧部落重新占据，生活方式也逐渐变成以游牧为主的形式。

清朝初期，随着清军入关，大量的八旗贵族在华北地区圈地占地，迫使当地的农民背井离乡，选择地广人稀、地租较轻的内蒙古地区安家落户。再加上清政府从"以农立国"的政策出发，要求各地官员劝农开垦。如顺治八年（1651年），顺治帝谕示："民人愿出关者，令山海关道造册报部，分地居住"，并发布了《辽东招民开垦授官例》，鼓励关内汉族百姓到关外垦荒，规定了招民额数和相应的授官品级[3]。在社会情况和政策引导下，大量的百姓从关内流向赤峰地区。到了清康熙年间，鉴于吏部认为招民授官有碍官吏考成，致使名器徒轻，以及招民垦荒成效不著，还产生很多弊病，清政府决定废除《辽东招民开垦授官例》。但是，关内人口繁衍加快，人口压力逐渐显现出来，关内汉民仍以自发的形式流往赤峰地区。在这个过程中，蒙汉百姓在农牧交界地区乌兰哈达（今赤峰）进行小型的交易，形成了小型集市。随着地区人口的快速增长，雍正十三年（1748年）在翁牛特右翼旗乌兰哈达（今赤

---

[1] 谭其骧. 中国历史地图集 第5册 [M]. 北京：中国地图出版社, 1982: 3-4, 19-20.
[2] 谭其骧. 中国历史地图集 第6册 [M]. 北京：中国地图出版社, 1982: 5.
[3] 赵云田. 清政府对蒙古、东北封禁政策的变化 [J]. 中国边疆史地研究, 1994（03）：20-27.

峰）设乌兰哈达税务司，三十九年（1774年）设乌兰哈达厅，对该地区进行行政管理。雍正四十三年（1778年）根据乌兰哈达汉语意为红山，更名为赤峰县。清乾隆年间，随着关内百姓到蒙古地区垦殖的人越来越多，清政府害怕蒙汉交融过多会危及其封建统治秩序的稳定，遂出台了《封禁政策》来阻止蒙汉民族人民的接触。但是，此期间因内地苛征暴敛，封建剥削加剧，加之天灾人祸严重，而赤峰南部赤宁盆地自然条件适合农业生产，历史上就形成过比较成熟的农耕区，所以愈来愈多的中原人口不顾清朝政府禁令向北翻越燕山来到赤峰甚至更北部的地区，甘冒风险涌入蒙地租典土地、耕种定居，有的甚至取蒙名、入蒙籍、娶蒙妇，置产买地渐成村落，使得赤峰地区很快聚集了大量农业人口。因此，整个《封禁政策》在现实生活中并没有能够得到很好的贯彻执行。在社会情况与政策的双重影响下，汉族与蒙古族文化开始有初步的融合，赤峰地区人口逐渐增多。到清光绪三十三年（1907年），随着人口的增加、商业地位提升和管理范围的增大，清政府升赤峰县为赤峰直隶州，州政府在乌兰哈达（今赤峰市）。

民国初期一直到现在，由于全国行政划分的逐步完善，赤峰市的行政区划进行了多次变更。民国初期今赤峰市全境先后属于1914年设置的热河特别区和1928年由特别区改建的热河省。1933年日军侵占了热河省全境和内蒙古东部地区，整个东北沦为日本帝国主义的殖民地。自1945年8月15日日本帝国主义投降，到1949年10月1日，今赤峰市南部分别属于热辽行政公署设置的热中专区、二十二专区和热辽专区；北部先属东蒙古自治政府设置的昭乌达省和热北专区，后属昭乌达盟，统属于1945年11月1日中国共产党建立的热河省。1949年10月1日，中华人民共和国成立，到1955年12月31日，今赤峰市北部的阿鲁科尔沁等四旗一县为内蒙古自治区昭乌达盟；南部赤峰市及宁城等三旗三县属热河省。1956年1月1日热河省撤销，其所辖赤峰市和三旗三县划入昭乌达盟，昭乌达盟人民委员会由林东迁驻赤峰。1969年7月5日，昭乌达盟从内蒙古自治区划归辽宁省。1979年7月1日，昭乌达盟由辽宁省划回内蒙古自治区。1983年10月9日，今赤峰市全境称昭乌达盟。1983年10月10日，经国务院批准，撤销昭乌达盟行政公署建制，建立赤峰市，实行市管县体制。

（二）城镇空间形态与街道格局

赤峰市地处赤峰—敖汉黄土丘陵区的赤峰盆地中，锡伯河自西南向东北穿过赤峰市。早期的赤峰市北部锡伯河分流为英金河和阴河，城南有敖包山东西连绵，城东北侧有红山，由于受到了地理要素的影响，城市整体呈现出东西长、南北窄的城市发展形态（图3-2-5）。

在清朝之前赤峰地区大多为游牧民族的牧场，到清中期由于关内的自然灾害，发生了大量的人口迁移，在迁移的过程中逐渐形成了赤峰市北侧为游牧草原、南侧为农耕区域。由于其位于农牧交界的独特地理区位，与内蒙古地区其他商业城镇一样，从清朝开始作为旅蒙商人的重要交通枢纽逐渐发展成为交易的集市，成为"乌兰哈达集"。由于行政建制晚于人口增加，故早期的赤峰县城街市并无严谨、系统的规划，尽管如此，当时的街市功能布局还是有迹可循的。至1755年，赤峰已发展成为拥有九街三市规模的塞北商业重镇（图3-2-6），形成"人才蔚起，庶民殷阜，商贾辐辏，毂击肩摩，檐牙相错"的繁华景象。[1]

---

[1] 贾洪榛. 赤峰沧桑[M]. 呼和浩特：内蒙古文化出版社，2011.

图3-2-5 赤峰县空间形态示意图（来源：根据Google卫星影像图改绘，王腾 绘）

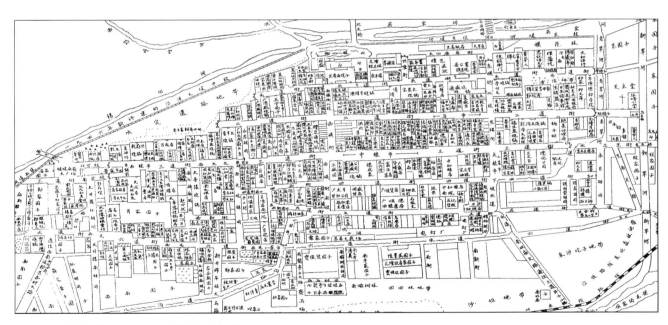

图3-2-6 赤峰街道格局图（来源：贾洪榛《赤峰沧桑》）

赤峰县城"九街三市"的城市格局主要指的是，城内东西向有六条主要交通干道，南北向有三条主要街道，整个城区内部有菜市、马市和粮市三处重要的集市。其中六条东西向的主街道从北向南分别是头道街、二道街、三道街、四道街、五道街和六道街。头道街、二道街和三道街是乌兰哈达厅初设立时，依托关帝庙前的集市整理而建，形成了早期的赤峰街道雏形。后期随着常住人口的增加，在此基础上又新建了三条横向的街道，分别为四道街、五道街和六道街。南北向有三条街道，由东至西分别被称为东横街、兴隆街和西横街，三条街道均是在头道街、二道街和三道街的范围内形成最初的规模，其主要作用是贯通赤峰南北并承担一定进出城的交通功能，其中兴隆街是三条横街中最短的一条，却是当时赤峰县城内通向北部各盟旗的唯一进出口，因此这条街道两旁设立了行政部门和大量的商业，颇为兴隆。

随着人口的增加和城市规模的发展，城市逐渐演化出行政中心、商业中心以及商业街区。行政中心主要集中在头道街上东横街与兴隆街之间，有公署、衙门、监狱等行政设施。商业中心主要体现在"三市"，其中粮市共三处，中粮市位于三道街中街街心处，为最大的粮市，同时也成了城市的中心。马市在二道街中段大街东端的街心，菜市位于六道街西屯东口。主要的商业街区主要集中在二道街、三道街与西横街，三条街道上商号林立，尤其西横街作为贯通赤峰南北的一条主要街道，更是车来车往，极其繁荣。

### （三）宗教建筑

在清政府的政策引导下，关内大量的人口迁徙至赤峰，带来了不同行业的居民，同时也使赤峰地区的民族构成更加丰富，其中不乏回族等少数民族。因此，随着不同信仰的落地生根，赤峰县内开始兴建宗教类建筑。最早的宗教类建筑为初期迁徙而来的汉族建立的关帝庙，也是赤峰建城的根本所在，曾经就有一种说法"先有关帝庙，后有哈达街"，足以说明关帝庙当时在赤峰的重要地位。后来，为了应付各种杂役和摊派，老哈达街的大小商户组织起来成立了各种行会，又按照不同籍贯划分为太原社、饶都社和忠义社三大帮派，并合资建设了财神庙，为行会聚会提供场地。同时，当地工匠们为了寄托信仰建设了鲁班庙，回族人民建立了清真寺，还有马王庙、天主教堂等。

赤峰县的人口构成随着城市的发展也逐渐丰富起来，文人墨客也随之增加，他们也需要寄托自己精神的建筑。于是赤峰县前清举人董俊先于光绪年间就联合赤峰城乡的全体秀才修建了一座供奉文昌帝君的两层老式小楼，并取名文昌阁。

### （四）价值评定

清代是赤峰传统城镇兴起的初始阶段，也是蒙东地区社会变迁不可分割的重要组成部分。其城市价值可概括为以下四点：

见证"闯关东"这一重要历史时期。清朝期间，为了逃避战乱和自然灾害，关内人民从山东、河北等地向内蒙古地区以及东北地区迁徙，这一历史事件为"闯关东"。自关内来到内蒙古地区的汉族移民依靠自己的勤劳和智慧在蒙地站稳了脚，赤峰市与周边村落形成的西辽河聚落则成为闯关东路线上的重要节点，同时见证了这段中国历史上人口大迁徙的历史事件。

成为蒙东农牧交错区经济的重要载体。回顾历史，由于地处游牧地域与农耕地域交界处的地理优势与蒙汉杂居的人口优势，使得剩余产品贸易兴起，久而久之赤峰形成了广大的消费市场，多条商道也穿城而过，在蒙东地域内逐渐成为经济中心。赤峰不仅使整个蒙东地区的农牧文化得到了巧妙地融合，关外与关内人民间的矛盾也得到了最大幅度的缓解，对区域的商业发展起到了极大的促进作用，从而成为蒙东地区经济的重要载体。

形成丰富且规整的城市空间形态。清朝中后期由于蒙东地区的农业人口大幅增加，农村市场不断拓展，本地域内的游牧社会也逐步被打破，大量关内的汉族商人和手工业者进入赤峰地区，使其成为塞北商业重镇，形成了农业、牧业、手工业、商业等生活生产方式并存的混杂型聚居方式。随着生产方式的增多，赤峰从杂乱无序的聚落分布发展成为"九街三市"的城市空间形态，并逐渐演化出行政中心、商业中心以及商业街区等公共服务功能空间。

出现多种类型的城市功能建筑。从清顺治时期的小型集市，到清雍正时期的乌兰哈达厅、赤峰县，至清光绪时期将赤峰县升为赤峰直隶州，赤峰市的历史沿革显示出清朝政府利用逐渐加大行政建制、增设多种行政职能等方式，使赤峰成为蒙东地区的人口、经济与行政中心。随着社会构成发生变化的还有赤峰的城市功能建筑类型，如以各类商号林立的商业街与商业中心为主的商业建筑，包括公署、衙门、监狱等功能的行政职能建筑，以关帝庙、清真寺、天主教堂、文昌阁等为代表的宗教建筑，还有多民族相融合所聚居而成的居住建筑。多样化的建筑类型体现出赤峰市在蒙东地区的重要地位。

## 三、商业贸易聚落——包头城

### （一）历史背景

包头是清代末期在内蒙古中部兴起的商业城市。包头城的发展经历了较长的过程。

在清代初期还没有"包头"这一地名。最初，这里仅是归化城土默特右翼旗，以及达拉特旗和乌拉特三公旗三旗交界之地，是清朝理藩院管辖下的内藩蒙古的一部分，只是蒙古民族的游牧之所，并没有统一明确的辖属。

包头城墙全用土夯筑，高约5米，基宽约7米，顶宽3米许，周长约7公里。城墙加筑有土煤，即通称的女儿墙。全城北半部在土梁上，依地貌兴筑。城墙四面都不呈直线，形成不规则的四方形。全城共开设有六个门，东门、南门、新南门、西门、西北门、东北门。各门内部有街巷通入城内，东门、新南门、西门和西北门内的大街为主要街道，四条大街道均微弯曲，在城中心相交成为大十字；东北门内只有小巷通至东街，南门内有短巷通至南街；其他衙巷都是不规则布局（图3-2-7）。城内西部有吕祖庙，城东部有清真寺，东门外有转龙藏等庙宇。城内南部为官署、店铺、作坊分布区域，北半部山坡上多是民居。茶楼、酒肆、钱庄、百货店铺等都集中在大十字附近，是城内最为繁华的街区。

自清代后期的同治年间起，包头以其地理位置的优越性日趋繁华，逐渐成为内蒙古中部地区的商业城镇。

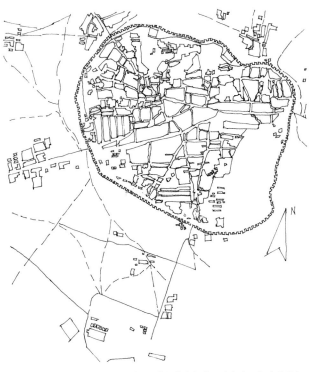

图3-2-7　1948年包头城区图（来源：《内蒙古自治区地名志·包头分册》，张宏宇 绘）

南面渡过黄河便是鄂尔多斯，北面翻越大青山便是广阔的蒙古高原。宁夏和后套一带的商品可从黄河上运输，东临土默川平原，位于水陆交通的枢纽，南北和东西往来的十字路口，因此经营旅蒙商业的商贸们便以包头为据点，将内地长途贩运的各种生产和生活资料，供应给伊克昭盟和乌拉特三公旗等地，再将这些地方的畜产品运回内地销售。城镇商业繁荣发达，手工业生产也随着发展起来，原来在呼和浩特开设的大商号，逐渐迁移至包头开设分店或总店，伊克昭盟和乌兰察布盟境内的商品集散地也转移到了这里，而且西至宁夏、甘肃，北至新疆以及外蒙古、俄罗斯等地方，都是来自包头的商人在进行贸易活动。它取代了呼和浩特的地位，到清王朝末年，已成为内蒙古中部最大的商业城市。

### （二）形成与演变历程

清代初期，康熙帝第三次亲征准噶尔部噶尔丹时，于1697年（康熙三十六年）从宁夏乘船顺黄河东下，船经包头时，据记载这里还只有少数随军做买卖的旅蒙商贩。之后越来越多的商家在西脑包、井儿坪、西水沟一带进行贸易活动，逐渐形成包头老城。

包头城的形成和发展大致分为以下几个历史阶段：

第一阶段是清初—乾隆时期（图3-2-8）。包头在城垣建成之前，由于包头地区垦荒定居人口以及商业人口的不断增加，在后来的城圈范围内已经逐渐形成几处具有相当规模的人口集中地，主要是汉族、回族聚居区域，如西脑包、井儿坪和西梁等处，这些都是老包头最早的居民聚集区。之后城圈内形成了三个主要的定居组团，其一集中在东河西侧，北梁一带，蒙古巴氏家族与回族社团居住在此，分别围绕福徵寺清真寺居住；其二为位于城圈西北部的官井梁；其三在靠近西河侧，于今人民公园一带，为汉人租种的耕地与开设商业店铺的地段。

第二阶段是乾隆—同治时期（图3-2-9）。包头城新增两个兵营组团。同治年间，大同总兵马升驻防包头，于城北修建东西两座营盘。东营盘靠近东北门驻守步兵；西营盘靠近西北门，位于大巴水洞之北，并且两营盘均靠近城墙。与此同时，位于东西门大街沿线的今九江口一带开始出现百姓聚居区。城墙内南部为山西忻县智性承租的种植区，约占城内面积的一半。

第三阶段：同治—光绪年间（图3-2-10）。此时包头城内商业进一步繁荣，吕祖庙、财神庙所处的九江口一带成为新的商业中心；各居民点在这一时期继续壮大，互联干道，并由干道向两侧腹地延伸发展，逐渐串联成片。光绪六年（1904年），洪水将妙法寺南一带俗称细滩的民居房屋全部冲毁。位于城区南部的耕地——永合成地被淤泥堆积荒废，后改为公园。

第四个阶段：民国期间（图3-2-11），包头城的基本格局同光绪年间的变化不大。清末民国初期，被冲毁的西滩地区，重建有八条规划较为整齐的小巷，民居逐渐发展起来。民国4年（1915年），有商人购买城西南角永合成商号的空地20多亩，开设妓院。包头城北部—北梁地区逐渐连成一体，并在城南结合码头与平绥铁路有所建设。

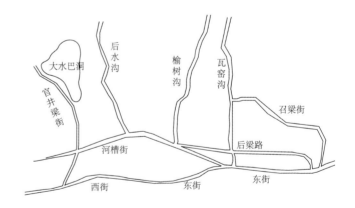

图3-2-8 清前期-乾隆时期包头街道格局示意图（来源：根据《包头史料荟要》《包头史记》，刘冲 绘）

图3-2-9 乾隆—同治年间包头街道格局示意图（来源：根据《包头史料荟要》《包头史记》，刘冲 绘）

### （三）空间格局

包头城内部空间结构的总体性特征，是同包头城自身的移民聚居地的地域特征紧密相关的。包头地区由最初内蒙古土默特右翼旗的牧地，到由口内汉族商民聚居的几处分散的居民点，逐步发展到彼此联系的居民点成为包头村，再因军事上的需要而上升为镇，直至同治年间建立城墙，成为一个真正意义上的城镇。这一切，都是源于当地的不断开发以及当地商业贸易的不断发展，吸引着内地诸省人口的不断迁入和汇集所致。因此，包头城作为一个商业性的移民城镇，在当地的政治、经济、文化等许多方面都具有移民城的特征，仅从城镇内部空间构成这个角度来看，包头城的移民性特征就较为明显。

首先，包头城形成较晚，发展历史不长，是一个从清前期才开始发展起来的新兴城镇，但是，发展势头相当迅猛。从清乾隆年间正式在包头地区建立行政建制（1739年）起至本书所述的时间节点1949年，包头先后的发展时间也不过200多年的历史。然而就在这不是很长的时间里，包头却从一个小村一跃发展成为当时内蒙古乃至华北地区比较知名的商业城镇，并建立了

图3-2-10 同治—光绪年间包头街道格局示意图（来源：根据《包头史料荟萃》《包头史记》，刘冲 绘）

城垣，形成了相对完备的城镇内部空间结构。这当然同商业利益驱动下的口内各省移民对这里的开发建设紧密相关。

其次，作为移民城镇的包头城，其内部空间发展有着明显的无秩序性（图3-2-12）。街衢与归（化）、丰（镇）两县情形相同。当时自由建筑，漫无规度，大街小巷，参差不齐。由于各地来此定居的移民，在修建房屋时没有统一计划，仅仅是为了生活方便，因地形地势之便自行修造房屋，因此导致后来街巷、居民区形成的自发性与无秩序性；此外，依山兴建的城镇区域，决定了城内各部分的布局必须迁就复杂地形，以致大多数民居建筑的朝向不能够取得统一。因为包头城先有人口聚居区，在此基础上围建城圈，故城内建设毫无规章法度，城内各部分的功能分区混杂，商业区、居住区以及宗教场所彼此交错，没有能够形成专业性的分区。

第三，包头城内部城镇的核心不够明确，从严格意义上说，包头城没有其自身的城镇核心。一直以来，包头城内的街巷、建筑等空间要素始终没有出现一个极具本地特色的代表物，使得当地缺乏作为城镇核心的拥护对象。其次，包头当地的政府机构在包头城内强有力的商会组织面前，显得黯然失色。在包头这个商业城镇

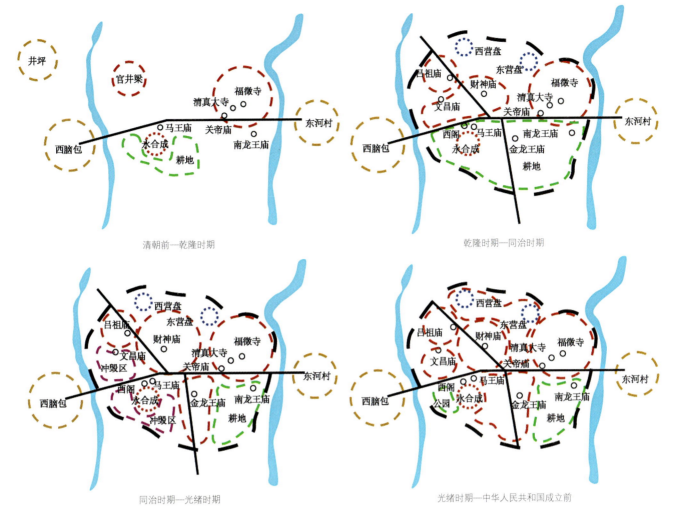

图3-2-11 包头市城镇空间格局发展演变分析图（来源：刘冲 绘）

中，由于商会组织的巨大影响力，使得政府机构在包头城中的权力和威望远不及其他城市，因此它也无法承担起包头城镇的核心这一重任。

第四，城镇内部民居、庙宇等建筑特色呈现多样性以及融合性。来源于各地的口内移民，在迁居包头之时，随之带来了多个民族特性、不同的宗教信仰、多种职业特点，等等。这就导致了民居建筑及宗教建筑的多样性和复杂性特征，出现了诸多不同信仰和流派的宗教建筑，以及不同地域特征样式的民居。但随着时间的流逝，上述诸多差异性会随着彼此之间的交流而日趋一致，并且形成具有本地特色的新的风格和个性。因此，包头城内会出现融儒、释、道为一庐的妙法禅寺，并出现了具有本地特色的民居建筑（图3-2-13、图3-2-14）。

包头城镇空间格局，是内蒙古地区特定的历史条件下，形成的本地区独特的城市类型，这对于研究其他交通贸易型城镇具有典型的代表意义。

（四）价值评定

清代中前期，内蒙古农牧交错带的交通区位随着政治区位的变化而变化，由原来的军事冲突区演变成为北方数省与蒙古地区进行经济、文化交流、交汇的

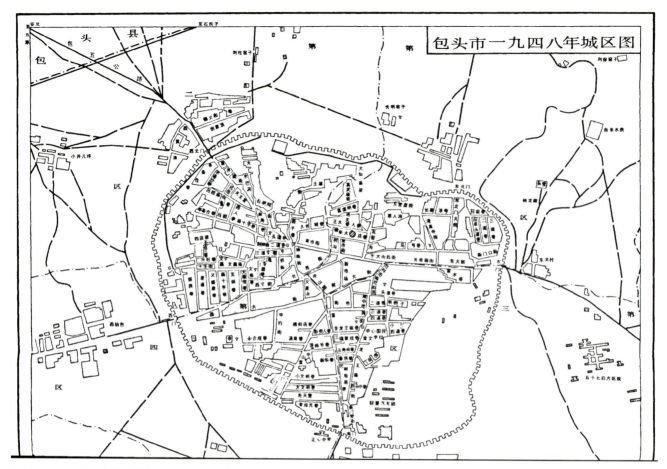

图3-2-12　1948年包头城区街道格局示意图（来源：《内蒙古自治区地名志·包头分册》）

图3-2-13　2003年4月未拆除的郭家巷6号院（来源：《回望北梁》）

区域，成为汉蒙贸易和中俄贸易的重要通道，其通道上的重要节点城市成为连接华北地区与西北地区的枢纽。1727年，俄国与清朝签订中俄《恰克图条约》，这就使中国的物产经由蒙古销往俄国，再由俄国转销欧洲的贸易之路兴旺起来。恰克图贸易在19世纪50年代达到了极盛时期。从归化城、张家口通往蒙古及恰克图的商路上出现了与以往"游牧都市"截然不同的新城市，即晋商们聚居的"买卖城"[①]。

关于"买卖城"形成的原因，需要具体情况具体分析。康熙帝平准时，曾有大批商人从行，康熙帝为维

---

① 包慕萍. 山西建筑文化影响下的19世纪的蒙古买卖城[C]. 全球视野下的中国建筑遗产——第四届中国建筑史学国际研讨会，2017.

图3-2-14 妙法禅寺吕祖殿（来源：刘冲 摄）

护随军贸易秩序，指出："至于随军贸易之人，固不可少，若纵其贸易，又至紊乱，应于某营相近，即令某营之夸兰大，派出章京，于一里外驻扎，准其贸易"，并指示理藩院另设一买卖营，"中路大军十六营中，每营派官一员，专司贸易之事"，以便于沿途购买蒙古的驼马牛羊等物品。由此，科布多、乌里雅苏台的买卖城开始形成。此后，凡大军行止之处便是商品交易之地，大军撤走时，已经腰缠万贯的商人，以其财力继续留守经营，由交易市场而筑城修道，漠南、漠北及天山北路许多城镇的"买卖城"因此而兴起。

包头作为内蒙古典型的买卖城，城市空间及其形态要素受到商业性的影响极大；同时，当地商品经济的快速发展，又推动着包头这座新兴城镇的快速发展。无论是包头的城墙，还是城内的街巷、民居以及其他城镇设施，从一定意义上说，无不是在为包头城内的商业发展服务着。这些设施和建筑的存在，从主观或客观上都在保护和推动着城镇内部商业的健康发展与稳步前进。反之，正是当地快速发展的商贸经济，对包头城内部景观的变化起到巨大的推动作用。同时，经济的发展对包头地区的行政建制的发展演变也起到极大的促进作用。由此可见，包头城市的形成和发展首先见证了汉族旅蒙商人由山西、陕西、河北、北京等地逐渐移民到内蒙古，并参与本地域草原城镇形成与发展过程。其次以包头为代表的买卖城的形成，见证了清代中俄贸易的发生、发展变迁以及由此推动的草原丝路的形成与发展过程。第三，以包头为代表的买卖城基本空间格局，见证了商业主导下，城镇空间自由自然发展的历史过程，从而形成以商业街区为核心的城市特殊形态。这是以内蒙古为代表的中国农牧交错带上形成的一类特殊城镇，因此以包头为代表的买卖城的研究对于此类城市的进一步研究和评价具有积极意义。

## 四、军事防御聚落——绥远城

### （一）历史背景

八旗制度是满洲女真族特有的军事、行政、社会组织。1601年努尔哈赤根据满洲原来的部落组织创立了黄、白、红、蓝（黑）旗军。1614年从四个军扩大为八个，增设了镶黄旗、镶白旗、镶红旗、镶蓝旗。而且，1635年设置了由蒙古人构成的蒙古八旗，1642年编成了由汉人构成的汉军八旗。八旗又分类为左翼、右翼，镶黄旗、正白旗、镶白旗、正蓝旗分属为左翼，正黄旗、正红旗、镶红旗、镶蓝旗分属为右翼。这个不单是军队组织，全部的满洲人被编入这八个旗中，社会管理也是通过这八旗组织进行。从而，"旗人"是满洲人的别称，也是编入八旗里的蒙古人和汉人的总称。满城的都市计划、衙署、宗教设施的设置、旗人住宅的配置等也是由八旗的规则而决定的。

18世纪中叶，清朝统一了新疆。为巩固统一，加强西北边防，保持社会稳定，清政府派满洲八旗等官兵驻防乌鲁木齐，并在乌鲁木齐建立城池，遂形成满城。从清朝初期到末期，盛京（沈阳）、京师（北京）等作为首都开始，近畿、各省、内外蒙古、新疆、西藏以及台湾等广阔范围内均建设八旗城。呼和浩特的绥远城就是其中一例。

从雍正十三年（1735年）到乾隆四年（1739年）在当时的归化城西北2.5千米处新建一座军事驻防城（八旗城），命名为"绥远城"。《绥远旗志》卷二《城垣》记载："（绥远城笔者注）东距京一千二百里，南距太原府省城一千里，距右卫二百四十里，东界察哈尔镶红旗，西界鄂尔多斯，南界朔平府，北界乌兰察布部落。"绥远城驻扎满洲八旗军，为兵家争夺的重地。作为一处军事要地，从军事防御要求出发，具有选址上的优势：绥远城在归化城的东北五里处，与归化城连为犄角，形成一座双城，声势相援便于呼应。推广来看，它以阴山为屏，黑河为带，西连甘肃新疆，南通山西之门户，北扼蒙古之咽喉，东卫京师安全，故成为塞外第一军事重镇。

### （二）空间格局

该城为正方形，面积2.5平方千米，四边各长1570米，城垣周长6280米，城墙高9米多，四面再各设一城门（图3-2-15），四门外各筑瓮城，城四角均有箭楼，城外有石桥和护城河。城内有间距为200～235米的六条南北向道路，有间距为140～180米八条东西向道路，形成南北窄、东西宽的长方形街坊。在每一个街坊中又以两条东西向的小巷划分成二条地段，靠南部的较宽，其他两条较窄，条条地段前后布置两户宅院，每户宅院的大小按官职大小而定，房屋均按行列式排列，为形式规则的棋盘式结构（图3-2-16）。

"绥远城"南北向主干道偏向东部，东西向主干道偏向北部，四面各有一座城门，南门和西门与主干道直通，北门和东门与主干道错位布置，形成"拐脖"的布置形式，体现了驻防城在防守上的特殊需要。城中主干道宽度为28米，街坊向道路宽8～10米，小巷宽为5米，城的最高衙署——将军府位于西街路北的南北中轴线上，体现了它是城市的主宰和统治中心。城的南北与东西干道的中心建有钟鼓楼。与将军衙署相对称的东街路北建有万寿宫（供奉皇帝牌位）。城市神祠按主次分布于城内。此外，还建有仓库、铺面房、学堂、教武

图3-2-15 绥远城将军衙署全景（来源：张晓东 摄）

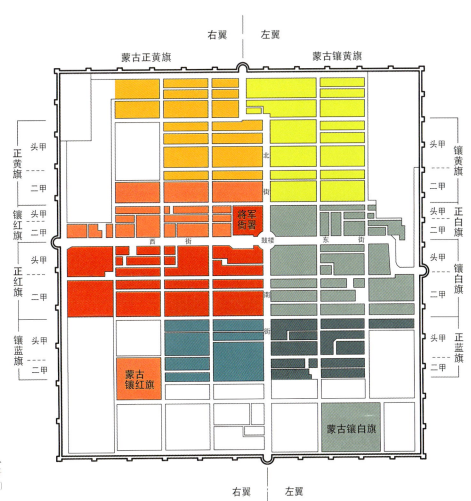

图3-2-16 呼和浩特绥远城空间结构及八旗分布图（来源：建筑文化传播与交流的研究现状与课题——以中国少数民族地区为例）

场等设施。除城墙和军事设施外，共建有各种房屋近两万间。由此可见，"绥远城"的建设是在我国传统的城市规划思想影响下，采用空间格网的城市规划方法建成的。衙署和鼓楼是心脏，道路是动脉，凭借着道路网系统把各部分组织起来。军事目的是绥远城及其街巷布局所具有的突出特点。绥远城的造型很特别，筑有四城门、四城楼、四箭楼、四瓮城、四角楼、四马面，马面依城附筑四十，布四面，每面十台，护城河环绕，四门外筑四桥（西、南为石桥），城防设施完备，与北京内城相似。城内棋盘式街坊，有四大街、二十四小街、四十六小巷、一处市场。

满清八旗的军事管理组织和八旗城的布局具有相对应的空间关系。在北京城，城东为所属左翼的镶黄旗、正白旗、镶白旗、正蓝旗由北到南依序配置。城西由所属右翼的正黄旗、正红旗、镶红旗、镶蓝旗由北到南顺序配置。绥远城的八旗方位是，除右翼的镶红旗和正红旗的南北顺序与京师的不同外，与京师的八旗方位相同。这种一致性并非偶然，且不能单从军事分担的比例来决定，应与运用都市计划中的"五行"理论为根本。关于《八旗通志初集》卷之二、旗分志二的八旗方位，"本朝龙兴。建旗辨色。制始统军。尤以相胜为用。八旗分为两翼。左翼则镶黄、正白、镶白、正蓝也。右翼则正黄、正红、镶红、镶蓝也。其次序皆……五行并用"，了解其配置理论，也就知道了八旗方位和旗色是根据五行的相生相克理论所规定的。八旗中，镶黄旗、正黄旗、正白旗的地位高，称为上三旗，与之相应的，镶白旗、正红旗、镶红旗、正蓝旗、镶蓝旗被称为下五旗。上三旗被配置在城北和城东，所以认为八旗都是以北和东为上位。[①]

## （三）价值评价

绥远城是内蒙古地区清代建设的唯一一座以军事防御为主要目标的八旗城。清朝在内地以及边疆建设了许多军事城镇即八旗城，北至大库伦（今乌兰巴托）、乌里雅苏台（今蒙古国同名城市）、科布多（今蒙古国同名城市），西至新疆伊犁九城、喀什噶尔，东至吉林、黑龙江，南至台湾、广东、广西、云南等。

内地的八旗城因为城市用地已经很拥挤，往往利用旧城改建八旗城。边疆地区的八旗城完全为新建者居多。而且八旗城的建造工程都是清朝工部统一出图、统一管理，因此在边疆新建八旗城，意味着来自京师的标准化建筑——官式做法的导入。乾隆二年（1737年），清朝工部在呼和浩特新建八旗城（绥远城，今新城区），城周长为9里13步。25年后的乾隆二十七年（1762年），清朝工部又在新疆伊犁新建惠远城，城周长为9里3分。另外，建于乾隆三十八年（1773年）的巩宁城（今乌鲁木齐老满城）也是周长9里3分7的规模。三个八旗城远隔千里，建造年代也相隔数十年不等，但是具有几乎相同的规模。再拿伊犁新建于乾隆三十一年（1766年）的惠宁城和呼和浩特的绥远城进行城市空间结构比较的话，就会发现两者具有相同的土地规划方式，以及相同的城市空间布局，八旗城的官式建筑设计与建造的标准化程度可见一斑。这也就意味着以蒙古游牧建筑文化为传统的呼和浩特，以及以绿洲干燥地域建筑文化为主的新疆地区，因八旗城的官式建筑建设而出现了建筑文化上的"通项"[②]。

也就是说，这一时期，清朝政府将汉式官式城池与满洲八旗制度相结合的八旗城植入中国的腹地及边疆地区，参与了当地的军事、政治、经济、文化交流和城市建设，如今也成为边疆少数民族地区的重要历

---

① 包慕萍. 清朝时期内蒙古呼和浩特满洲八旗城的都市及建筑空间构造相关研究[J]. 日本建筑学会计划系论文集，2002（04）.
② 包慕萍. 建筑文化传播与交流的研究现状与课题——以中国少数民族地区为例[J]. 中国建筑史论汇刊，2015（02）.

史遗产。这种外来文化植入型的城市彻底改变了边疆少数民族地区的原有城市空间结构,并成为地域城市的重要组成部分。而以呼和浩特绥远城所做研究也体现出了明清时期多元文化的碰撞与交流而形成的独特结构与特色。

## 五、王公府邸聚落——定远营

### (一)概况

定远营古城位于内蒙古自治区阿拉善左旗巴彦浩特王府街北侧的旧城区。坐落于贺兰山西麓的低山丘陵区,北靠营盘山(低山丘陵),南面距王府大门10米处是宽10米的柏油马路(王府街),马路南方有三条自东向西的地下泉水涌流形成宽6~10米的河沟,古城海拔高度1490~1509米,是巴彦浩特城内唯一保存下来的一片古建筑群(图3-2-17)。

定远营的营建,依山取势,"妥相地形高下,固山筑城,气势轩昂,设武彝、置屯兵"。夯土筑城,外包青砖,城垣周长3.3华里。建南门、东门两座城门,城垣西北建有望楼,北城垣居中建有关帝庙。

古城格局保存基本完整。以城隍巷为主干,两侧巷道鱼骨状排列的格局基本清楚。西北传统建筑少,格局不完整,应为后发展的区域。

### (二)建城历史沿革

定远营其地汉代称为北地郡西部地,晋称为南凉、后凉及北凉,唐隶属于河西节度使,广德初,为西番所据,到宋景德中,后来西夏入主,元属甘肃行中书省,明末为蒙古鄂鲁特部所据,清代这里一度成为清军的军马场,并有"御马圈"之称。直到雍正八

图3-2-17 定远营全景图(来源:孟祎军 摄)

年至九年（1730、1731年），清政府为了控扼蒙古各部落往来道路，同时便于长期征缴准噶尔部叛乱，命清廷将军岳钟琪建筑定远营。《定远营碑记》记载：定远营"形势扼瀚海往来之捷路，控兰塞七十二处之隘口，奉旨特设一营，名曰定远。妥相地形高下，因山筑城，气势轩昂，设武弁，置屯兵。西接平羌，遥通哈密；巴里坤等处，东接威镇，远连三受降城、两狼山要地。内外联络，边疆宁谧，良田赞谟广运，神武远施，亿万斯年，咸戴帝德之高深矣，特纪盛事而镌之石。"

该地区是清朝北方的屏障，通往西北沙漠的咽喉要塞，邻近宁夏地区，遥望新疆哈密、巴里坤，在军事、交通上具有举足轻重的地位，岳钟琪在该地区请旨设军营。同时，清初蒙古各部落占据着漠南、漠北、漠西地区，康熙三十五年（1696年）漠南、漠北蒙古均已加入清政府，而漠西蒙古只有和硕特部落加入，其余部落有的与清朝对立，有的虽并入但还有"反抗之心"，定远营的营建形成了对蒙古部落的有效控制，也促进了清朝边疆的稳定。

## （三）空间布局

定远营的山脉是贺兰山余脉，城内将近一半的面积都是山体，地势北高南低、东高西低。城北最高处的喇嘛庙山，占据了城内制高点，可观察城内外情形，同时也供王爷及官员祭祀用。东部高低起伏的山体为防御营造创造了先决条件，军事防御体系的营建与山脉走势密切相关，东城垣结构体系建在山脉之上，东北角伸出一段墙体修建角楼。城北深约6米左右的山沟为北部的防御提供天然屏障，定远营周边山体共修建有六座营盘驻扎军队，战争时期提供有效的军事支援。定远营的水系均发源自贺兰山，城南有三道河沟，城北山沟内也有河流，河沟处形成的涝坝可以有效灌溉农田。

定远营的营建主要为了军事防御，城市受当时制度要求规模较小，城垣体系范围内为18公顷。建造者将长远发展放在了城南的三道河地区向南延伸，这也是今天巴彦浩特镇的城市发展轨迹。这一时期城内主要建筑有参将衙署、军营、城隍庙、三世佛殿等。1731年和硕特蒙古王爷入住并对此开始了长达200多年的统治，自此开始进行了持续不断的城市建设，参将衙署成为阿拉善王府，三世佛殿由汉传佛教性质转变为藏传佛教，日后成为阿拉善地区八大寺庙之一。至中华人民共和国成立前定远营拥有了行政、军事、宗教、居住、园林等多种建筑类型（图3-2-18～图3-2-20）。阿拉善王府建筑群位于城市东南，包含了西路、中路、东路、新官邸区和花园，占据了城内近一半的面积。值得一提的是古城拥有儒教、佛教、道教种类丰富的宗教建筑，王爷家庙延福寺位于城市中央的重要位置，是城内最大建筑群，这与清朝在蒙古族地区对藏传佛教的大力提倡密切相关。城内城隍庙是除延福寺外的最大庙宇，孔庙、关帝庙一南一北遥相呼应，坐北朝南的定远营魁星庙位于东北角，此外在王府内建有马王庙、娘娘庙，南门瓮城内有南天门守护神赵公明的财神庙，建在山体之上的东侧城台之上有山神庙。[①]

定远营城西侧街衢巷舍，甚为整齐，主要是旗下官吏、上层蒙民（如王府近支）及喇嘛所住房屋商肆店铺等。这个片区主体部分以城隍庙所在的城隍巷为轴线，分东西两部分，城隍巷东部民居分为四道巷，每巷有5~6户居所不等，主要为王爷近支和喇嘛居所，西部为上层蒙民以及王府下人住所，巷内民居格局基本相同。各院设门楼、正房三间，较大一些的建有耳房，东西厢房各三间（图3-2-21、图3-2-22）。建筑带前

---

[①] 王卓男. 阿拉善定远营古城建筑文化研究［J］. 南方建筑，2015（01）.

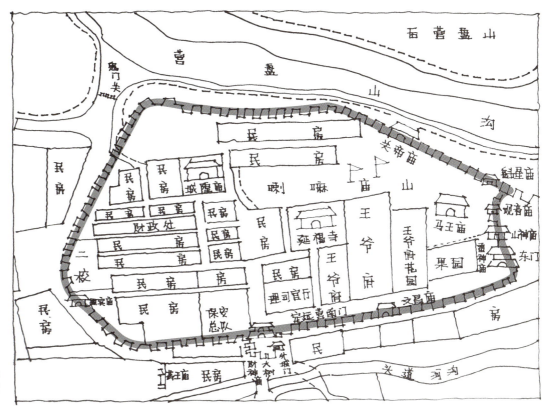

图3-2-18 定远营布局总平面图（来源：阿拉善左旗文物局 张帅 绘）

图3-2-19 定远营延福寺（来源：孟祎军 摄）

图3-2-20 定远营王府(来源:孟祎军 摄)

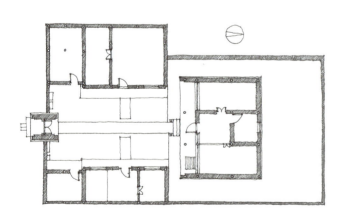

图3-2-21 定远营民居37号院总平面图(来源:张帅 绘)

图3-2-22 定远营37号院现状照片(来源:孟祎军 摄)

廊，平顶，这些民居建筑既有西北特有的传统民居保暖简洁的特征，又有北京四合院装修华丽的特色。

定远营又为一驻兵（屯兵）之所，但驻军重点不在城内，按同治二年（1863年）史载，王府当局在定远营周围建立五座盘营，后山头、察库尔山头、南梁山等处，而城内平时只是以守卫王府及城防为主的防卫职责而定兵员人数。

定远营古城面积之小，远不足1平方公里，实质上它仅为一座扩大了的王府城堡，一般平民是不能于此居住。定远营古城的规划早期已把发展重点放在城南的三道河沟地带，后来逐步形成主街道，联络城区内外。在城西南，还建有西花园、四合园、西南养鹿山—鹿圈山一带也有景观营建，清代开始到民国时期定远营扩展的种种举措直接影响到后来巴彦浩特镇的发展。

（四）价值评估

定远营是清政府为平定新疆地区蒙古准噶尔汗国对国家的分裂，控制西北草原地区而建立的军事城堡，是我国历史上反分裂的历史见证，有重要的研究价值。

阿拉善和硕特部落，不但未参加西扎地区的"独立活动"，反而到达贺兰山以北地区，并主动与清朝政府联系，参加反分裂的征服青海高原的军事斗争，为维护国家统一作出了重要贡献。

定远营王府建筑，既有中蒙汉式建筑传统，又吸收了西北地区民族建筑的风格，同时有些近代建筑还吸收了西洋建筑艺术，反映了阿拉善蒙古族接受同源和外来文化的能力，是研究蒙古族文化艺术的重要物质载体，也是研究我国西北草原地区文化交流的难得标本。

当前阿拉善城市建设快速发展，定远营作为地区历史文化的代表，其保护与发展受到各级政府的高度重视。定远营是地方社会进步和变化的参照点，向人们展示了西部地区的多样性和社会的特征，具有很高的社会文化价值。

## 第三节　多元文化城镇聚落实例

### 一、宗教与商业文化影响下的聚落——多伦诺尔

（一）历史背景

多伦诺尔，原为蒙语，译为"七个水沼"，它是清代漠南草原上一座重要的城镇，位于锡林郭勒大草原腹地，上都河与额尔敦河之间，距离北京仅700余里，距漠北的乌兰布统不足100公里，是内地通往蒙古草原的交通要冲（图3-3-1）。这里自古以来就是中原汉族政权与北方少数民族政权争夺之地，战乱频繁。明代，朱元璋在此建制开平卫，也是隶属于军府，将其视作抵挡蒙古铁骑的最前沿。入清后，朝廷与蒙古之间的斗争已基本熄灭，多伦诺尔不再是各方争夺的焦点，而成了连接内外蒙古，沟通中国、外蒙古、俄罗斯三方的孔道，逐渐引起清朝统治者的注意。

1690年，康熙皇帝为平息厄鲁特准噶尔部的叛乱，三次亲征噶尔丹。在乌兰布通之战后，康熙皇帝来到多伦诺尔会见喀尔喀部各首领，史称"多伦会盟"。此行目的是为了安抚他们，并在此兴建汇宗寺、善应寺两座寺庙，以增强凝聚力，统一蒙古各部。

康熙帝攻打噶尔丹的时候，为了解决清军粮草供应，一些随军而行的商人在多伦诺尔不断增加，但毕竟

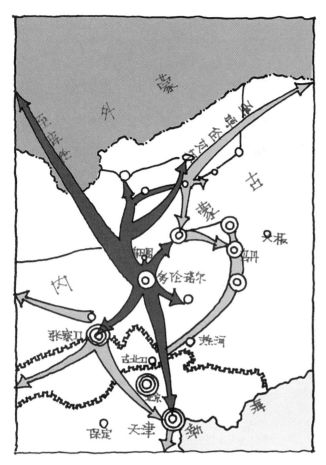

图3-3-1 清末多伦诺尔商贸辐射示意图（来源：张帅 绘）

1731年（雍正九年），建善因寺，次年喀尔喀哲布尊丹巴呼克图迁住多伦诺尔地区，内外蒙古的朝拜者和各地经商者更多。1741年（乾隆六年），在旧买卖营东北1里以外的地方建新盛营，又名新营，将哲布尊丹巴呼图克图迁回喀尔喀后"所遗库伦贸易商民"移驻于此。新营南北长1里，东西广半里，街道五条。此后，旧买卖营和新营连成一体。到1758年（乾隆二十三年），多伦诺尔已经形成"东西宽4华里，南北长7华里，分十八甲，有大小八条街道的市镇"，从上述记载可以看出，多伦诺尔城区由三个部分组成，由额尔腾河右岸的寺庙和左岸的新旧两个买卖营组成。买卖营的规模南北长，东西窄，并不断扩展。到19世纪末，这种趋势已到"南北长度已达到东西宽度的三倍"的程度[2]。

每年春夏之际，内地商人组织驼队，满载盐、茶、铁器等蒙古地区需要的产品前往多伦诺尔。秋冬之际，赶着换回的牲畜，驮载着畜产品返回。交易时，商人搭起帐篷，牧民搭起蒙古包，编街列阵。人则内外蒙古、京津燕晋；畜则驼马牛羊；货则金玉锦绣，布帛粟，烟酒糖茶，轮舆鞍鞯。毡庐环绕，烟火上腾，周围数十里，之帐于野，连车为营。蒙言汉语，驼啸牛鸣。

从康熙朝修建汇宗寺开始，至清代中期，多伦诺尔达到了历史上的全盛，从昔日的不毛之地而成为新兴的草原城镇。其宗教地位可以和归化城相比，商业贸易额在全盛时超过归化、包头两地之和，人口也位居地区前列。就连康熙帝本人也十分惊叹多伦诺尔的迅速发展，发出了"俨然一大都会也"的感慨。雍正十年（1732年），清廷在多伦诺尔设理事厅，至乾隆元年（1736年），同知衙门建成。至此，多伦诺尔厅归直隶省口北道管辖，成为长城以北著名的三厅之一。

人数较少，交易范围狭窄。多伦会盟中决定建立多伦诺尔庙后，朝廷派来了许多工匠，聚于多伦诺尔。康熙帝为了笼络蒙古封建主，放宽对蒙古地区的经济封锁，允许内地商人到蒙古进行贸易，同时清廷还派遣京城的鼎恒生、庆德正、聚长城、大利等八家大商号到多伦诺尔设立铺面。直隶、山西、山东等地的商人蜂拥进入多伦诺尔。到康熙四十年（1701年），已经形成了"南北长四里，东西广二里的市区和街道十三条"[1]。康熙四十九年（1710年），多伦诺尔原有市场区已发展成为汉商市镇，初名"兴化镇"，即旧买卖营子。

---

① （清）黄可润. 口北三厅志 [M]. 乾隆二十三年石印本.
② 乌云格日勒. 清代边城多伦诺尔的地位及其兴衰 [J]. 中国边疆史地研究，2000（02）.

## (二)空间格局

多伦诺尔是围绕寺庙而兴起的新兴城市。随着商业的繁盛和人口的增加,形成了包括寺庙城和新旧买卖营子在内的城市格局。

当汇宗寺兴建完毕后,汉族商人即向多伦诺尔会集。至康熙晚期,已形成"南北长四里,东西广二里"的市场区,包括有13条街道。乾隆时期,又形成"南北长一里,东西广半里"的新市场区,共有五甲五街。后两市相连,达到"东西宽四里,南北长七里,分十八甲,十八条街"的大市场区。城里还有几十条小一些的街巷,里面主要是住房(图3-3-2)。另外,还有一个很大的部分即寺庙区,它分布在额尔腾河右岸,与买卖城隔河相望。汇宗寺和善因寺共有13个活佛仓,十几处当子房。最盛时,两庙共有130多处四合院,近千间房屋,俨然一个寺庙城。但由于历史的原因,多伦诺尔的城市化是相当初级和落后的,城市公共设施几乎没有,城市布局也不甚讲究,更谈不上合理。

多伦诺尔城市的扩张是一种缺乏规划的自然扩张过程,故其城市布局不同于作为行政中心而发展起来的城市。城市建设受政治的影响较小,没有很强的规划性,甚至连城门和城墙都没有,这样就避免了高墙环绕、内部整齐规划的政治型城市给人带来的封闭感。另外,多伦诺尔作为转口贸易中心,与外界经济联系密切,经济功能对外性很强。

《蒙古地志》载:多伦诺尔属于察哈尔,多伦县城所在地,位于热河西北五百华里、张家口东北五百华里,元朝上都遗址正东七十华里。康熙、雍正两帝敕建了硕大的喇嘛庙以后,这里通称为"喇嘛庙"。城市南北长4华里,东西宽2华里,城市周围长13华里,上都河的一个支流流经城区,河的北面有新旧喇嘛庙与城市遥相呼应。城市的街道布局不规则,且相当肮脏。路面凹凸不平,居民房屋粗糙,街道比较稠密。

## (三)构成要素

多伦诺尔的发展,具有明显的中国古代城市发展的特点,其发展肇因始终有政治因素的参与。但多伦诺尔与其他古代城市又有不同,在其发展历程中,宗教地位和经济因素的影响鲜明,它们与政治因素交织在一起共同发挥作用,并且越到后期,经济因素的作用就越发明显,远远超过了政治的影响。

多伦诺尔只是众多宗教新兴城镇中一个典型事例。它不仅见证了清朝政府为安抚蒙古、维护祖国统一的关键性政治举措,另一方面也见证了内蒙古地区由宗教为中心而形成的独特的城镇类型。目前,多伦诺尔商贸城格局保存完好,传统民居建筑破坏较严重,整个城市肌理保持较好。城中山西会馆(图3-3-3、图3-3-4)建筑群现状保存较完整。其他如清真南寺、古佛殿、碧霞宫等建筑现状保存较完整,而曾经最有历史地位

图3-3-2 清代多伦诺尔商贸城街区格局图(来源:多伦文物局 张帅 绘)

图3-3-3 城中山西会馆建筑群（来源：韩瑛 摄）

的汇宗寺，仅剩下佛爷府部分、善因寺也只保留了钟鼓楼，其余部分已经全部被拆除。

## 二、王府、宗教与商业影响下的聚落——大板镇

### （一）历史背景

据史料记载，明朝末年，大板已形成屯落。后金天聪八年（1634年）分封蒙古诸部牧地时巴林部的居民移居于此。清顺治五年（1648年）巴林部划分为左右两翼旗，封元太祖成吉思汗二十一世孙色布腾为札萨克辅国公掌右翼旗，定札萨克驻托盔山（即今套白山），遂建造王府衙门于山下，即今日之大板北郊。清朝顺治五年（1648年），清廷将爱新觉罗·福临帝之胞姐淑慧公主嫁于巴林右翼旗札萨克色布腾。公主从北京带来"陪房人"300户，大部分定居于大板。这些"陪房人"有各种手艺（俗称七十二行），如银匠、铁匠、木匠、画匠、瓦匠、成衣、窑匠等。他们修筑房屋，辟街立巷，使大板聚落逐渐增大。蒙古族将土木建筑的房屋称"拜上"，当时按居住地址将北台子王府一带称"上拜上"，以此往南台子下一带称"中拜上"，再往南十八家一带称"下拜上"，因此人们将大板总称"益和

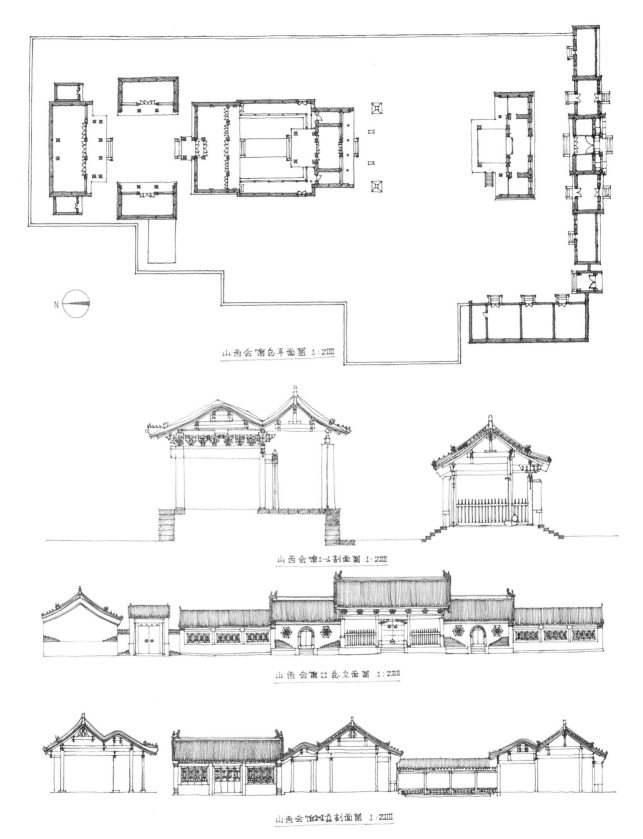

图3-3-4 多伦山西会馆平面、立面、剖面图（来源：陈屹童 绘）

拜上"，其意是"大房子"。后来"益和拜上"演称"大板"[①]。根据笔者多年对于内蒙古传统聚落的持续关注和研究推测，上文所提到的"拜上"，应该就是明代后期内蒙古地区出现的"板升"聚落，"大板"则是较大板升的意思。

康熙六年（1667年），固伦淑慧公主在大板创建圆会寺（也称普觉寺），蒙古语称"巴仁呼和苏木"，其意是蓝色的西庙。这一庞大寺庙的建造和僧侣的增加，使大板的聚落规模进一步扩大。此后康熙三十四年（1695年），清廷又将固伦荣宪公主嫁于巴林右翼旗第四世札萨克乌尔衮，荣宪公主又带来陪房仆从240户，一些户也定居于大板。康熙四十五年（1706年）荣宪公主建造荟福寺，此外在大板街内先后建造的寺庙有：康熙十年（1671年）建的娘娘庙，康熙四十四年（1705年）建的玉皇庙，康熙年间建的经堂庙，道光年间建的关帝庙。其他较大的建筑还有康熙大板行宫等。此时大板已成为封建时代的巴林右翼旗政治、宗教的中心。居住在大板的除了王公贵族，还有跟随公主自北京迁来的几百户"陪房人"，几百名喇嘛、几十名道士、为数不多的各行各业的小手工业者以及台吉的属民。

自雍正八年（1730年）起，旗内13个庙的千余名喇嘛集中到大板荟福寺举办一年一度的"六月庙会"。"六月庙会"不仅是喇嘛教重大的法事活动，也是蒙古族群众开展民族文化、体育活动和物资交流的场所。每年"六月庙会"，许多商人从北京、天津、张家口、通辽、赤峰、乌丹等地来旗做买卖，昭盟各旗及乌珠穆沁等地许多人来赶庙会，盟内各旗选派快马、走马、摔跤手、射箭手、棋手等来参加比赛，还设牲畜交易市场。在1个月左右的时间内聚集数万人次。大板"六月庙会"在当时东蒙古地区很有名气，与呼伦贝尔盟甘珠尔庙会齐名。

清乾隆年间，巴林王府衙门因水草不佳等原因从大板迁到沙巴尔台。民国2年（1913年）奉天东路军后统领吴俊升以"平癸丑年蒙乱"为名，出兵张家口途经旗内沙巴尔台，将王府纵火焚毁。而后王府复迁至大板，大板又成为全旗政治中心。民国初年，大板居民不断增加，出现了商号。大板东南部一角为手工业作坊，到1933年沦陷时，大板有商号作坊49家，成为全旗畜产品的集散地。

日本帝国主义的铁蹄践踏巴林右翼旗后，右旗王公贵族的旧政权被全部废除，殖民统治机构在大板陆续建立，大板遂成为巴林右翼旗伪政权统治的中心地。日伪将大板改名为"大板上"，并作为伪兴安西分省会的候补驻地。1933年7月建立伪旗公署（今康熙行宫址），以后陆续建立的有：伪协和会（现公安局址），伪兴农合作社（现粮食局托儿所、电影公司、宏大旅店址），伪警察署（现政府前院址），伪大板中央派出所（现大板三校前街路口西南角），国际运输驻在所（现大板镇兽医站址），伪大板上村公所（现工商银行址），伪国民优级学校（现大板一校址）。在日伪殖民统治下，大板商业日渐萧条，日伪的残酷统治和经济剥削，使大板伤痕累累，满目疮痍。

1945年"八·一五"光复以后，政权回到人民手中，大板获得新生。1947年巴林右翼旗人民政府在大板成立。从解放战争时期开始，大板逐渐恢复了政治、经济和军事中心的地位，城镇建设也开始逐步发展起来。

（二）空间格局

从上述历史过程可以看出，大板镇在北元时期就已经是一个较大的板升聚落。但城镇主体格局的形成还是在清代。蒙古札萨克王以及清朝下嫁的公主对整个城镇的格局起到了决定性的作用。札萨克王爷和公主的府邸

---

① 《巴林右旗志》编纂委员会. 巴林右旗志[M]. 呼和浩特：内蒙古人民出版社，1990.

成了大板镇的基本核心，寺庙和汉族买卖街区的形成都是为王公贵族服务的。因此，寺庙的数量、规模以及选址等都会受到贵族们的制约和主导。买卖街区形成之初就是为下嫁的公主以"陪房人"的形式进行服务，后来随着经济的发展，大板王府和庙会的经济需求会吸引大量的旅蒙商人在其周边开设店铺，逐渐形成规模较大的买卖街区。这样以王府、寺庙和买卖街区三部分空间所构成的大板镇基本形成（图3-3-5）。

在清代盟旗制度下，札萨克王拥有很高的政治权力和社会地位。札萨克王府也会成为盟旗的政权中心和经济中心。藏传佛教自明代传入蒙古地域以来，就受到各地王公们的欢迎，纷纷在自己的驻地建设寺庙，王公贵族成为藏传佛教寺庙最大的布施者，大量的寺庙都是为王公贵族们服务。这种传统一直延续到清代，清代的王公贵族们也会在自己的王府周边建设寺庙。因此，王府周边都会聚集很多的大型寺庙。这样以王府为核心，寺庙依附于王府，买卖城依附于王府和寺庙的传统聚落开始形成。这样的聚落是王府、寺庙、买卖城三种聚落文化在此碰撞、叠加和融合的产物。以上三类空间的融合方式主要为：王府居中，寺庙和买卖城分别居于王府的左右两翼，形成三个独立的组团，呈"品"字形聚落形态，实例如巴林右旗大板城；另外还有以王府和寺庙融为一体，例如阿拉善定远营，以王府为核心，寺庙以王府家庙的形式附属于王府，居于王府一侧，王府下人居所和寺庙喇嘛居所也融合成一个片区，王府的城外又形成了买卖街区。

（三）价值评定

清代是内蒙古地区风云变幻的特殊时代，在这样的时代背景下，宗教文化、移民文化以及商贸文化等多种文化交融于内蒙古地区，对其城镇的形成起到了巨大的影响作用。因此，内蒙古的传统城镇往往是多种文化相互融合的见证。在这个过程中蒙古族文化、宗教文化和汉族文化起到了主导作用。

大板镇的形成与基本格局在内蒙古地区具有鲜明的代表性。这样以王府、寺庙和买卖街区所构成的城镇是

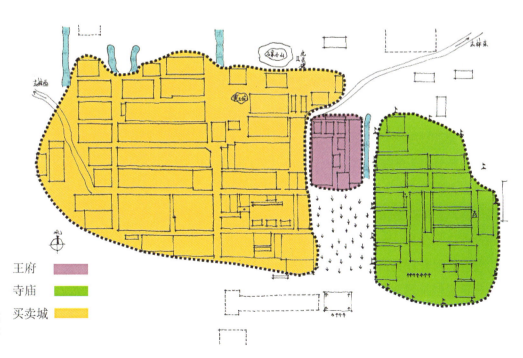

图3-3-5 内蒙古解放前大板镇空间格局图（来源：《巴林右旗志》，张海涛 绘）

在特殊的历史背景下形成的特殊空间关系，体现了内蒙古城镇的又一个基本特色。

## 三、多元文化综合型聚落——呼和浩特

### （一）概况

呼和浩特的蒙语含义是青色的城。多处出土文物证明，早在新石器时代就有人类居住，战国时的云中、辽代的丰州和明朝的归化都建城于此地，1986年被国务院公布为第二批国家历史文化名城。

据市区东北33千米的大窑村旧石器早期制造场的发掘证明：远在50万年以前就有人类在这里生息。战国时期（公元前306年）赵武灵王在阴山脚下建筑了长城，在黄河畔建造"云中城"（遗址在今托县古城）。之后，从两汉到隋唐在该地区建的城堡更是星罗棋布。十二世纪初（1115年），在市区东15公里的地方建立了"丰州城"（今东部白塔村西南），城内西北隅砖筑七层楼阁式"万部华严经塔"（白塔）仍巍然屹立至今。当时的"丰州城"不仅是军事重镇，同时，也是居民云集的繁华城镇。据《金史》记载，当时丰州有居民22683户（约10万人左右）从事农牧业生产。并有诗曰："出边弥弥水西流，夹路离离禾黍稠……，晴空高显寺中塔，晓日平明城上楼……"；据《马可·波罗流游记》所载："境内环以墙垣之城村不少……"，这些充分说明元代丰州已是人烟较为稠密的繁华地区。14世纪末，正统年间由于战争使"丰州城"及"妥妥城"（今托县）和"黑城"等先后内迁，繁华的丰州滩变成了城空、村废、土地荒芜、人烟稀少的地区。

### （二）归化城

16世纪初，蒙古族首领达延汗统一蒙古各部。他的孙子俺答汗于嘉靖年间率土默特部迁徙"丰州滩"驻牧。丰州滩又逐步恢复和发展成为蒙汉杂居的半农半牧区。1572年（隆庆六年）俺答汗在大青山脚下的山前冲积平原上开始兴建呼和浩特城，到1575年（明万历三年）基本建成。明代《万历武功录》有载，万历三年："其十……俺答汗请城名，上以贡事积功劳，会五年法当赏，于是赐金币，名其城曰归化。"当时命名为"归化城"，蒙古语称为"库库和屯"，汉译为"呼和浩特"。

"归化城"为正方形，土筑，东西南北各距300米，城周长1200米，城墙高8米，该古城旧址坐落在今玉泉区内，南门的位置在今人民电影院东口处，北门在今大北街口（友谊服装厂大楼东侧），北门内路西是"土府"。率门内路东是议事厅，该厅为土默特十二参领集体办公的地方（曾为玉泉区法院、检察院等单位），该城是当时的权力机关驻地，同时在该城的周围建了许多召庙，以后道路的发展以召庙为中心修建，南北道路与召庙的大门相对，东西向道路连接着各召庙，道路布局自由无序。

归化城的城池建设，主体仿照元大都的建城模式，可称之为典型的府城。归化城城西百米为扎达盖河，城池的规模不大，呈正方形，每边长约为300米，城周2里许，城墙高两丈四尺，八座楼亭，其中包括四个角楼、东西望楼及南北城门楼，但无瓮城。城内建筑傍街而建，以大北街、大南街为城市中轴线，大北街路西土默特左翼都统府即顺义王府，副都统府位于原市政府，大北街路东侧是旗务衙门——土默特议事厅，而右翼都统府位于现今的恒昌店小学。

万历九年（1581年）春，俺答汗和他的妃子三娘子决定对归化城进行扩建，计划扩建方圆20里的归化城外城，气魄可谓宏大，规模堪称空前，可惜财力、物力、人力不足，最终只对归化城进行了部分扩建和维修而已。

康熙二十二年（1694年），在原三娘子城外增筑了一道外城。在原有城池的基础上，北门楼和北城墙保持不变，只是扩展东城平面成"凸"字形，南北长440米，

东西宽500米，城墙用土夯筑，高约5米，底宽约5米，同时在东、西、南、三面增设城门。扩建后的归化500米，城墙用土夯筑，高约5米，底宽约5米。同时在东、西、南二面各增设城门，城门由两座变为了四座，分别为：鼓楼东门"承恩"、南门"归化"、西门"柔远"、北门"建武"（图3-3-6）。原南门位置新建鼓楼。另外还在归化城的四门外，康熙二十年，修整旧城时，将东、南、西二面进行外扩，城墙以外设置有供官员休息的驿站——东茶坊、南茶坊、西茶坊、北茶坊，当地民众称其为"茶坊"。至今还保留着南茶坊和西茶坊地名。

外城的加建对归化城的街巷影响并不是很大，城市仍然以大北街、大南街为中轴线。归化城经过1694年的增筑后，逐渐形成了内外两城的形制，以城中心鼓楼为界，内城里面多为衙署、议事厅等官府机构的所在地；外城则主要是蒙古官吏的居住区；一般平民百姓的住宅多散居在外城城墙的周围，尤以南门外一带最为集中。汉族商贾们在南门外大道两侧竞相占据地盘、租赁或兴建房舍，开设买卖字号，逐渐形成了城外最繁华的街道，即今天大南街的雏形。

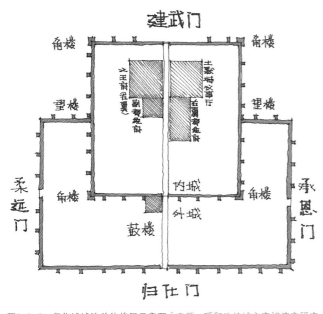

图3-3-6 归化城城池总体格局示意图[来源：呼和浩特城市空间演变研究（1912-1958），张帅 绘]

## （三）召城

根据德格勒的《内蒙古喇嘛教史》和包慕萍的《从"游牧都市"、汗城到佛教都市：明清时期呼和浩特的空间结构转型》等文献，将呼和浩特召城的形成介绍如下：

蒙古土默特部阿勒坦汗的另外一个重要举措就是引进藏传佛教，并在呼和浩特陆续建成了"七大召、八小召七十二个绵绵召"的召城。1578年，阿拉坦汗在青海建立仰华寺，并会见了西藏格鲁派佛教领袖索南嘉措，创建了达赖喇嘛转世制度，并认定索南嘉措为三世达赖。从此，阿勒坦汗及其后裔在蒙古推行藏传佛教，废除萨满教。

据《内蒙古喇嘛教史》记载，1588年在喀喇沁部传教的三世达赖圆寂后，其亲传弟子席勒呼图克图一世（锡迪图嘎布吉）等藏僧便留在土默特地区建寺传教，并认定三世达赖转世灵童为阿拉坦汗曾孙——云丹嘉措，至此喇嘛教文化在土默特地区奠定了结实的基础。之后，四世达赖曾指派迈达里呼图克图一世等高僧在土默特地区传教。此间逐渐有蒙地喇嘛来土默特及周边地区进行宗教活动，喇嘛教也已被漠南蒙古民众及上层贵族接受，喇嘛教文化也在整个发展过程中不断繁盛。

阿勒坦汗把藏传佛教再次导入蒙古，并于1579年如他向三世达赖喇嘛起愿的那样，在呼和浩特城外的南方建造了最初的佛教寺院。寺中供奉尼泊尔匠人塑造的银质释迦牟尼像，于1580年竣工。此寺庙的汉语音译为"伊克召"，意译为大召，使用至今。阿勒坦汗在世的时候，呼和浩特仅仅建造了大召。因此，当时呼和浩特城的性质还是汗城。

阿勒坦汗过世后，其长子辛克都隆洪台吉邀请三世达赖喇嘛来呼和浩特为阿勒坦汗做法事。为了迎接三世达赖喇嘛，于1585年在大召东侧距离约百步远的地方建造了新寺，即席力图召。1621年阿勒坦汗的五世孙俄木布洪台吉又在席力图召东侧百步之遥的地方建造了巴嘎召（小召之意）。这些寺院都在清朝统治南（内）蒙古之前建造，并且都是阿勒坦汗及其后裔所建，更进一步说，都是成吉思汗黄金家族们创建的，它们奠定了呼和浩特成为佛教都市的雏形。并且，三个寺院在不同时期分别掌握过呼和浩特扎萨克大喇嘛印，可见它们在呼和浩特的佛寺和僧侣中的重要地位。

进入清朝统治以后，于1661年（顺治十八年）在呼和浩特城外西河岸处建造了朋苏克召（已毁）。1664年（康熙三年）在大召以南又建拉布齐召（宏庆召），1669年（康熙八年）在南城门外大西街处又建造了乃莫齐召（药师佛寺）。1710年（康熙四十九年）在宏庆召（已毁）的东侧建造了绰尔齐召（已毁）。五塔寺建于1727年（雍正五年），因有金刚宝座塔而得名，这是呼和浩特市中心区内建造的最后一个大规模寺院。从以上的寺院建造过程可以看出，进入清朝统治时期，康熙年间是呼和浩特的佛教寺院发展的高峰时期。1727年建造的五塔寺意外地成为呼和浩特建造召庙高潮的结束语。届时呼和浩特已有遍布城区的七大寺、八小寺计15个寺院，此外还有24个属寺。五塔寺之后，虽然有所建设，但都是小规模的属庙。自此，呼和浩特便形成了内蒙古独一无二的佛教都市——召城。

呼和浩特与五当召、百灵庙、贝子庙这类佛教都市的空间结构方式不同，后者以单一性的寺院组织逐渐演化为城市。在空旷的草原上建造的寺院，因藏传佛教寺院里的僧侣众多，导致草原上突如其来地出现人口众多的寺院建筑群。这些宗教人口吸引一些作坊和商铺坐落在寺院周围，因此逐渐发展为城市。

然而，经过包慕萍教授分析，最终发现了寺院之间的布局规律。是以呼和浩特汗城为中心在城外呈环状排列。并且，初期建造的大召、席力图召、小召以及后期建造的寺院虽然前后错位，但是都分布在距阿勒坦汗建造的汗城中心900米的圆环上。康熙年间建造的宏庆召、绰尔齐召、朋苏克召以及最后建造的大寺——五塔寺分布在距汗城中心1350米处的圆环上（图3-3-7）。这种圆形空间布局方式，与游牧都市时代"库伦"的空间结构相同，当然也让人们不由自主地联想到佛教的曼陀罗构图。但是，这里的中心不是佛寺，而是汗城。因此，与其说与曼陀罗相似，不如说与汗王居中的"库伦"空间构造更为接近。

佛教都市呼和浩特把方形的阿勒坦汗城变成了圆形的空间结构。但是，它们之间并非毫不相干，而是因为使用同一个几何中心而成为有机的整体。另外，以往在城门外以及城内中心形成的牲畜、皮毛市场等也被继承下来。

## （四）买卖城

根据包慕萍教授《山西建筑文化影响下的19世纪的蒙古买卖城》对于呼和浩特买卖城的分析，介绍如下：

《恰克图条约》的签订对蒙古的城市和建筑产生历史性的影响。在那以前，不仅是游牧民的部落由蒙古包构成，即使是城市也是游牧社会的空间形态。具体来说，汗的宫帐或者藏传佛教寺院正居中心，周围环绕着由蒙古包构成的街区，它们的排列方式恰如北京元大都的胡同的街区组织方式。宫殿或寺院前一定设有广场，商业以露天市场的方式进行，商人早晚拿货物和帐篷临时设摊儿，晚上收回。同时设有专门的市场管理的税收，治安官职人员。那时没有商业街那样的固定建筑群，整个城市都可以移动，在新的营地按照同样的空间结构方式再现。乌兰巴托的前身大库伦就移动了十几次。

恰克图贸易在1850年达到极盛时期，从归化城、张家口到通往恰克图的商路上，出现了同以往游牧都市截然不同的新城市，即晋商们聚居的买卖城。而呼和浩特则是内蒙古最具地标性的买卖城之一（图3-3-8）。

就建筑类型来说，买卖城的建筑乍一看都是山西

图3-3-7 呼和浩特汗城与藏传佛教空间结构分析图（来源：《从"游牧都市"、汗城到佛教都市——明清时期呼和浩特的空间结构转型》，张海涛 绘）

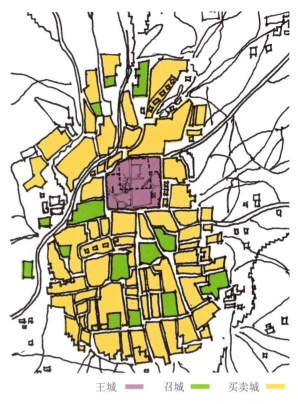
图3-3-8 呼和浩特买卖城结构分析图（来源：根据包穆萍教授的相关文献，张海涛 绘）

式单坡顶的四合院或者三合院，也分不出来什么类型区别。所以，山西的高等院校来到呼和浩特做调研，他们只是把这些建筑当成了有山西风格的民居来研究，忽视了这些跨越了长城境界的建筑所具有的多重功能意义。

通过对建筑基地的构成方式作深入调查，发现约20米见方，单院的是住宅，商店的地块则是面阔约10~15米，进深长达60~120米，有多进院落。住宅是单坡顶，而商店是双坡顶，并在屋顶构架内设夹层供居住用。客店、车马大店、茶馆、蒙古行等商业建筑虽时而有两层的铺面，但是都是合院式建筑（图3-3-9、图3-3-10）。和住宅明显不同的是它们的院子入口。为了让驼队或者运货的大马车顺利地把货物运进来，每一个商业性的四合院建筑的入口都有约2米高的正半圆形拱券门。

鸟瞰呼和浩特的买卖城，看起来是一样的合院式建筑，在实地调查之后搞清楚了它们不同的功能分区和在街区中的分布情况。除了商业街之外，买卖城中有手工匠人作坊的专门巷子，如石头巷、宁武巷（皮匠）、牛头巷（皮匠）等，也有面向外来客商的茶馆、客店、戏园集中的街区。这样，看起来由同质化的四合院构成的街区，实际上是由功能互补的各种商业功能的建筑构成，其商业街的空间功能清晰可见。

而且，买卖城移民们的建筑都是围绕着蒙古人的喇嘛寺院展开。连接各个喇嘛寺院的路径上形成了山西建筑样式的商业街。面临商业街的商号呈狭长地块，它们的背后，形成仅一进院落的合院式住宅区。因为山西商人都是从喇嘛寺院那里租地或者买地，所以从商业街通

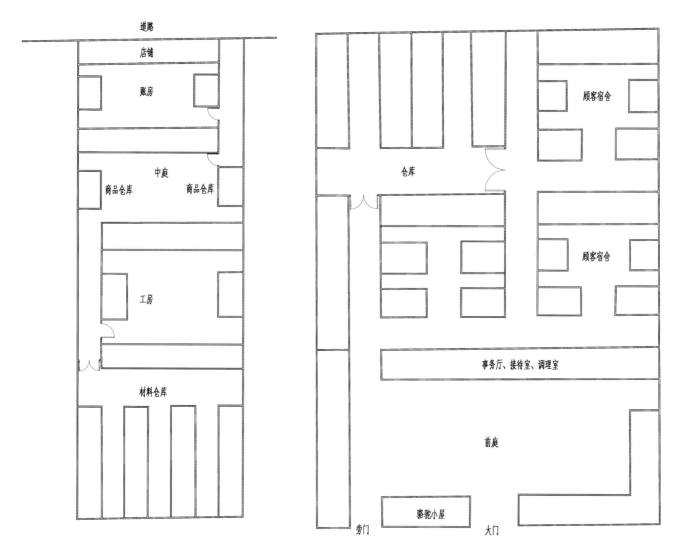

图3-3-9　20世纪30年代呼和浩特作坊平面图［来源：(日)《中国的社会构造》］

图3-3-10　20世纪30年代呼和浩特客店平面图［来源：(日)《中国的社会构造》］

向住宅地的道路都是死胡同，共用一条死胡同的店铺及住宅组成一个"组团"。这样的"组团"背靠背地靠在一起构成不规则的街坊，数个街坊构成一个大约呈方形的街区，街区的公共道路就是商业街和街坊之间的巷子，也就是说街区之中没有跨越"组团"之间的公共道路，这样形成典型的自然增长型的城市空间结构（图3-3-11）。所以这个独特的道路组织方式也是买卖城的空间结构特色之一。绥远城的建设以及城池的基本空间格局特征前文已有介绍，这里就不再赘述。

（五）归绥格局

呼和浩特建城经历了明嘉靖年的归化城到清朝政府的绥远城，形成了特色鲜明的"双城"城市空间格局（图3-3-12）。归化城是由阿拉坦汗的王城、召城和买卖城三部分空间组成的。归化城仿元大都的模式建城，围绕归化城又建立了大量藏传佛教寺庙，形成第二重的城市空间，围绕寺庙又形成了背靠背的商业和居住组团，从而构成了称作"买卖城"的城市空间。

绥远城是由于军事需求建城，驻满蒙汉八旗二军联

图3-3-11 呼和浩特归化城买卖街区全景及通顺西街局部（右上）、小召前街局部（右下）（来源：陈志华 摄）

图3-3-12 街坊死胡同式的道路组织（来源：《山西建筑文化影响下的十九世纪蒙古买卖城》）

合驻防，军事地位显著，是典型的军事驻防城。双城结构的形成原因，主要是两城建设的目的不同，生活在两个城市的人主要来源各不相同，其生活习俗、生活方式也截然不同，因此在城市的布局、形态和功能上存在着差别。归化城作为重要的商业贸易中转地，联系中原与蒙古、俄国、新疆的商路要冲。同时呼和浩特是内地与北方草原联系的战略要地，绥远城的建设一方面可以捍卫北方疆域，另一方面可以保护归化城正常的商业运转，这也反映呼和浩特贸易城和军事要塞的双重性质。

近代以来，随着京绥铁路的开通，以火车站为中心形成了新的服务区、居住区。以上的各种经济及政治活动，导致了归绥地区所特有的以喇嘛寺院区域为核心的买卖城（归化城）、火车站片区、满洲八旗城（绥远城）构成的呼和浩特近代城市空间结构。

第四章

游猎游牧文化主导下的传统聚落

内蒙古自治区地处我国北部边疆，面积辽阔，独特的地理环境孕育了多种民族文化。在内蒙古自治区境内，生活着除珞巴族以外的蒙古族、汉族、满族、回族、达斡尔族、鄂温克族、鄂伦春族、朝鲜族、锡伯族、土家族、东乡族、苗族等55个民族。

其中，大多数民族在发展过程中逐渐形成了以定居为主要形式的住居文化，而少部分民族受到长期游猎游牧文化主导下的生活方式影响，形成了迁徙式的聚居文化形态。

总体而言，北方游猎游牧文化不同于中原农耕文化，这主要取决于自然环境条件和其经济基础。农耕文化是以人口较为密集的固定城镇或屯落、屯寨为核心，维系社会运作，发展经济，具有相对的稳定性。而游猎游牧文化却不同，它虽然也需要部落联盟等社群组织来维持其运行发展，但它的社会基础相对松散、不牢固，并且游动性很大。①

虽然受到现代工业文明与当代城市文化的冲击、影响，游猎游牧文化主导下的游动式聚居文化多数正逐渐转向定居生活，但其在演变发展过程中建构的迁徙式聚居文化与空间形态在历史中留下了独特的文化遗存。其中迁徙文化与聚落比较典型的民族包括蒙古族、鄂伦春族与鄂温克族。

## 第一节　游猎文化主导下的传统聚落

谈到我国的北方少数民族，游牧的生活方式与文化常常是第一印象。而事实上，游猎的生活方式与文化的起源更早，是游牧文化的发展源头。

所有的北方民族早期无疑都是狩猎民族，以后，有一部分森林狩猎民走出森林并适应了草原的游牧，转化成为草原游牧民族，虽说"逐水草而居"也有相对的聚集，从而形成新的文化与聚落形态。甚至已经转化为游牧生产生活文化的民族，也会进行狩猎，作为游牧生产的补充。②

其典型实例为蒙古族。《蒙古秘史》第76节就记载着："铁木真、合撒尔、别克帖儿、别勒古台四人同坐钓鱼，一个银鱼上钩了。"第149节记载："我们没有好听的名字/说给你们听/我们是/猎人和渔夫。"③

与此同时，游猎的生活方式与文化也并未断绝，而是在数个特定的少数民族中延续至今，其典型实例为鄂伦春族与鄂温克族的部分分支。

我国的鄂伦春族与鄂温克族，是东北古老民族的遗裔，有着悠久的历史。学界经过对于其族源的研究，广泛认同：鄂伦春族与鄂温克族早期同属阿尔泰语系——通古斯语族，是一个民族。在长期的民族兴衰、迁徙、分化与交融的历程中，其族源问题变得复杂而难以考证，但归纳起来主要有两种意见，一说是起源于肃慎系，一说起源于室韦系。④

关于两个民族的族源问题，本书中不做具体分辨，而是基于相对统一的意见总结：与早期蒙古族相同，鄂伦春族与鄂温克族早期皆属于森林狩猎民族，其

---

① 呼拉尔顿泰·策·斯琴巴特尔. 蒙古高原游牧文化的特质及其成因[J]. 青海民族学院学报, 2006 (03): 24-27.
② 阿拉腾. 草原游牧民与森林游猎民的超自然循环——以内蒙古呼伦贝尔为例[J]. 满语研究, 2011 (02): 105-109.
③ 唐卫青. 蒙古族起源、发展及其游牧文化的变迁研究[J]. 赤峰学院学报（汉文哲学社会科学版）, 2009 (09): 9-12.
④ 赵复兴. 鄂伦春族游猎文化[M]. 呼和浩特: 内蒙古人民出版社, 1991.

民族称呼就对其有所暗示。对于"鄂伦春"的含义，主要有两种阐述，其一为"使用驯鹿的人们"，其二为"住在山岭上的人们"，而"鄂温克"的称呼则指"住在大山林中的人们"。① 两个民族称呼的意涵均对森林狩猎文化有所指涉，一定程度上也暗示了两个民族之间可能存在着密切的族源关系。

鄂温克族可以进一步细分为索伦部、通古斯部、雅库特部。随着历史的发展，大约在18世纪后，鄂温克族中的索伦、通古斯两部逐渐转变为游牧民族，主要生活在呼伦贝尔草原地区，而鄂伦春族与鄂温克族中的雅库特部保持了传统的狩猎文化，主要生活于大小兴安岭森林地区。②

鄂伦春族与雅库特部鄂温克族传承了古老的游猎生活方式。为适应游猎生活，两个民族发展了相应的营地游居文化：一年四季，根据不同的生产生活需求，在几个营地之间往返迁徙，而这样的生产生活方式则在客观上对其宿营建筑提出了相应的要求：能够就地取材，装配结构简单，易于拆搭迁移。

鄂伦春族与雅库特部鄂温克族虽非一个民族，但其共有的以游猎文化主导的生产生活方式也使得两个民族表现出十分相近的社群组织模式与聚落。一方面从族源上讲，鄂伦春族与鄂温克族曾同属一个民族③，另一方面，鄂伦春族曾驯养过驯鹿，而雅库特鄂温克族，直至今日仍以驯养驯鹿为生。④

鄂伦春族与雅库特鄂温克族均以"乌力楞"为基本的社群组织单元。在鄂伦春与鄂温克的语言中，"乌力楞"是子孙们的意思，在其文化中，尤指同一父系所传的子孙们。一个乌力楞就是一个父系的氏族公社，往往包含少则三五个，多则十余个斜仁柱家庭。⑤⑥

## 一、鄂伦春族游猎聚落

"高高的兴安岭，一片大森林，森林里住着勇敢的鄂伦春。一人一匹马呀，一人一杆枪"。鄂伦春族是在历史上经历了漫长的具有原始狩猎文化特征的北方少数民族。17世纪中叶以前，他们生活在贝加尔湖以东，黑龙江以北，直到库页岛的广大地区，过着"土地旷阔，人民散居，无市井城郭，逐水草为居，以射猎为业"的生活。因此，"迁徙无常，居无定处"是鄂伦春人在长期的狩猎生涯中所形成的一个非常显著的特点。⑦

鄂伦春族现在主要分布在内蒙古自治区东北部呼伦贝尔市的鄂伦春自治旗、扎兰屯市，黑龙江省北部的呼玛县、塔河县、逊克县、嘉荫县和黑河市。⑧

鄂伦春族聚落中包含两种最主要的建筑类型，即"斜仁柱"与"奥伦"。

斜仁柱是鄂伦春古老的居住用房，又称"仙仁柱"，是鄂伦春人对这一居住形式称呼的音译，"柱"在鄂伦春语中是"房子"的意思，意为"遮住阳光的住所"。满族人把它称之为"撮罗子"，后来成为斜仁柱的俗称。⑨斜仁柱这种建筑出现得很早，我国史籍记载过室韦人就"用桦皮盖屋"，唐朝的北狄人"所居或皮蒙室"，契丹人也"多以木皮为屋"。世界上很多

---

① 周立军，陈伯超，张成龙等. 东北民居[M]. 北京：中国建筑工业出版社，2009.
② 于学斌. 草原鄂温克族毡帐文化[J]. 满语研究，2010（01）：109-122.
③ 赵复兴. 鄂伦春族游猎文化[M]. 呼和浩特：内蒙古人民出版社，1991.
④ 何群. 环境与小民族生存——鄂伦春文化的变迁[M]. 北京：社会科学文献出版社，2006.
⑤ 牛清臣. 鄂伦春族部落及"乌力楞"[J]. 学理论，2010（27）：126.
⑥ 满都尔图. 鄂温克人的"乌力楞"公社[J]. 社会科学战线，1981（01）.
⑦ 周立军，陈伯超，张成龙等. 东北民居[M]. 北京：中国建筑工业出版社，2009.
⑧ 张鹏举. 内蒙古古建筑[M]. 北京：中国建筑工业出版社，2012.
⑨ 同上.

图4-1-1 鄂伦春族斜仁柱（来源：《东北民居》）

其他民族都曾用过类似形态的圆锥形建筑，如美洲地区印第安人的"提皮"，北欧各国北部的拉普人所住的"歌塔斯"。到近代，世界上许多原始部落和部族，只要他们还是游猎游牧经济，就还是居住这种临时的住所。[1]

鄂伦春族因为一直从事狩猎，从未有过固定的住所，一直是居住在原始的"斜仁柱"里。它代表着原始住所的古老类型，从这里可以窥见远古居民住所的许多遗迹。[2]（图4-1-1）

斜仁柱一般排成一排，口都朝东南或西南方向开，在两个围子中留一口则为门，门帘一般在春夏用柳条编织，在秋冬则用狍皮或鹿皮制作，冬天挂的皮帘叫"乌鲁克布吐恩"。做一个这样的门帘一般要用三张狍皮，或一张半的鹿犴皮，鹿犴皮由于较整，接缝少，可挂五年之久，而狍皮则一般只能挂三年。[3]

鄂伦春人长期过游猎生活，居无定址。他们每次移动，不可能将全部生产生活用品随身携带，也不可能家搬到哪里仓房就搭盖在哪里。因而，他们在位置适中的深山密林中搭盖仓房，把暂时不用的衣着、被褥、肉干、鱼干、粮食和野菜等都储存在那里，这种仓库，即称为"奥伦"。[4]

搭盖奥伦时选择四棵对角长方形的树木，在高出地面3米左右处砍断作为立柱，在每棵树桩上都留有树杈，将两根笔直的树干顺长搭在立柱的树杈上，然后将较细的椽子一根挨一根地搭在上面，再用藤条或柳条加以固定。这样"奥伦"底座就搭成了。底座的四周用桦

---

[1] 孙一丹. 独特的鄂伦春原始建筑[J]. 艺术研究，2008（03）：28-29.
[2] 同上。
[3] 同上。
[4] 同上。

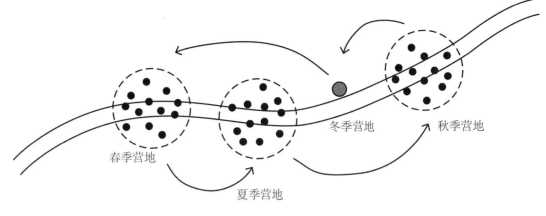

图4-1-2 鄂伦春族聚落移动规律（来源：《东北民居》）

树皮盖在篷架上，再用藤条或柳条加以固定，篷的一头用桦树皮堵死，一头做门，仓房就搭盖好了。为登上悬空的仓房，用两根粗树干并排固定在一起，每隔一定距离砍一凹格，作为上下仓房的登梯，用时搭上，用后将梯子放倒。[①]

有时几个家庭联合在一起，共同筑造一个仓房，或者在不同的地方筑造几个仓房，而且储藏的物品大家都可以使用。学者认为，从远古时代它就是原始游牧的人们共同建造的住屋，是集体的财产。这种高仓式建筑不仅源远流长，而且分布极广，可以在北方通古斯人、果尔德人（也译作高里特人）、乌德赫人和东南亚各部族甚至新西兰毛利族居住的广大地域上看到类似的情况。过去这些民族大部分都是从事游猎业，住在大森林中，他们周围凶猛的野兽很多，只有住在这种高脚式建筑中才是安全的。[②]

鄂伦春聚落的布局特点是所有斜仁柱呈"一"字形排列，斜仁柱西面的树上挂着各种木质的神偶"博如坎"，聚落内的奥伦建于斜仁柱的东南角。所有斜仁柱之间不能穿插行走，不能分为前后街，只能成为一行依序排列。所有的斜仁柱开门朝向也相同，一般朝南或者东南方。[③]

其布局缘由在于，在鄂伦春的风俗中，女人不能见到神。因为斜仁柱的后方供有各种神偶，将斜仁柱进行"一"字形排列可以避免族中妇女见到屋后的神偶。[④]

鄂伦春族的聚落形态受其渔猎文化的影响，形成了沿河流季节性移动的组织结构与聚落形态。他们的聚落迁徙规律是根据猎物踪迹与渔业的需求而形成的，沿河流分为春、夏、秋、冬四个营地。其中，春、夏、秋三个营地是一个动态的范围：春季聚落会在青草茂盛、马鹿常出没的区域内移动；夏季聚落会在有高大树木、犴和狍子出没的区域内移动；秋季聚落会在柞树林附近野兽觅食柞树果实的区域内移动。冬季营地则是固定的，聚落会停留在一个林密、避风朝阳的地方稳定下来，度过整个冬季。[⑤]（图4-1-2）

---

[①] 孙一丹. 独特的鄂伦春原始建筑[J]. 艺术研究, 2008（03）: 28-29.
[②] 同上.
[③] 周立军, 陈伯超, 张成龙等. 东北民居[M]. 北京: 中国建筑工业出版社, 2009.
[④] 同上.
[⑤] 同上.

## 二、鄂温克族游猎聚落

如前文所述，鄂温克族中的索伦、通古斯两部逐渐转变为游牧民族，主要生活在呼伦贝尔草原地区，而雅库特部保持了传统的狩猎文化，主要生活于大小兴安岭森林地区。雅库特鄂温克族与索伦鄂温克、通古斯鄂温克不同，其与外界其他民族的交流较少，更多地保持了民族传统的生活方式，其中一部分人甚至至今保持着原始社会末期的父系家族公社制度，以狩猎和驯养驯鹿为生。

现在生活在内蒙古敖鲁古雅乡的鄂温克人就是雅库特鄂温克的后裔。虽然从人数上看，这只是我国鄂温克族的一小部分，但他们较为完整地继承了鄂温克族传统的生产生活方式。从远古的游猎经济至今，敖鲁古雅的鄂温克人从未离开过大兴安岭，始终生活在茂密的森林中以传统的游猎和饲养驯鹿为生。[1]

与鄂伦春族聚落中的建筑类型很相似，雅库特鄂温克的聚落亦是由居住建筑与仓储建筑构成，分别称为"斜仁柱"与"格拉巴"。这两种建筑使用功能不同，其移动性也有所区别。[2]

居住建筑斜仁柱无论在名称上，还是使用方式和建筑构成上，都与鄂伦春族的斜仁柱基本一致，只是在材料上略有所差异。鄂温克斜仁柱在春、夏、秋季多用熟制的桦树皮包裹，冬季常用驯鹿皮包裹；而鄂伦春斜仁柱在春、夏、秋季多用自然的桦树皮包裹，冬季常换用狍皮。[3]

仓储建筑格拉巴则是一种固定性建筑，与鄂伦春的奥伦相似，形式上略有所区别：鄂温克人在四棵树干上建的是圆木垒砌的建筑，顶人字坡形，之后以桦树皮覆盖压条。[4]

格拉巴一般搭建于游猎区中心或社群季节性迁移的必经之路上。往往由同一个聚落社群的人集体修筑，集体使用。平时用于存放衣服、生产用具和食物。格拉巴的使用权并非固定，一个社群的人群迁徙离开后，其他迁徙而来的社群也可以继续使用它。[5]

总体而言，一个完整的雅库特鄂温克聚居社群，是由若干个可以随时移动的斜仁柱以及散布在各个季节营地中的固定建筑格拉巴共同构成的。[6]

雅库特鄂温克的聚落布局与鄂伦春相似，其排列方式也要求"一"字形排开，但其朝向则明显不同，雅库特鄂温克的斜仁柱一般由南至北"一"字形排开，入口处朝向东方。斜仁柱之间的间距较鄂伦春族也明显更大，一般在50米左右。人们活动的范围以斜仁柱列的前后进行划分，仅限于前方，因为到斜仁柱的后方活动被认为是不吉利的。[7]

另外与鄂伦春族布局明显相异的是，斜仁柱的外侧围绕着一圈木栅栏限定的院落空间。这种木栅栏是雅库特鄂温克族特有的围墙，由木杆横向交错搭接围合而成，距离斜仁柱底边不到1米，边界多呈五边形或六边形。其主要功能在于限定空间，防止驯鹿进入斜仁柱或破坏斜仁柱，另外雅库特鄂温克人也会利用此处的空间储存一些日用品，或进行餐饮、加工制作活动（图4-1-3）。[8]

---

[1] 周立军，陈伯超，张成龙等. 东北民居[M]. 北京：中国建筑工业出版社，2009.
[2] 同上。
[3] 同上。
[4] 张鹏举. 内蒙古古建筑[M]. 北京：中国建筑工业出版社，2012.
[5] 周立军，陈伯超，张成龙等. 东北民居[M]. 北京：中国建筑工业出版社，2009.
[6] 同上。
[7] 同上。
[8] 同上。

图4-1-3 雅库特鄂温克族斜仁柱（来源：《东北民居》）

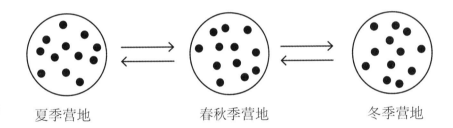

图4-1-4 鄂温克族聚落移动规律（来源：《东北民居》）

　　雅库特鄂温克族由于役使驯鹿，其聚落游居的形态与驯养驯鹿的行为需求之间有明确的关联。根据驯鹿不同季节的觅食路径，雅库特鄂温克族聚落形成三个大的季节性居住区域：春秋季营地、夏季营地、冬季营地。他们每隔10天左右还要在大的营地范围内近距离地迁徙一次，以跟上驯鹿移动的脚步，并在这些营地之间营建一些固定的仓库建筑以存放食物和用具。其中春秋营地中的主要活动就是帮助接生小鹿和促成驯鹿的繁殖。夏季营地的主要活动是每天傍晚点火生烟，帮助驯鹿驱赶蚊虫。由于冬季驯鹿不需要照顾，冬季营地的主要活动就脱离了驯鹿，进行狩猎活动（图4-1-4）。[1]

---

① 周立军，陈伯超，张成龙等. 东北民居[M]. 北京：中国建筑工业出版社，2009.

# 第二节　游牧文化主导下的传统聚落[1]

如上文所谈到的，所有的北方民族早起无疑都是狩猎民，在改操畜牧的过程中，慢慢演变发展，转化成为游牧的生活与文化[2]。我国北方游牧民族也正是如此，早期以狩猎为生，后期开始驯化牲畜为家畜进行繁殖，逐水草而居，以牲畜肉和奶为主要食物，并以猎物加以补充。

北方游牧文明是我国的多元文化中重要的组成部分，其中以蒙古民族所传承的游牧聚落最具代表性，因此，本节重点分析了蒙古民族游牧聚落形态及其历史变迁。

与定居文明将城市或村落作为其定居文明的物质载体一样，游牧文明也具有其自身的承载物——"古列延"。这一游牧聚落形态在漫长的历史长河中逐渐形成、发展并最终被蒙古民族所继承。蒙古人则在征服世界的同时让"古列延"到达了大游牧时代的顶点，同时也在经历宗教改革的历程中使得"古列延"逐步走向了定居化的聚落形态。本节将从蒙古民族历史与宗教变迁的角度来深入诠释传统游牧聚落"古列延"的历史演变及其兴衰史。

## 一、传统游牧聚落——"古列延"的形式概念

"古列延"一词在现代蒙古语中主指"院子"或"范围"，但这些含义并不是"古列延"的原初概念，而是随着时代变迁被派生出的新含义。在13世纪或更早的蒙古草原上，该词代表着当时中国北方众多游牧部落逐水草而居的聚落形态。处于同一时代的波斯史学家拉施特在自己的著作《史集》中对该词有这样的解释："当某部落屯驻在某地时，就围成一个圈子，部落首领处于像中心点一样的圈子的中央，这就称作古列延。当敌军临近时，蒙古人也按这种形式布阵，使敌人与异己无法冲进来"。他还解释说："许多车子（篷车）在草原上按环形排列成一圈……将这样环列的一千帐幕，算做一古列延"。南宋彭大雅所著《黑鞑事略》中亦载蒙古军队驻营时："其营必择高阜，主将驻帐必向东南……帐之左右与帐后诸部军马，各归头项，以席而营……主者中据，环兵四表"。从上述记载来看，"古列延"是古代蒙古人游牧屯营或军队驻防的组织形态，是由各种篷车环绕而成的一个环形空间。在它的中央，设有面向东南的部落酋长之"牙帐"；除"牙帐"前方，四周都围有众多帐幕，而且这些帐幕也是按照类似的方式驻扎在"牙帐"周围的（图4-2-1）。从帐幕的数量来看，当时的"古列延"有1000座毡帐，如果将一个毡帐视为一户，那么，一个"古列延"就应该包含1000户；这一数量正好与成吉思汗统一蒙古各部之后，将全蒙古百姓以"千户"作为组织单位相吻合。虽然不能仅从数字上判断"古列延"即所谓"千户"，却可以肯定它们之间具有某种连续性或传承性。

距今50000年以前，在横亘欧亚大陆的草原上居住着使用相同语言的一些部落。随着时间的流逝，这些部落的后代逐渐分化为三个语族，即如今所谓阿尔泰系语族的三支：突厥、蒙古与通古斯。而他们之中的一群就是游牧文明最早的缔造者。他们在从狩猎文明步入游牧文明的同时，也将这种全新的生活方式传播给其他的阿尔泰系语族部落。所以，蒙古人事实上就是古阿尔泰人

---

[1] 游牧文化主导下的传统聚落由阿拉腾敖德老师根据自己的研究成果进行编撰，其中大部分内容源自于他曾发表的文章：蒙古族传统游牧聚落——古烈延的历史变迁。
[2] 阿拉腾. 草原游牧民与森林游猎民的超自然循环——以内蒙古呼伦贝尔为例[J]. 满语研究，2011（02）：105-109.

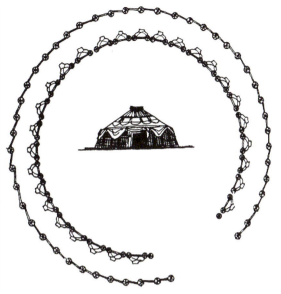

图4-2-1 "古列延"及其组织形式[来源：左图：http://smglnc.blogspot.com/2010/09/blog-post_16.html；右图：（蒙）D·迈达尔，L·达力苏荣、帐幕居住场所史略（新蒙文）[M]. 乌兰巴托：国家出版局，1976.]

的一个分支，而且他们继承了这一游牧文明的传统。在13世纪，蒙古草原被一些突厥和蒙古语族部落所占领，包括乃蛮部、蔑儿乞部、塔塔尔部、乞颜部与克列部落等。他们各自为政，经常互相争战。1206年，铁木真成功征服并统一了这些部落。这对于蒙古人来说是一个里程碑式的节点。蒙古帝国从此开始，蒙古民族此时形成。基于这一历史节点，再根据蒙古民族的后续发展，20世纪以前的蒙古族历史基本可以分为部落时期、蒙元时期（蒙古帝国与元朝时期）、北元时期与明清时期。

根据生活方式的异同，部落时期的蒙古部众可以被划分为两类，即狩猎民与游牧民。狩猎民大多生活在今贝加尔湖与叶尼塞湖之间的森林地带，他们延续了人类祖先早在狩猎时代就已保有的居住传统——棚屋。而生活在阿尔泰山脉至中国东北草原的游牧民则传承了自匈奴以来用毡帐、车舆作为其逐水草而居的方式。虽然这两种人群的生活方式有所区别，但他们的居住方式所构成的聚落形态却基本相同。根据蒙古国学者达·迈达尔先生对游牧聚落的研究，"古列延"这种聚落形态可以追溯到尚处狩猎时期的原始氏族社会。起初，它是为了繁殖牲畜、抵御极端气候和野兽攻击而设的聚落形态。但后来，随着原始社会向宗族社会的转变，母系氏族制转为父系氏族制引发部落间频繁的战争，"古列延"的防御性功能变得尤为重要。接着，由于人类对马的驯服和对车舆、车帐等可移动工具与住所的发明促生了游牧生活方式的出现。这一新生的游牧文明在进一步发展的过程中，将此前狩猎时期的聚落形态与游牧生产方式相结合，重新组织并使其适应当时频繁的迁徙生活与部落战争，从而形成了具有"团结、互助、机动、灵活"等内在特征的游牧"古列延"聚落形态。而由此派生出来的十进制军事化社会结构，如百户长、千户长和万户长，都是古列延概念的社会性延伸。从13世纪法国方济阁教会传教士鲁不鲁乞的游记当中我们可以发现，"古列延"这一聚落形态在蒙元时期达到了它的巅峰。

## 二、游牧宫廷聚落——"斡耳朵"的基本形态

萨满教"天有一日，地立一主"的思想观念促使成

吉思汗和他的子嗣们对外持续了近一个半世纪的扩张。随着版图的扩大，蒙古人开始统治东、南亚与中、西亚的定居文明国家。随着蒙古统治者的不断征服，很自然地，他们会将征服地区的工匠与手工艺人带到蒙古高原为其游牧帝国所服务。于是，贵族与平民阶层之间的帐幕规模与工艺差异与日俱增。相比部落时期的"古列延"，13世纪蒙古统治阶层的聚落——"斡耳朵"让蒙古族传统聚落步入极盛期。对"斡耳朵"一词有多种理解方式，它既可以被解释为"宫帐""宫殿"，也可以被理解为"皇家古列延"或"宫廷"，而它更核心的内涵则暗含了当时游牧政权及社会的组织方式与形态。有迹可查"斡耳朵"一词最早出现于唐代古突厥文碑铭；辽、金、元时亦有"斡鲁朵""斡里朵""兀鲁朵""窝里朵"等不同译写。由于游牧迁徙、居无定所的生活方式，游牧宫廷的组成、管理、警卫与供给都与定居文明有很大差异。如果说后者因常年固定一地，允许其社会组织形式细密而庞杂；那么，前者由于"动"的特性，必然更多地体现某种整合性。从而适应季节、气候、草场和牲畜的情况，有规律地迁徙，并制订一年循环游牧的线路。蒙古可汗的"斡耳朵"一般由四个"牙帐"（图4-2-2）组成，这些"牙帐"不仅是宫廷，也是可汗的私产（生产单位）；它们还有专属的禁卫军（军事单位），又有其各自的领地、属民（地缘单位），还单独设官分领（政治单位），此外还包含各自的妻妾群（后宫单位）。不过，可汗本人并不直接管理这四个"牙帐"，它们分别隶属于四大哈屯（皇后和三个主要的皇妃），并由她们负责掌管其生产与后宫日常内务。基于蒙古人自古以来"幼子守产"的习俗，在可汗或大哈屯（正妻，即皇后）死后，一般都由他们的幼子继承隶属其母的"牙帐"；另外三个"牙帐"则分别由三个大皇妃的子嗣各自继承。13世纪的蒙古人正是在这种"斡耳朵制度"的基础上创造了具有"行国"特色的游牧帝国。

"斡耳朵"的驻营形式延续了"古列延"的传统。

图4-2-2　蒙古帝国时期的"斡耳朵"与"牙帐"（来源：锡林郭勒盟蒙元博物馆）

但与一般的"古列延"不同，作为"行国"政治中心的驻营地，它具有严密的空间组织特征与等级划分。根据《蒙古秘史》《黑鞑事略》《鲁不鲁乞东行记》等史料的记载可以初步地归纳"行宫"空间的组织规律。在可汗所驻扎的"古列延"之中，正妻的"牙帐"位于中心，在其东侧依次展开其他的"牙帐"，其位东移、地位递减；在正妻"牙帐"的西侧是可汗子嗣们的"宫帐"，其位西移、年龄递减；这些"牙帐"或"宫帐"之间的距离根据鲁不鲁乞的描述为"一投石之远"，而且在它们的周围（除前、后方以外）都设有若干较小的毡帐作为隶属于各"牙帐"的"御帐"（诸妻妾的寝帐）或辅助性宫帐；环绕上述所有宫帐的内圈帐幕是宫廷护卫（怯薛军），外圈则是各千户的帐幕，在正妻"牙帐"的前方还设有"灵帐"区；最后，用各种篷车或木栅将上述所有帐幕围在一个封闭的圆圈之内，东南开设一门，便形成了可汗的"大古列延"（相当于中原的皇城）。由于这种游牧宫廷帐幕群规模庞大，其直径有时可达1000多米，所以中世纪的法国使臣鲁不鲁乞在看到这一场景时将其比作"城市"。

此外，依然有许多帐幕以"阿寅勒"（血亲家族）为单位，分圈散居于"大古列延"的外围。它们都是各"斡耳朵"的属民（哈剌抽），一般被分为牧羊人、牧牛人和牧马人三种。其中，内圈（类似于中原的内城）是牧羊人放羊的区域，它一般位于"古列延"的后方,并向外辐射出几公里的环形带,该圈东南侧靠近南门处还有燃料区(多为枯木柴和干牛粪);中圈(类似于中原的外城)则是牧牛人的活动区域,他们一般在西南一带放牛;最后是牧马圈,也是外圈(类似于城郊),由于马速度快,自卫性强,有利于后退或进攻,因而处于整个营盘的最外围,而且该圈向外辐射半径有时可达几十公里(图4-2-3)。上述这三个游牧圈所构成的区域就被称作"营盘"。在不同的季节,可汗会选择不同的草场作为自己的营盘。通常,"大古列延"会分别以各"牙帐"作为中心,以几个"古列延"的形式,游牧于相隔不远的区域。每当这些"古列延"会合之时,往往驻扎于水草丰美之地;在相互保持一定距离的同时,这些"古列延"经常会驻扎在河流或湖泊的两岸,并呈现出如画一般的帐幕聚落场景。可能正是对这种如诗如画般游牧景观的崇尚与热爱,在蒙古人日后的城市设计与规划中依然可以看到类似的游牧审美观念。这其中,"元大都"的水系和皇城规划是体现上述"斡耳朵制度"和"古列延"传统的典型案例(图4-2-4)。

从公元14世纪下半叶开始,蒙古诸汗国相继退出世界历史舞台,其后代也逐渐被原住民所同化。到了15世纪中叶,蒙古政权北移,汗权衰微,但封建宗主日益强盛,蒙古高原进入了群雄割据时期。由于帝国的衰落以及游牧营盘的逐步细分化、确定化,此前以"古列延"为主的集体游牧方式逐渐被"豁里牙""浩特""阿寅勒"(图4-2-5)等具有较小规模且游牧地点相对固定的生产单位所替代。这些变化从某种程度上预示着蒙古人走向定居化时代的历史必然。从蒙古帝国建立到北元灭亡为止,蒙古民族虽然接触并受到了其他文明的影

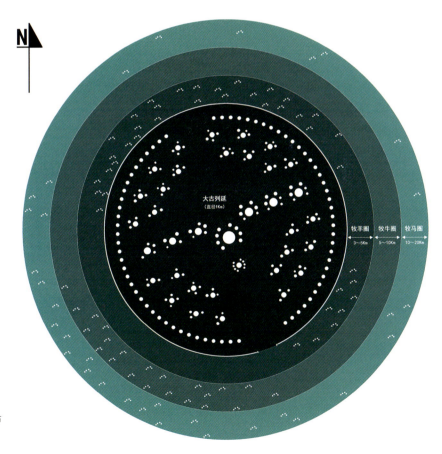

图4-2-3 蒙古可汗的"大古列延"与营盘空间布局示意图(来源:阿拉腾敖德 改绘)

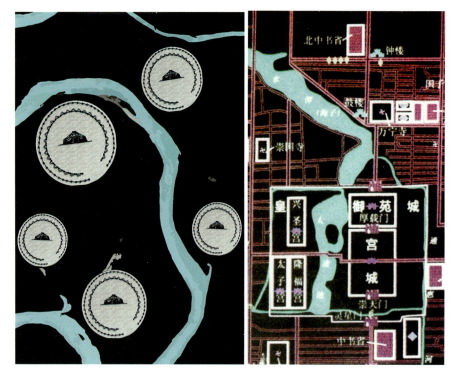

图4-2-4 元大都规划思想示意图（来源：左图：阿拉腾敖德 改绘；右图：《蒙古学百科全书：文物考古卷》）

图4-2-5 "阿寅勒""浩特"与"豁里牙"[来源：（蒙）D·迈达尔，L·达力苏荣.帐幕居住场所史略（新蒙文）[M].乌兰巴托：国家出版局，1976.]

响与冲击，但蒙古人并未改变游牧生活方式及其居住形态。然而到了16世纪中叶，古代蒙古族帐幕建筑的形制开始转变；相比元代，游牧民也逐渐步入真正意义上的半定居生活。一些固定的、不可移动的"类帐幕"（土木）建筑开始被兴建，城市的雏形也随之浮现。这些变化之所以是以16~17世纪而非以更早的年代为起点，与其说与帐幕建筑自身的进化过程有关，倒不如说与时代变迁以及蒙古族深层文化内涵与意识形态的转变紧密联系。

## 三、移动的黄教聚落——"乌尔格"的历史变迁

在历史的长河中，萨满教一直以游牧文明的引领者与启蒙者的身份给予诸游牧民族世界观与思想范式，因

而它也是蒙古族传统文化的根基与源泉。在16世纪以前，根系萨满教崇尚自然、向往自由、勇于开拓等精神的古代蒙古人并没有"家园"的概念。哪里水草丰美、气候舒适，哪里资源丰富、猎物众多，他们便迁徙至哪里并生活其中。连年不断地迁徙与游走于不同自然地理环境之间的生活状态塑造了当时游牧民朴实性、开放性、探索性、自由性和体验性的意识形态。他们不愿意也不认同定居的生活方式。即便是在成吉思汗征服中亚与中原北地的所有城市之后，他本人依旧居住帐幕之中，甚至一度认为耕地应被化为牧地。有一次，当他的大臣们提出要为他修建大型宫殿和花园时，成吉思汗说道："有我自古崇尚的、先世可罕们镇坐施政的白色毡房，这是抗拒天灾地祸、易于迁徙的吉祥住所。我不需要大型宫殿和秀丽的花园。若不戳破金色大地的神圣皮肤，若不改变广袤草原的天然容颜，那么她便是一处天然的大花园，用不着人工修造！"。成吉思汗过世后，蒙古人所兴建的城市，如哈剌和林、元上都与元大都也多是供可汗和王公贵族居住的政治中心，普通牧民并不生活其中，而是延续着逐水草而居的生活方式。即使可汗本人也经常在不同的季节游走于各行宫与营盘之间。此外，虽然蒙古帝国是依仗萨满教兴起，之后又不得不依靠佛教、伊斯兰教或孔孟之道来巩固其统治，但当时都是以保护传统信仰为前提的。

然而，到了明代，阿拉坦汗在漠南建立城市"库库和屯"（今呼和浩特前身）之后，唯举藏传佛教格鲁派、兴建黄教寺院并宣布蒙古民众从此取缔萨满教，这导致蒙古高原匈奴至突厥以来几千年的萨满文化传统及其遗物被有意识地消除、焚毁，从而为整个蒙古族的文化与思想意识形态带来了前所未有的变革。这虽未完全改变蒙古人游牧的生活方式，却将蒙古族的文化及其意识形态引向了完全不同的发展道路。从16世纪下半叶开始，当蒙古民族放弃萨满改信黄教（藏传佛教格鲁派）之后，喇嘛作为一部分新的社会成员，第一次出现在了蒙古草原之上。与人数有限、生计自理且呈散居状态的萨满教世俗性巫师不同，出家的喇嘛人数众多、集中且不参与任何日常生产活动，因而他们不可能也不能够像先前萨满巫师那样长期随部众迁徙并居住帐幕之中。这种宗教变革所引来的社会组织方式的转变，首先让蒙古族神职人员的居住方式走向了定居化。接着，佛教又对蒙古人的文化意识形态进行了改造。随着游牧民逐年定期前往地理位置相对固定的"黄教古列延"（黄教圈）进行朝拜与祭祀，蒙古人的"心"渐渐有了一种说不出的归属感。再加之，每家每户都在帐内最尊贵的位置供设佛坛，并祷告经文，履行"诸恶莫做、众善奉行"的教义，这让此前萨满教时期极具开拓性和侵略性的民族性格得以软化，从而将蒙古人的"心"安定了下来，常年遭受杀戮之苦的游牧民也因此获得了一直以来所期盼的安宁。这些循序渐进的、从外到内的转变促使蒙古人第一次浮现出了"家园"的概念。也正是基于这种深层意识形态的变革与统治阶层有意的引导，让16~20世纪的蒙古民族从内在心灵到外在生活都走向了定居化。

起初，蒙古草原除了极其有限的几座小城镇以外，大部分地区都没有可供僧众修习佛法、操办佛事的固定建筑场所。即使是这有限的一两座城市也多是被明军攻陷的残骸。然而，当时的蒙古封建主们却等不及让佛教迅速在蒙古地区传播并扎根。所以，他们将自己和诸贵族、官僚的住所——"官帐"改造为庙堂，并让他们此前迁徙的聚落形态——"古列延"长期游移于相对固定的地区，从而形成了名为"乌尔格"这种早期的、可以迁移的"庙帐"群落（图4-2-6）。后来，迫于建造大量黄教寺庙的政治压力，当时的一批顶尖知识分子在学习藏文并翻译经文的同时，著述了不少有关建造佛教寺庙方面的文献，它们多涉及形制、比例与选址等方面的建筑理论知识。正是在这一历史背景下，从公元17~19世纪，借助对经文的翻译与传播，蒙古人在仔细学习印度和西藏建筑理论与技术的同时，设计并建造

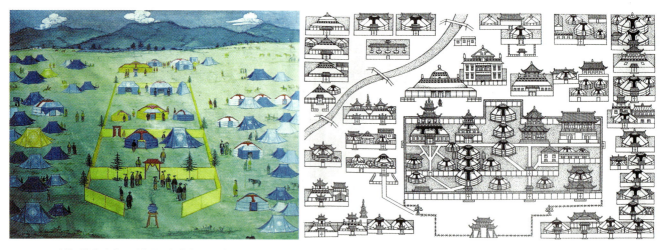

图4-2-6　游牧时期与半定居时期的"黄教古列延"[来源：左图：(蒙) N·蒎里特木. 蒙古国建筑 [M]. 乌兰巴托：蒙古国国家出版局, 1988; 右图：(蒙) Ch·宝力德. 蒙古建筑装饰 (新蒙文) [M]. 乌兰巴托：ADMON出版社, 2011]

了具有本民族审美取向的"类帐幕"（土木）建筑，并将此前临时性、可以迁移的帐幕类建筑改为了适应定居的土木类建筑。所以，于1639年建成的"黄教古列延"——"乌尔格"（后改名为"大库伦"）就以寺庙、府邸为中心形成了城市聚落的雏形（图4-2-7）。它可以被视为蒙古人最后一个可移动的"古列延"。该"行城"在近一个半世纪的时间里都处于定期迁徙的状态，并最终落脚于今乌兰巴托一带。它的布局也充分体现了"古列延"的空间组织特征，而且正是从这一时期开始，毛毡与"哈那"（网式壁架）逐渐被抛弃，原木、土坯、砖石、金属与框架等新的建筑材料与结构成为蒙古族土木类建筑的基础，在这其中，最具帐幕建筑特征的是"类毡帐"与"类拂庐"（图4-2-8）。在设计、建造这些类帐幕建筑的过程中，一些蒙古工匠也在以往的建筑成就之上，根据上述建筑理论知识，改造并规范化传统帐幕的构造、结构、形式与比例，如今我们所看到的"蒙古包"就是在这一时期被范式化的结果。

后来，清政府统一蒙古地区之后，一方面通过封王晋爵、联姻联盟、赐建府邸等方式拉拢蒙古王宫贵族以巩固其政权，另一方面通过继续加大推崇藏传佛教、广建寺庙、实行封禁政策、建立盟旗制度来软化蒙古民族斗志以避免其倒戈。由于这些政治手段禁止蒙古人越旗迁徙、来往或婚嫁，从而进一步加速了蒙古族定居村落的形成与发展。这一时期，类似于"乌尔格"的"黄教圈"与王公府邸一并辐射至蒙古高原的各"盟"与"旗"。随着这些定居聚落的蔓延，游牧民也被各自所属行政区域的定居化"古列延"所吸引，其中的一些人也逐渐脱离牧业成为城镇里的纯手工业者。然而，当时在蒙古地区从事耕种的农民依然是中原汉民。直到1653年（清顺治十年），自清政府颁布《辽东招民开垦条例》以后，内地大量农民涌入蒙古东部地区进行耕种。由于牧地渐被挤压，导致当地游牧业逐渐消融。至此，辽东大批牧民或弃牧从耕或转向半农半牧的生活方式，从而形成了多个蒙古族农民聚居地。此后，由土木所建蒙古包——"布日格"开始被蒙古人大量使用。这也标志着蒙古民族正式步入定居时代的开始，并且至今还在延续之中。

如今，类似"古列延""斡耳朵"或"乌尔格"这样的大尺度游牧聚落在蒙古草原上已不复存在，但在蒙古国首都乌兰巴托市郊，人们依然可以看到由蒙古包、木屋和栅栏等组成的院落，这些院落形成组群将整个城市围了起来并形成一个环形带，虽然该区域的居民大多是来自牧区的向往城市生活的牧民，但由他们所构成的聚落却是"古列延"最后的一丝回光返照，是蒙古族传统聚落变迁的历史见证。

图4-2-7 "大库伦"——今蒙古国乌兰巴托市前身（来源：蒙古国城市规划博物馆）

图4-2-8 "类毡帐"与"类拂庐"[来源：左2图：(蒙)N·蓣里特木·蒙古国建筑[M].乌兰巴托：蒙古国国家出版局，1988；右2图：(蒙)Ts·奥登其木格·蒙古包的历史.[M].乌兰巴托：ADMON出版社，2006]

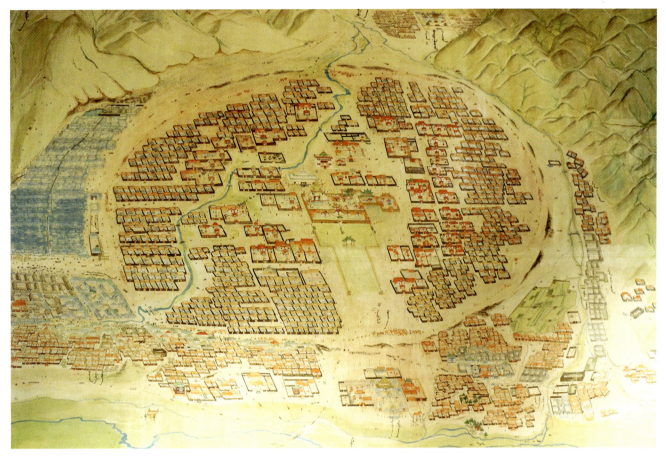

图4-2-7 "大库伦"——今蒙古国乌兰巴托市前身（来源：蒙古国城市规划博物馆）

图4-2-8 "类毡帐"与"类拂庐"[来源：左2图：（蒙）N·蕤里特木·蒙古国建筑[M]．乌兰巴托：蒙古国国家出版局，1988；右2图：（蒙）Ts·奥登其木格·蒙古包的历史．[M]．乌兰巴托：ADMON出版社，2006]

13世纪初，约元朝初期，在元世祖忽必烈的扶持下，藏传佛教经由西藏，自上而下在蒙古本土地区传播推广。16世纪末至17世纪初，在阿拉坦汗等蒙古各部封建领主的积极倡导和支持下，藏传佛教格鲁派很快风靡蒙古地区，成为大部分蒙古人信奉的宗教。

清政府推崇藏传佛教，以达到控制蒙古各部的政治目的。清朝统治者入关之后，对蒙古地区广泛传播的藏传佛教采取利用、扶植、推崇和鼓励的政策，并严格实行禁止和限制汉民移居蒙地的"蒙禁"政策，巩固对蒙古地区的统治。在顺治、康熙、雍正、乾隆四朝，利用、扶植和鼓励藏传佛教的政策成为治理蒙古民族的基本国策，蒙古王公贵族和广大蒙民都笃信藏传佛教。清廷实行僧侣等级制度，封赏名号、敕印，从法律上保障其特殊的宗教和政治地位；设立喇嘛旗，确认大喇嘛的封建特权。毋庸置疑，这些政策推动藏传佛教寺庙成为蒙古地区宗教传播、政治统治、经济发展和精神文化中心。至17世纪中叶，清政府开始对藏传佛教进行大力扶植，内蒙古地区大规模兴建藏传佛教寺庙，寺庙规模在这一时期达到鼎盛。

清政府采取盟旗制度统治蒙古族，即限制在旗地范围内进行放牧。这个政策使得蒙古人由游牧转为定牧，蒙古牧民由游动式的居住形式改为半农半牧的过渡形式，之后完全转变为定居形式。寺庙的宗教统治地位及宗教活动吸引大批蒙古族信众在寺庙周围定居，从而形成一定规模的蒙古族聚居。出于移民戍边等诸多方面的考虑，清政府逐渐放宽政策，鼓励放垦蒙地和发展农业，之后山西、陕西等地汉族民众来到内蒙古草原垦荒、经商。而蒙古地区寺庙选址大部分都靠近水源，以便于活佛喇嘛获取生活用水，并且背风向阳，形成良好舒适的微气候，这些有利的条件对农耕生活的汉族移民也是巨大的吸引力。汉族移民大量移居在寺庙周围的水源地区。

在历史的演进中，在宗教文化影响下，蒙汉聚居的人口逐渐增多，聚落不断扩张发展。而遍布内蒙古全境范围内的宗教聚落，由于其宗教等级、地理位置和历史发展等不同原因，发展规模有所不同。如前文所述，呼和浩特市、大板镇等聚落在人口聚集和规模扩张中逐渐升级为镇、市，本章将重点叙述在宗教文化主导下形成的乡村聚落。

内蒙古地域辽阔，藏传佛教召庙遍布全境，规模宏大、分布广泛。宗教文化影响下形成的村落聚落，由召庙建设而兴起发展，因此大部分村名由召庙名而来。如美岱召兴建后形成的乡村聚落，则称为美岱召村；又如围绕乌审召寺庙而形成的村落，则命名为乌审召嘎查（嘎查，蒙语的音译，意为村落）。据笔者不完全统计，由于召庙建设和宗教传播等因素形成的宗教乡村聚落，案例数量较为庞大，遍布内蒙古的东部、中部和西部（表5-0-1）。

部分宗教乡村聚落列表　　　　　　　　　　　表5-0-1

| 所在地区 | 村落 | 召庙起源 |
| --- | --- | --- |
| 阿拉善盟 | 陶力嘎查 | 达力克庙 |
|  | 宝日乌拉嘎查 | 额济纳新西庙 |
|  | 鄂门高勒嘎查 | 昭化寺 |
| 鄂尔多斯市 | 新庙村 | 陶亥召 |
|  | 特布德嘎查 | 特布德庙 |
|  | 脑高岱嘎查 | 鄂托克召 |
|  | 展旦召嘎查 | 展旦召 |

续表

| 所在地区 | 村落 | 召庙起源 |
| --- | --- | --- |
| 鄂尔多斯市 | 喇嘛敖包嘎查 | 公尼召 |
| | 孟克庆嘎查 | 乌拉庙 |
| | 哈日根图嘎查 | 哈日根图庙 |
| | 阿日赖嘎查 | 阿日赖庙 |
| | 苏里格嘎查 | 苏里格庙 |
| | 沙日召嘎查 | 沙日召 |
| | 宝日胡术嘎查 | 沙日特莫图庙 |
| | 巴音宝力格嘎查 | 哈毕日格庙 |
| | 查干庙嘎查 | 查干庙 |
| | 陶日木庙嘎查 | 陶日木庙 |
| 包头市 | 美岱召村 | 美岱召 |
| | 小召子村 | 小召子 |
| 呼和浩特市 | 乌素图村 | 乌素图召 |
| 锡林郭勒盟 | 毕鲁图嘎查 | 毕鲁图庙 |
| | 吉日嘎朗图嘎查 | 吉日嘎朗图庙 |
| | 阿如宝拉格嘎查 | 查干敖包庙 |
| 通辽 | 巴彦宝力格嘎查 | 板子庙 |
| 兴安盟 | 巴彦扎拉嘎查 | 昂格日庙 |
| 呼伦贝尔市 | 阿木古朗宝利格苏木 | 甘珠尔庙 |

由于内蒙古地区较为独特的高原与草原地貌，加之蒙古族游牧为主的生存形式，导致内蒙古地区的聚落发展相对松散自由，尤其东部保留游牧生产方式的地区，聚落空间分散，不具有农耕聚落的典型形态。而藏传佛教具有僧俗有分的宗教思想，即信众与寺庙喇嘛的居住范围应相隔一定距离，因此在宗教乡村聚落的发展过程中，居民聚居区与宗教寺庙区具有规模不等的间距，个别召庙与村落聚居区甚至相隔数十里之远，寺庙与聚落的格局关系不明确。近代聚落发展过程中，部分村落受道路系统的影响，村落格局由召庙核心扩张逐步演变为沿路布局，导致部分村落的寺庙核心地位不明显。然而，随着国家宗教政策的压制和汉族移民的不断涌入，召庙聚落的基本格局开始变迁，大量汉族移民沿着寺庙和蒙古聚居区开始聚集，逐渐将寺庙和蒙汉民族聚居区连接起来，成为一体，典型案例如锡林郭勒盟西乌珠穆沁旗的乌兰哈拉嘎苏木以及通辽市扎鲁特旗的巴彦宝力皋嘎查等（图5-0-1、图5-0-2）。从以上两个聚落的现状可以看出，以寺庙为主导的聚落，尤其是位于草原深处的聚落都具有空间相对分散、寺庙位于聚落一侧等基本特点。

内蒙古地区宗教文化主导下形成的乡村聚落，根据寺庙在其形成与演变过程中的不同位置关系，以及宗教文化影响下形成不同空间形态类型，可以划分为四类：内外聚合型——以美岱召村为代表；曼陀罗原型——以乌审召嘎查为代表；双组团并列型——以乌素图村为代表；三组团围合型——以鄂门高勒嘎查为代表。

图5-0-1　锡林郭勒盟西乌珠穆沁旗的乌兰哈拉嘎苏木（来源：朱秀丽等 拍摄）

图5-0-2 通辽市扎鲁特旗的巴彦宝力皋嘎查（来源：朱秀丽等 拍摄）

# 第一节　内外围合型聚落——美岱召村

## 一、村落历史背景

美岱召村位于内蒙古包头市土默特右旗境内的美岱召镇北部，海拔1000米，地理坐标为东经110°12.2′，北纬40°36.2′。村落形成于明代，是土默川上较早形成的古村，距今已有近五百年的历史。2005年，美岱召村被评为国家级历史文化名村，2012年，入选第一批中国传统村落名单。

美岱召村的北部有大青山主峰九峰山环绕，南部为开阔平坦的土默川平原（图5-1-1），南望黄河，背依九峰，东有美岱沟，西有干沟。美岱召村的选址也体现了古人的风水智慧，从自然肌理可以发现，美岱召村选址北依大青山，南邻黄河水，盘踞土默川，地处内蒙古高原阴山南麓，背风向阳，正符合我国传统村落选址中"枕山、环水、面屏"的理想环境。

美岱召村地貌大致分为山地与平原两大部分，村西、村北有少量丘陵地。村东南有美岱沟（图5-1-2），九峰山深处的美岱召水库流经此处，是周边村庄共享的淡水资源。村西原有水泉沟与水泉沟瀑布，后由于炸山取石景象消失，现村境周边仍能发现早年留下的旱沟道。美岱召村气候温和，村域周围现分布耕地4200多亩，山清水秀，树林茂密，草场丰盈，村后山势险峻，村内树木葱郁，有着良好的宜农宜牧条件。

图5-1-1　美岱召村所处的土默川平原（来源：《草原佛声——蒙古地区黄教第一寺美岱召记》）

图5-1-2 位于美岱召村东南方向的美岱沟（来源：《传统村落档案》）

据考古发现，美岱召村境内早在6000多年前的新石器时代就有人类活动，村内有两处新石器遗址可证实。从殷商到战国前，在村境内先后有土方、工方、鬼方、戎狄、林胡、娄烦等少数民族活动。《史记》记载，战国时，赵武灵王"逐胡开疆"，"攘地至阴山"，村境属赵国云中管辖；秦统一六国后，建置云中郡，村境属云中郡管辖；西汉时属云中郡的咸阳、犊和二县境；三国时属新兴郡；魏晋时更名敕勒川；隋时置油云县；辽时置东胜州；金时置丰州滩。在明代之前，美岱召村境范围是游牧之地。

明正德五年（1510年），达延汗统一蒙古，建6万户，分封其子统治，其中三万户之一的土默特部万户驻牧丰州滩，后更名为土默川。在16世纪60年代中期，成吉思汗第十七代阿拉坦汗在大青山脚下这块肥腴的土地上主持修建了城寺结合、人佛共居的美岱召。

阿拉坦汗（1507—1582年），明史称俺答、安滩、谙达等，是成吉思汗17世孙。阿拉坦汗骁勇善战，战功赫赫，蒙古汗廷赐他"索多汗"称号，蒙古人尊呼他为"圣狮"。阿拉坦汗继任土默特部的首领后，富有韬略，守土拓疆，同时大力发展土默特的畜牧业、农业、手工业和建筑业，招纳边内汉人，从事农业生产。数年之间，土默川上汉人人口升至5万余人，开田万顷，村连数百，经济繁荣也推动了城镇和寺庙建设。

据《阿拉坦汗传》[①]记载，明嘉靖二十五年（1546年），阿拉坦汗到边境招收各种汉族匠人来土默川筑城建寺；明嘉靖三十六年（1557年），修建了五座塔和八大板升。"板升"为蒙语音译，意思是百姓，"板升"之

---

① 珠荣嘎. 阿勒坦汗传[M]. 呼和浩特：内蒙古人民出版社，1990：170.

图5-1-3 阿拉坦汗画像（来源：《草原佛声——蒙古地区黄教第一寺美岱召记》）

图5-1-4 三娘子画像（来源：《草原佛声——蒙古地区黄教第一寺美岱召记》）

内，既有汉民居住，也有蒙民居住，意指蒙汉百姓聚居的地区。《明实录》[①]"板升，华言城也"，《明史》说"板升，华言屋也"，《开原图说》说"板升者，夷人之佃户也"，都将板升与游牧民的蒙古包聚居点区分开来。大小"板升"使土默特部基本上由游牧走向定居，土默川上开始出现大小不等的村镇。嘉靖四十四年（1565年），阿拉坦汗修筑宫殿，建成土默川上的第一座土堡城。阿拉坦汗的宫殿完工，明廷赐名"福化城"。《明史纪事本末》[②]中有这样的记述："万历三年十月，俺答乞佛像蟒缎，且城市成求赐名。赐城名'福化'，量给其请。"福化城即美岱召，成为当时土右旗全境的政治、军事、经济、文化中心。而周边地区如萨拉齐（蒙语意思为"奶食者"，当地人为"圐圙"），实为美岱召的阿拉坦汗家族提供奶食、肉食的地方。《明史》[③]记载，隆庆五年（1571年）三月，明政府封阿拉坦汗（图5-1-3）为顺义王，封其夫人三娘子（图5-1-4）为忠顺夫人，顺义王府也在美岱召。美岱召成为阿拉坦汗统治土默特部的中心有20余年。

明万历三年（1575年），阿拉坦汗皈依藏传佛教，并在福化城内建成了第一座城寺，取名灵觉寺，后改寿灵寺。《万历武功录》[④]记载："隆庆六年（1572年）四月，俺答既还，益诵佛经，专以杀生灵为戒，独恨不达佛理，乃请西番喇嘛公木儿榜实、公实榜实、黄金把实、恰打儿汉。上亦遣二喇嘛，皆训以经义，帅俺答

---

① （明）官修. 明实录[M]. 黄彰健校勘. 北京：中华书局，2016：大卷四百八十六.
② 谷应泰. 明史纪事本末[M]. 中华书局，1977.
③ （清）张廷玉等. 明史[M]. 北京：中华书局，1974.
④ （明）瞿九思. 万历武功录[M]. 北京：中华书局，1962.

归善道。于是,俺答请工师、五采,建寺大青山。"阿拉坦汗去世后,其夫人三娘子统领土默特部长达40多年,功劳卓著,曾一度使美岱召地区"皇城巩固,地道咸宁,万民乐业,四海澄清"(泰和门碑文)。

由于内蒙古地区喇嘛教领袖已出现空缺,经土默特部呈请,万历三十二年(1604年)四世达赖云丹嘉措派遣"大慈迈达里呼图克图"作为自己的代表前来内蒙古掌教。《蒙古源流》①记载:"由是,蒙古地方之诸胡图克图,诸贤者共议:为掌蒙古地方之宗教,以巴特玛三嘟币之高徒、大慈津巴扎木苏之化身,根敦巴勒藏扎木苏锡里、巴达、壬辰年生,年十二岁时,遣往蒙古地方为教主,岁次甲辰,年十三岁时抵达,遂至圣识一切瓦齐尔达赖喇嘛索德那木扎木苏在蒙古主教之床,天下咸称大慈迈达里胡图克图焉。"随后,迈达里活佛为美岱召的佛像开光并长期驻寿灵寺坐床传教。另据《萨拉齐县志》②载:"麦达召,麦达勒召,汉译弥勒尊佛。"

迈达里活佛到蒙古地区掌教时期,由于他的业绩明显,归化者众多,把黄教从内蒙古西部扩展到内蒙古东部和外蒙古,寿灵寺也因麦达里传教而远近闻名。为了纪念他的成就,寿灵寺被人们称之为迈达里庙、迈大力庙,后演变为美岱召,美岱是迈达里的蒙语谐音。

阿拉坦汗在修建城寺过程中,容纳了大量汉民,美岱召及周边地区资源丰富,早在明代,就吸引大量汉民在此落脚。清代以来,清廷为筹集此地驻军所需粮草,准许长城以南的农民前来垦荒种地纳粮,但规定汉人到蒙地租种者,不准盖房定居、不准埋坟建墓、不准落户入籍和不准带妻儿前往等。清乾隆时期,全国人口激增至三亿,晋陕等地土地贫瘠,自然灾害频繁,生存环境恶劣,人地矛盾尖锐。清光绪三年至五年,山西等省又遇大旱三年,出现被称为"丁戊奇荒"的近代最严重旱灾。《曾忠襄公奏议》③记载,"赤地千有余里,饥民至五六百万之众,大浸奇灾,古所未见。"大量关内贫民迫于生活压力,从晋陕等地经由杀虎口,移民到内蒙古地区的土默特、察哈尔和鄂尔多斯等地以谋生计,形成了近代大规模的移民潮。

到清朝后期,出于统一全国和筹集粮草等考虑,清廷逐步废除移民规定。乾隆二年后,走西口而来美岱召村的汉民逐渐定居下来。康熙五十八年(1719年),江苏吴县人范昭逵为安设军用台站事,随兵部尚书范时崇离京西行,在其所著《从西纪略》④中有如下记载:"(七月)十五日,阴霾。(已)刻过板升气,末刻至麦大力庙。有陕人于此种地,献瓜茄葱蒜等物,如在故乡,不禁情动。"可见当时农业发展已初具规模。通过"走西口"的人口迁移和文化交流,晋陕等地的汉族农耕文化与蒙古地区的游牧文化相融合,改变了内蒙古的社会经济结构和生活方式,形成了共融共生的多元文化。

"文化大革命"期间,美岱召遭受严重破坏,价值连城的文物被洗劫一空。庙中神祇像、经典、用品等大量被毁,墙壁坍坏。20世纪80年代开始,内蒙古地方政府大力修葺寺庙建筑。

## 二、村落形态演变

### (一)城寺合一

美岱召的建筑布局是先有城后建寺,是"城"与"寺"结合的建筑群,也是内蒙古地区独一无二的著名"城寺"(图5-1-5)。阿拉坦汗初建美岱召时是模仿汉地布局建立王城,名为福化城,城内并无寺庙。之

---

① (清)萨冈彻辰. 蒙古源流[M]. 呼和浩特:内蒙古大学出版社,2014.
② 张树培. 萨拉齐县志[M]. 内蒙古自治区图书馆,2012.
③ 曾国荃,《请饬拔西征军饷疏》,见《曾忠襄公奏议》卷五,页三十三,清光绪刻本。
④ 忒莫勒,乌云格日勒. 中国边疆研究文库. 初编. 北部边疆卷. 口北三厅志[M]. 哈尔滨:黑龙江教育出版社,2015.

图5-1-5 美岱召历史图（来源：《草原佛声——蒙古地区黄教第一寺美岱召记》）

后，阿拉坦汗皈依藏传佛教，于城内增建寺庙。为土默特的政治和军事指挥考虑，阿拉坦汗后将顺义王府东移呼和浩特，福化城也被阿拉坦汗家族改建为藏传佛教召庙，并迎请迈达里活佛坐床传教。这同中原地区早期的"舍宅为寺"非常相似，但不同的是，阿拉坦汗及其家族的起居地和寺院在同一座城内。美岱召后来演变成为阿拉坦汗家族后裔和迈达里活佛及其弟子共同居住的一座城，也是蒙古地域内唯一的一座人佛共居的城寺。至此，美岱召成为城寺合一、政教一体、人佛共居、独一无二的蒙古草原上的古城，也曾是蒙古草原上政治、经济、军事、文化、佛教中心。

作为阿拉坦汗家族的家庙，福化城由城墙和寺庙建筑群组成，城堡内古庙近300间，造型独特，是著名的明代城堡寺庙建筑。福化城平面为一座不规则的四边形城堡，主体建筑和城墙方向都是南向偏东。福化城的宫殿格局有大照壁、古城墙、泰和门城楼、四角楼、四大天王殿、大雄宝殿、白马天神庙、东西配殿、琉璃殿、乃琼庙、佛爷府、八角庙、西万佛殿、太后庙、达赖庙等。大雄宝殿坐落于美岱召中心线的最前端，是美岱召最宏伟的主体建筑，由三座规模迥异的歇山式宫殿勾连而成，前面是二层楼的门阁，中间是宽敞明亮的藏式经堂，最后是空旷高大的汉式佛殿。在福化城的宫殿格局中，坐落一个四方形高台上的歇山式三层楼阁全汉式殿堂，现为琉璃殿，是当时阿拉坦汗接受群臣朝拜的议事大殿。大雄宝殿向西的两层藏式小楼是乃琼庙，也是迈达里活佛在美岱召时的休憩之所。而大雄宝殿向东则是太后庙，用于安置阿拉坦汗夫人三娘子的英灵。太后庙北侧是达赖庙，位于城墙内东北隅，是一栋独立小院。此外还有佛爷府，是迈达里活佛及其随行人员所居之处。

福化城四周筑有高厚的城墙，城墙由门墩和门楼两部分组成，城墙由表皮和内墙体两部分组成，内墙体夯筑，外墙表面用大块卵石及不规则石块包镶砌成虎皮石墙。城墙剖面呈上窄下宽的梯形，墙高5.3米，顶面宽2~2.5米，底面宽4.5~6米，墙壁两面用石块砌成，墙心夯土，无女儿墙。南墙长173米，北墙长173米，东墙长156米，西墙长209米，周长681米。四角筑有外伸墩台，台面外伸10米，宽7米，台顶筑有角楼，俗称

"凉亭"。城门外墙和门洞用青砖,城门内侧有东、西马道。南墙中部设有拱式砖城门台,台东西长19米,南北宽10米,台上城楼基4.9米见方,歇山式顶,二楼三檐,明万历三十四年(1606年)修建,名为"泰和门"。城门上方正中墙上镶嵌一块石匾(图5-1-6),匾文内容是:

"皇图巩固 帝道咸宁 万民乐业 四海澄清 大明金国丙午年戊戌月己巳日庚午时建木作温伸石匠郭江"

### (二)蒙汉聚居

美岱召成为城寺合一的宗教中心后,蒙古族信众逐渐在美岱召外围定居,形成围合之势。阿拉坦汗时期,建造都城的汉族能工巧匠亦聚居于此,筑板升以居,开水田自养,汉族居蒙地,随蒙俗。明清时期,美岱召村成为以蒙古族为主的蒙汉杂居村。

美岱召村的蒙古族主要包括阿拉坦汗家族后裔和土默特部的云硕布氏家族后人等名门望族,明代中后期,是美岱召村蒙古族最鼎盛时期。清朝统治者为征服蒙古族,而限制其人口增长。清廷借蒙古族信仰喇嘛教之俗,大力兴建喇嘛教召庙,并强制性规定,蒙古族每户三丁必有一人出家当喇嘛,由于教规限制当喇嘛终身不娶,蒙古族人口逐渐减少。清代后,由于清朝统治者等的民族压迫政策,蒙古族人口逐渐衰落。

清廷为筹集此地驻军所必需的粮草,决定开发土默川,准许长城以南的汉族农民前来垦荒种地纳粮。清代以来,走西口汉族移民增加,加之美岱召及周边地区地肥水美,吸引了大量农耕汉民落脚。由于宗教的世俗分化,汉族移民选择在东侧,近水源处定居。较早来美岱召一带垦荒、租地的汉族人,大部分是由晋陕两地移民的董、戴、郭、温、张等姓氏家族的先人。从修建板升开始,到明末清初走西口时期,城召外围构成了西营子、孟家营子、赵家、刘家、沟门社、南大社六个组团(图5-1-7)。

汉人"走西口"来到土默特地区,把内地的农耕文化带到草原,与草原文化相融合,创造了独特的土默川文化,促进了经济发展。"板升"建筑和土地开垦,结束了蒙古族传统的游牧生活。清乾隆年间,美岱召周围的六个组团陆续扩张为召后村、街上、南大社、沟门社、大脑包、河子、高家脑包等若干个小自然村组团,这些小自然村逐渐由召庙周围由内向外延伸合并。美岱召村成为蒙汉两族人民共同享有的、内外围合布局的典型村落。

图5-1-6 泰和门石匾(来源:《传统村落档案》)

图5-1-7 美岱召村蒙汉居民组团(来源:根据《土默川美岱召村形态演变初探》改绘,刘玮 绘)

图5-1-8 美岱召村围堡示意图（来源：根据《土默川美岱召村形态演变初探》改绘，刘玮 绘）

## （三）围堡与解堡

日伪统治时期，为了强化统治，实行保甲制度和移民并村，把沿山区一带的小村子全部烧掉，强迫老百姓集中到主村中心地带居住，致使老百姓流离失所，并在主村的四周修建碉堡、炮楼和城墙，挖壕沟，构筑梯形围堡，暴虐统治。当时的美岱召除主村外，孟家村、大脑包、高家脑包、河子、康卜子、沟门社、南大社等几个自然村全部被拆除或者烧毁，拆除民房共计有400多间（图5-1-8）。中华人民共和国成立以后，村落的发展开始突破原有围堡的城墙范围，向周边扩展。围堡的土墙由于限制村落扩张，加之土墙可为村民提供建筑材料，遂逐渐被拆除。村民迁出围堡后，小自然村基本在原有村址处得以恢复。

## （四）村落扩张

中华人民共和国成立后，随着人口的不断增加，由于北侧大青山和南侧110国道的限制，南北较为狭窄，村落格局逐步向东西两翼延伸，村内建筑数量和密度变大，村落之间的距离缩小，新建的建筑向周边空地延伸。改革开放后，致富的美岱召村民提高了对居住质量的需求，村民们纷纷新建、扩建或翻建房屋。在20世纪90年代初，美岱召外围建筑密集，形成环绕美岱召居民组团、美岱召东侧的沟门社和美岱召西侧的西营子三个居住组团（图5-1-9）。之后，建筑密度逐年增加，连接东西组团的后大路、前大路和商业街成为美召村的发展主轴线，新建的建筑沿着主道路东西向延伸，三个组团距离逐渐缩短，建筑相连。美岱召村由分散的组团形成了统一完整的聚落形态村落，村落空间呈现以美岱召为中心，由内向外围合，东西长，南北窄的沿山村落形态，其东西直距4公里，南北直距1.5公里。以美岱召为核心，城召外围的西营子、孟家营子、赵家、刘家、沟门社、南大社等组团于外围辐射分布，构成了如今内外围合的独特聚落形态（图5-1-10）。

## 三、村落格局特征

美岱召应教而生，美岱村庄也应召而兴，美岱召村的形成与发展与藏传佛教有深厚的历史渊源。阿拉坦汗修建"城寺合一"的福化城与寿灵寺，蒙汉居民逐渐在城寺外围定居，形成围合之势。这种独特的城寺合一、内外融合的格局是由于特殊的历史背景和宗教因素，在蒙古地域形成的独一无二的空间格局。这种空间格局的产生和发展，也反映了在内蒙古地域内，蒙古族的游牧文化、藏传佛教的宗教文化、汉族移民的农耕文化以及汉官式王城的封建统治文化等多元文化的碰撞与交融，是内蒙古传统聚落的一个典型缩影（图5-1-11）。

美岱召村的空间格局清晰，受到汉文化的影响，空间布局总体呈现平缓、连贯的效果，未有游牧民族散点布局特征。美岱召村的传统交通网络，是以商业街、后大路、前大路为主要的东西向交通干线，召西大道、召东大道和广场东西环路为主要的南北向交通干线。由于自然山体的阻挡，街巷多处至大青山山麓处截止，即形

图5-1-9 美岱召与围绕召庙的民居（来源：《草原佛声——蒙古地区黄教第一寺美岱召记》）

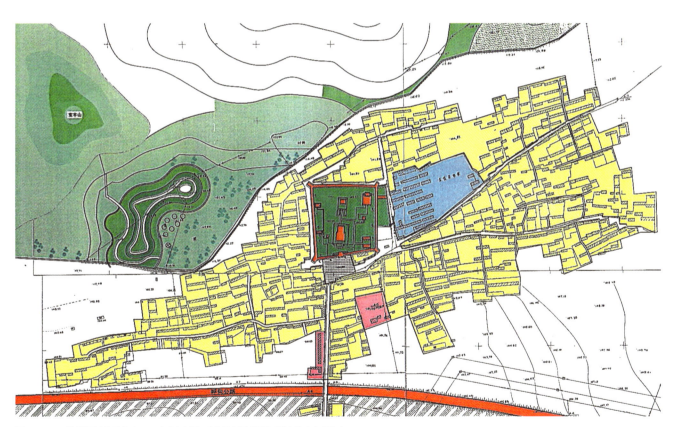

图5-1-10 美岱召村落形态（2003年）（来源：《土默川美岱召村形态演变初探》）

图5-1-11 美岱召聚落格局现状（来源：繁荣 绘制，根据谷歌地图现状进行描绘）

成多条断头路，巷子之间有部分小路相连。街巷的布置充分考虑与地形结合、宽窄不一，局部高低起伏、蜿蜒曲折、形式多样。沿东西向街巷两侧排布有临街商铺的商业空间，是传统聚落中历史悠久的商业街巷。美岱召村街巷也是村民重要的公共活动空间，同时承担着商贸、交通、居民交往、各种民俗文化活动场所等多种功能。

值得一提的是，在2003年之前，美岱召村的空间格局是召庙周围环绕着密集的传统民居，召庙前小广场形成了尺度适宜的公共空间，周边有一些商铺形成了商业空间。2005年的拆迁后，召庙周边民居和商铺被拆，新建的召前广场、博物馆等附属服务设施尺度很大，与召庙的空间尺度不协调，破坏了村落的总体格局（图5-1-12）。

## 四、村落构成要素

美岱召村的历史建筑有六处，包括美岱召、美岱召教堂、门楼城墙和历史民居等（图5-1-13）。坐落在村落中央的美岱召是村落最典型的标志建筑群，是一座城堡、寺庙和邸宅功能兼具的城召（图5-1-14）。美岱召宗教建筑群有古城墙（图5-1-15）、泰和门城楼

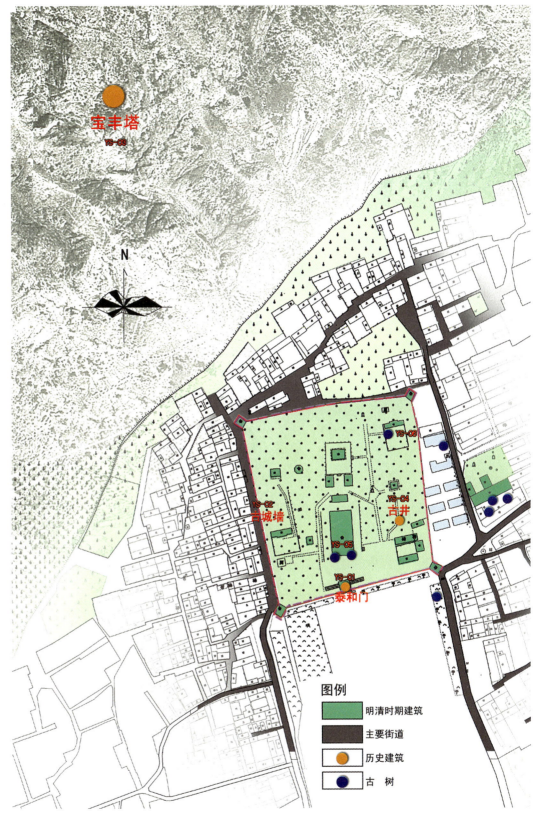

图5-1-13 美岱召历史建筑分布图（来源：《传统村落档案》）

图5-1-12 美岱召村落航拍（2019年）（宋洁、李昊 摄）

图5-1-14　美岱召平面航拍（来源：李昊　摄）

图5-1-15　美岱召城墙（来源：《传统村落档案》）

134

（图5-1-16）、大雄宝殿等。城墙外有东万佛殿，宝丰山上有宝丰塔（图5-1-17）。美岱召庙的东、西、北三面被村中民居所围绕。传统建筑民居基底完整，村内各街巷上都有历史院落分布，其中比较集中的有上百年历史的传统院落，主要分布在美岱召北侧。美岱召的历史院落与北方传统汉族民居略有差异，基本为简化版的四合院，由宅门、倒座、院落、厢房、正房等其中的几个部分组成。进入关外的汉人，在房屋建筑方面也不拘一格，许多的院落与建筑都根据生活的要求进行了调整，或者干脆摆脱传统民居建造的规矩和模式，发展出美岱召独特的风格。

美岱召村后的坟沟口西坡上存有藏传佛教敖包群，占地面积为1680平方米，中央为主敖包一座，直径为13米，高8.85米，四周建有12座小敖包，每座直径4.5米，高6.5米，敖包之间的场地为钢筋水泥广场（图5-1-18）。村北大青山余脉宝丰山上，有一座塔桥亭阁型的白塔，因建于宝丰山而得名宝丰塔。该塔直径3米，高4米，为八面墙覆钵式砖塔，塔外涂白色，故俗称"白塔"。村内分布古井古树，古井在庙内，阿勒坦汗时代之井，后为喇嘛继续使用。1985年筑亭，现水深8米，仍有矿泉甘凉清冽，保存良好。4颗古松位于召庙内大雄宝殿前，东万佛殿前，广场上，规模高约20米，直径粗约1米，明代建寺时所植，树龄400年，为本地区所罕见，西株为雄，东株为雌，听佛讲法，谓知听经松，保存良好。古柏位于达赖庙前，规模高约20米，直径粗约1米，明代原生，树龄接近500岁，郁郁葱葱，在本地区十分少见，此株近旁守望三世达赖、四世达赖等活佛，谓之望佛柏，保存良好（图5-1-19）。

美岱召村的民居都有大小不等的院落，基本模式为一进院落，部分院落为二进或三进，建筑结构多为砖木结构（图5-1-20）。东、西正街上开店的院落中，由于日常起居活动的空间部分让位给商业活动空间，因此商铺院落多为二进院或三进院。大户人家修建的院落之间则通常会共用厢房的侧墙，形成多进院落之间的并联布局，即俗称的兄弟院、父子院（图5-1-21~图5-1-24）。美岱召村的房前屋后多植桃树、杏树，院落中的空地上也多种果树、蔬菜、花草，民居院落掩映在绿色之中（图5-1-25）。

图5-1-16　泰和门（来源：《传统村落档案》）

图5-1-17　宝丰塔（来源：《传统村落档案》）

图5-1-18 美岱召村敖包（来源：《传统村落档案》）

（a）古树1　　　　　　　　　　　（b）古树2

（c）古井1　　　　　　　　　　　（d）古井2

图5-1-19 古树与古井（来源：《传统村落档案》）

图5-1-20 美岱召村传统民居风貌（来源：《传统村落档案》）

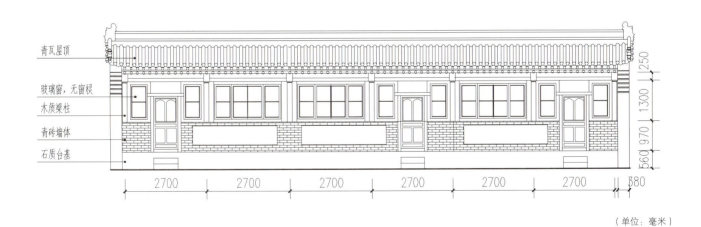

图5-1-21 美岱召村民居正立面图（来源：刘腾 测绘）

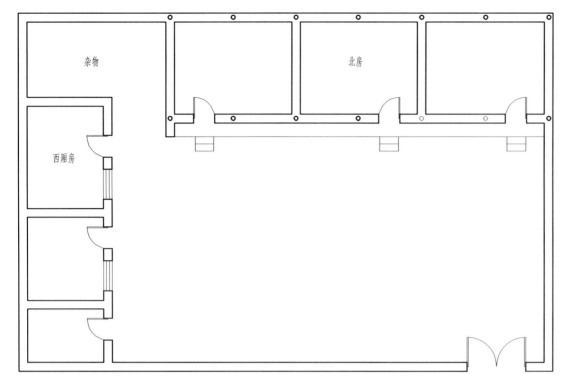

图5-1-22 美岱召村民居平面图（来源：刘腾 测绘）

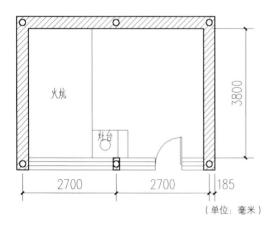

图5-1-23 美岱召村民居布局图（来源：刘腾 测绘）

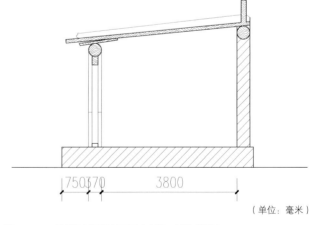

图5-1-24 美岱召村民居剖面图（来源：刘腾 测绘）

图5-1-25 美岱召村民居环境（来源：《传统村落档案》）

## 第二节 曼陀罗原型聚落——乌审召嘎查

### 一、村落历史背景

乌审召位于鄂尔多斯乌审旗北部，地处毛乌素沙漠腹部，地理坐标为北纬39°02′，东经109°05′，海拔在1360~1400米之间。乌审召是乌审召嘎查的核心，乌审召嘎查总面积420平方公里，总人口1297人，大部分居民为蒙古族，以牧业生产为生，日常交流以蒙语为主。由于地处沙漠，乌审召嘎查的自然地貌以风积地形为主，流动半流动沙丘占总面积的70%以上，呈梁滩沙丘相间分布状况，地形以沙地、滩地、梁地、巴拉地为主要特征，境内地表植被以沙蒿、沙柳、杨柴等耐碱性和耐旱植物为主（图5-2-1）。

乌审召庙始建于明朝万历年间，1577年在鄂尔多斯地区传教的西藏喇嘛囊苏格游至尚达河边宝日陶勒盖牧民宝音图家念经，并在尚达河边修建了寺庙，名叫上庙。据《乌审简史》①记载，明万历十三（1585年），第三世达赖喇嘛苏德那木扎木苏亲自来到今乌审旗河南乡伊克锡伯尔（大石砭）附近的红土界，会见胡图克台彻

---

① 查汉东，艾吉姆. 乌审简史[M]. 呼和浩特：阿儿含只文化有限责任公司，2006.

图5-2-1 乌审召嘎查航拍（来源：筑友设计院）

辰洪台吉等鄂尔多斯万户蒙古王公贵族，并在萨日乌素河南岸伊克锡伯尔修建一座庙，是乌审召的前身。胡图克台彻辰洪台吉是阿拉坦汗的肱股之臣，也是鄂尔多斯蒙部落中入藏受戒信奉藏传佛教的第一位贵族，他的入教对藏传佛教的传播有极大的促进作用。从此以后，藏传佛教逐渐在蒙古地区传播，各地纷纷修建召庙和迎接活佛。

1644年，清朝政府加强对蒙古人的统治，利用蒙古族藏传佛教的宗教信仰来控制蒙古人。据《内蒙古喇嘛教史》[①]记载，1652年，西藏藏传佛教最高领袖第五世达赖喇嘛受清世祖之请赴北京，清廷封他为"西天大喜自在佛所领天下释放普通瓦赤喇坦喇达赖喇嘛"，赐予金册、金印。达赖喇嘛的宗教首领地位得到清朝政府的推崇。在这样的政策推动下，蒙古各阶层民众中普遍信奉喇嘛教。清政府政策优待喇嘛，免除喇嘛参军和纳税等政策，还颁布政令，要求蒙古族的男性子嗣必须入寺为喇嘛。

清中叶以后，在清廷"以政护教""以教养政"的治蒙政策推动下，蒙古王公贵族修建寺庙达到高潮。康熙五十二年（1713年），乌审召建成，清朝政府赐匾。清朝乾隆五年（1740年），乌审旗第五任王爷热西斯仁出资修建了30多间二层的苏克庆都宫（主经堂），从西藏取回108卷"甘珠尔经"，又从布达拉宫请来了精通咒语的喇嘛来任庙主，改称"钦定甘珠尔寺"，藏语意为"德格庆达木楚格萨楞寺"。1764年，从塔尔寺带回大小不同的"召佛"像，供奉庙内，故俗称乌审召。1777年和1821年分别修建了萨尼德寺（宗教哲学院）和东克尔寺（数学、天文、艺术、历法学院）。1942年根据九世班禅的圣谕，乌审旗末代王爷特古斯阿木古郎修建了扎荣嘎沙尔塔。清朝末年，在乌审旗衙门有登记的寺庙有18座庙。民国年间，优待喇嘛政策条例使得乌审旗蒙古族中有三分之二的男子选择出家当喇嘛，喇嘛数量剧增，宗教繁荣发展。在清廷推崇宗教政策的影响下，在历代乌审王爷和施主的资助下，至民国31年（1942年）乌审召地区修建大小24座寺庙和203座佛塔，乌审召及其周边寺庙群形成了宏大的寺庙系统（图5-2-2）。

1950年以后，认真落实党的"宗教信仰自由"政

---

① 德勒格. 内蒙古喇嘛教史［M］. 呼和浩特：内蒙古人民出版社，1998.

图5-2-2 乌审召历史图（来源：《内蒙古古建筑》）

策，多次召开喇嘛座谈会，对宗教界人士进行有步骤地开展社会主义教育和改造，多数喇嘛还俗，积极参加了重建建设工作。在"文化大革命"时期，乌审旗大部分寺庙被破坏，喇嘛被迫还俗，宗教遭受较大的破坏。1979年开始，落实民族宗教政策。1984年6月4日，中共乌审旗委作出决定恢复乌审召庙、海流图庙，定于宗教活动点。1985年落实党的宗教政策后，由政府拨出专款，乌审召修复上庙经堂一座。2001年投资75万元，重建扎荣嘎沙尔，现有196名喇嘛，且定期举行经会。

## 二、村落形态演变

### （一）乌审召与召庙群

乌审召庙在明清时期处于不断扩建与增建的历史演进过程。乌审召庙始建于明朝万历年间，1713年扩建后清朝政府赐匾，1740年修建了三十多间二层的苏克庆都宫，1777年和1821年分别修建了萨尼德寺和东克尔寺。不断的扩建与增建过程形成了以乌审召为核心，建筑面积达4300多平方米的宏大寺庙系统，共有吉祥天母殿、大经堂、扎荣嘎沙尔等殿宇24座，活佛住仓21间，主塔3座，附塔108座，另有分布于寺院四周的僧舍数百间，是格局迥然、色彩独特的汉藏式宗教建筑群。

乌审召寺庙建筑群平面呈不规则矩形，布局严谨。寺院入口山门是吉祥天母殿，东西两侧为僧舍和管理用房。沿着吉祥天母殿主轴线坐落的是大经堂（藏译为苏克庆都宫），也是乌审召庙举行综合性法事活动的重要宫殿。寺院的主体以德格都苏莫殿为中心，以度母殿和长寿三尊殿的院落空间东西围合，南侧有祭祀的苏力德和钟鼓楼，北侧是历史遗存的大白塔。德格都苏莫殿的西侧还有独具特色的"扎荣嘎沙尔塔"以及玛哈嘎拉护法殿和藏经阁，塔前的开敞空间是宗教法会活动的重要场所。寺院的东面是单独院落空间的活佛府，是召庙活佛日常起居的地方。召庙塔院的外围有召庙斋堂、道喇嘛府，以及哈拉苏乐德殿、龙王庙、宗喀巴佛像和释迦牟尼佛像等，围绕主寺院呈分散布局，还有大片林地和草场等庙产分布（图5-2-3）。

### （二）喇嘛塙与曼陀罗聚落

当时的乌审召作为乌审旗地区最大的召庙，具有重要的宗教地位，掌管乌审旗境内的其他18座属庙的政教事务。每到重要法会，各属庙的大喇嘛和本庙管理层喇嘛都会云集于此，在各自的喇嘛塙居住。喇嘛塙，即各属庙在乌审召设置的常住办事机构。喇嘛塙围绕着乌审召分布，由于受宗教思想影响，布局呈现曼陀罗原型，逐渐形成18个风格不同的喇嘛塙。由于这种独特的政教管理制度，以及历代王爷和施主的资助，乌审召

图5-2-3 乌审召历史图（来源：薛剑 摄）

周围逐渐修筑建成了209座佛塔和24座小庙的宏大建筑群。围绕着乌审召与喇嘛墕的喇嘛聚落也慢慢形成和发展，据《乌审简史》[①]记载，乌审召在发展鼎盛的时期曾拥有1000多名喇嘛。

由于乌审召是宗教的礼仪中心，也是神圣的神域空间，故形制各异的18个喇嘛墕以寺庙佛殿为中心，直径3公里的转经道范围内，自由分散布局，而普通喇嘛住所又分布在其归属的喇嘛墕周围，等级分明，序列清晰，对称布局，形成与藏传佛教曼陀罗原型相似的多层次喇嘛聚落。此时的喇嘛聚落以外围转经道为界，以寺庙、佛塔、喇嘛墕和蒙古包为空间组成，以宗教教义选址，围绕寺庙院落、转经塔分散布局。空间明确的转经道不仅具有宗教转经修行的功能，还是庙产划分的边界，以乌审召为中心的曼陀罗原型聚落形态初现雏形[②]。

乌审召周围设置的三层圆形转经道，用于限定世俗生活圈及宗教神圣场域的分界。在"文化大革命"之前，乌审召周围是完全的宗教神域场所。当时的乌审召嘎查，以乌审召为核心，以外围转经道为界，以曼陀罗分布的佛塔和蒙古包为特色（图5-2-4），聚落空间也充分体现了宗教曼陀罗的序列分明，空间分布围绕着寺庙院落、转经转佛塔、自然环境等领域展开。活动节点是散落的院落空间和古树围合的天然广场，整个聚落形态是典型的曼陀罗宗教式布局，是当时政教合一社会形态下，宗教场所发展和构成的历史见证和真实反映。

由于乌审召的宗教辐射影响力，吸引了大批蒙古族信众在召庙群周围定居，聚落规模扩张。清朝年间，清朝政府在建立了盟旗制度后，对游牧区域进行了限定，只允许蒙古牧民在各旗的范围内游牧，不准越境放牧，使蒙古族游牧范围大幅度地减小。同时，由于大批汉族移民的迁入，受到当地汉族先进农业的影响，蒙古族的生产方式开始发生变化，由最初的游牧模式逐渐过渡到半农半牧的模式，放牧也转为定牧。清末民国，

---

[①] 查汉东，艾吉姆. 乌审简史[M]. 呼和浩特：阿儿含只文化有限责任公司，2006.
[②] 王金凤. 以价值为核心的内蒙古乌审召聚落保护发展策略初探[D]. 呼和浩特：内蒙古工业大学，2018.

扩展。世俗的介入，依然是围绕寺庙为中心展开，呈宗教式布局，只是由于宗教地位的下降、社会生活方式的改变，寺庙的绝对核心地位受到影响。

村民的自主建造过程中，逐渐形成以乌审召东侧的道路为贯穿村落的南北向主干道，在主干道两侧、东西方向逐渐延伸出更小的街巷分布形成自然的街巷体系。街道形态以南北向主干道为主轴，东西两侧延伸，整体形态呈鱼骨状，村落形态也沿着道路形态发展，逐渐演变为鱼骨状的聚落结构（图5-2-5）。聚落形态由曼陀罗式的放射状布局演变为南北延伸的鱼骨状布局。

## 三、村落格局特征

乌审召嘎查的形成和发展是宗教文化与蒙古民族文化融合的产物。由于乌审召的兴建，乌审召及其周边寺庙群陆续建成了宏大的寺庙建筑群，逐渐修建形成18个风格不同的喇嘛塙。喇嘛塙围绕乌审召庙，按宗教曼陀罗布局分布，形成与寺庙曼陀罗原型相似的、多层次序列边界分明的喇嘛聚落。此后，蒙古族信众定居，汉族移民增多，喇嘛被迫还俗，聚落的规模虽一步步扩张，但以寺庙转经道为神圣宗教边界未有突破，聚落分布与发展受宗教文化影响非常明显。

乌审召嘎查的空间格局，无论从传统聚落到现代聚落，其格局变化一直体现着宗教的无形控制力。虽然聚落形态的宗教特征逐渐减少，但乌审召作为整个聚落的核心地位却未曾改变。从乌审召庙建筑群，到曼陀罗的宗教喇嘛聚落，再到蒙汉僧俗聚落，都是以乌审召庙为中心布局，体现了宗教在聚落影响和发展中的核心作用。

村落以乌审召为中心（图5-2-6），整体布局呈现东西两部分，道路东侧以居民生活为主，现大部分危旧民居也已被拆毁，道路西侧以召庙等历史建筑为主体。乌审召嘎查的核心历史区域是在围绕乌审召形成的喇嘛居住的聚落空间。随着时代的变迁和历史原因，

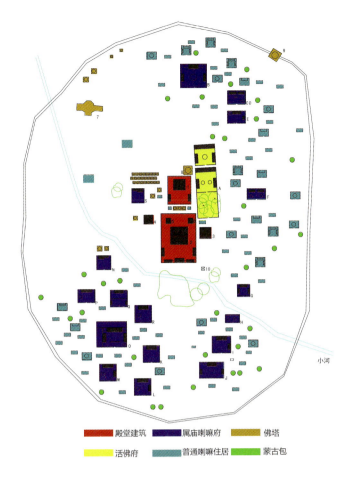

图5-2-4　乌审召与曼陀罗喇嘛聚落（来源：王金凤 绘）

蒙汉移民增多，人口规模增大。乌审召以外围的转经道，是宗教神域空间的分界，不仅具有宗教转经修行的功能，也是地方庙产划分的地界，神圣不可侵犯。定居的蒙古族在宗教文化的影响下，在转经道外围遵循曼陀罗的形态分布。之后，汉族移民移居乌审召地区，居蒙地、随蒙俗，汉族移民的民居也受到宗教影响，按曼陀罗对称布局围绕乌审召分布。

### （三）"文化大革命"后的村落形态演变

"文化大革命"时期，宗教文化遭到破坏，宗教的影响力下降。当宗教势弱时，宗教边界被打破，外围世俗迅速突破了转经道的神域分界，延伸至乌审召的界域内，填充空地进行民居建设，并依照自身生长模式自由

图5-2-5　乌审召嘎查曼陀罗形态（来源：王金凤 绘）

乌审召虽修复殿堂、恢复法会，但其核心历史环境的宗教氛围已经发生了很大改变，世俗生活的介入让召庙的宗教地位有所下降。聚落的现有历史建筑历史遗存，德格都苏莫、古树古井，以及寺庙周边的喇嘛民居保存较好。召庙外围形成的转经道是寺庙宗教活动举办的重要宗教场所，也是由世俗生活进入寺庙神圣界域的分界。乌审召入口和古榆树围合的广场空间，是重要的空间节点，广场东侧由道路连接到南北向主干道。村落内部交通以南北向的街道组织，定期举办法会期间会聚集大量人群，沿街道两旁进行交易买卖，是重要的公共活动空间。村落东西两侧形成鱼骨状道路结构系统，新建移民区规划道路。民居建筑依据民众世俗生活的需求，沿着道路两侧分散布局。传统的喇嘛住居、20世纪六七十年代的砖瓦房、八九十年代的红砖，以及蒙古地区特有的蒙古包和圆芦子等民居建筑的风貌较统一。

## 四、村落构成要素

乌审召嘎查最重要的宗教建筑是乌审召庙，是内蒙古鄂尔多斯地区四大召庙之一。召庙内的大经堂（藏译为苏克庆都宫）（图5-2-7），德格都苏莫重建于1872年。此建筑为两层，底层面阔五间，上层三间，底层中间三间出抱厦，下檐顶呈大四柱式。二层三间装满隔扇，隔扇花饰各不相同，极其精美，屋顶为歇山式翘角顶。室内北墙上从西向东依次供奉宗喀巴大师、如来佛、白财神金刚，东西墙上绘有彩画，中间一间上下通高，于是二层空间呈回廊式。

喇嘛聚落盛期的殿宇除德格都苏莫以外，均已不复存在，其信息也只能大致从有限的资料中得到。当时乌审召主要殿宇还有弥勒殿、大雄宝殿（图5-2-8）、闻思学院、时轮学院、药王殿等殿堂建筑。弥勒殿平面五间，前出柱厦之间为前廊式单檐与正殿殿顶坡度相连，中间为大门，两端为槛墙槛窗，两稍间各为死墙。此殿二层亦做三单，单檐抱厦顶。

乌审召的另一大特点是它规模庞大的塔群，盛期有203座。在寺院的西侧形成了一个塔院，四周有矮墙，凡是墙上都做小喇嘛塔，塔肚大、脖细，成排制作。至于寺庙为什么会建造大量的喇嘛塔，现已不可考证。最重要的有扎荣嘎舒尔塔，大白塔和建在转经道上的塔三类。扎荣嘎舒尔塔：位于塔院的中心，塔身呈八角形，不做台基，前檐出抱厦又分为三间，塔身三层，周边为菱角牙子，在基座之上做塔婆，在塔婆肩上，各面做三个小佛龛，内供佛像，再上有小型方座。大白塔经多次

图5-2-6 乌审召嘎查以乌审召为核心（来源：乌审召镇政府网站）

图5-2-7 20世纪40年代的德格都苏莫照片（来源：张驭寰、林北钟《内蒙古古建筑》）

图5-2-8 大雄宝殿一角（来源：张驭寰、林北钟《内蒙古古建筑》）

整修但基本保持了原来的形制，据当地喇嘛介绍此塔内保存着乌审召一世活佛的舍利，因此其价值异常珍贵。在寺庙东北方向的转经道上有一座特别的塔，其具体形象已无法考证，据当地老喇嘛介绍，其上部塔身为喇嘛塔的形制，基座较高并留有洞口，转经道从洞口穿过[①]。

乌审召嘎查的民居演变是一个逐渐汉化的过程，体现了蒙古游牧文化、汉族农耕文化和藏传佛教宗教文化的交融共生。乌审召嘎查地区的蒙古族最初以蒙古包的游牧形式居住。清朝年间，盟旗制度确立，不准越境放牧，蒙古族游牧范围减小。同时，由于大批汉族移民的迁入，受到汉族农耕文化的影响，蒙古族的生产方式开始由游牧模式逐渐过渡到半农半牧的模式，放牧也转为定牧。生产方式形成后，以方便移动为特点的蒙古包逐渐被固定式圆形民居所取代。这种圆形的土质民居，俗称圆芦子（图5-2-9），是一种介于可移动的蒙古包和固定的汉式房屋之间的过渡形式。从土质的建筑材料，到院落栅栏围墙的增加，蒙古民居从固定式蒙古包向汉式房屋演进的过程中，受到汉族定居文化的影响。

据孙乐[②]研究，之后的乌审召嘎查民居，在形制上由蒙古族传统的圆形平面转变为矩形平面，在结构形式上由传统的整体性筒形结构转变为梁柱结构，屋盖也由传统的锥形屋盖转变为平顶屋面。蒙古民居传统的圆形平面可以看作是蒙古族传统观念的物化。定居之后的蒙古人对大自然的依赖减少，定牧跟农耕结合的生产方式已经逐渐减少了蒙古族的自然崇拜。原有的圆形空间，私密性不足，空间功能混乱。因此，蒙古族居民逐渐改用汉式的矩形平面划分出功能独立的房间。

据李娜[③]研究，乌审召嘎查的民居院落，借鉴中原汉地的布局多为三合院形式，只有一进院落，布局自由无轴线，但整体顺应召庙的走势；建筑单体组合上，多是正房两侧配以东西厢房的模式（图5-2-10）。蒙古族居民同时也保留了蒙古族固有的生活习惯，并把二者巧妙地融合，建筑上主要体现为：在院落中额外搭设蒙古包，以便夏天纳凉或安置放牧工具，至今还能在召庙周围的民居中观赏到这一独特的布局方式，有些仍在使用中，作为现代生活功能的辅助。

---

① 薛剑. 乌审召镇聚落空间形态的形成与演变[D]. 呼和浩特：内蒙古工业大学，2009：06.
② 孙乐，朴玉顺. 内蒙古乌审召地区传统民居调查与分析[J]. 沈阳建筑大学学报（社会科学版），2013（01）.
③ 李娜. 内蒙古乌审召镇喇嘛僧房形态分析[J]. 建筑与文化，2018（03）.

图5-2-9　圆芦子（来源：薛剑 摄）

图5-2-10　乌审召民居院落（来源：王金凤 摄）

# 第三节　双组团并列聚落——乌素图村

## 一、村落历史背景

乌素图村位于呼和浩特市回民区西北部的攸攸板镇，地理坐标为北纬40°49′，东经111°34′。村境总占地面积9平方公里，常住人口1360人，其中蒙古族约409人，占总人口的30%，属于典型的蒙古族聚居村。坐落村内西沟口的台地上是著名的呼和浩特"八小召"之一的乌素图召，村名也由此而来。乌素图，是蒙古语的音译，意为"有水的地方"。2017年3月乌素图村被评为"中国少数民族特色村寨"。

乌素图村背靠大青山，面临乌素图沟，山溪环绕，依山傍水，资源丰富，占地高爽，形成"枕山环水"的选址特征（图5-3-1）。村境周围水系资源丰富，村北有乌素图沟，村西有小黑河。乌素图沟发源于乌素图村北，乌素图召之东，沟深30公里，入沟15公里处，沟分3岔，南北走向，于马家店入武川。乌素图河发源于马家店北，在郊区章盖营村西入小黑河，全长34公里。建筑民居依山就势，与地形结合极为密切，地形由低到高，视野开阔。早年，召庙周边的农民耕种水田，在山脚田埂遍植杏、李、榆、柳作为副业，《归化城厅志》[1]中所载的呼和浩特市八景之一"杏坞番红"出自乌素图村。

据《土默特志》[2]记载，乌素图村境范围早在新石器时期就有人类足迹，村北侧的大青山有原始人留下的阴山岩画。在明代之前，这里是蒙古贵族的牧场，最初由蒙古族牧民在此居住。伊锡呢玛（乌素图召僧人）所撰写的《乌素图召沿革》[3]一文中称乌素图召第一座寺院是"法成广寿寺"，又称"察哈尔束木"（寺），创建于1567至1572年间（即明朝隆庆年间）。之后走西口晋陕移民逐渐移居乌素图村，将原产杏树栽种村内，

---

[1]（清）刘鸿逵. 归化城厅志［M］. 北京：中央民族大学出版社，2010.
[2] 土默特左旗《土默特志》编纂委员会. 土默特志［M］. 呼和浩特：内蒙古人民出版社，1997.
[3] 土默特左旗《土默特志》编纂委员会. 土默特史料 第15辑［M］. 1982.

图5-3-1 乌素图村选址依山就势(来源:孙冠臻 摄)

明朝万历年间逐渐形成村落规模。到了清朝时期，《归绥县志》[①]中明确记载着乌素图村的起源，"在城西北谷深四十里，麓多文杏。沿谷溪流若盘肠，村落界西而居，溪东为东乌素图，西为西乌素图"。

## 二、村落形态演变

### （一）乌素图召与召庙组团

藏传佛教明末清初传入内蒙古中部地区，当时蒙古领袖阿拉坦汗，信仰藏传佛教的格鲁派，并建起了有"召城"之称的呼和浩特。从明至清，阿拉坦汗等蒙古贵族统治者，围绕呼和浩特大肆兴建召庙，形成了数量规模巨大的众多寺庙，于是呼和浩特便成了蒙古地区的藏传佛教宗教中心。乌素图召自明朝开始兴建，于清时发展为由七座院落构成的寺院群落。乌素图召，即"召城"中的八小召之一（图5-3-2）。

乌素图召在形制、等级、体量上形成以庆缘寺为主，但各个寺院内部为独立运营体系，尤其是在经济上，各个寺庙在庙产收入上成为自给自足的独立单位。由于每个寺庙所供的佛不一样，因此各个寺庙内部每日的宗教仪式都不一样，仅在大型的法事活动时，寺院之间才会联合起来共同举办活动，进行分工。由于蒙古族信众的聚集与牧场管理需要，这里吸引蒙古族群众开始围绕寺庙进行驻扎生活，逐渐发展成以寺庙为中心的聚落组团。

在清代，乌素图召有香火地600顷（十二犋牛营子400顷，崞县营子200顷），资产丰厚，不论是在呼和浩特市城内还是在黄河一带沿岸，都拥有较多的土地租赁，土地租赁所得到的收益足以满足成千上万位喇嘛们的日常花销。仅庆缘寺就拥有13平方公里面积的耕地、几千头牲畜，它们每年可以收到租粮一千几百石，油几千斤。法禧寺在四子王旗还有一块约750顷的牧场（在乌兰花东北20公里处）和大量牲畜。这种各个寺庙拥有独自收入的经济模式，有效地减缓了召庙的经济压力。至清中期，大青山南麓陆续新建多座召庙，形成一条东西走向的召庙带。

乌素图召是由四座院中院的寺院组成，每座寺院都是前庙后舍，占地约35.5亩，总建筑面积达380平方米，由明清两代扩建后形成（图5-3-3）。四座寺院基本以汉式纵轴式院落布局分布，以庆缘寺为主寺，长寿寺在其东，罗汉寺在其北，法禧寺是在罗汉寺的东侧。四座寺庙都依山就势，相互毗邻，形成两条明显的

图5-3-2 乌素图召历史照片（来源：内蒙古自治区文化厅官网）

---

① 郑裕孚. 归绥县志[M]. 台湾：成文出版社，1968.

图5-9-3 乌柴图召平面航拍

轴线，对称稳重。虽平面布置较为工整，但由于地势高低错落，实际的建筑空间丰富多变，院落空间较有层次。轴线上各进院落借助建筑造型、院落空间以及附属建筑的不同变化，呈现了起承转合、前后呼应的建筑空间和建筑艺术。乌素图召寺庙群是蒙古族地区藏传佛教寺庙群特殊形式，具有重要的历史意义和建筑艺术价值。

### （二）蒙汉定居与居民组团

乌素图召及周边寺庙带的宗教影响力，吸引蒙古族群众开始围绕寺庙驻扎生活，逐渐发展成以寺庙为中心的民居组团。清朝时期，汉族移民来此谋生，租赁寺庙香火地进行耕种，他们自西侧山坡开始挖窑建房定居。当村落向东扩展至乌素图沟附近耕地后，村落整体开始呈南北走向发展。据额尔德木图研究，乌素图召与乌素图谷之间在汉族移民迁来之前曾无聚合式居民点。牧民的营地多位居山南平原上。乾隆年间开始，口内（杀虎口）汉民向口外迁移，晋陕地区的汉族移民来此谋生，村民开始租种乌素图召与土默特旗民的耕地，农闲期间到城中务工，往返于归化城与西村之间，为节约耕地，以及节约建造成本，他们自西村中区山坡开始挖窑建房定居。当村落向东扩展至乌素图沟附近耕地后，随着人口增多，开始下移建房，村落的汉族组团再向南、北两方向带状发展（图5-3-4）。

### （三）双组团并列与扩张

在中华人民共和国成立前，乌素图召与乌素图村于空间上仍呈分离状态。"文化大革命"时期，乌素图召内的僧人被迫还俗，寺院变成村内公用场所，还俗的僧人退于村子里定居。该期间村落与召庙之间建起一排房舍，形态上完成了统一。20世纪90年代，村民大量新建砖瓦房，村子整体肌理开始变样。最早期的中西部定居点由于密度较大而保持了大面积的稳定形态，整个村子向东南和西北方向延伸，同时村内空地逐渐被填补。随着人口增加，村落继续顺着山体走向朝北面乌素图沟方向发展，呈西南向东北延伸的条状分布，逐渐形成了今天的村落形态（图5-3-5）。

图5-3-4　乌素图村居民组团（来源：根据《乌素图艺术区营造规划》改绘　刘玮　绘）

图5-3-5　乌素图村居民组团扩张（来源：根据《乌素图艺术区营造规划》改绘　刘玮　绘）

## 三、村落格局特征

由于乌素图召的兴建，宗教的辐射影响力使得蒙汉移民以寺庙为依托，以东西向的山坡地形为发展方向聚居，而乌素图召庙一直与蒙汉的聚居区保持一定的空间距离，形成乌素图召和乌素图村呈两个组团分离的形式，即寺庙组团与移民组团并列的村落格局特征。随着宗教影响力的下降、汉族移民规模的增加，寺庙组团发展逐渐收缩，蒙汉移民组团不断扩张，双组团格局的平衡格局被打破。目前，寺庙的组团规模已经稳定，移民的组团还在扩张，移民组团的规模已远远超越了寺庙组团，移民组团沿山谷地势形成了独立的东西两个移民村。乌素图村成为内蒙古地区、在宗教文化影响下形成的蒙汉族聚居组团和宗教寺庙组团并行的典型聚落（图5-3-6、图5-3-7）。

位于村落西侧的乌素图召是乌素图村的主体宗教建筑，与村落有约百米的距离，是寺庙宗教活动举办的重要场所。除乌素图召庙宗教建筑群以外，村落内还分布民居建筑和沿街道分布的饭店和商店等商业建筑。村落南侧的京藏高速是连通乌素图村的交通主干道，由新建的绿带生态路接入村内的交通。村落内部交通以南北向的街道组织延伸，多为小径土路及断头路。沿村内街道两旁有商铺，商铺门前的街道空间也是重要的公共活动空间。

## 四、村落构成要素

乌素图召属于藏传佛教寺庙中汉藏结合式的建筑风格，是非藏区寺庙的典型代表。乌素图召的建筑类型主要有四大类，即各寺的主殿、天王殿（山门）、活佛府及僧舍，此外还有佛塔、敖包、旗杆等类型。庆缘寺大雄宝殿（图5-3-8），其功能在于安放主供佛、供喇嘛集体诵经、举行全寺性的宗教法事，既是礼佛空间，又是习经的学堂，是乌素图召的功能核心。乌素图召在清雍正三年（1725年）曾于后山建琉璃宝塔一座，可惜在"文化大革命"时期被毁，后重建，命名为和平吉祥千佛塔（图5-3-9）。塔身高大洁白，左右各立石碑，用蒙汉文字刻记塔的详细信息，塔高13.33米，基座193.33平方米，占地3600平方米。

乌素图村现有六棵古树（图5-3-10），都分布于乌素图召内，为古松、古柏、古榆树、古槐树，以及较为罕见的古菩提实蚕桑，对乌素图村的宗教氛围营造起到较佳效果。乌素图村后保留有战国时期遗留下来的赵国长城遗迹，位置是乌素图召后北侧的山坡上。

乌素图村的民居院落同样具有土默川地区简化四合院的布局特征，由宅门、倒座、院落、厢房、正房等几个部分组成（图5-3-11～图5-3-13）。乌素图村民居建筑主体结构以砖石、土坯为主，少部分有石材、木材和混凝土等材料，面饰材料以裸砖和土坯为主，少部分有瓷砖、涂料和黏土等材料（图5-3-14）。据尚大为[①]研究，乌素图村民居早期的砖木结构住宅为一户一间，互不贯通，在同一空间内包含就寝、就餐、待客等功能（图5-3-15），间数的增加主要取决于家庭人数的增加。20世纪六七十年代，原有空间模式不能满足现代生活的需求，加之年轻居民重视个人私密性，民居的开间和进深尺度均有一定的增加，客厅的功能分离出来，卧室也越来越私密（图5-3-16～图5-3-18）。

---

① 尚大为，托亚. 呼和浩特居住形态演变研究——以乌素图村为例[C]. 中国民族建筑研究会第二十一届学术年会论文特辑，2018（11）.

图5-3-6 乌素图村航拍(2019年)(来源:孙冠臻 摄)

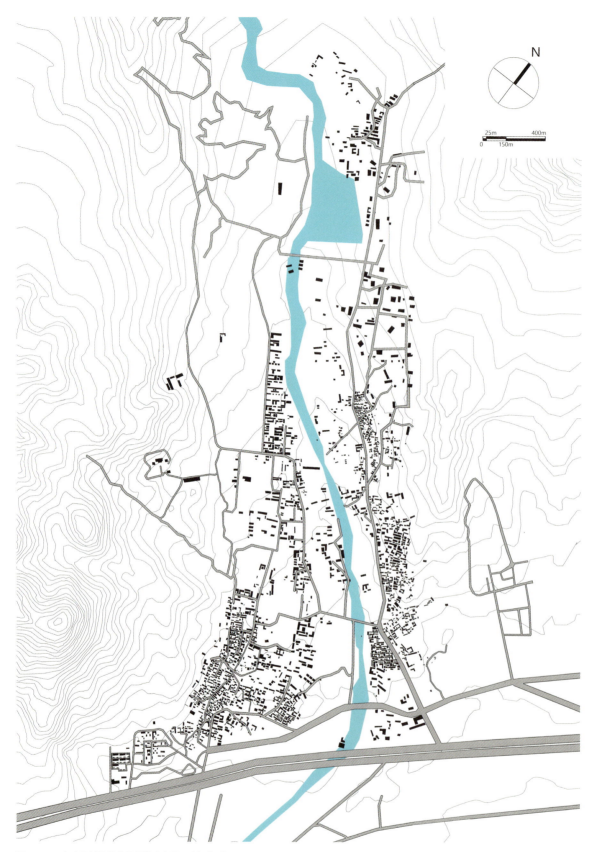

图5-3-7 乌素图村聚落格局现状（来源：张妤静 绘）

图5-3-8 乌素图召庆缘寺（来源：内蒙古工业大学地域建筑研究所）

图5-3-9 乌素图召白塔（来源：王子华 摄）

（a）庆缘寺西厢房南侧
180年榆树

（b）庆缘寺东厢房北侧
180年松树

（c）长寿寺三进院东耳房前
210年松树

（d）长寿寺三进院西耳房前
210年柏树

（e）法禧寺山门前西侧
280年古槐

（f）法禧寺二进院正中
400多年蚕桑（菩提）

图5-3-10　乌素图村古树（来源：王子华　摄）

图5-3-11 乌素图村传统民居（来源：干子华 摄）

图5-3-13 乌素图村传统民居（来源：孙冠臻 摄）

图5-3-12 乌素图村传统民居院落（来源：孙冠臻 摄）

图5-3-14 乌素图村传统民居土石围墙（来源：孙冠臻 摄）

图5-3-15 乌素图村传统民居布局（来源：孙冠臻 摄）

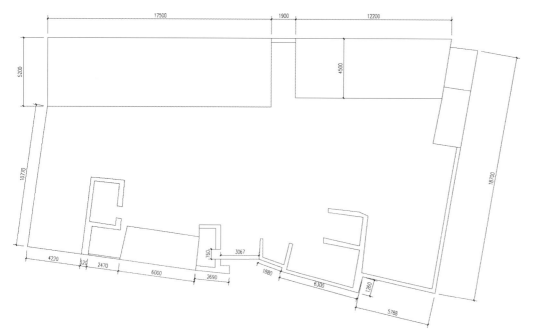

图5-3-16 乌素图村院落平面图(来源:骆丹 测绘)

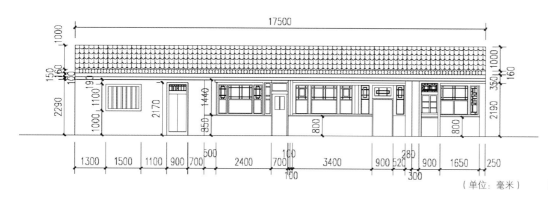

图5-3-17 村民居正立面图
(单位:毫米)
(来源:骆丹 测绘)

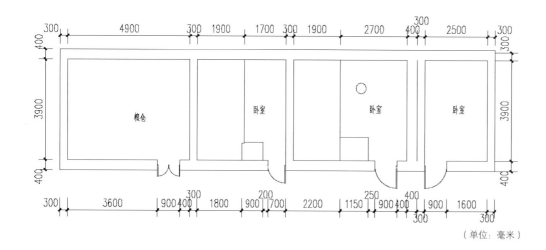

图5-3-18 村民居布局图(来源:骆丹 测绘)

(单位:毫米)

## 第四节　三组团围合型聚落——鄂门高勒嘎查

### 一、村落历史背景

阿拉善地区地处内蒙古西北边陲，位于黄河河套之西，古有西套蒙古之称。其东倚贺兰山，居龙首山之北，西邻新疆及额济纳旗，东南与河西走廊接壤，北部可直达蒙古国三音诺颜部。阿拉善地区属温带荒漠干旱区，为典型的大陆型气候，干旱、少雨、日照强烈是该地的主要气候特征。阿拉善境内湖泊河流甚多，腾格里、巴丹吉林、乌兰布和三大沙漠相接，并坐拥八处盐池，天然盐碱储量尤为丰盛。为避准噶尔战乱，蒙古四卫拉特中的和硕特部由天山迁至阿拉善地区并游牧于此。清中期统治阶级拟定盟旗制度，实行分而治之，故置"阿拉善和硕特旗"编佐领，设定远营为首府。由于地处交通要冲，加之北方游牧民族文化的迁徙性与包容性，使阿拉善地区成为沟通内地以及东西方文化、政治、经济交流的重要交通枢纽，并在境内形成了纵横交错的沙漠丝路，便利的交通条件则为阿拉善地区的藏传佛教文化与移民文化的传播提供了有效的渠道，催生了一系列宗教文化引导下的传统聚落。

与内蒙古其他地区的传统聚落不同的是，阿拉善地区的传统聚落经历了300余年的漫长演变历史，不同阶段反映出了整个阿拉善地区自明清到解放完整的社会演变历程，不仅受到了宗教文化的影响，还受到了商贸文化、移民文化的共同影响。以昭化寺为核心的鄂门高勒嘎查即为该类传统聚落的典型代表之一。

阿拉善地区的早期商贸文化十分发达，因此形成了纵横交错的丝绸之路，同时也为阿拉善地区的藏传佛教寺庙的选址提供了基础。自汉代以来，内地与西域之间交通的发展、两地贸易往来日益密切与频繁，阿拉善地区出现了一条作为"中西交通之孔道"的"丝绸之路"，联系着绥远与新疆两地之间的贸易活动，其北路蜿蜒于阿拉善地区境内[1]，即绥新驼道。清初，清政府与沙皇政府相继签订《尼布楚条约》与《恰克图条约》，有力地推动了中俄贸易关系，极大地促进了阿拉善地区的商业发展，由此开辟出固定的旅蒙商驼路，构成了阿拉善草原与河西走廊互相联系的纽带[2]。清初，统治者大力推崇并发展藏传佛教，大肆兴建喇嘛寺庙。阿拉善地区沙漠丝路的发展则为藏传佛教的传播提供了有效渠道。由于沙漠丝路的节点多处于自然环境优渥之地，可为人们提供人畜饮用的水井、牧场以及天然的河流、隘口等，因此蒙古喀尔喀人、西藏喇嘛顺沿丝路前来阿拉善地区弘扬藏传佛教，并在沙漠丝路节点拜佛建庙达35座之多[3]。

由于藏传佛教文化的强烈影响下，藏传佛教寺庙便成了牧民的聚集之地。早期阿拉善境内人烟稀少。因境内无树，木料匮乏，牧民早期的主要生活方式以游牧为主，牧民们"或一二或二三散居，时常携带毡房，寻觅水草牧放牲畜，不能永居一处[4]。"民国年间，灾荒频发，民勤县移民迎来第一波高潮。汉人于牧区替蒙人放牧盖房，牧民逐渐转为牧区定居放牧。藏传佛教寺庙在长期

---

[1] 阿拉善盟政协文史资料委员会. 阿拉善往事 阿拉善盟文史资料选辑 甲编 上 [M]. 银川：宁夏人民出版社，2007：432.
[2] 阿拉善盟政协文史资料委员会. 阿拉善往事 阿拉善盟文史资料选辑 甲编 上 [M]. 银川：宁夏人民出版社，2007.
[3] 根据阿拉善盟政协文史资料委员会. 阿拉善往事 阿拉善盟文史资料选辑 甲编 上 [M]. 银川：宁夏人民出版社，2007：474.其中记载：以定库、达库线路最为显著，如宗乘寺（阿贵庙）为喀尔喀米尔根王旗查汗乌拉庙喇嘛与哈如乃所建。清光绪三十二年（1906年），达来由库伦启程，沿驼道一路以朝佛拜寺，讲经说法的形式进行，且杂渊寺与甘丹格吉林寺、甘丹才培林寺均在达赖南归的达库西道上。
[4] 阿拉善左旗档案馆馆藏档案：101-9-19，324页。

发展中，承担了盐运转运点、商贸聚集点、教育中心、宗教活动中心等多种社会功能。正是由于寺庙复杂的功能性，吸引了大量中原汉地的移民以及蒙古牧民前往寺庙附近并逐渐定居。1949年后，由于"政社一体"制度的推行，大量公社置入，占用部分宗教建筑以作为办公场所，形成了以寺庙和公社为核心的蒙汉杂居聚落格局。

改革开放后，阿拉善进行了两次生态移民。这一阶段的汉族移民为阿拉善传统聚落提供了更加庞大的居住主体，聚落不断地发展，且规模不断扩张。加之蒙民对教育的重要性有了更深层面的认识，蒙校与汉校分立，蒙古族牧民逐渐由原来蒙汉杂居的居住状态独立出来，形成了独立的蒙古族聚居组团。一方面是为了能够获得更多的、更自由的居住空间，另一方面是为了能更好地解决孩子的教育问题。

## 二、村落形态演变

鄂门高勒嘎查为今朝格图呼热苏木政府驻地，旧称头道湖。自清初以来，鄂门高勒嘎查就位于多条丝路的交点。在藏传佛教文化的主导作用下，昭化寺在此建立（图5-4-1）。清嘉庆二十年（1815年），阿拉善旗第五任旗王玛哈巴拉改变原行政区划，实行巴格与苏木建制。1959年前鄂门高勒嘎查属豪依尔呼都格巴格所辖。村落位于阿拉善地区南部，地处腾格里沙漠东缘与贺兰山西侧之间的李井滩区，地下水源丰富。东部北邻查汗布鲁克盐池，西面紧靠头道湖，湖内有一以昭化寺命名的盐池。村落中蒙古族汉族各占一半，汉人均来自于甘肃民勤县。

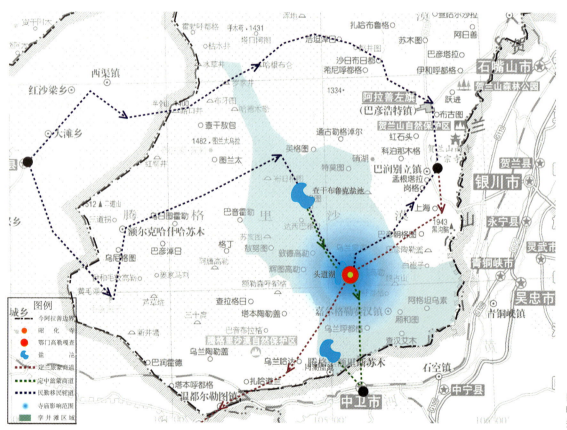

图5-4-1 鄂门高勒嘎查选址（来源：朱秀莉 绘）

## （一）村落初生期：因寺而生（1739~1949年）

在阿拉善境内，因地处沙漠腹地，放牧对水源需求较高，常为"哪里有水，哪里去人"。鄂门高勒嘎查西靠头道湖，水资源与盐产丰富，为饲草料与牧场所在地[①]。早在辽代，头道湖旁便有一供奉三怙主的小庙[②]，清初阿拉善建旗后，当地游牧的永谢布部[③]在此进行着简单的宗教活动[④]。受地理环境与当地宗教文化的影响，以头道湖为中心的区域往来活动频繁。康熙五十五年（1716年），六世达赖喇嘛仓央嘉措自西藏沿途弘法于头道湖，请命王爷在此修建寺庙。清乾隆四年，原小庙基础上增建了主要庙宇与僧房，后赐名"昭化寺"。寺庙的建设进一步加强了头道湖与外界的宗教与商贸联系，成为头道湖宗教聚落形成的原点。

清朝时期，阿拉善地区的土地归王公贵族所有，寺庙的土地多由王公贵族及所有地的官吏献纳[⑤]。1757年，昭化寺迁至南寺为其属庙，坐拥814亩出租土地[⑥]。相较之下，寺庙的地租较轻，牧民则以昭化寺为中心零星分布，约10~30里地为一个聚居点，每个聚居点约2~4户人家，并租赁其所辖土地进行放牧或耕作[⑦]。此外，头道湖地处李井滩且位于交通要冲，早期少许汉民顺应驼道至头道湖周围进行驮运盐产、经商等活动。民国年间灾荒频发，民勤县移民达到第一波高潮，头道湖地区的生产力骤然增加，牧民定居并采取定居放牧的牧放形式。沙漠丝路的发展使得寺庙与牧民、商人的关系日趋紧密[⑧]。至民国36年（1947年），形成了以昭化寺为中心，圈层辐射牧民聚居点及商号的曼陀罗宗教聚落（图5-4-2）。

## （二）村落发展期：围寺而居（1949年~20世纪80年代）

阿拉善旗解放以后，内蒙古地区全面实行社会主义改造，重新审视了宗教与政权之间的关系，并在土地、教育方面进行制度革新，实现人民公社化以提高社会经济水平，藏传佛教的发展日渐衰微并进入低谷期，村落在该阶段快速发展。为稳定蒙古地区的政治局势，解决宗教与政权之间的矛盾，于1947年提出实行信教自由与政教分立，打破原有"政教合一"的政治格局[⑨]。与此同时，采取在寺庙附近创办喇嘛文化学校以取代传统寺庙教育的政策[⑩][⑪]，以振兴蒙古地区的教育发展，且"废除一切封建阶级及寺院占有的土地所有权"[⑫]，没收寺庙所占有的一切土地。故以昭化寺聚落为中心向外拓展，于2公里附近的滩地成立蒙古学校并成为头道湖地区的教育中心，教育的发展使周边牧民以寺庙为中心进一步向内集聚。

1956~1958年，寺庙及喇嘛进行了经济改造并成立人民公社，甘肃民勤人流入达到鼎盛。由于社会生产力低下，昭化寺大量僧房则为公社提供了良好的办公场

---

[①] 阿拉善左旗地方志编纂委员会. 阿拉善左旗志[M]. 呼和浩特：内蒙古教育出版社，2000：158.
[②] 该庙由那木开巴拉为首的几名僧人主持该小庙的法事活动，后由朝格图夫妇两人看守。
[③] 永谢布部为博尔济吉特氏，是明代、清朝的蒙古部落。
[④] 政协阿拉善盟文史学习委员会. 阿拉善寺庙与宗教神迹[M]. 银川：宁夏人民出版社，2016.
[⑤] 《中国少数民族社会历史调查资料丛刊》修订编辑委员会. 蒙古族社会历史调查[M]. 北京：民族出版社，2009：73.
[⑥] 史继法. 在神秘的阿拉善[M]. 呼和浩特：内蒙古人民出版社，2001：24.
[⑦] 《中国少数民族社会历史调查资料丛刊》修订编辑委员会. 蒙古族社会历史调查[M]. 北京：民族出版社，2009：80.
[⑧] 以祥泰隆，永盛合为首的两大商号采取"支帐"的买卖形式，均在头道湖及昭化寺附近设立分号，并于牧区设立牧场。
[⑨] 《内蒙古统战史》（档案史料选编）第一卷387页.
[⑩] 德勒格. 内蒙古喇嘛教史[M]. 呼和浩特：内蒙古人民出版社，1998.
[⑪] 胡日查，乔吉，乌云. 藏传佛教在蒙古地区的传播研究[M]. 北京：民族出版社，2012：291.
[⑫] 内蒙古乌兰夫研究会. 乌兰夫论民族工作[M]. 北京：中共党史出版社，1997：72-73.

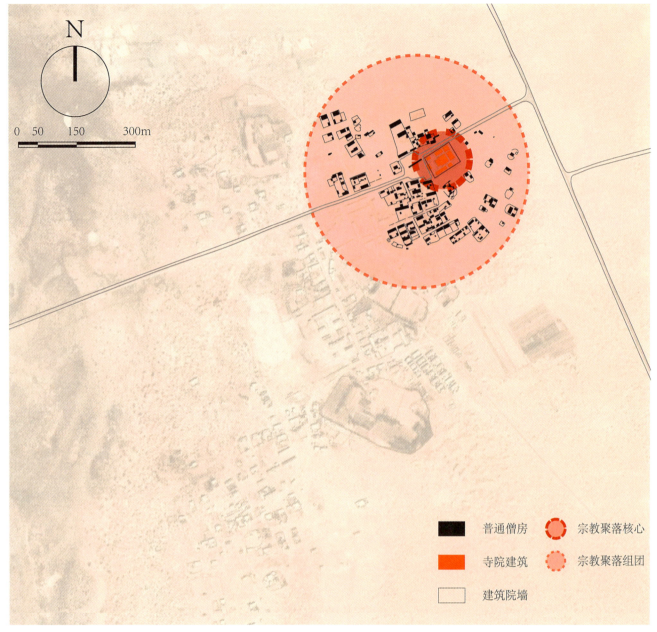

图5-4-2 鄂门高勒嘎查初生期空间示意（来源：朱秀莉 绘）

所。政府力量打破了宗教场所的完整性，于昭化寺北侧僧房成立人民公社与鄂门高勒嘎查，蒙校迁至公社大院内，政府中心与宗教中心呈现出对峙的空间关系。20世纪70年代初，民勤移民的骤然增加，促进了手工业与商业的迅猛发展，在南侧僧房区成立供销社大院，原蒙校再次迁至供销社西侧，实行蒙汉一体教育。大批喇嘛还俗并积极投入生产劳动，各部门职能细化，兽医站、气象站、卫生院等单位及其家属房陆续建成，在召庙区域南侧形成蒙汉杂居的居住状态。此外，在林业工作方针指导下，开始人工造林并成立头道湖治沙站[①]，于僧房与企业、家属区之间形成了万亩人工林场。至此，藏传佛教丧失一切封建特权与政治权利，政治与社会地位一落千丈，政权中心由昭化寺向人民公社进行过渡与转移。在此期间，昭化寺所属区域大为缩小。在前期形态的基础上，孕育产生了三大核心机构：政府机构（人民公社）、经济机构（供销社）、教育机构。人民公社作为一股崭新的政治力量介入宗教场所并迅速扩张，以昭化寺为核心，以人工林场为界限，于东南侧呈现出月牙形半包围形态，整个村落形成了分别以喇嘛、汉人、蒙人为居住主体的多核双组团聚落（图5-4-3）。

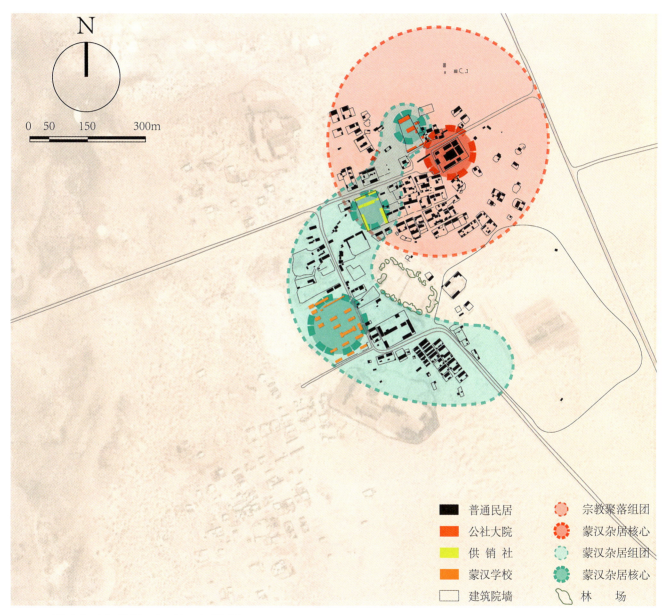

图5-4-3 鄂门高勒嘎查发展期空间示意（来源：朱秀莉 绘）

---

① 阿拉善左旗地方志编纂委员会. 阿拉善左旗志 [M]. 呼和浩特：内蒙古教育出版社，2000：158.

昭化寺仍为当地的宗教活动中心，持续举办相关法事活动，相较于以昭化寺为核心自发生长的宗教聚落，新增的聚落组团是在政府手段支配下形成的，延续了汉族建筑规整、对称的布局特点，如学校与家属房区均采用行列式的布局方式。

## （三）村落成熟期：多元组团（20世纪80年代~2000年）

该段时间鄂门高勒嘎查进入理性发展期，空间形态也逐渐趋于成熟。藏传佛教虽然逐渐走向衰落，丧失了宗教功能与社会功能，但无论是在内蒙古上层社会，还是内蒙古普通信众心中，仍然有着神圣的地位[①]。为尊重藏传佛教的发展，政府要求归还公社占用的寺庙并对其修缮[②]。随着"政社合一"制度的瓦解，牧场划分至户，同时昭化寺也分得部分牧场。公社的瓦解使汉族组团在空间上有了一定程度的萎缩，宗教场所曼陀罗空间形态再次得到完整，且仍为聚落区域的中心。改革开放以后，由于沙漠化问题，政府组织搬迁形成"生态移民"，民勤人二次移民至位于李井滩地区的鄂门高勒嘎查。村落的汉民人群不断壮大。与此同时，蒙古人对于教育的重要性有了更高层面的认识。80年代后，学校发展迅速，蒙校由原校迁出，于村落西南侧成立八年制独立校区。为方便陪读，牧民雇佣民勤人于蒙校周围建房，形成了较为独立的蒙人区。与此同时，大量蒙古人也参与到造林工作，于村落的西北向围绕林场形成一片小型聚居区（图5-4-4）。2000年后，由于撤乡并镇政策的影响，政府和学校相继搬迁，该聚落的核心作用迅速消失，聚落形态迅速瓦解（图5-4-5）。

## 三、村落格局特征

鄂门高勒嘎查是藏传佛教文化主导下的产物，聚落的空间结构经历了宗教聚落单一组团—围寺而居双组团—三组团围合的演变过程，空间结构逐渐朝向多元化发展。

昭化寺是鄂门高勒嘎查形成的原点，在第一阶段中，嘎查的空间结构为单一的宗教聚落，整个召庙区域以东西向干道为主轴线，僧房以昭化寺为中心，呈现出曼陀罗的空间形态。聚落中，寺庙朝向为西向，即藏传佛教圣地——西藏所在方向。昭化寺西北侧与东南侧分布着大量的僧房建筑。一直以来，蒙古人都是以西为尊，因此寺庙的西北侧通常为上层喇嘛住所。为了实现较好的采光，僧房的整体朝向均为东南向。内蒙古解放后，藏传佛教文化逐渐衰败，以人民公社为代表的政府力量介入，寺庙区域的部分建筑被占用，这为围寺而居的双组团空间结构的形成奠定了基础。在围寺而居的双组团阶段中，藏传佛教文化的影响以及蒙校的教育影响使得牧民不辞路远前来定居，并以宗教聚落组团为中心，形成了牧民居住组团，蒙古族学校、人民公社以及供销社成为控制该组团形成的三个核心。该阶段以蒙汉杂居为主要居住形态，由于僧俗有分，宗教组团与牧民居住组团之间则以小型人工林场相隔。自相关教育政策颁布后，蒙校由原校址迁至嘎查西南角，蒙人由蒙汉杂居的居住状态独立出来，按照原有的生活方式与住居习惯，以蒙校为核心，于村落最外圈层拓展形成了两个自由分散、自发生长的独立组团。最终形成了以召庙区域为中心，以林场为间隔，汉人区域与蒙人区域圈层发

---

[①] 胡日查，乔吉，乌云.藏传佛教在蒙古地区的传播研究[M].北京：民族出版社，2012：333.
[②] 1985年3月，自治区党委统战部主持召开了专门研究藏传佛教工作问题的会议。本次会议的内容之一为：凡是被占用的现存寺庙，喇嘛和信教群众要求归还作宗教活动场所的，占用单位应该立即退还，作宗教活动场所。

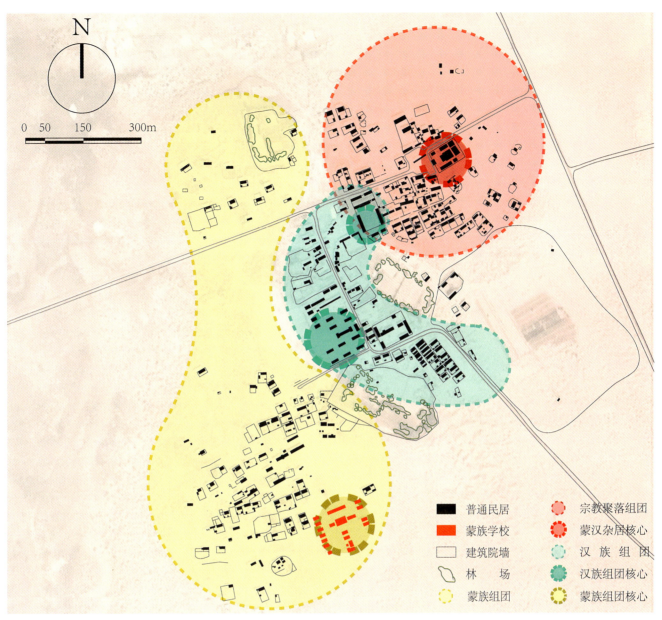

图5-4-4 鄂门高勒嘎查成熟期空间示意图（来源：朱秀莉 绘）

展的三组团围合空间格局。由于"政社合一"制度的瓦解，相较上一阶段昭化寺属地有扩张之势。

## 四、村落构成要素

鄂门高勒嘎查的历史建筑主要集中于昭化寺寺庙区域和僧房区域，其余两处历史建筑为粮站与蒙药浴池。昭化寺坐落于聚落的东北处，正式建造于清乾隆四年（1739年），由大雄宝殿和观音殿等经殿组成，是阿拉善八大寺之一。为了能够突出对藏传佛教文化发源地——西藏的敬畏之情，整个寺庙院落的朝向选择了西向，寺庙门前为主道路，有通往宗教圣地之意。寺庙的

图5-4-5　鄂门高勒嘎查现状鸟瞰图（来源：朱秀莉 摄）

图5-4-6 昭化寺鸟瞰图（来源：朱秀莉 摄）

院落布局基本采取了中轴线对称布置。在"文化大革命"期间，除了大雄宝殿，其他经殿均遭到了不同程度的破坏（图5-4-6）。

寺庙院落的主体大雄宝殿为以单层汉藏混合都纲形态为主的独立式殿堂。殿宇的屋檐正面，装饰了藏传佛教中两大吉祥物，即祥麟法轮与宝瓶，象征着藏传佛教教义的传承（图5-4-7）。殿宇的墙体由土坯砌筑而成，墙角线则采用了砖砌形式，起到了较好的防水防潮作用，对土坯墙体有一定保护性，外墙面则以红、白两色为主，上部为红色装饰边玛墙，通过拉毛的方式制造出边玛草的肌理。传统的边玛墙的材料可以很大程度

图5-4-7 大雄宝殿正立面图（来源：朱秀莉 摄）

上减轻墙体的自重，同时还具有很好的结构作用和装饰作用。

喇嘛僧房院落的整体朝向以东南向为主，且大多为由院门、正房、耳房、仓库、牛羊圈组成的单进独院式院落，少数配有东西厢房，建筑布局通常按照中轴线布置（图5-4-8）。僧房建筑以甘肃民居建筑风格为主，同时结合了藏式装饰元素与色彩元素，受到了汉式合院建筑与藏传佛教文化的双重影响。院落正房由台基、墙体和屋顶三部分组成，多以三开间两进深为主。其中，为了起到一定的防水与保护作用，台基由砖块砌筑而成，墙体由土坯砌筑而成，再将木质椽檩架于墙体之上，上铺草层与砖块，以泥土封层。由于阿拉善常年干旱少雨，降雨时间短，降雨量小，故屋顶为平顶形式。正房主要为喇嘛的住所，左右两间为炕房，明间常用以供奉佛像，通常设置佛龛与壁画等，以供祭拜。室内均采用木板门与栅格窗作为三间房之间的隔断（图5-4-9）。耳房与厢房居住的则为等级较低的普通喇嘛，偶尔也可作仓库使用。

在鄂门高勒嘎查内还存有一处粮站与蒙药浴池（图5-4-10）。粮站建于20世纪70年代，为红色单层砖瓦房，共12间，屋顶为双坡形式，是汉族建筑文化植入的代表性建筑，也是鄂门高勒嘎查"政社合一"阶段

(a) 僧房1

(b) 僧房2

(c) 僧房3

(d) 僧房4

图5-4-8 僧房院落（来源：朱秀莉 摄）

的产物，如今保存完好，仍然在使用。蒙药浴池与粮站的修建时间相差不多，由嘎查内的一名老喇嘛设计建造，屋顶为双坡形式。为了更好地采光与通风，屋顶上部采用了天窗的形式，可谓造型独特。浴池内部设有不同大小的浴池若干，具有十分完备的蓄水、排水及供暖系统。蒙药浴池反映出了鄂门高勒嘎查曾经的繁荣，是一处具有特殊历史意义的蒙古族文化遗产。

(a) 僧房正立面图

(b) 僧房板门与栅格窗

(c) 僧房内部隔断

图5-4-9　僧房（来源：朱秀莉　摄）

(a) 原粮站

(b) 浴池

图5-4-10 鄂门高勒嘎查原粮站与浴池（来源：朱秀莉 摄）

第六章

农耕文化主导的乡村聚落

随着汉族移民政策的深入实施，内蒙古地区逐渐出现了大量的农业聚落，这些聚落主要集中在靠近汉族地区、土地肥沃、水资源较丰富的黄河河套平原地区和西辽河平原地区。此外，以呼和浩特清水河县为主导的黄土高原由于紧邻黄河对面的山西聚落，这一地区由于黄土高原阶梯状地形和常年的干旱，也不适合蒙古民族的游牧生活。因此这一地区从汉族移民开始，就有大量的汉族居民从黄河对面的山西村落跨河移民而来，形成了典型的黄土高原汉族聚落。

上述三类聚落因其所处的地理位置不同，而形成了三种完全不同的聚落形态。黄河流域的河套平原地势平坦，土地肥沃，吸引了大量汉族移民，形成了大量的规整的聚落，西辽河平原由于其丘陵山地与河谷平原兼备的地貌特征，使大量聚落位于山谷两侧，形成了典型的山沟缓坡聚落，例如赤峰市北沟村以及赤峰市系带沟村等（图6-0-1、图6-0-2）。

# 第一节　黄土高原的农业聚落——口子上村

## 一、内蒙古黄土高原的村落概述

内蒙古自治区境内的黄土高原位于内蒙古中部，是由河套平原、土默川平原、山西省西北界以及陕西省东北界围合成的狭小区域，整体位置处于"蒙、陕、晋"三省交界，区域内分布有呼和浩特市下辖的和林格尔县以及清水河县。区域地质上处于我国第二阶梯向第三阶梯过渡的界面性地带，也是半湿润向半干旱过渡的生态脆弱带，地势起伏大，沟壑纵横交错。历史上因此地位于蒙汉交界，自明代以来区域内的军事活动频繁，同时是内地人移民的先抵之地，因而催生了农业活动以及农业聚落的形成，并较土默川平原的开发时间更早，开发程度也更深入，但人口稀少、定居聚落分布稀疏。这一地域的传统聚落由于受到汉族移民以及军事活动的双重影响而呈现出其独特的聚落特征。

大量涌入的走西口汉族移民是内蒙古境内农业聚落形成的主要原因[1]，而在内蒙古境内黄土高原区域的聚落形成过程中，除汉族移民外，蒙汉交界的军事活动同样是一个主要的影响因素[2]。因此认识内蒙古黄土高原农业聚落应从"走西口汉族移民"以及"蒙汉边界军事活动"两个方面来追根溯源。

为防止蒙古骑兵南下侵扰，明朝从开国初年便开始在秦长城的基础之上大修防御体系，同时在蒙汉接触地带大兴屯田，并沿长城沿线划分了九个重兵驻守的防御区，称之为"九边"或"九镇"，其中"大同镇"以及"山西镇"两边的交汇处便位于现今内蒙古境内的黄土高原区域[3]。明朝对抗蒙古的政策在很大程度上促进了内蒙古南缘长城沿线的农业发展与农业定居聚落的形成。

明朝时期，除了军事原因外的汉族移民主要人口组成大致为：因边内灾害严重而逃亡边外的农民、不满明朝黑暗统治而逃脱的屯田士兵以及蒙古俺答汗掠夺的汉

---

[1] 段友文, 张雄艳. 走西口移民运动带来的祖籍地与迁入地民俗文化变迁——以山西河曲、保德、偏关三县和内蒙古中西部村落为个案[J]. 民俗研究, 2011（03）:118-128.
[2] 崔思朋. 清代土默特川平原环境印象变迁的历史考察[J]. 形象史学, 2018（02）:184-202.
[3] 薄音湖, 于默颖. 明代蒙古汉籍史料汇编 第6辑 卢龙塞略·九边考·三云筹俎考[M]. 呼和浩特: 内蒙古大学出版社, 2009:262.

族人口等[1]。清朝以来，大量移民涌入口外荒地务农，寻求新的生存方式，最终形成了口内人口大规模向口外迁移的"走西口"历史移民运动。

在移民至内蒙古黄土高原区域的人口中，原籍山西的移民占比最多，这是由于山陕汉族在移民过程中不同的路径所导致。陕西位于黄河"几字湾"内部，黄土高原西侧，若想前往土默川平原及以南地区，则必须要向东渡过黄河；而山西位于黄河"几字湾"东侧河流的东岸，因此大部分山西地区的汉族只需要向北越过长城便可抵达边外黄土高原区域。因此在内蒙古黄土高原区域内的汉族农业聚落，多是以原籍山西移民世代聚居形成的[2]。进入清中期后，随着蒙汉边界的北移以及清政府一系列政策的影响，向边外移民变得更为普遍，内蒙古的黄土高原区域此时已经带有显著的农业社会特征[3]。

内蒙古境内的黄土高原区域，虽然面积狭小，但作为蒙汉交界的重要地带，从明代中后期开始到清末的300多年时间中，军事活动和移民活动频繁，作为蒙地的窗口对内蒙古境内其他区域的农业发展及农业聚落的产生起到了先行的作用。纵横的沟壑以及起伏的丘陵区别于蒙古腹地的草原风情，先民们在这里聚居、屯田和耕作，聚落沿长城沿线的起伏地势散布，形成于河谷之间，形成于丘陵之中，在延续源地文化与生活方式的同时，也适应了边关不确定的自然及社会环境。村落形态、布局以及建筑形式强烈地反映出移民源地的特征，同时也对当地资源进行了充分利用（例如依城墙开窑以及使用城墙砖对民居建筑进行修缮等）。

内蒙古的黄土高原作为蒙汉军事要地以及"走西口"移民的先抵之地，对此区域内传统聚落形成过程的研究就是对边内汉族向北移居过程的回顾，也是对农业经济以及农业聚落在内蒙古地发生的回顾。内蒙古清水河县口子上村就是其中一个典型案例。

## 二、黄土高原村落案例：口子上村

### （一）区域位置与历史沿革

明朝在长城"九边"中的"山西镇"及"大同镇"防区内修建了"外边"与"内边"，其中"外边"是位于"大同镇"防区内的长城：东启宣府西阳河镇（今河北怀柔县），西达偏关丫角山[4]；"内边"是位于"山西镇"防区内的长城："山西起保德州黄河岸，逶迤而东，历偏关抵老营堡尽境[5]"，这两段长城基本勾勒出了如今的蒙晋交界。在大同镇"外边"长城的形成过程中，又发展出"大边"及"二边"，"大边"在"二边"以北30公里处，西启清水河县，东抵大同东北处并于二边汇合[6]。由此可见内蒙古黄土高原的主要区域被明长城"外边"的"大边"及"二边"围合在内，围合区域的南端一角，同时是"外边"与"内边"的交汇点，则是本次研究的典型案例——口子上村所处的位置。

在明代，明长城军事防御体系不仅指线性的墙体，还包括五个等级的屯兵城，其中边堡作为防御体系中最基础的单元，其沿边境十里筑一大堡，一二里筑一墩，口子上村便是边堡"五眼井堡"的附属村堡。清水河地区的长城多呈东西走向，边堡及其附属村堡分布于长城以南的内侧，而口子上村所处的丫角山区域为外边

---

[1] 邢莉，邢旗. 内蒙古区域游牧文化的变迁[M]. 北京：中国社会科学出版社，2013：96-97.
[2] 崔思朋. 清代土默特川平原环境印象变迁的历史考察[J]. 形象史学，2018（02）：184-202.
[3] 周清澍主编《内蒙古历史地理》，第229页.
[4] 薄音湖编辑点校. 明代蒙古汉籍史料汇编 第12辑 九边图论·九边图说·宣大山西三镇图说[M]. 呼和浩特：内蒙古大学出版社，2015.
[5] 《明经世文编》，卷224，《翁东涯文集》，中华书局缩印本，第2355页下栏、2356页上栏.
[6] 杨建林. 内蒙古中南部明长城大边兴废考[J]. 河北地质大学学报，2019（03）：128-134.

图6-0-2 赤峰市系带沟村鸟瞰（来源：朱秀丽等 拍摄）

长城与内边长城的交汇处，这里长城走势复杂多变，也对村落的形成与围合起到了限定作用。口子上村名副其实，村落所在位置便是长城一处关口"五眼井口"，外长城由东北向西南发展到这里结束，并分叉三路跃上柏杨岭和丫角山与内长城交汇，因其独特的区位特点，口子上村自古以来都是军事争夺的焦点。

### （二）村落形态与街道格局

口子上村与其他明长城沿线聚落一样，村落形态受到军事防御设施以及地形的影响较大。丫角山一带长城走势多变，地形以丘陵山地为主，口子上村的村落外轮廓形成受到了来自长城以及地形的影响。村落北侧五眼井关口形成的不仅是村落本身，也是丫角山地区与长城以北区域的门户，村落选址位于距关口大约500米处，以便避开关口处频繁的交通活动。

口子上村主体发展形成于三面山地围合而成的谷地内，"二边"城墙从村中穿过，将聚落分为墙东与墙西。村落在地形与"二边"城墙的限制下形成一个放射形的形态，村落边界基本与谷地的地形相重合。因长久以来，长城的修建均是依附于山脊之上，因此村中"二边"城墙对村落形态的影响某种意义上也可看作是地形对村落形态的影响。

明代初期始建的城墙主体由夯土筑成，尽管后期开始大规模进行包砌砖石，但墙体主体仍然是夯土版筑。口子上村村中许多民居沿"二边"城墙修建，甚至部分民居直接利用城墙的夯土墙体开凿窑洞。在长时间村落与城墙共生的关系中，城墙已不太容易分辨，最终与村落融为一体（图6-1-1），同时长城的线性结构很大程度上影响了村落的整体形态发展，"城墙村中过"也形成了口子上村独特的军防村堡特征。

由村落以北五眼井关口处向南发展的交通道路形成了口子上村村中的主要干道，村中其他支路由此干道向村中程放射状延伸，并一直发展至丘陵的缓坡之上（图6-1-2）。由此可见，关口的交通走向对村落的街道形成也产生了重要影响。

村落四周伴有大面积农田，丘陵上墩台散布，山梁上城墙残垣若隐若现，独特的地貌以及军防遗产勾勒出一副独具特色的边关村落景观格局（图6-1-3）。口子上村作为边堡的附属村堡，虽然不具有明确的军事防御功能，但村落在长城军防功能逐渐消失后依然能保留下来并且逐渐发展，村落的形态与城墙遗址一直留存到今天，让我们切身领略到明初蒙汉交界边关的村落生活。

### （三）院落布局与民居建筑

口子上村内现有民居40户，多分布于谷地内。村内民居极少有正南北的朝向，多变的地形地势导致了民居多变的朝向。村内民居多为农民自建的农宅窑洞，可以看出院落营建虽受地形限制，但尽可能呈现出规整的矩形轮廓，可能是受中原汉族传统合院式观念的影响所致。

院落中以正房凉房作为院落的主体建筑，并使用院墙围合起来，形成独户独院的封闭空间。正房和凉房的山墙在紧邻邻居的一侧并没有开窗，即使没有邻居的情况下也不设窗，这与四合院的形式很相似，也与当地的气候有很大关系，同时保持了院落的私密性。

院落空间的格局同时决定了室内空间的布局。清水河地区民居建筑的室内空间与山陕地区汉族聚落的室内布局方式有很高的相似度：正房通常为三开间，中间为客厅，两边为卧室，其中的一个卧室必然会有火炕。以生土为主要材料的火炕，通常与灶台相连，清水河地区的火炕有正炕与倒炕两种形式，正炕设在靠近院内窗户的一侧，而倒炕则设在院内窗户对面的位置。

从村中保留的传统民居来看，民居建筑的材料使用也很多样（图6-1-4）。村中建筑材料的使用以及施工的工艺，在很大程度上与军防设施保持一致，这也是军防系统对村堡聚落形成产生的影响。

内蒙古清水河地区所处的黄土高原部分，天然的地理优势造就了此区域的黄土颗粒较细，质地均匀，土质松软，易于打夯。清水河地区明长城均是就地取用优质的夯土来夯筑城墙，城墙墙体稳定性高，结实耐用，这也不难理解口子上村的村民会选择直接在城墙墙体上开挖窑洞作为居所。除了"挖墙开窑"以外，村中一些早期的民居也由夯土建成，其夯筑工艺与城墙墙体的夯筑工艺在很大程度上保持一致。

除了夯土窑洞外，口子上村民居材料的使用还涉及石质材料。聚落内石质材料的使用也与长城城墙脱不开关系。明代从万历年间开始大规模将明前期长城及城堡包砌砖石，清水河地区的石材丰富易取，所以石筑城墙墙体很普遍。随着清中后期蒙汉边境的北移，黄土高原地区明代军防设施的作用逐渐减弱，长城墙砖作为优质的建筑材料，开始被长城沿线的村堡拆作民用。清水河地区明长城的包砌以条石为主，但因条石采运雕琢过程中的多变性，清水河地区内各处的条石规格不尽相同（图6-1-5）。口子上村附近有一明代采石场，位于山脊之上，其生产的明长城所用条石外部规整平缓，内部形变较大，长度在70厘米左右，宽度在30~40厘米之间，这与在口子上村内部分民居建筑所使用的石材规格一致，可断定其取于城墙条石。

村中民居建筑也大量使用砖质材料，虽然将砖作为建筑材料是明代长城建造的最高形式，但口子上区域石材供应更加方便，此处长城城墙多为石质，因此村中建筑的青砖并非城墙拆作民用。

口子上村曾有九座庙宇八通石碑，现仅存"一台一

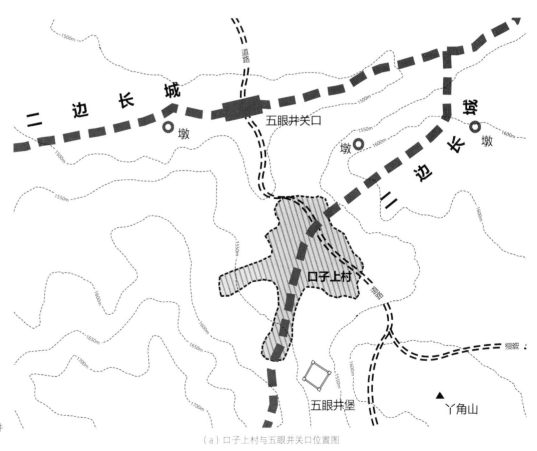

图6-1-1　口子上村与五眼井关口（来源：李超明 摄/绘）

（a）口子上村与五眼井关口位置图

(b)口子上村航拍

图6-1-1 口子上村与五眼井关口（来源：李超明 摄/绘）（续）

(c) 口子上村航拍

(d) 口子上村航拍

图6-1-1 口子上村与五眼井关口及口子上村（来源：李超明 摄/绘）（续）

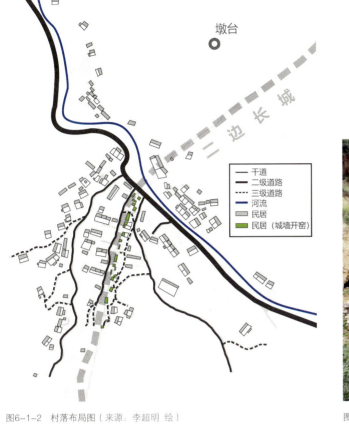

图6-1-2 村落布局图（来源：李超明 绘）

图6-1-4 口子上村民居建筑（来源：李超明 摄）

图6-1-3 口子上二边长城与墩台（来源：李超明 摄）

图6-1-5 口子上明长城所用条石（来源：孙逾哲 摄）

（a）清泉寺戏台侧景　　　　　　　　　　　　（b）清泉寺戏台内部

图6-1-6 清泉寺戏台（来源：花之 摄）

碑"，这"一台"指的便是清泉寺戏台。清泉寺戏台又被称作五圣祠，建于明代崇祯年间，戏台为砖木石结构，由台基、台身、台顶和观戏平台组成，是一座既有戏台又有神庙的建筑（图6-1-6）。清以来晋蒙没了战事，口子上村也逐渐兴盛，康熙四女儿恪靖公主出塞时曾定居在此，传说当时沟里泉水流淌，清澈见底，遂将五圣祠改名为清泉寺。四公主曾定居在此，从侧面说明了清朝中后期晋蒙边界的村落不再像明朝时期频繁地遭受蒙古军队的侵扰，明长城军防功能的消失也使得附属村堡回归了普通关内汉族聚落的面貌。

（四）内蒙古黄土高原地区的文化传承与遗产保护

对于文保单位以及聚落研究者而言，内蒙古境内汉族农业传统聚落遗产的保护及研究一直以来都是一个难题。内蒙古农业聚落的形成，是汉族移民在蒙地活动以及定居的结果,由于自然条件所限,人口稀少导致数量、规模普遍较小。客居他乡的观念往往使其民居建筑的建造不甚研究,往往就地取材,粗犷实用,精致程度不足。再加上城镇化导致的人口流动以及保护的不利,本来为数不多的农业传统聚落正在逐渐减少。

内蒙古的黄土高原区域与内蒙古境内其他地区一样,也面临着农业聚落保护的问题。明长城沿线的农业开垦、喂养军马以及烧荒等密集的军事活动,对本是生态脆弱带的黄土高原地区造成了前所未有的生态压力,加上明清时期"小冰期"气候的影响,使得这一区域的生态环境自我修复功能减弱[①]。恶劣的生存条件导致部分汉族继续向环境更适宜的土默特平原以及河套平原移民,再加上近现代快速的城镇化步伐,内蒙古黄土高原区域出现了越来越多无人居住的空村,造成村落自然损毁。

在文化传承与保护方面,内蒙古的黄土高原区域的聚落保护也与内蒙古其他地区有所不同。明长城等军事防御设施在此区域的遗存以及长城沿线分布的堡寨和村落,也为内蒙古黄土高原区域聚落保护提出了新的挑战。从口子上村中依城墙而建的民居建筑不难看出,这一区域的村落形成与军事防御设施之间的关系是密切的,对聚落遗产的保护也要将对军事防御设施的研究纳入进来。这也提出了新的问题:明代长城遗址跨度巨大,墩台沿长城沿线南北错落分布,这都为整体性的聚落保护研究造成困难。

近年来,明长城遗址的宏伟壮丽也促进了这一地区的旅游产业发展,但随之而来的基于旅游开发的复建行为严重破坏了遗产的原貌。例如口子上村东侧城墙上的墩台使用大量烧砖复建,以及村中清泉寺前使用大量水泥兴建广场等行为,导致边关村落原有的风貌消失殆尽,令人扼腕叹息。

## (五)内蒙古黄土高原地区的文化传承与遗产保护

对于文保单位以及聚落研究者而言,内蒙古的黄土高原区域与内蒙古境内其他地区一样,也面临着农业聚落保护的问题,而其中又分为传统聚落价值认识以及传统聚落保护措施两个层面的问题:

### 1. 传统聚落价值认识

内蒙古黄土高原地区在过往的时间中,见证了长期的军事战争,以及其影响下的蒙汉边界变化、农业牧业发展交错,同时还见证了蒙汉两地从分离对立到融合统一、文化重叠的整个过程,因此其所具有的见证作用已成为这一地区传统聚落价值的体现。

### 2. 传统聚落保护措施

内蒙古黄土高原地区聚落的发展受到来自明代军防体系的直接影响,其已属于军防体系的一部分,因此对于这一地区传统聚落的保护应当纳入明代军事聚落保护体系中来。同时本地域有史以来的蒙汉文化交融发展,民族融合、农牧交错等也是内蒙古地区军防型传统聚落的突出特征,这些特点凸显了这一地区传统聚落的独特价值,也是此类聚落保护的重点方向。

---

[①] 王杰瑜. 明朝"烧荒"对长城沿线生态环境的影响[J]. 环境保护,2009(14):64-65.

# 第二节 河套平原的农业聚落——河口村

## 一、内蒙古河套平原地区的村落概述

"黄河百害，唯富一套"，河套地区的概念和范围因不同的专业也有所差异。内蒙古自治区境内的河套平原由巴彦淖尔平原（又称"后套"）和土默川平原（又称"前套"）组成，包括内蒙古中部地区的巴彦淖尔市、包头市、呼和浩特市的阴山以南地区，以及鄂尔多斯沿黄河的狭长地带。是鄂尔多斯高原与狼山、大青山间的地势较为平坦的地区，土质较好，有黄河灌溉之利。游牧民族和农耕民族你进我退的战争使得这个区域长久以来没有发展出成熟的农业经济，蒙古族逐水草而居的游牧生活方式也使得河套平原地区一直没有形成完整的村落。明清以来，大量"走西口"迁徙而来的汉族移民修建的民居成为内蒙古河套平原地区较早区别于蒙古包的居住建筑，"推动村落这一地缘组织在内蒙古的广泛建立"[①]（图6-2-1）。

走西口汉族移民大量涌入河套地区，租种蒙地，垦殖荒野，播种粮食，建造院落，饲养牲畜。随着移民数量的持续增加，逐渐聚集形成村落，远亲不如近邻，不同地缘关系的移民之间相互照顾、相互联姻并发展农业生产，使得他们能在新的土地上生存下来。相互之间缔结的婚姻使得移民的血缘进行了重组，新的家族关系开始形成，但是短短的二三百年的时间没有再形成强有力的氏族关系，所以内地村落中常见宗族的祠堂等建筑也就没有产生。传统的文庙、文笔塔等建筑也就没有在内蒙古河套地区落地生根。蒙地生产资料的匮乏以及与汉地生活方式的差异也滋生了商业，较大村落中的旅蒙商人往往聚行结社，成立行帮商会，来协调各种行业团体的利益。这些商业行会修建寺庙供奉所信奉的祖师爷和神仙，同时搭建戏台，逢年过节便举办庙会等活动。

内蒙古河套平原地区的村落集中产生于明末清初直到民国的近二三百年的时间里。相对于内地民居产生发展的时间较短，但是对于整个内蒙古河套平原地区的环境、经济、政治、文化、历史的改变却是剧烈的。"天苍苍，野茫茫，风吹草低见牛羊"的草原风情在内蒙古河套平原地区已不常见。汉族乡村聚落在阴山南部的河套平原地区舒缓地延展开来，处于村落中的开阔地便可以远远望到灰蒙蒙的阴山，这也是内蒙古河套平原地区很多村落的共同特点。村落中大量的民居多就地取材，采用土木结构，整体色调接近于泥土的颜色，朴素自然，与大地融为一体。村落中讲究一些的商铺、寺庙和戏台等往往请山西工匠修筑。

内蒙古的河套平原地区毗邻晋陕，其历史发展、文化渊源、民族结构、人口构成、生产方式等受"走西口"影响最大，所形成的村落多以农业为主，或不同程度地兼顾了商业、牧业、渔业等其他行业。内蒙古呼和浩特市托克托县的河口村就是其中的一个典型村落（图6-2-2）。

## 二、河套平原传统村落案例：河口村

### （一）区域位置与历史沿革

黄河两岸沿线称之为河口的有很多，但是论地理位置之优越，没有一个能比得上内蒙古自治区呼和浩特市托克托县的河口村，它位于大青山南麓的河套

---

[①] 段友文，高瑞芬. "走西口"习俗对蒙汉交汇区村落文化构建的影响[J]. 山西大学学报（哲学社会科学版），2006（5）：94.

图6-2-1 内蒙古河套平原地区典型村落（来源：殷俊峰 摄，宋兴荣 抄绘）

图6-2-2 河口村航拍卫星图
（来源：Google地图）

平原上。处于黄河上、中游分界处，黄河由此急转南下，再东折奔向大海。河口村扼水陆交通要冲，地理位置重要，毗邻晋陕，北通蒙古、俄罗斯，东连察哈尔、京津，西至宁夏、甘肃，很早就作为黄河重要的津渡。南北朝称君子津，郦道元在其《水经注》记载："……事闻于帝，帝曰：君子也！即名其津为君子济，济在云中城西南二百余里。"辽金时期，河口已经成为货物集散转运之地。元代设水驿。清康熙年间设官渡。"自乾隆以还，口外垦殖日广，民殷物阜，出境之油、粮、盐、碱、甘草各货，入境之日用杂货，山西与归绥往来之商运，凡经河路者，皆以托属河口为唯一之码头，其时包头草莱初开，尚未形成市镇"[①]。嘉庆十二年（1807年），河口正式命名为镇，"成为吉兰泰池盐入晋转运要地……下行船可达山西河曲，上行船可直抵甘肃中卫"[②]，河口繁盛一时。道光以后，河口成为著名的甘草码头。道光三十年（1850年），河口遭水患而元气大伤。民国12年（1923年），平绥线路之绥包段通车，由于常有水患与匪盗侵扰，河口村的甘草码头便转移至包头。黄河水运渐衰，往来商船锐减，河口村商业从此一蹶不振，再无起色。1937年9月日本侵略中国，1938年10月托克托县日伪县政府成立，河口镇改为河口村。繁华落尽，归于平静，内蒙古解放后虽有变动，但河口仍然是村，再无河口镇。目前，河口村为托克托县双河镇的一个行政村，成为一个普通的农业村落。往昔的繁华湮没在浩瀚的历史长河之中，再没有被找回。只留下人们口口相传"先有河口镇，后有托县城"的俗语可以依稀追忆河口村往日的辉煌（图6-2-3）。

（二）村落形态与街道格局

河口村与黄河两岸其他许多同名的河口村一样，因

图6-2-3 河口村地理位置（来源：孙冠臻改绘，底图审图号：蒙S（2007）016号）

河而兴，随河而衰。曾经是繁华一时的水旱码头，后由于匪盗侵扰、黄河水患、码头转移、铁路兴起等多种因素而逐渐衰落，经济的落后反倒使得河口村保留了当年整体的村落形态与街道格局，使得我们能够较为真实地感受河口村往昔的模样（图6-2-4）。

河口村的形态依黑河布置，随着地形自然展开，向黄河码头延伸，受黑河河道和河堤的约束，河口村逐渐形成瘦长带状格局。从头道街、二道街、三道

---

[①] 绥远通志馆. 绥远通志稿 第10册 卷78至卷86 [M]. 呼和浩特：内蒙古人民出版社，2007：176.
[②] 托克托县志编写委员会. 托克托县志（修订稿）[M]. 呼和浩特：内蒙古人民出版社，1984：9.

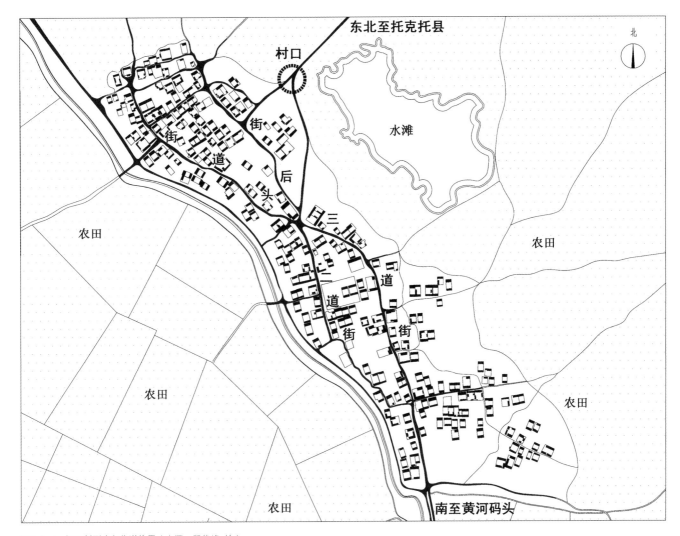

图6-2-4 河口村形态与街道格局（来源：殷俊峰 绘）

街、后街的命名可以依稀推测出河口村由北向南的发展趋势，然后随着人口的增多，整体逐渐向东扩展，最后形成一个长约1600米、宽约400米的带状格局。河口原有大约3米厚、5米高的土筑城墙，城墙的东、南、北三边是日本人占领时修建的。西边是防止黑河洪水泛滥的大坝，坝上可容马车对走。河口村内共四条大街，全为土路，并随地势蜿蜒曲折而自然形成，反倒似有步移景异的效果，整体街道格局呈中心放射结构。以原禹王庙为中心通向四角。四条主街道都基本呈东南、西北向布置，每道街长约2.5公里。前街、后街向西北延伸至村后龙王庙，二道街、三道街逐渐汇聚接入黄河码头。东西走向的横巷数量很少且短，主街道两侧商号店铺林立，多为商住一体豆腐坊、银匠铺、杂货店、山货铺、碱行、草店、车铺、粉房、货栈等各个行业的商铺。较为著名的有双和店、裕隆店、惠德成、复恒益，广生茂、庆和成、公义昌、集义昌等商铺。三道街的复兴玉曾经是河口镇最大的一家屠宰及加工猪牛羊的回族商户，现在仍然有遗存（图6-2-5）。后街多是油坊、粉坊、豆腐坊和加工米面的作坊。农民、渔民、船工、手工匠人等都居住在主街方远处隐约的阴山是河套平原地区村落典型的景观特征。河口村落周边就是大面积农田，反映出当年商业为主、农商兼顾的特点。

### （三）行社商会与寺庙戏台

村中建筑多为务农或经商的移民所建的民居、商铺、寺庙和戏台。寺庙和戏台都已荡然无存。繁盛时在三道街还曾有专门招待朝廷来使的府院和税厅各一座，更是随着河口村的衰落早已了无踪迹。

河口村的行业有运输业、商贸业、手工业等，运输业中有河路社、马王社等，商贸业中有保兴社、炭行社、草行等，手工业中有碾房社、仙翁社、金炉社等（表6-2-1）。河口村内曾经有众多庙宇，多由本地不同信仰的各个行社商会集资修建。河路社的营业范围是河船运输，信奉龙王，河路社修建的河路会馆就在龙王庙后。

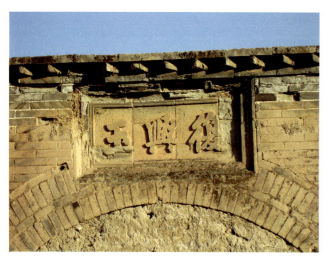

图6-2-5　复兴玉商号（来源：殷俊峰 摄）

道的边缘地段和横巷内，河口周边贾圪卜、活龙场、东梁底、庙滩一带也是这些居民混杂之处。街道汇聚之处与尽头的寺庙和戏台往往成为村落的公共活动中心。北

河口各行会祀神情况　　　　　　　　　　　　　　表6-2-1

| 行业种类 | 社名 | 营业范围 | 初见年代 | 关系寺庙 | 祭祀日期 |
|---|---|---|---|---|---|
| 运输业 | 河路社 | 河船运输 | 嘉庆二十四年（1819年） | 龙王庙 | 八月十五日 |
| | 车行德胜 | 马车、牛车陆上运输 | 咸丰七年（1857年） | 马王店 | |
| | 马王社 | | | | |
| 商贸业 | 保兴社 | 甘草业（保定县客商） | 乾隆三十八年（1773年） | 奶奶店 | |
| | 德胜社 | 从五原输入杂谷（河曲客商） | 乾隆三十八年（1773年） | 包丁殿 | 七月二十日 |
| | 广禄社 | 河川运送输兼货店（托县人） | 嘉庆二十三年（1818年） | 关帝殿 | |
| | 炭行社 | 从准噶尔旗输入煤炭兼货店 | 光绪五年（1879年） | 关帝殿 | 四月二十五日 |
| | 草行 | 从黄河上游输入甘草兼草店 | 民国4年（1915年） | 药王殿 | 八月十五日 |
| | 恒山社 | 水果贩卖及水果店 | 民国15年（1926年） | 禹王庙 | 五月十八日 |
| | 马王社 | 家畜贩卖 | | 马王店 | 四月四日 |

续表

| 行业种类 | 社名 | 营业范围 | 初见年代 | 关系寺庙 | 祭祀日期 |
|---|---|---|---|---|---|
| 手工业 | 碱行社 | 苏打制作 | 光绪二十四年（1898年） | 禹王庙 | |
| | 碾房社 | 碾米、磨面 | 嘉庆三年（1798年） | 火神殿 | 二月四日 |
| | 仙翁社 | 饭馆 | 同治十二年（1873年） | 关帝殿 | |
| | 轩辕社 | 粗皮房、细皮房 | 光绪十七年（1891年） | 龙王庙 | 八月十五日 |
| | 毡毯社 | 毡毯制作 | | 禹王庙 | 九月二十日 |
| | 金炉社 | 锻冶业 | 道光七年（1827年） | 老君殿 | 三月二十日 |
| | 巧圣社 | 石工 | 道光七年（1827年） | 禹王庙 | 六月五日 |
| | 公议社 | 麻绳制作 | 道光六年（1826年） | 龙王殿 | |
| | 四合社 | 山货制作 | 光绪三十四年（1908年） | 龙王店 | 七月十五日 |
| | 净发社 | 理发业 | | 关帝殿 | 二月八日 |
| 工商兼营 | 生熟皮社 | 皮庄兼黑皮房 | 道光五年（1825年） | 关帝殿 | 四月二十五日 |
| | 鲁班社 | 木材商、家具制造及木工 | 道光三年（1823年） | 禹王庙 | 三月二十日 |

（注：恒山社在禹王庙供奉风神，碾房社在火神殿供奉青龙神和白虎神，毡毯社在禹王庙供奉毡毯古佛，巧匠社在禹王庙供奉财神。）

在河口村鼎盛时期，村中心有禹王庙，北有龙王庙、财神庙，南有关帝庙、五道等庙，沿堤有河神庙（图6-2-6）。逢年过节都有各个行社商会举办的不同祭祀活动。在规模较大的龙王庙、禹王庙、关帝庙前还建有戏楼，每当举行庙会时还要请外地名角儿来演出数日，最受欢迎的是山西的晋剧。

河口村的庙宇全部在"文化大革命"期间被拆除，幸存者仅有清咸丰年间所建龙王庙门前一对铸铁蟠龙旗杆。龙王庙早已被拆毁。蟠龙旗杆铸于同治元年（1862年），"其高度为3丈6尺5寸，表示一回归年为365天。旗杆底部的夹石为方形，旗杆顶部呈圆球形，寓古人天圆地方的宇宙观。旗杆夹石的铁帽上铸有'琴棋书画、唐八骏、暗八洞'纹饰。旗杆下端的最粗部位铸有对联一副'海晏河清威灵著绩，风调雨顺亿兆蒙休'……每根旗杆共九条龙：'九'为最大数，暗含三三见九、九九归一之机数"[①]。蟠龙旗杆为山西太原著名金火匠人铸造，旗杆的锻造形制和雕刻纹饰成为汉族农耕文化在蒙地传播的见证。河口村中其他相对精致的寺庙、戏台亦多从山西请工匠修建。

（四）院落布局与民居建筑

河口村内的民居院落随村落形态和街道格局依次展

---

① 托克托县志编写委员会. 托克托县志（修订稿）[M]. 呼和浩特：内蒙古人民出版社，1984：583.

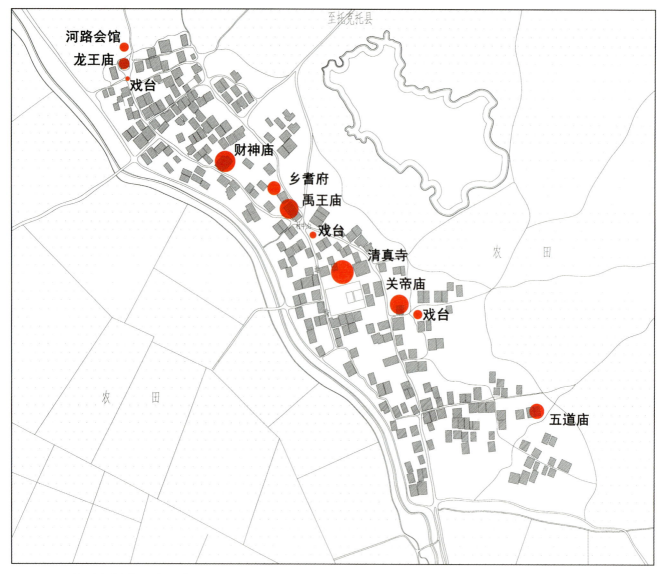

图6-2-6 河口村原主要寺庙位置示意图（来源：殷俊峰 绘）

开，并不严格拘泥于正南正北的朝向，多沿街布置并有45°左右的偏转，在保证一定的日照基础之上顺应了河口村整体指向黄河码头的形态特征。河口村的民居院落分为由农民自建的农宅和由商户建造的商宅。它们之间差异并不是很大，其院落均为较开敞的方形，正房开间常为五间或七间的，也有随人口增加和子女成家而加长到十一间，这在内地是非常少见的。农宅多为只有南北房的小院，以土坯房为主，盖房所用椽檩以当地常见的杨树、榆树为主。屋顶适应内蒙古整体干旱少雨的气候特征，整体较为平缓便于晾晒货物和农作物。

临街的院落多是经济条件较好的商住一体的商宅，常常是三合院或四合院的形制，采用东西沿街面做商铺，并有通向院落的宽大门洞，便于货物和骡马的进出。正房居住，开间较大。南房和东西厢房根据情况作为账房、伙房、库房以及凉房。这些商宅往往雇佣山西工匠建设，沿街的铺面及正房多采用砖木结构，在使用土坯的基础上用青砖走边压沿，四角落地，经济条件再好的则采用立面土坯砌筑外包青砖，以筒瓦覆顶。椽檩仍以杨榆为主，柁则用到了从外地运来的松衫。纯砖木结构的房子在河口村非常少见。室内有炕围画，青砖墁地，顶棚为细泥裹沫的泥仰层[①]，门窗注重裱糊。

位于河口村三道街中部的金家大院是目前河口村保存相对较好的一处院落，因有金家后人居住且一直定期进行维修，现院落整体格局依旧保存完好（图6-2-7）。金家祖辈为清朝迁移来河口村的回族，早期在务农的同时兼做屠宰生意，后一度成为包头大商号"复兴玉"的分号。随着河口村黄河水运的没落，现金家子孙以务农为主。因西临三道街，所以金家大院呈南北略窄的扁长方形（23.6米×17.7米），院落宽大，便于货物的集散。同时，巧妙地将其院子的西南角凹回一个开间的距离，营造出南向的入口空间。正房七开间，土坯墙外包砖。正房以居住为主，正房西接出一间，对外开设商铺，沿街看则是两开间。接出的商铺采用青砖砌墙青瓦覆顶。目前铺面（图6-2-8）及正房（图6-2-9）仍保存较好。门房、墀头处有一些相对精致的砖雕。东厢房及南房均为简易土房，为存放货物的辅助用房。室内布置古朴，内门上有典型的回族伊斯兰花饰。院中种菜，有当年水井及菜窖遗迹。

## 三、河套平原传统村落的特征与传承

"走西口"的人口构成是以谋生为目的的贫苦农民和以经商为目的的旅蒙商为主体，简单朴素的谋生致富动机决定了西口移民修建的建筑往往采用当地的材料、使用家乡的技艺、用最简洁而又经济的方式适应当地气候与自然条件。由此形成的河套平原地区村落中的建筑相比内地不够精致，加之传统文化在河套平原地区形成时间较短，造成河套平原地区一直以来对于村落中有价值的商铺、寺庙等有价值建筑的不够重视和大肆破坏。不同时期对于古建筑的破坏相比内蒙古其他地区和全国尤为严重。仍以河口村为例，1958年，托克托县

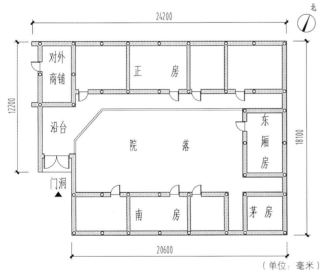

图6-2-7　金家大院总平面图（来源：殷俊峰　绘）

图6-2-8　金家大院沿街商铺西立面图（来源：殷俊峰　绘）

---

① 泥仰层：用泥和苇帘做的吊顶，具体做法是屋顶先做骨架再钉苇帘，然后抹加了秸秆的泥，最后抹光，有条件的抹白灰。

图6-2-9 金家大院正房南立面图（来源：殷俊峰 绘）

图6-2-10 保护蟠龙旗杆的仿古小院（来源：殷俊峰 摄）

图6-2-11 河口村街道两侧民居被粉刷成白色（来源：殷俊峰 摄）

地区大旱，因无黄河灌溉设施，河口村便动员拆庙，用拆庙的大青砖砌了十几口直径为5米、深约6米的抗旱井。"文化大革命"期间，河口村内原有的禹王庙、龙王庙、财神庙、奶奶庙、药王庙、山神庙、三官庙、五道庙等大大小小十多个庙宇、戏台被拆除，只留下一对龙王庙前的蟠龙旗杆（图6-2-10）。20世纪90年代，蟠龙旗杆被列为县级文物保护单位，县文物工作者在龙王庙原址建起了仿古围墙对蟠龙旗杆加以保护，院子不大，年久失修，院内杂草丛生。守护这一珍贵文物的仅为一年过七旬的周姓老汉，逢人便说着《托克托县志》里也有记载的一段顺口溜："河口镇，生铁旗杆本爱人，双和店财东榆次人，太原府里请匠人，正月起工七月成。竖方斗，四方亭，八骏马，真威风，琴棋书画有功名。左面筑的暗八洞，一对花瓶往上引。玲珑斗，做得精，一面铸有两条龙，四面铸着八条龙，生铁旗杆十八条龙。旗杆顶头风磨铜，一面挂着四个铃，两面共有八个铃，大风刮起响连声，顶如北京的景阳钟。"文物单位每年给周老汉几百块钱，来参观的游客听完周老汉主动热情的讲解和顺口溜也会在感动中给老人一些钱，现在周老汉已经故去，村中之人已经很少有人能完整背诵这个顺口溜和讲述龙王庙以及河口村的故事了。

在前几年内蒙古大规模展开的新农村建设中，河口村同其他内蒙古地区的农村一样，村落中的民居被粉刷成统一的颜色，原有村落中接近自然与大地融为一体的土黄色消失殆尽，统一换装成为似乎有点江南意味的白墙（图6-2-11），村落整体风貌荡然无存，令人扼腕叹息。

2015年河口村被列为自治区级美丽宜居村镇。2016年河口村拟结合双河·河口小镇建制镇示范试点工作，规划推进古镇恢复工程，开展整治改造规划项目，建设明清风格的商住建筑集群，构筑融商贸、住宿、休闲、娱乐乃至影视拍摄为一体的大型多功能仿古街区，包含君子津主题园、港镇风貌区、道教养生区、传统商贸区、草原丝路风情区和民俗体验区。这一构思宏大的整治规划项目，以旅游开发为出发点，对于古村落遗产保护考虑较少，在不掌握大量原始文字与图片资料的基础上复建大量消失的庙宇、商铺。大量复建和新建的建筑将再次破坏河口村的整体风貌，造成难以弥补的损失。

"走西口"的移民在内蒙古河套平原地区创造了灿烂的文化，对于当地社会、政治、经济、文化、历史的影响非常大，受"走西口"影响而形成的河套平原地区村落从产生到现在，有些逐渐发展成为城镇，有些如河口村由盛而衰。大部分村落内早年修建的庙宇、戏台在"文化大革命"时期被破坏。大量民居因村落中人口的流失而无人居住造成自然损毁，少数民居因为原住民的不断维护和修缮而被植入不同年代的痕迹，目前以一种混搭的方式存在。这些村落以及其中留存下来的民居、商铺、寺庙、戏台等建筑虽然远不如内地精致，但它如实记录了明末清初一直延续到民国的汉地移民在蒙地的生存状态和商业往来，是"走西口"这段百年历史的珍贵记忆和见证。尤其是对于内蒙古河套平原地区这些有价值且较为稀少的古村落，更应合理把握好旅游开发与遗产保护的平衡，"如果村镇中缺失或部分缺失了少数对古村镇的完整性有重要意义的建筑……可以谨慎地予以复建，但事先要向知情的老年居民调查其过去的情况，搜集有关的图像和文字资料，获得明确、可靠的信息，做出力求接近原物的复建设计"[①]。不能盲目修建大量的仿古建筑，必须加强对古村落原生状态真实性的保护，不可把古村落过度商业化，要恰当处理好两者的关系，不能一味为了搞活经济和发展旅游而忽视了村落传统文化的传承与建筑遗产的保护。

## 第三节　西辽河平原的农业聚落——井子沟村

### 一、内蒙古西辽河平原的聚落概述

西辽河流域具有丘陵山地与河谷平原兼备的地貌特征，整个流域地势西南高、东北低，在河流的长期作用下形成冲积平原，孕育出如红山文化、兴隆洼文化、赵宝沟文化、夏家店文化等多种文明。西辽河上游自史前时期开始即有聚落产生并出现农业开垦记载，经历了史前时期、辽金时期以及清朝至今三次农业开垦时期，西辽河平原上的人口密度与聚落数量均呈增多趋势[②]，现今内蒙古地域内西辽河平原上的聚落数量远大于清朝之前的两次农业开垦时期，直至今日逐渐成为蒙东地区农业聚落的主要分布区域，这与中国历史上人口迁徙现象之一的"闯关东"有密切关系。"闯关东"是指从清代中后期到中华民国期间，因黄河下游连年遭灾，中原地区的关内百姓去到山海关以东的辽宁、吉林、黑龙江三省的关东区域谋生所形成的人口迁徙的历史。闯关东的

---

① 陆元鼎，杨兴平. 乡土建筑遗产的研究与保护 [M]. 上海：同济大学出版社，2008：6.
② 韩茂莉，张一，方晨，赵玉蕙. 全新世以来西辽河流域聚落环境选择与人地关系 [J]. 地理研究，2008（05）：1118-1128+1225.

移民来源主要为华北各省，以鲁、冀、豫等省居多，其中又以山东人最多；又因清朝对关东地区的封禁政策，致使一部分人路过并转而"闯"到与关东相邻的内蒙古东北部地区，如昭乌达盟（现赤峰市）、哲里木盟（现通辽市）等地（图6-3-1）。到达内蒙古的移民多数租种当地蒙古贵族的土地从事农垦工作，后形成了"蒙利民租，汉利蒙地"的情况。如此，闯关东的移民从逃荒变为定居，形成以家族为中心的农业聚落散布在西辽河上游平原上。这些农业聚落的布局类型灵活多变，有如井子沟村的组团型、如系带沟村的台地型、如大杖房村的鱼骨型等形式，下面以赤峰市松山区井子沟为例分析内蒙古西辽河平原的聚落特征。

## 二、西辽河平原村落案例：井子沟村

### （一）历史背景

井子沟村位于赤峰市松山区西南端，现属城子乡行政村，距离赤峰市区约45分钟车程，其地处燕山山脉，居七老图、努鲁儿虎山地与赤峰黄土丘陵台地的复合截接部位，位于西辽河水系上游，北靠大黑山，南临一条季节性河流，走势东西长、南北窄（图6-3-2）。井子沟自然村于清乾隆年间立村，当时因村内打了一眼水井而取名井子沟村（又一说法是因井子沟整体网格化布局，如同"井"字，初名"井字沟"，最后逐步演变为"井子沟"）。村庄内和周边有古粮仓、古窑洞、古

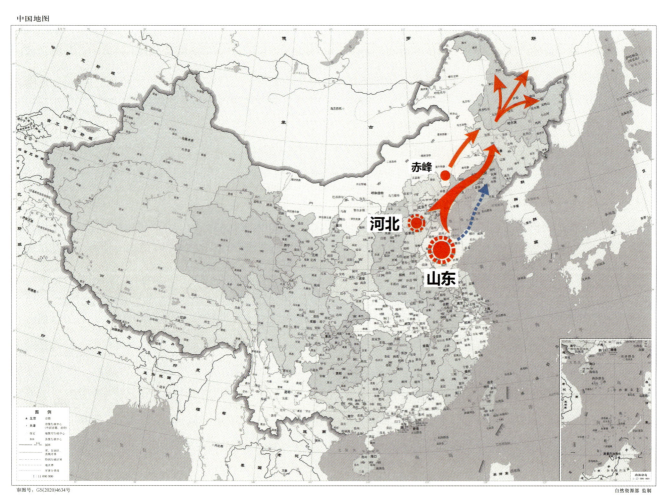

图6-3-1　清代中后期闯关东行进路线示意图（来源：孙冠臻改绘，底图审图号：GS（2020）4634号）

图6-3-3 井子沟村组团布局示意图（来源：根据孙冠臻拍摄照片，李佳 绘）

土墙、古井、古树、晒谷场、古石碾、古松州城遗址等清代遗留下来的历史古迹。该村以半农半牧的生产方式为主，村民祖籍山东，村民将中原文化、蒙古文化与东北文化相结合，形成了秧歌、皮影戏、晒灯祭祖、二人转等传统村落民俗文化。井子沟村村落布局工整、公共区域反映出典型的农业聚落特征、院落与建筑具有代表性，现被评为"赤峰市传统村落"，是内蒙古西辽河平原聚落的代表。

（二）空间格局

井子沟村庄占地面积148.8亩，东、西两侧为农耕地，北侧为山地，南侧为冲积平原形成的沟壑，整个村庄位于地势低洼区域，被农耕田地所包围，规模较小。村中民居依山势而建，呈组团式布局，错落有致，村内被主干道、中心广场、晒谷场与古井、古石碾、公共粮仓等公共资源分为五个组团，形成"一轴双心多组团"的村落发展形式。井子沟村组团的空间格局可归纳为三种类型，分别为单排形、双排形及犬牙形（图6-3-3）。入村口在村子东南侧，村头有一座小庙，名九神庙，供奉九位神仙，主要用以祈求风调雨顺（图6-3-4），沿着蜿蜒的主道进入村落中，主干道贯穿村南北两端，是出入村的必经之路，亦为村民到达晒谷场、中心广场的主要道路。在村中偏南距离村口不远处有一片被村路分成两部分的中心广场区，广场中有晒谷场、古水井、石碾、公共粮仓等公共设施（图6-3-5）。对于以农业发展为主的村落而言，晒谷场、石碾及水井是村庄中必不可少的公共功能构成要素，是村民日常聚集使用的区域。根据民居沿井而居的特点及村庄历史沿革看来，井子沟现存的中心广场从建村初期沿用至今，一直是村民主要聚集场地，是村民进行秧歌、皮影戏与二人转等传统活动时的使用场所。

图6-3-2 井子沟村总平面影像（来源：水泥鲨鱼）

图6-3-4 井子沟村九神庙（来源：赤峰市城建局）

## （三）景观风貌

井子沟村依山沿沟壑而建（图6-3-6），四周为不同方向的"山梁"，一条季节性河流从古村南侧穿过，村落选址在河谷交汇处，背后的山体植树为风水林，以作固山避风，背山面水，山体遮蔽后方，成为背景轮廓，水面铺陈前方。村落周边如此的景观风貌是传统风水观念在村落选址布局中的体现，即"背有靠，前有照，两边有抱，左为青龙，右为白虎，青龙要高过白虎，前要有水绕"。

图6-3-6 井子沟村地势（来源：李佳 摄）

图6-3-5 井子沟村中心广场区（来源：孙冠臻 摄）

204

图6-3-7 冲积平原地貌（来源：孙冠臻 摄）

地处典型的冲积平原地貌（图6-3-7）使得井子沟隐藏于三面环山，一面临水的山谷之中，北侧的山坡与南侧的沟壑制约了村庄只能向东西两侧延伸发展的态势，耕地分布在村东、西、北三侧，将村中民居环抱，体现出典型的农业型村落的布局方式。村庄背高处而建，呈组团式布局，错落有致，其地处山岭，适合种植业，因此井子沟村以种植业为主、养殖业为辅，形成了半农半牧的生产方式。

### （四）构成要素

#### 1. 民居构成要素

1）砖制民居

井子沟的土、砖制民居充分体现了我国北方民居的建筑特点，院落多为长方形（图6-3-8），院墙用泥土夯成或石头砌成。正房位于中轴线靠院落北侧，坐北朝

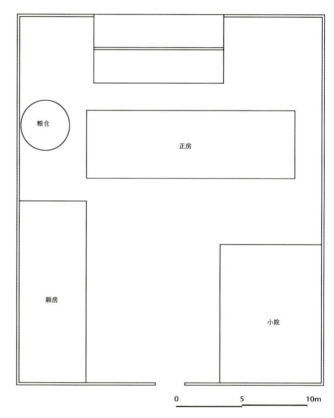

图6-3-8 井子沟村民居院落平面图（来源：张海涛、孙冠臻 绘）

南，用作起居室和厨房，正房前一侧设厢房用作储物和圈养牲畜，另一侧设小院用以小型种植或养殖（亦有正房东西两侧均为厢房的），部分民居正房西北方向建有较高的圆形土粮仓（图6-3-9），主要用以粮食的储藏。房屋为木架房梁，双坡悬山式屋顶，初期的房屋材料是黏土，墙体用泥土夯成，墙壁较厚，屋身较低，屋顶主要为茅草顶，主要用高粱秆和麦秸秆捆扎而成。随着新建筑材料的兴起，砖代替了土坯墙成为主要建筑材料，房屋层高逐渐增高。

井子沟村传统民居最简单的组合单元是"四扇三间"，也称"三间过"，即一明两暗的三间房，中间设门为厨房，东西两间施窗分设起居室。厨房门口处两侧均建有火灶，下方设暖道连通起居室火炕用以供暖，厨房北侧西侧设供奉，东侧摆水缸等日常用品。西侧起居室为长辈居住，东侧小辈使用，起居室南侧靠窗处有火炕，北侧摆放桌子、置物柜等家具，起居室中墙壁和顶棚糊纸装饰（图6-3-10、图6-3-11）。

2）窑洞

窑洞是普及砖房民居之前主要的居住建筑，井子沟村现存六窟古窑洞，分布于该村的东南角方向的山谷中，一般为一个家族共同使用一组窑洞。窑洞整体沿山谷走势单向排列（图6-3-12），内部空间中相邻两洞之间均设有狭窄通道（图6-3-13），且各洞内面积由中间向两侧递减。窑洞的建筑材料多数取材自山坡中的黄土及农耕产物秸秆、麻等作物。功能布局上，窑洞与砖房类似，明间的洞为公共厨房，是一组窑洞中面积最大的洞，进门两侧分设灶台，中厅内部设供奉；次间至稍间为居住功能，按照家庭中辈分从大至小居住使用；尽间一般为置物室，存放农具等杂物。每个居住窑洞内东西两侧为供通行的过道，南侧设炕，南墙开窗，洞内北侧是起居空间，亦可在北墙挖洞用作储藏（图6-3-14）。

图6-3-9 井子沟村私家粮仓（来源：张海涛 摄）

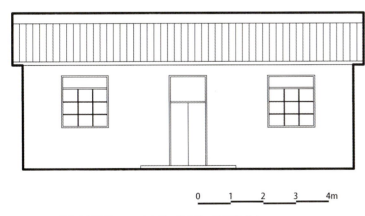

图6-3-10 井子沟村民居立面图（来源：张海涛、孙冠臻 绘）

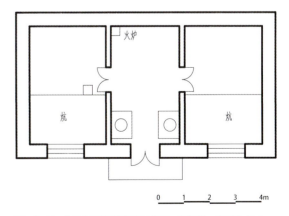

图6-3-11 井子沟村民居平面图（来源：张海涛、孙冠臻 绘）

图6-3-12 井子沟村窑洞南立面（来源：孙冠臻 摄）

图6-3-13 窑洞内部通廊（来源：孙冠臻 摄）

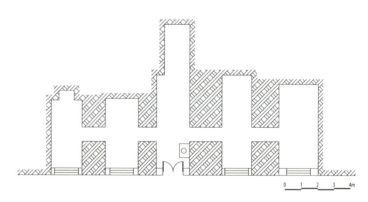

图6-3-14 井子沟村窑洞平面图（来源：张海涛、孙冠臻 翻）

一些窑洞内顶部置入木架起到很好的固定作用，在洞内墙壁和顶部木架下方糊纸起到一定保温保湿作用，增加窑洞的使用寿命，亦可当作洞内装饰（图6-3-15）。

2. 公共空间构成要素

1）晒谷场

晒谷场在以农业为主的村落中是重要的构成要素，井子沟村现存的晒谷场有四个，分别位于村庄中心处主干道两侧不对称分设两个、东北侧一个、村北侧一个，其中位于中心处主干道东侧的为最大，亦为存在时间最长的古广场，故可推测出井子沟村的发展路径是由南向北、由中心向四周推进（图6-3-16）。

2）公共粮仓

公共粮仓位于村庄中心广场的两个晒谷场内，沿村庄主干道呈单排排列。井子沟村保留有一处私家黄土古粮仓，公共粮仓外形与私家粮仓形制相似，为新建建筑，亦为黄土与麦秸秆制成的圆柱状，墙壁上开小窗，顶部用木架搭接，上覆茅草尖顶（图6-3-17），这样的粮仓能更好地使得空气流通，且可有效遮蔽风雨。

3）古坟地

井子沟村古坟地呈四周环抱式分布，因循着以血缘关系聚居的传统，其祖坟亦以姓氏分布：西北梁上为于家祖坟、北梁上为赵家祖坟、东梁上为王家祖坟、跨过季节性河流的西南梁上为李家祖坟。村中有一项关于

图6-3-15　窑洞洞内装饰（来源：孙冠臻 摄）

图6-3-16 井子沟村公共空间分布示意图(来源:根据孙冠臻拍摄照片,王腾 绘)

图6-3-17 井子沟村公共粮仓(来源:孙冠臻 摄)

210

祖坟的特殊文化祭祀活动——"晒灯"，即在传统节日里，当地不同姓氏家族的村民拿着灯沿着特定路线前往本家族祖坟，进行祭祀活动。

4) 其他公共空间

井子沟自然村现存石砌古井三眼，分别位于村东南、中心广场与北侧，井深40米，井壁用石头砌成。虽村中已不需使用井水解决生活用水问题，但中心广场井旁空地旧时为集会场，用作秧歌、二人转等活动场所，现仍为村民纳凉、休息、交谈等日常生活交流的活动场地（图6-3-18）。古碾坊位于村北侧古井不远处，为一相对独立的公共空间，石碾外搭建有简易土墙。

## 三、内蒙古西辽河平原农业聚落特征

依地势而建，聚落布局形式多变，但多数沿河分布。聚落既是人类生存的物质依托，也是生存空间的标志，聚落选址融汇了人类生存方式与环境选择的基本要素，在农业生产方式下，聚落生存的依托条件就是农田[①]，聚落选址关系着村民时代的生存状况，故在西辽河平原的复杂地形地貌中，贫苦的闯关东流民翻山越岭寻找出一个又一个有条件生存发展的"风水宝地"。这些聚落选址随着西辽河平原的地势而建，如井子沟村处于三面环山、一面临水的沟壑地带，村落成组团式布局；离它50公里左右的系带沟村位于山顶处，以台地式布局分为上下二村，开辟出梯田来种植农作物；百公里的大杖房村地势平坦，布局呈线型鱼骨式（图6-3-19）。尽管西辽河流域地处半干旱地区，却总可以在村落周边找到一定的水源，或为季节性河流，或为水库，抑或为西辽河支流，这体现出在农业聚落中，水源对于人类生存具有至关重要的作用。

图6-3-18 井子沟村古集会场（来源：李佳 摄）

---

① 韩茂莉, 张一, 方晨, 赵玉蕙. 全新世以来西辽河流域聚落环境选择与人地关系[J]. 地理研究, 2008（05）: 1118-1128+1225.

图6-3-19 大杖房村总平面（来源：孙冠臻 摄）

聚落面积较小、结构简单，公共建筑不甚齐全。虽然内蒙古西辽河平原因闯关东大量人口涌入而变为农业生产区域，但西辽河平原上形成的聚落却与中原农业聚落的区域广、成片分布等特点不同，最终呈现出来分布数量如繁星而单个村落面积较小的特征。这样的特征形成因素与聚落形成初期的农业与牧业互相矛盾、制约的情况不无关系；也因西辽河平原地形复杂多变，故无法形成大面积成片的聚居区；还因内蒙古西辽河平原上的农业聚落多数以家族为单位形成与发展，经过闯关东到达内蒙古的人群并非为整个家族，故无法扩展出大规模

的村落。西辽河平原的聚落是以爆炸式形成发展起来的,初建者首先以生存为主要目的,并未考虑到村落的文化传承、后续发展、宗族仪轨等方面对聚落布局结构的要求,所以相较中原甚至内蒙古中西部聚落而言,西辽河平原的农业聚落结构较为简单,如井子沟村只有一条主路将公共建筑与居住组团串联起来,系带沟村更是以山路作为主路从村头经过下村一直贯穿至上村(图6-3-20)。这样的布局结构在体现出简洁、实用等特征的同时也放弃了较多的公共建筑,汉地聚落中常出现的地位较高的大型建筑,如宗祠等祭祀建筑、戏台等

图6-3-20 系带沟村以山路作为上下两村的连接(来源:孙冠臻 摄)

文娱类建筑等在内蒙古西辽河平原的农业聚落中难寻踪影，不过大部分村落都会布置一个高度为1米左右的，或龙王庙，或土地庙，或娘娘庙等小型祭祀建筑于村头以求风调雨顺（图6-3-21）。

院落布局紧凑，建筑形制与建造手法朴素。构成内蒙古西辽河平原农业聚落的家庭院落一般沿村中支路布置，平面多为长方形，如井子沟村案例，院落长30米左右，宽20米左右，院内由居住空间（正房）、辅助空间（厢房）、粮仓、动物圈养区与正房前后两个可连通的小型院落等功能空间构成，其中功能较多但布局显得非常紧凑，这与整个村落面积偏小及村落的扩张与发展有直接关系。院落内建筑仅有正房、厢房与粮仓三类，即使是地位最高的正房，其建筑也大多为"三过间"式这种最为简单的空间组合方式；至于另一种居住建筑窑洞，其形制更为简单，用一条长廊将每一窑串联起来，比起内蒙古中部地区的窑洞无论从规模、制作手法还是内部装饰均有简化，采用比较封闭的内部空间布局，也显示了它对气候环境的适应性，体现了它的地域性特征。从建造技术方面来看，内蒙古西辽河平原农业聚落单体建筑可称为朴素：正房门口仅设一级10厘米左右台阶；保留下来的古建筑多以土坯为墙体材料；屋顶仅覆茅草以遮风挡雨；主立面看去仅有一门两窗，再无其他装饰线；墙头、窗棂、门板等少有装饰构件；建筑整体呈青黄色，除门与窗框以绿色或蓝色涂饰外，少有他色出现。这样的特点能体现出聚落形成之初，村民所面临的处境，如建材缺乏、时间紧迫、生活困苦、社会地位低下等。但即使形制简单、建造手法朴素，当地村民也努力体现着"尊卑有别，长幼有序"的传统伦理礼制，如井子沟的窑洞中，位于中间的窑相较周边窑来说面积大，结构稳定，温差变化小，为长辈居住，居住辈分依次向两侧递减。

此外，内蒙古西辽河平原农业聚落还体现了地域性、文化融合性等特征，如井子沟村中在传统节日时有秧歌、二人转，这是本地域的文化活动；晒灯祭祖活动则是从中原地区带来的传统文化；再如不同于"走西口"的晋式民居的单坡屋顶，"闯关东"建筑中出现的双坡屋顶是鲁冀文化的缩影，配以部分屋顶下方的窗棂纹样出现蒙古元素，完美地体现了各种地域文化的多元

图6-3-21 系带沟村龙王庙
（来源：张海涛 摄）

融合与共生。

内蒙古西辽河平原上的农业聚落是在复杂、特定的地形地貌为主条件下，以小农经济、宗法社会及伦理思想三大社会支撑条件下得以构建与发展，对于内蒙古地区传统村落文化的内在机制研究具有重要的社会价值。内蒙古西辽河平原上的农业聚落以"以农立国""安息于土地"为基础，形成以农业经济为主体价值取向，以集权制生产关系组织生产力和生产方式，造就了"耕居结合"的居住形态，在并不理想的环境条件下创造出功能较为完善的居住环境，进而形成内蒙古极富地域性和乡土气息的传统农业村落居住文化。

融合与共生。

内蒙古西辽河平原上的农业聚落是在复杂、特定的地形地貌为主条件下，以小农经济、宗法社会及伦理思想三大社会支撑条件下得以构建与发展，对于内蒙古地区传统村落文化的内在机制研究具有重要的社会价值。内蒙古西辽河平原上的农业聚落以"以农立国""安息于土地"为基础，形成以农业经济为主体价值取向，以集权制生产关系组织生产力和生产方式，造就了"耕居结合"的居住形态，在并不理想的环境条件下创造出功能较为完善的居住环境，进而形成内蒙古极富地域性和乡土气息的传统农业村落居住文化。

# 第一节 宗教类建筑

## 一、藏传佛教建筑

### （一）藏传佛教建筑的形成背景

内蒙古地区藏传佛教建筑形成于元朝至明初，此时藏传佛教得到蒙古上层贵族的大力提倡和扶持，却并未在广大普通蒙古民众中普及。这一时期蒙古地域藏传佛教召庙及殿堂大多建于蒙古重镇，藏传佛教建筑也因没有藏式建筑技术而主要以汉式与蒙古族传统建筑形式（毡包式殿堂）为主，现多已不存。自明朝中叶至清朝，朝廷通过采取一系列的政策，在蒙藏喇嘛教中形成了达赖喇嘛、班禅额尔德尼、哲布尊丹巴和章嘉呼图克图四大活佛系统，并不断为一些上层喇嘛授予呼图克图、国师等尊号，弱化蒙古势力，稳定和巩固其在蒙藏地区的统治。内蒙古地区伴随着藏传佛教的再次传播与发展，以多伦诺尔、呼和浩特为中心，兴起了广建召庙的热潮，尤其在清中期藏传佛教召庙以燎原之势遍布蒙古草原，据统计，清朝中期（乾隆、嘉庆年间），内蒙古地区共有召庙1800余座，喇嘛人数有15万人左右[1]。目前，内蒙古大部分地区所存保护较好的召庙数量如下：阿拉善盟15座、巴彦淖尔市5座、鄂尔多斯18座、包头市6座、呼和浩特市7座、乌兰察布市3座、锡林郭勒盟27座、赤峰市11座、通辽市7座、呼伦贝尔市7座、兴安盟4座[2]。

藏传佛教对内蒙古地域的政治、经济文化和思想领域的影响极大，尤其明清两朝更是广泛渗透到蒙古民族生活的各个方面，同时对于蒙古地区城镇的形成也起到了至关重要的作用。清朝初期，内蒙古地区仍然以游牧生活为主，广泛建立的藏传佛教寺庙就成为草原深处独有的定居点。因此寺庙聚落的建筑群就成为早期草原深处的城市。每年、每季、每月的庙会活动既是寺庙的宗教活动，又成了各地区的物资交流活动。这样，各类旅蒙商逐渐在寺庙周围定居下来，另外还有一些手工业者从牧业活动中分离出来，定居在寺庙周围，逐渐形成了寺庙、商业、手工业等聚集的城镇。因此，蒙古地域很多地方素有"先有召，后有城"的说法，典型的有归化市、鄂尔多斯市乌审召周边的喇嘛聚落等[3]。

### （二）藏传佛教召庙建筑布局

一般来说，蒙古地域藏传佛教召庙建筑的布局主要受到藏地召庙建筑布局以及汉地皇家佛寺建筑布局的影响，故其布局呈现出多元化的形态。总体来说，藏传佛教召庙建筑布局可概括为轴线式、中心自由式与自由式三类。其中轴线式布局深受汉文化的影响，是汉地佛教寺院中传统的伽蓝七堂制轴线布局及其变体，根据轴线数量不同形成了单轴（图7-1-1）、双轴（图7-1-2）、多轴（图7-1-3）等；中心自由式基于曼陀罗中心与四周关系的影响，以主要殿堂为中心的象征佛教宇宙中心的布局及其变体（图7-1-4）；自由式的召庙受到蒙古游牧文化影响，多以纯粹的自由式布局出现，基本没有规律可循（图7-1-5）。很多情况下，上述三种形式相互渗透，例如，包头市昆都仑召（图7-1-6）主体建筑是以典型的轴线式布局，但其周围散布着自由式布局的其他殿堂[4]。

---

[1] 张鹏举. 内蒙古地域藏传佛教建筑形态研究[D]. 天津：天津大学，2011：18-19.
[2] 张鹏举. 内蒙古古建筑[M]. 北京：中国建筑工业出版社，2012：46.
[3] 张鹏举. 内蒙古古建筑[M]. 北京：中国建筑工业出版社，2012：40.
[4] 张鹏举. 内蒙古藏传佛教建筑1[M]. 北京：中国建筑工业出版社，2011（12）：78.

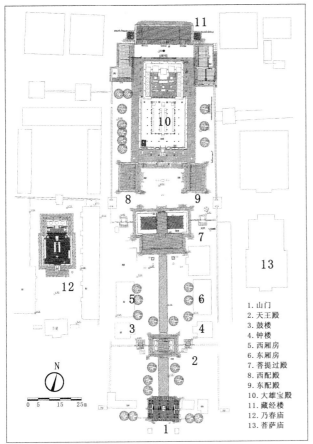

图7-1-1 大召寺总平面图（来源：内蒙古工业大学地域建筑研究所 绘）

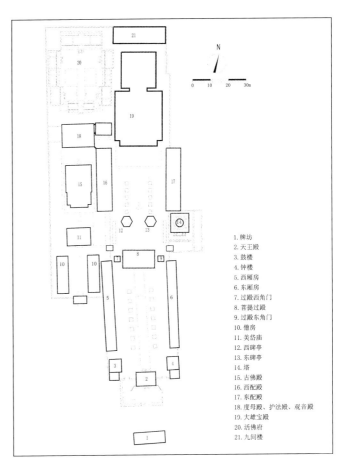

图7-1-2 席力图召总平面图（来源：内蒙古工业大学地域建筑研究所 绘）

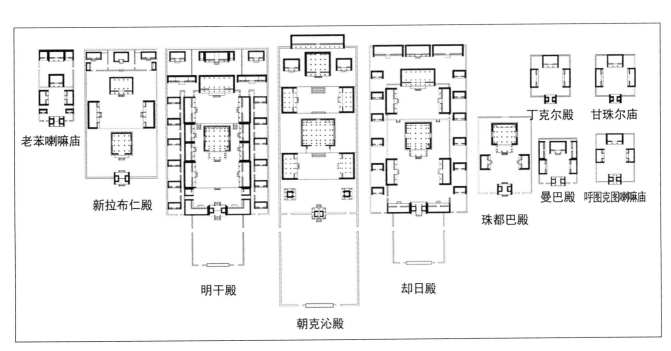

图7-1-3 贝子庙总平面图（来源：内蒙古工业大学地域建筑研究所 绘）

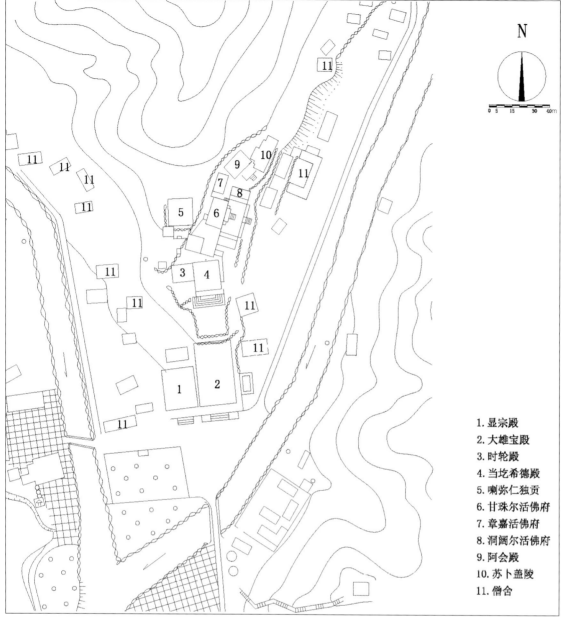

图7-1-4 五当召总平面图（来源：内蒙古工业大学地域建筑研究所 绘）

1. 显宗殿
2. 大雄宝殿
3. 时轮殿
4. 当圪希德殿
5. 喇弥仁独贡
6. 甘珠尔活佛府
7. 章嘉活佛府
8. 洞阔尔活佛府
9. 阿会殿
10. 苏卜盖陵
11. 僧舍

### （三）藏传佛教建筑的基本构成

藏传佛教寺庙主要是祭神、讲经、说法、修行之所，内蒙古藏传佛教建筑同样具有上述功能，且体现出类型丰富与近地域性等特征（图7-1-7～图7-1-9），这些类型丰富的建筑根据其功能可分为：通常作为寺庙大门，或兼有天王殿功能的山门；分布在寺庙中轴线两侧多为楼阁式建筑的钟、鼓楼；作为供奉佛像、经书场所的各类佛殿；作为喇嘛修行场所的经堂；存放各种藏传佛教经典及宗教法器的藏经楼；此外，藏传佛教寺庙内僧人的起居建筑、活佛府，寺庙内的塔幢、敖包、苏力德等特定地域的特有标志性建筑，亦是内蒙古藏传佛教寺庙的组成部分。

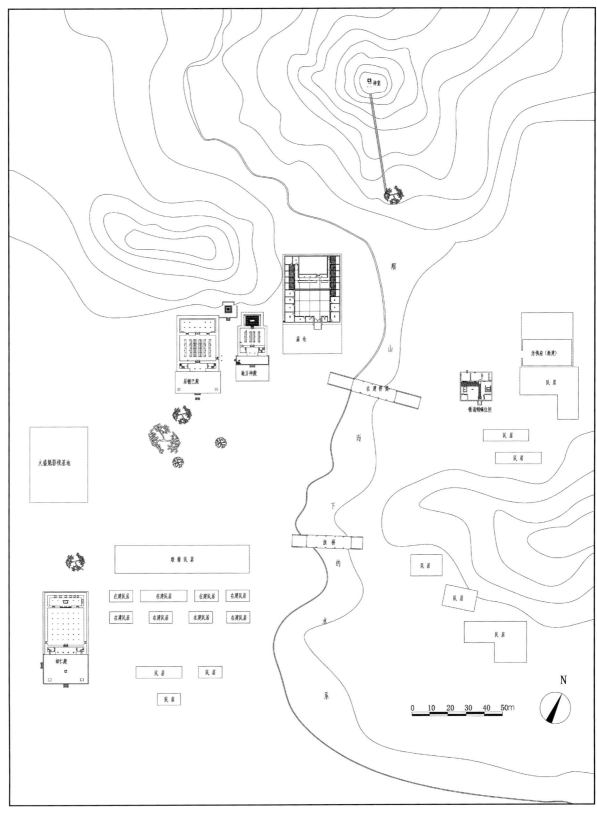

图7-1-5 希拉木仁庙总平面图（来源：内蒙古工业大学地域建筑研究所 绘）

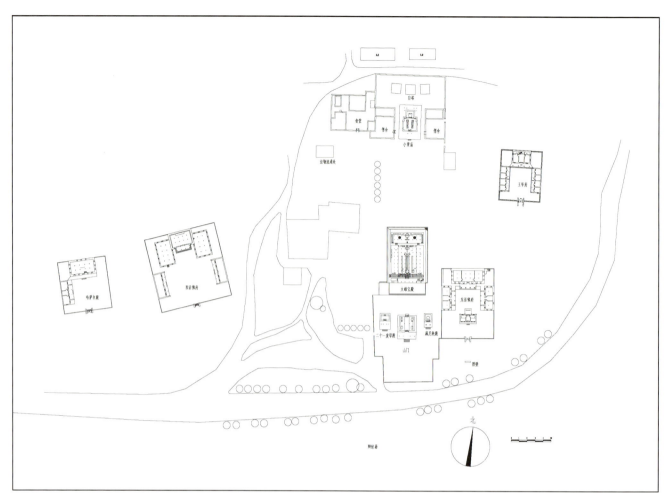

图7-1-6 昆都仑召总平面图（来源：内蒙古工业大学地域建筑研究所 绘）

图7-1-7 汇宗寺大雄宝殿正立面（来源：内蒙古工业大学地域建筑研究所 摄）

图7-1-8 五当召朝格钦殿正立面（来源：内蒙古工业大学地域建筑研究所 摄）

图7-1-9 美岱召大雄宝殿正立面（来源：内蒙古工业大学地域建筑研究所 摄）

总体来说，内蒙古藏传佛教召庙建筑根据使用功能可分为主体宗法建筑、世俗生活建筑与特殊建筑三类。内蒙古地域的藏传佛教召庙突出了藏式为母的特征，承袭了藏传佛教格鲁派严格、完善的寺庙管理体制，并形成了具有内蒙古地域特色的藏传佛教召庙主体宗法建筑——殿堂，如经堂与佛殿相结合形成的"大雄宝殿""护法殿"等佛殿，以及用于诵经、修行的"大经堂"等召庙中重要建筑等。内蒙古藏传佛教寺庙中主要殿堂合一的建筑单体多采用藏地的"都纲法式"[①]，且随着建造时期与地域不同出现了变体，在内蒙古藏传佛教殿堂建筑发展过程中佛殿空间逐渐变小，作用逐渐减弱，经堂都纲空间从小到大，从隐藏到显露，直到形成完整饱满的建筑形态[②]（图7-1-10～图7-1-14）。内蒙古藏传佛教召庙中的活佛府通常以院落的形式出现，且根据活佛地位的高低，其规模大小有所不同，其规模与形制与藏区相比而言均较为简朴，且建筑形式有近地域性（图7-1-15）；有些喇嘛较多且用地紧张的寺庙，喇嘛居所为独立院落式的公共集体宿舍，一些喇嘛相对少且用地宽松的寺庙则以类似民居聚落的方式出现（图7-1-16）。内蒙古藏传佛教寺庙所特有的建筑，有如佛塔、敖包以及苏力德等也纷纷出现。佛塔多为典型的覆钵式佛塔，即俗称的"喇嘛塔"（图7-1-17），以及数量不多的金刚宝座塔（图7-1-18）；藏传佛教传入蒙古地域之后，敖包信仰也被融入内蒙古藏传佛教仪轨中，分为用以纪念喇嘛的敖包、用于藏传佛教仪式的敖包；同样在蒙古文化中占有举足轻重地位的苏力德崇拜也被成功地引入藏传佛教中，苏力德则成为蒙古地域藏传佛教召庙中的重要标志之一（图7-1-19）。

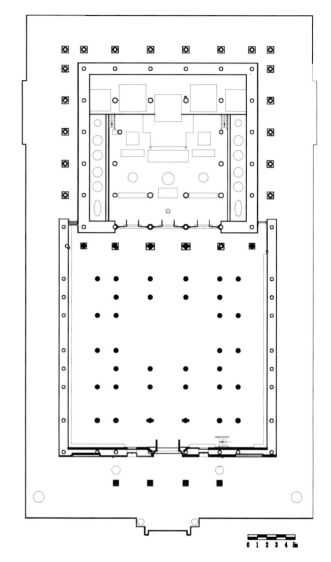

图7-1-10 大召大雄宝殿一层平面图（来源：内蒙古工业大学地域建筑研究所 绘）

---

① 都纲法式具体的建筑形制是：建筑一层平面纵横排列柱网，中间部位凸起方形或近方形的垂拔空间，此垂拔通高二层，并在东、南、西三个方向开窗采光。建筑二层平面呈"回"字形，中部为经堂凸起的垂拔空间，垂拔井外侧房间一圈，这些房间大多用作管理用房或储藏室等。建筑外观为四周平顶，中部垂拔之上为坡屋顶，多采用歇山式，偶见藏式平顶（多在纯藏式殿堂中运用）。如上所述殿堂中心部分突起，设高侧窗，平面呈"回"字形的一种定型化的建筑规制即是"都纲法式"。
② 韩瑛. 基于都纲法式演变的内蒙古藏传佛教殿堂空间分类研究[J]. 建筑学报，2016（02）：95-100.

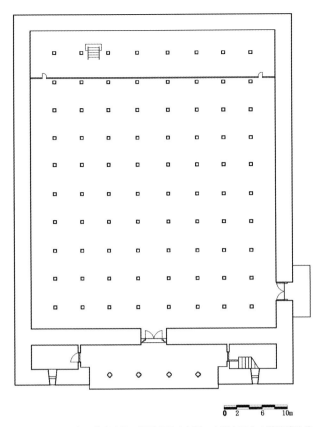

图7-1-11 五当召苏古沁殿一层平面图（来源：内蒙古工业大学地域建筑研究所 绘）

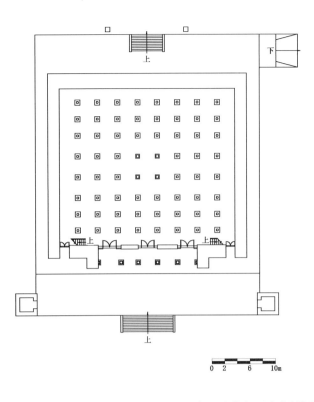

图7-1-12 库伦兴源寺大雄宝殿一层平面图（来源：内蒙古工业大学地域建筑研究所 绘）

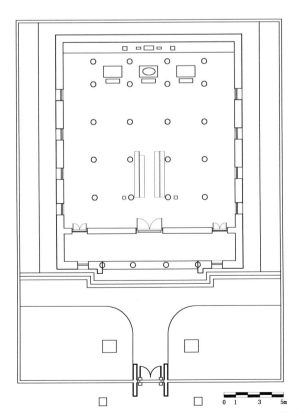

图7-1-13 巴丹吉林庙大雄宝殿一层平面图（来源：内蒙古工业大学地域建筑研究所 绘）

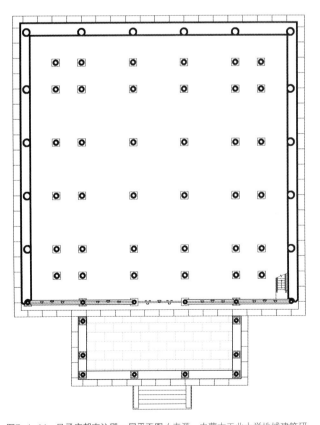

图7-1-14 贝子庙朝克沁殿一层平面图（来源：内蒙古工业大学地域建筑研究所 绘）

图7-1-15 宝善寺活佛府山门（来源：内蒙古工业大学地域建筑研究所 摄）

图7-1-16 五当召全景（来源：内蒙古工业大学地域建筑研究所 摄）

图7-1-17 昆都仑召喇嘛塔（来源：内蒙古工业大学地域建筑研究所 摄）

图7-1-18 五塔寺金刚宝座塔正立面（来源：内蒙古工业大学地域建筑研究所 摄）

图7-1-19 乌素图召庆缘寺大雄宝殿前苏力德（来源：内蒙古工业大学地域建筑研究所 摄）

## （四）藏传佛教建筑的基本特征

内蒙古的藏传佛教召庙建筑在本地域的产生发展过程中既保留了藏汉建筑形制的重要特征，又在其发展过程中融合了较为鲜明的地域性形态特征。建筑表现出一定的形态共性。关于内蒙古藏传佛教建筑的基本特征，根据张鹏举教授的研究成果，总结如下：类型丰富、布局多元、藏式为母、规制式微、建造技艺粗放及近地域性。内蒙古藏传佛教召庙从总体布局到单体建筑形态大致概括为藏式、汉式和藏汉混合式三种，这种概括仅是一种粗放的风格归类，事实上每一种形态又极其丰富。内蒙古藏传佛教召庙的建构直接因承了西藏及青海地区寺庙的基本构架，其布局呈现出多元化的形态；除少数佛殿、经堂合一的小型召庙外，基本都是前经堂后佛殿，整体由门廊、经堂、佛殿构成，成为内蒙古地域召庙建筑普遍共有的形式母题；尽管以藏式的平面特征为核心母本，但内蒙古地区藏传佛教建筑的上述规制同影响它的藏地佛教建筑和中原官式建筑相比明显较弱，呈现多元化的变通；内蒙古地区藏传佛教寺庙建造过程中工匠们并没有严格地遵循青藏地区或中原汉式的传统建造技艺，而是采用了较为粗放实用的建造方式来灵活应对实际情况；在发展过程中，除了受到藏传佛教发源地西藏、甘青地区寺庙建筑形态以及汉地官式建筑的影响外，内蒙古地区藏传佛教建筑更有来自邻近汉地建筑文化对其产生的直接影响，在建筑形态上呈现出明显的近地域性。[1]

---

[1] 张鹏举. 内蒙古地域藏传佛教建筑形态研究[D]. 天津：天津大学，2011：31-41.

## 二、汉式宗教建筑

### （一）汉式宗教建筑的形成背景

内蒙古地区的汉传宗教建筑多数建于清代，主要分布于通向草原腹地的重要商路沿线的城镇中，故受到汉地移民文化影响较深，从而形成蒙汉文化混合形态。内蒙古各城镇的移民多来自于中原地区，尤以山西、陕西、山东、河北等省为主，因此在内蒙古城镇聚落汉式宗教建筑分布中，以上述各省传统民俗信仰为多数。但由于藏传佛教在蒙古地域无论从清廷政策、传播时间、覆盖地域、信教人数等方面均占有绝对优势，故汉传宗教在内蒙古地区内的分布是较为有限的，如分布于呼和浩特市、包头市、乌兰察布市、丰镇市及锡林郭勒盟多伦县境内等地。在城镇中汉式宗教历史发展过程中，内蒙古地区所盛行的神祇信仰与中原基本一致，在城镇中财神、土地寺庙林立，各庙供奉各异，表现出多种信仰多元融合的现象，如呼和浩特城中各种庙坛至今仍散落在市内的大街小巷。

### （二）汉传宗教建筑的基本类型

内蒙古地区形成的汉式宗教是商业移民城镇的产物，是旅蒙商人谋生和安家落户后集各种信仰的缩影，其建筑按照空间功能分为如：财神庙、关帝庙、观音寺、文庙、魁星阁、龙王庙、牛王庙、娘娘庙、吕祖庙等类型，这些汉式宗教建筑多位于内蒙古早中期的商业政治中心城镇中。在内蒙古地区汉式宗教信仰中影响最广泛、最普遍的是对观音、关公、财神、龙王等的信奉，后随着文化教育的逐渐盛行，在大型城镇开始修建文庙、魁星阁等祠庙[①]。

内蒙古的汉式宗教庙宇多为民间集资所建，故建筑布局承袭自中原地区的汉式宗教建筑布局，多采用四合院形式建造，如呼和浩特市财神庙（图7-1-20），按照山西传统庙祠为蓝本建造，建筑整体坐北朝南，建筑群由南向北以轴线排布，沿轴线建有山门、香炉亭、大殿、偏殿、配殿，其他厢房等建筑，这类建筑对于建筑形制、规模、装饰等要求不高；另一类汉式宗教建筑为政府拨款，由本地统治阶级组织建造，如呼和浩特市文庙，属于官营性质，其功能完全服务于礼制的需要，建筑按照封建等级制度规格建造，虽然文庙现仅存一个大成殿（图7-1-21），但仍可从文庙占地面积与大成殿的建造与装饰手法上看出明显的官式建筑特征，这类建筑在旧时呼和浩特城占有重要的地位。

### （三）汉传宗教建筑的基本特征

庙宇多建于城镇繁华、人流密集区域。如呼和浩特财神庙、观音寺、文庙等选址在呼和浩特旧城中最为繁华的地段；包头市吕祖庙位于东河区的居民聚集区旁，对面为商业街；丰镇市南庙将南阁置于出入城时的必经之地。这些庙宇所处的位置反映出当时的社会各种宗教为吸引信众，将宗教空间建在繁华地段，以弘扬各自的思想，为当地的旅蒙商人提供了精神依托的场所，也体现出当时内蒙古城镇各族人民对于汉式宗教信仰和谐的景象。

庙宇类型缺乏且混杂，规模较小。内蒙古地区内除几个重要城镇如呼和浩特市、包头市的汉式宗教庙宇类型相对齐全外，其余城镇中汉式宗教类型多数不甚完整，且表现出很明显的信仰缺失，仪式简化，规制式微且建筑多元合一的现象。作为清朝时期"国家信仰"的藏传佛教在整个内蒙古地区有着极高地位，导致汉式宗教受到排挤，宗教文化传播较为零散，多数汉式宗教庙宇并未按照中原地区汉式宗教庙宇分布规则来择址且规模较小，如多伦县碧霞宫是该地唯一的道教庙宇，占地仅600余平方米（图7-1-22）。除此之外，内蒙古地区

---

[①] 乌云格日勒. 十八至二十世纪初内蒙古城镇研究[M]. 呼和浩特：内蒙古人民出版社，2005：136-138.

图7-1-20 财神庙鸟瞰（来源：内蒙古工业大学地域建筑研究所 摄）

图7-1-21 文庙大成殿正立面（来源：内蒙古工业大学地域建筑研究所 摄）

的汉式宗教还出现一个庙宇内供奉多神的现象，如包头市吕祖庙，在庙内供有代表多个信仰的各路神仙，悬挂匾额有五子登科、招财进宝、魁星高照、有求必应等，完全迎合民众的心理需求[1]。

建筑形式多元化发展，营造混杂，规制式微。旅蒙商人集资建造的汉式宗教建筑如呼和浩特市财神庙，采用了民间做法，建造手法灵活，细部装饰有限且有地域特征；本地统治阶级建造的汉传宗教建筑如呼和浩特文庙大成殿，为官式建筑做法，建筑建造手法考究、细部装饰较精致。内蒙古地区多数的汉式宗

---

[1] 江瑛. 包头地区寺庙以及宗教文化特点概述[J]. 内蒙古科技与经济，2007（21）：351-353.

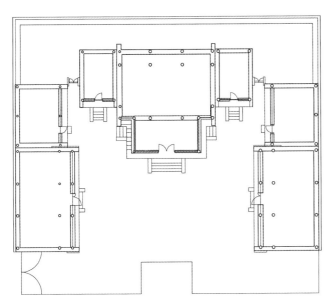

图7-1-22 碧霞宫总平面图（来源：内蒙古工业大学地域建筑研究所 绘）

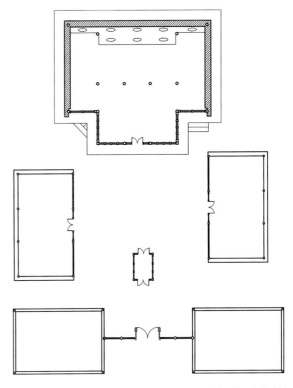

图7-1-23 观音寺总平面图（来源：内蒙古工业大学地域建筑研究所 绘）

教庙宇因用地面积以及集资数目有限，未能一次成型，后经过了多次扩建形成最后规模，故并未按照宗教所需要的完整布局建造，或进行了简化建造，如呼和浩特观音庙（图7-1-23）中大雄宝殿兼有钟鼓楼的建筑功能，且在规格上表现出多元且等级较低的特点（图7-1-24、图7-1-25）。

施工技艺粗放朴素。内蒙古地区汉式宗教建筑建造与装饰上都比较简朴，尤其是民间集资建造的庙宇中尤为明显。内蒙古地区内的汉式宗教主要为旅蒙人出资建造，受到了经济等方面的制约，多数表现出主要立面讲究而其他部位相对朴素的特点，也部分地反映出了当时商人阶层的实际情况[1]。如呼和浩特市魁星楼（图7-1-26）的建造，在经济与建筑材料双重压力之下，设计者只能利用不同于中原地区的新建筑形式来解决问题。

此外，在内蒙古汉传宗教建筑中也反映出了地域的特点。内蒙古汉式宗教建筑在蒙汉文化的共同作用下，体现出了多文化交融的内容，如魁星楼的设计吸纳了蒙古族的空间理念，观音庙在装饰上融合了藏传佛教的内容等；又如大殿前均设置抱厦、墙体多采用里生外熟等做法来满足冬天御寒的需要。[2] 内蒙古地区的汉式宗教建筑为研究宗教类建筑在内蒙古地区的演变，及旅蒙商人传播汉地建筑文化都提供了丰富的资料。

---

[1] 乌云格日勒. 十八至二十世纪初内蒙古城镇研究[M]. 呼和浩特：内蒙古人民出版社，2005：136-138.
[2] 张鹏举. 内蒙古古建筑[M]. 北京：中国建筑工业出版社，2012：71.

图7-1-24 正觉寺南阁立面图（来源：内蒙古工业大学地域建筑研究所 绘）

图7-1-25 包头妙法禅寺吕祖殿西南侧（来源：殷俊峰 摄）

（a）魁星楼正面　　　　　　　　　　　　　　　　（b）魁星楼背面

图7-1-26　魁星楼（来源：内蒙古工业大学地域建筑研究所 摄）

## 第二节　衙署府第类建筑

### 一、衙署类建筑

#### （一）衙署建筑历史背景

自清军入关以前，统治者便于版图之内设立多处驻防城，目的是为了能够抵御外敌。随着清军的顺利入关，国家内地各个阶级与各民族开始反抗，统治者为镇压暴动正式建立了八旗驻防制度，并逐渐完善该驻防体系。一直以来，蒙古是清朝统治者最亲密、最可靠的盟友，蒙古诸部的向背是清朝统治能否稳固的关键[1]。随着准噶尔部的逐渐崛起，清朝统治者为加强对蒙古地区的统治，将驻防城重心逐渐向长城沿线北移，于北部边疆设立形成了半月形的驻防城空间格局。在后期的发展中，这些具有防御作用的驻防城逐渐发展成为城镇，成为整个城镇空间的核心，而蒙古地域的八旗驻防城在这方面的表现则尤为突出[2]。

雍正年间，清廷下旨在归化城（今呼和浩特市旧城）东北五里处勘定一处驻防城，至乾隆四年（1739年）告竣，清廷赐名"绥远城"。同时清王朝还在绥远城中心区建造了为军事和行政服务的衙署建筑——清绥远将军衙署，成为清朝屏藩朔漠的有力工具（图7-2-1）。绥远城将军衙署是清代的管辖归化城、漠南蒙古及统领大同、宣化等地驻兵的办公衙门，按清一品封疆大吏衙署的格式营造，是我国仅存的一座高级武官衙署，这足以显示出其在蒙古地域内举足轻重的地位。绥远将军衙署以其规整的布局及严谨的建造手法形成的恢宏景象被誉为"漠南第一府"。2006年5月25日，将军衙署与绥远城城墙被合并公布为第六批全国重点文物保护单位。

#### （二）衙署建筑的组成与布局

绥远将军衙署是严格按照清廷《大清会典》及八旗

---

[1] 定宜庄. 清代八旗驻防研究[M]. 沈阳：辽宁民族出版社，2003.
[2] 佟靖仁点校注. 绥远城驻防志[M]. 呼和浩特市：内蒙古大学出版社，1984.

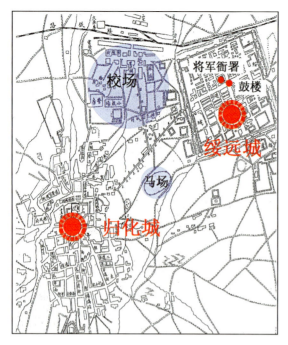

图7-2-1 将军衙署位置示意图（来源：根据乌云格日勒《十八至二十世纪初内蒙古城镇研究》57页插图改绘 李佳 绘）

驻防城的要求营建的官式衙署建筑群，总体遵照礼制建造，按照前堂后寝、左右对称的制式进行布局，为绥远城将军办公衙门和生活府邸，是清廷对绥远地区执行政治、军事统治的最高机构，其建筑布局、结构、形制代表了这一历史阶段的营造规范制度和技术水平。

将军衙署位于原绥远城中心——鼓楼（已拆除）西北侧，原建筑群占地面积3万平方米，整体布局南北，纵向由东、西跨院及中间院落三部分组成，中路院落分前堂与后寝两部分，原有六进院落，现在只保存了中间四进院（图7-2-2）。前堂为公务厅院，依次为：刻有"屏藩朔漠"石额的衙署照壁，面阔三间的衙署府门，与府门形制相同的仪门，将军衙署中的等级最高、体量最大的大堂又称正堂（图7-2-3），第二进院落中的二堂；后寝为绥远城将军的内宅，依次为三堂、四堂。中轴线上各院主建筑两翼皆置有配房，左右对称布列东西厢房。东跨院主要设库房、马房、厨房等后勤体系，西

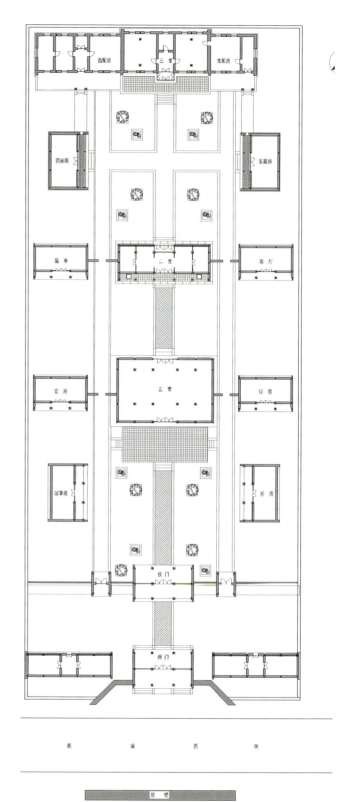

图7-2-2 将军衙署中路建筑总图

图7-2-3 将军衙署大堂照片
（来源：张鹏举《内蒙古古建筑》）

跨院西院南端原为衙署花园、客房，北部有土地庙等祭祀之所；[1]衙署东南隅建有马号；衙署四隅外侧各建有一处更房，为卫戍官兵住所。

### （三）衙署建筑的影响与意义

维护国家边疆统一与民族团结。客观看来，清代治蒙的一系列重要政策的贯彻实施不只使蒙古民族听命于清王朝成为满族统治者的合作力量，而且使蒙古地区成了清王朝北部边疆的稳定因素，这对实现蒙古各部统一、维护国家统一与秩序安定具有不容忽视的积极作用。将军衙署影壁上"屏藩朔漠"四个字，就是蒙古民族在清代为保卫祖国边疆做出贡献的历史记载。清朝对蒙古采取慑之以兵威，怀之以德的制驭策略，使长城内外的各民族间和平共处、四海安定，这足以说明清代治蒙政策与历代中原王朝相比更有其略胜一筹的成功之处[2]。

将军衙署是同时期同类清代建筑的典范。将军衙署是清代按照《大清会典》及八旗驻防城整体规划营建，它的建筑布局、结构、形制代表了这一历史阶段的规范制度和技术水平。其规模之大、地位之高、延续历史之长、现状保存之好，为国内同类衙署仅存的实例。同时，作为历史文化名城呼和浩特市重要的历史载体，具有很高的文物价值。[3]

为少数民族地区研究提供实物资料。坊间流传"一座将军府，半部青城史"的说法。绥远将军衙署为蒙古地区各领域的研究均提供了极其丰富的珍贵史料，是呼和浩特作为中国历史文化名城的直接见证，为现世的正史、补史、证史起到了十分重要的作用，具有重大研究价值和广泛的社会价值。将军衙署也是研究清代军事、政治、八旗制度、民族关系以及官衙建筑的实物

---

[1] 张鹏举. 内蒙古古建筑[M]. 北京：中国建筑工业出版社，2012：92.
[2] 卢明辉. 略析清代前期治理蒙古的几项重要政策[J]. 内蒙古社会科学（文史哲版），1991（04）：67.
[3] 张鹏举. 内蒙古古建筑[M]. 北京：中国建筑工业出版社，2012：94.

资料，为繁荣呼和浩特乃至内蒙古文博事业作出重要贡献。

## 二、府第类建筑

### （一）府第建筑历史背景

清廷在清朝前中期对蒙古的基本政策是与蒙古贵族广泛建立联盟，使之成为其政权的可靠支柱，同时采取有力的措施限制其势力扩大而便于控制，如"联蒙制汉""南不封王北不断亲"等政策，如此不仅可消除蒙古势力对清王朝的威胁，而且使其成为维护国家统一与边疆稳定的钢铁屏障。内蒙古府第类建筑是清朝政府颁布的稳定边疆政策在蒙古地域内形成的一种特殊的建筑类型，依照其建造目的主要分为两类：一是为加强与蒙古部族的联盟而采取联姻政策，清廷将公主下嫁到蒙古部落时，为地位最高的公主建造的公主府；二是为了加强对蒙古地区的统治，制定出盟旗制度[1]，授予蒙古各部封建主王公爵位而建的王爷府[2]。

现存内蒙古地区的王爷府与公主府均为清廷派匠人或敕建而成，依照《大清会典》中对府第建筑的规定建造，成为内蒙古地区官式建筑的典范，代表着内蒙古官式居住建筑的最高等级。府第中建筑包括居住、办公、游憩、祭祀等功能，所需人数众多，逐渐形成了以王府为中心向周边辐射分布的王府型城镇，清代内蒙古因府第而形成的城镇数量较多，其城镇的规模也因王府的等级而略有差别，例如呼和浩特公主府分支在其周围形成小府村、府兴营两大村落，喀喇沁郡王府形成了喀喇沁旗王爷府镇，阿拉善王府形成了阿拉善定远营，喀喇沁旗的王爷府形成了王爷府镇，奈曼旗札萨克王府形成了大沁他拉镇，巴林右翼旗的大板镇也是由公主府邸逐渐发展而成。

### （二）府第建筑的基本类型

现被国务院认定为第五批全国重点文物保护单位的呼和浩特市清固伦恪靖公主府是康熙皇帝为第六女和硕恪靖公主下嫁蒙古部落所赐，是内蒙古地区现存规模最大的公主府邸，总体布局因循皇家宫殿类建筑的前堂（图7-2-4）后寝（图7-2-5）形式布置，平面呈中轴对称布局，形成四进院落（图7-2-6）。主体建筑群之后是由马场和花园构成的府园，面积之大远远超出主体建筑的面积，这种"园（场）大于府"的布局思路，是北方满、蒙民族特有的习俗（如善骑射、习武训练）的反映。[3]

据史料记载，清代蒙古地区共建有48座蒙古王府。[4]在清中后期，札萨克所驻之处常建有王府，这类王府是蒙古盟旗政权的中心，其尊贵程度在院落布局与建筑营造中得到了充分的体现。如第五批全国重点文物保护单位的赤峰市喀喇沁王府，由府第区、西跨院、东跨院、前庭和后花园组成（图7-2-7），中路建筑为王府建筑的核心区，主体建筑的两翼建筑沿中轴线建筑东西对称分设为配房、厢房，进而形成纵深五进院落的格局，在王府西侧还建有王府家庙福会寺等喇嘛教寺庙；巴彦浩特市的阿拉善王府现为第六批全国重点文物保护单位，为原阿拉善和硕特部政治、经

---

[1] 盟旗制度，是清朝为了削弱蒙古诸部势力，达到分而治之的目的而建立的。旗是清廷将陆续归附的蒙古各部仿照满洲八旗的性质和组织形式建立的兵民合一的军事、政治和社会组织，旗管辖固定的地域和人丁，既是清朝国家行政体系中蒙古地区的基本军事和行政单位，又是清朝皇帝赐给旗内各级蒙古封建主的世袭领地，并由数旗组成并形成理藩院—盟—旗三级管理体系。旗设札萨克（民间称为王爷）一人，拥有行政、司法、税收和军事管辖权，各旗均有以王爷府邸为中心的和硕衙门（民间称为旗政府）。
[2] 张鹏举. 内蒙古古建筑[M]. 北京：中国建筑工业出版社，2012：92.
[3] 张鹏举. 内蒙古古建筑[M]. 北京：中国建筑工业出版社，2012：95.
[4] 张鹏举. 内蒙古古建筑[M]. 北京：中国建筑工业出版社，2012：92.

图7-2-4　固伦恪靖公主府大堂——静宜堂（来源：内蒙古工业大学地域建筑研究所 摄）

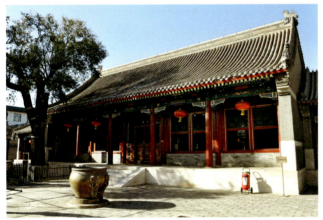

图7-2-5　固伦恪靖公主府寝殿（来源：内蒙古工业大学地域建筑研究所 摄）

济、宗教、文化的中心[①]，整个建筑按南北轴线，分左中右三路，各路院落又根据功能不同再纵分为二或三进院落群组（图7-2-8），整个建筑群落为典型的明清四合院建筑群体和园林风格，在塞外戈壁有"小北京"之称（图7-2-9）。内蒙古地区现存的王府有巴彦浩特市阿拉善王府、鄂尔多斯市伊金霍洛旗郡王府、锡林郭勒盟苏尼特德王府、乌兰察布市四子王旗王府、赤峰市喀喇沁亲王府、通辽市奈曼郡王府等。

（三）府第类建筑的基本特征

院落主路建筑布局规整，辅路建筑布局灵活多变。《大清会典》中仅对王府中路建筑的形制做了详细规定，辅路建筑并未有明确规制，故相对于具有行政功能的中路建筑，东西两跨院的建筑布局可灵活处理，从而形成丰富的院落空间序列，建筑亦可融合当地地域特征而富有别样趣味的生活气息。如分为三路院落的阿拉善王府，中路需体现王府权力等级而布局相较辅路建

---

① 张鹏举. 内蒙古古建筑［M］. 北京：中国建筑工业出版社，2012：101.

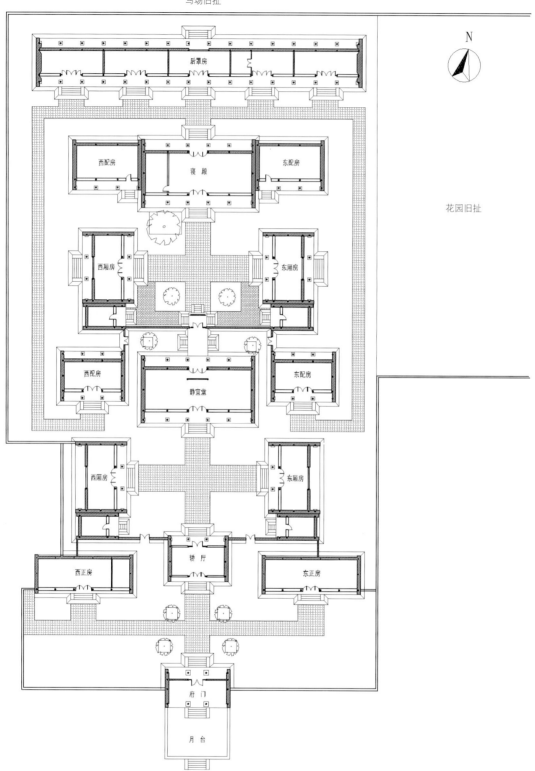

图7-2-6 固伦恪靖公主府总平面图（来源：内蒙古工业大学地域建筑研究所 绘）

图7-2-7 清代喀喇沁王府全图（来源：喀喇沁王府博物馆）

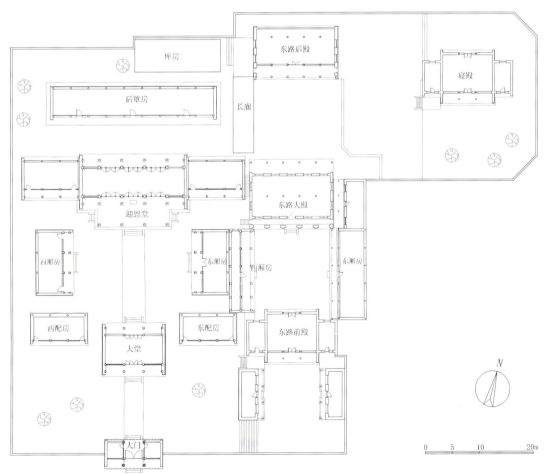

图7-2-8 阿拉善王府总平面图（来源：阿拉善王府博物馆）

图7-2-9 阿拉善王府东路正殿（来源：阿拉善王府博物馆）

筑而言尤显宏伟规整；东西跨院为生活功能区，其中东路空间因王府整体建筑群延伸受到局限而被挤压得较为狭窄[①]。宅园结合的平面组织，在凸显府第类建筑在当地社会极高地位的同时，亦可融合满、蒙古族生活习俗，并将汉式官式建筑的风格与当地民间风格结合。

建筑以居住为基本功能，兼具有办公、祭祀、园林、商业等功能。府第类建筑不仅是王公贵族们居住的场所，更是他们统辖全旗，进行日常管理和办公的场所，府邸周围亦建造了代表精神信仰的寺庙，供贵族休闲娱乐的花园、狩猎场地以及军事训练场地等一系列附属设施，长此以往又形成了商业区，这样就形成了以王府为中心，其他附属建筑、居民区以及商业街围绕王府的王府型集镇，这也是内蒙古地域内一种特殊的集镇形式。如固伦恪靖公主府，建筑群集殿堂、园林、练武马场等功能于一体，且园林和跑马场的面积远远大于府宅房舍的建筑面积，体现了北方民族的生活习俗。多数王府周边都会建有藏传佛教寺庙作为家庙，除藏传佛教寺庙外还有的王府附近建有关帝庙、马王庙等汉式宗教建筑。

以汉式建筑为主，多种建筑类型与风格共存。内蒙古的王府建筑形制大致分为汉式官式建筑、藏式寺庙建筑、西洋建筑、蒙古包四种。内蒙古的府第建筑

---

① 王敏. 阿拉善定远营建筑布局研究[D]. 呼和浩特：内蒙古工业大学，2013：75.

融满、汉、蒙、藏建筑风格于一身，尤其是到了清朝后期表现得更加明显，如喀喇沁王府正殿屋顶天花上的"佛八宝"显示藏传佛教建筑的风格特点；德王府正殿后面竖立着"苏鲁锭"，偏殿前有蒙古包群，侧院布置拴马桩等，体现了蒙古族文化的成分；阿拉善王府东路建筑群一进院东西厢房的檐柱建为以"延年益寿"为主体的欧式风格立面等，这些在内蒙古府第类建筑中形成的装饰与布局特色体现了在蒙古地域内的文化多元融合。

王府类建筑社会地位较高，但建造手法朴素。早期建造的府第由朝廷出资拨款，参照京城的王府严格按规制而建，建筑风格朴实，形制较为严谨[①]。府第建筑一般不施斗栱，其营建一般仅仅满足实用、经济的原则，装饰朴素大方，主要建筑屋顶用硬山，次要建筑多用卷棚硬山屋顶，如喀喇沁王府建筑属无斗栱官式大木结构形制，用材硕大、结构严谨，砖作遵循"活糙规矩不糙"（制度规矩优先，材料工艺量力而行），瓦作采用传统筒瓦覆顶，室内天棚分藻井（如承庆楼）和一般吊顶，建筑除宗祠、庙堂施以彩绘外，其余建筑无论等级尊卑，一律丹青色粉饰，不施彩绘。

## 第三节　传统民居类建筑

### 一、蒙古包

#### （一）蒙古包形成背景

蒙古包是蒙古族草原游牧生活中最为典型的民居。蒙古人自己不称之为蒙古包，而是伊苏格日——毡房，毡子做的房子的意思。

蒙古包的起源背景与蒙古人游牧生活方式、面对的生态气候以及环境因素密切相关。蒙古人游牧生活方式特点是：逐水草季节性地更替驻地。从而对于民居提出的要求是有更高的精简程度、易于搬迁。

蒙古包构造适应游牧生活经常性搬迁需求特征在于：构件类型少，重复构件多，从而极大地简化了以家庭为单元的生产力的搭建难度；构件自重轻，主要建筑材料为木料和毡子，并可以分解为多个小构件，方便搭建和运输；以活扣为主要搭接方式，不同构件之间均可方便拆解，此特点不仅方便快速搭接拆卸，也方便使用过程中的修缮更替。

就生态气候而言，蒙古高原是典型的大陆性气候区，冬季寒冷，夏天炎热，降雨量少，全年风速较大，光照充足，四季分明。因此对蒙古包的保温性能、抗风性能、气候调节能力提出了较高要求。这些需求体现在蒙古包以羊毛毡为主的围护体系，圆润的体量和哈纳支撑结构的多触角增强摩擦保证良好的抗风性能，顶部天窗与锥形体量的室内通风排烟设计等方面。

此外欧亚大陆草原环境地广人稀的特征，导致材料的相对贫乏及深度加工的受限。从而影响蒙古包的木构件尽可能采用小尺寸木型材，围护构件则采用羊毛绒加工而成的毡子，联系构件，多采用皮质绳索等，能够从草原生态环境及畜牧业副产品中易于获得材料。

以上所述游牧生活方式、生态气候及建材选择是蒙古包起源发展的重要背景。

---

① 张鹏举. 内蒙古古建筑[M]. 北京：中国建筑工业出版社，2012：92.

## （二）蒙古包发展类型

从游牧文明的起源到如今，游牧生活空间经历了多种类型的发展才逐步形成了成熟的构造体系（蒙古包）。促发这种类型发展的动力是人类对环境规律的掌握、生活空间需求的提高以及工具的进步。

敖包亥和肖包亥是早期游猎时期离开穴居后的居住雏形，也是蒙古包最早的发展类型。古代森林里以狩猎和采集果实生存的游猎人发明了肖包亥，平面圆形，锥形尖顶。而草原上游牧人群发明了敖包亥，平面同样圆形，体型圆润球状。它们是蒙古包圆形平面和锥形体量最早的由来，更是对"可以将房子移址重新快速建造"——这游牧生活核心需求的最初解答。它们共同的特点是将相似的树干顶部绑扎联系，围城一圈，再覆盖草叶兽皮等围护而成居住空间（图7-3-1）。

焦布根和陶壁格尔是在肖包亥和敖包亥基础上继续发展演化的类型。促发产生的动力是解决面积扩张和室内用火的需求。焦布根是在肖包亥基础上顶部位置做环形圈环，用圈环与树干间的绑扎替代树干之间的绑扎，从而解放了顶部开口。如此的改进扩充了室内面积，也有了顶部开口。焦布根顶部圈环是蒙古包天窗最初的原型。陶壁格尔是在敖包亥基础上对弯折部分做了改进，分为上下两部分，下部主要为垂直方向，上部是倾斜部分，在弯折部分采用圈环加固。弯折部分以下是较为垂直的竖列，主要承担围合室内面积的作用，弯折部分以上是倾斜的遮盖部分，主要承担屋顶重量。从这里开始，屋顶和墙体构件有了分化的萌芽（图7-3-2、图7-3-3）。

车金格尔是在焦布根基础上，继续解决天窗圈环和遮蔽雨水等问题，有了完整天窗和檩条的房屋类型。车金格尔的构造等同于是乌尼杆（檩条）以上的蒙古包，可以更加方便快捷地搭建，所以蒙古包形制确定以后，在游牧迁徙途中，车金格尔仍会作为临时的居所应用（图7-3-4）。

哈特古尔是成熟蒙古包构造类型确立前，屋顶和墙体正式分化为两个独立构件的原始类型。屋顶和墙体分离是扩充室内面积的重要策略，在敖包亥和陶壁格尔中屋顶木椽和墙体结构是整根树干，如果将它一分为二，屋顶和墙面连接无法形成稳定的结构。人们从自然界的分叉树干中得到了灵感，墙体由垂直的"Y"形树干支撑圈梁，再将屋顶的木椽的"Y"形连接到圈环。这样可以使得屋顶和墙体的联系成为稳定的结构整体，这就是哈特古尔的构造逻辑（图7-3-5）。

哈特古尔对于屋顶墙体分离的构造处理方式是比较原始幼稚的，也导致了构件占据大量室内面积、不牢固、围护受阻等问题。到后期哈纳网式壁架的出现代表了墙体构件的最终成熟。网式壁架与屋顶檩条完美结合是蒙古包最诗意的建构（图7 3 6）。

 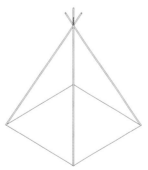   

图7-3-1 蒙古包圆形平面来源及肖包亥示意（来源：白苏日吐 绘）

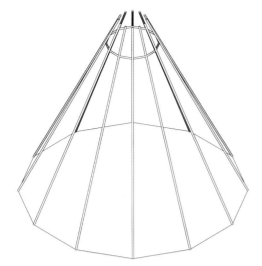

图7-3-2 焦布根示意图（来源：白苏日吐 绘）

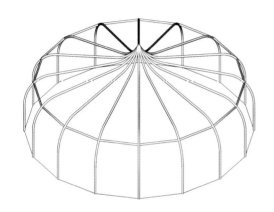

图7-3-3 陶壁格尔示意图（来源：白苏日吐 绘）

图7-3-4 车金格尔示意图（来源：白苏日吐 绘）

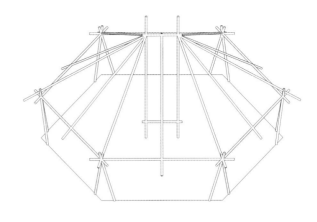

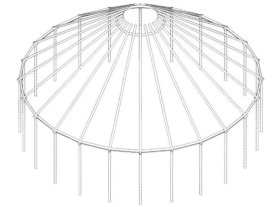

图7-3-5 哈特古尔示意图（来源：白苏日吐 绘）

## （三）蒙古包的特征

### 1. 蒙古包构造特征

蒙古包构造从其材料类型和所承担的性能作用可分为木构体系、围护体系和绳索体系，每个体系下包含多个构件。

1）木构体系

蒙古包的木构体系最核心的性能要求是：首先支撑结构，保证房屋的安全性；其次是空间限定，通过墙和屋顶围合出室内居住空间；再次之是组合方便，简单明了的构造方式，赋予了适应游牧生活的特征。蒙古包的

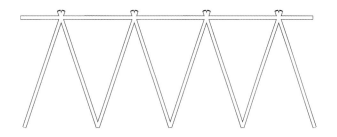
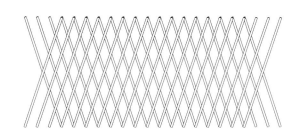

图7-3-6 蒙古包墙体演化为网式壁架示意（来源：白苏日吐 绘）

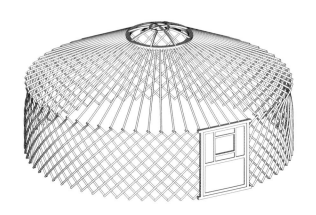

图7-3-7 蒙古包木构体系示意图（来源：郭雨桥细说蒙古包）

木构体系由哈纳（网壁墙）、陶脑（天窗）、乌尼（屋顶檩条）、门和柱组成（图7-3-7）。

乌尼（屋顶檩条）是陶脑（天窗）和哈纳（网壁墙）之间承担屋面支撑作用的杆件。

陶脑（天窗）：在蒙古包空间中天窗的性能要求是热烟排放和采光，以及乌尼的顶部联系功能。因此陶脑的构造特点是圆环形直径约1米，在圆环外圈有与乌尼数量相等的插孔，与乌尼联系，将荷载传递给乌尼。

哈纳（网式壁架墙）：作为蒙古包垂直墙体部分，最主要的性能要求是限定围合空间。作为与地面接触的构件，还要考虑地面的抓地性来对抗强风、屋顶斜向荷载的垂直传递、搬迁时的快速拆卸和安装。

2）围护体系

蒙古包围护体系核心性能要求是室内的保温隔热和遮风避雨之用。围护构件采用羊毛毡作为保温材料是对于游牧生活契合的适宜选择。对应覆盖蒙古包木构体系各个主要构件，围护构件有形状不一的类型。如额如珂之于陶脑、德各布尔之于乌尼杆、陶古日嘎之于哈纳等。

3）绳索体系

在整个建筑的构造体系中主要起到不同构件之间的联系，提升整体强度的作用。对于蒙古包这样需要频繁拆卸组装的建筑类型来说，绳索是当时最为理想的连接方式；组装后有一定的强度，拆卸时也不费功夫，并能够灵活调节。

2. 蒙古包空间特征

蒙古包平面的圆是出于游牧生活频繁的拔营起寨的居住特征决定的自然选择。圆形平面在行为约束和视觉感受上都给人强烈的向心性，天然的形成环状分层空间结构。以蒙古包内的火盆为圆心，蒙古包的空间层次可分为以下三个环圈层。

香火圈：对于游牧生活来说，火的重要性不言而喻，它关系到保温生存、获取熟的食物。在蒙古包发展历程中天窗的出现也与在室内用火的需求直接关联。蒙古人中对火也赋予了更多精神的内涵；视火为圣洁的、使家族发祥传承的寓意。因此火撑子是蒙古包不可撼动的圆心位置。

铺垫圈：火撑子安放好后，开始做铺垫层。毡子铺垫或木地板铺成后的形状类似倒凹型。凹型豁口对着门，豁口的深处就是火盆的位置；火盆到门没有铺垫的空间叫作"落脚区"，方便从室外进来后用作缓冲空间；凹型里是"落座区"：在这个空间内发生起居、用餐、休息、工作等行为。在蒙古包中西北、北侧是尊贵客人或家主的位置，西侧和西南侧是男人的座位，东北侧、东侧、东南是女人的座位。

家具圈：在铺垫圈的外围是摆放家具的环形区域。蒙古包里的家具比较精简集约，都是游牧生活必备物件。蒙古人以西北侧为尊贵的位置，因此在西北侧一般放置佛龛等。在蒙古包中西侧是男人的位置，所以靠西墙也主要摆放男人的用品，如狩猎、征战的用品，也会放马头琴等乐器。在西南侧一般放置马鞍具，如马鞍、马笼头、马鞭等。在北侧靠墙放这家主人的行李被褥，以及安放贵重物品的板箱。东北侧是女人用品的位置。东侧是碗架的位置。东南侧是水缸、锅架等，也会放置烧火用的牛粪箱子等。

## 二、斜仁柱

斜仁柱是北方通古斯语族进行传统饲养驯鹿和游猎生活时的居住形式[①]，其形态特征、空间布局、构造材料与地理环境、原始生产生活方式及文化习俗直接相关。近代，在我国主要存在于东北地区具有游猎原始生活方式的鄂温克、鄂伦春民族中，其中内蒙古呼伦贝尔大兴安岭北部区域的使鹿鄂温克部落具有代表性，并以此对其聚落与居住形式进行介绍。

游猎的生产生活方式，使得驯鹿鄂温克人的聚落具有移动性，且具有周期性随季节变换营地的特点。鄂温克人的营地分冬季营地、夏季营地和春秋季营地，他们一年内在这几个营地之间沿固定的路线进行往复移动，其中4到5月居住在春秋季营地，6到8月迁徙到夏季营地，9到10月迁回到春秋季营地，11月至次年3月居住在冬季营地。每个营地所停留的时间并不相同，一般在夏秋一处居住20天，冬春住2～3天。鄂温克人的一个聚落即是一个独立的经济单位，这一独立经济单位被称作"乌力楞"，是由父系血缘关系维系、由三五个或十几个个体家庭组成的、具有密切生产合作关系的家庭群。每一个个体家庭居住在一个斜仁柱中，这些斜仁柱沿南北向一字排开，往往父系大家庭的建筑位于中间，且从外观上看是体积最大的，其他个体家庭体型稍小，在两侧依次排开，且居住建筑的入口都朝向东方，具有原始生活状态下对太阳崇拜的表达。在鄂温克人的聚落中除了供居住使用的"斜仁柱"外，还有供仓储使用的"奥伦"。奥伦是固定的建筑，一般搭建在游猎区中心或季节迁徙的必经之处，它由居住于同一个聚落的人集体修筑，大家共用，一个完整的鄂温克传统聚落，是由若干个可以随时移动的斜人柱，以及散布于各个集结营地中的固定仓储建筑共同组成。

多少个世纪以来，频繁迁徙的游猎生活，决定了驯鹿鄂温克人的居住形式，只能是一种可拆卸搬迁并且可以在新的营地重新搭建起来的形制，这就是为广大生活在北半球北部山林和苔原地带的游猎、游牧民族广泛采用的圆锥形帐篷[②]，在鄂温克语中把这一居住形式称作"斜仁柱"，意思是"用小杆搭的房子"，也称为"撮罗子"。

驯鹿鄂温克人的斜仁柱通常被一圈木栅栏围起，这是防驯鹿用的。栅栏一般为五边或六边的多边形。其中一边是门，并与斜仁柱的门的方向一致。栅栏高1米有余，距离斜人柱的底边1米左右（图7-3-8）。

---

① （俄）史禄国. 北方通古斯的社会组织 [M]. 吴有刚等译. 呼和浩特：内蒙古人民出版社，1985.
② （俄）史禄国. 北方通古斯的社会组织 [M]. 吴有刚等译. 呼和浩特：内蒙古人民出版社，1985.

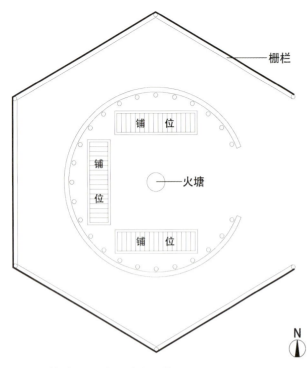

图7-3-8 斜仁柱平面（来源：段志超 绘）

斜仁柱在外形上呈圆锥形，由于生活在大兴安岭，建造材料均来自于这一区域的山林，一般用20到30根落叶松杆搭建而成，高约3米，直径4米左右。斜仁柱有大小之分，较小的能睡4~5人，较大的可睡7~8人。传统上夏季用多块成楔形的称为"铁哈"的桦树皮、草围子等覆盖物顺着门的方向分层压接斜人柱，形成像图案般的纹迹；冬季则在斜仁柱上覆盖鹿皮、马鹿皮等兽皮或毛毡，以防雪御寒。门帘是斜仁柱覆盖物的横向延长，白天掀起来，夜晚放下，斜仁柱顶部尖端处留有小孔，形成了自然的烟筒，里面笼起火可以煮肉、烧饭、取暖，室内铺有兽皮可席地而坐（图7-3-9）。

斜仁柱的建筑空间布局具有同心圆的秩序特征。它一方面表现为由外向内逐层递进的自我防范意识：由外围的自然环境——用于防范驯鹿及野兽的第一层

图7-3-9 斜仁柱外观（来源：齐卓彦 摄）

屏障木栅栏——斜仁柱的骨架与覆盖物形成的维护圈——家庭生活的主要设施"U"形铺位——空间群的核心"火塘",形成了由外向内、由公共到私密的空间层级。另一方面表现为具有同心圆特征的空间形态和物质建构形态:基于火塘在家庭生活中的核心地位,斜仁柱的形态体现出以火塘为中心的绝对向心性。在平面上,从"具有空间中心的U形铺位"到"斜仁柱圆形的维护界面",再到"五边或六边形栅栏"的同心排布,强化了中心指向性的平面形态。在剖面上,斜仁柱圆锥状的纵向轴线与火塘相对应,体现了纵向中心的一致性(图7-3-10)。

驯鹿鄂温克人斜仁柱具有特定的方向性,入口朝向东方表达了原始居住状态下对太阳的崇拜。斜仁柱的内部空间划分也具有严格的等级关系。如"U"形铺位的

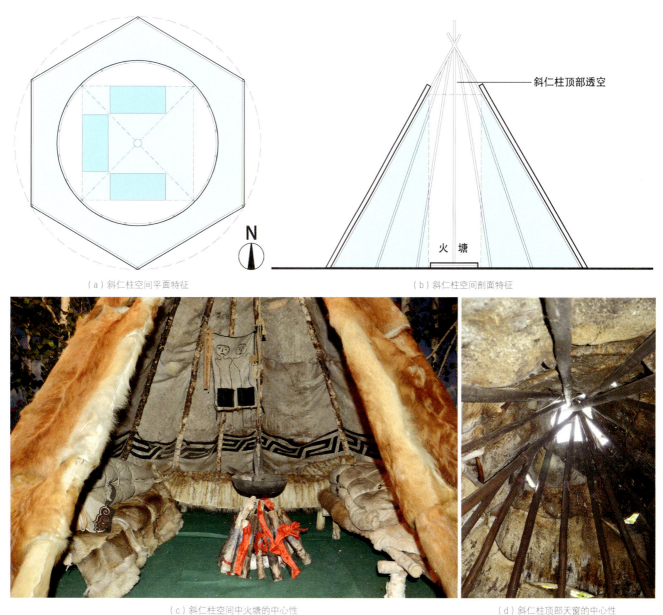

图7-3-10 斜仁柱外观（来源：段志超 绘；齐卓彦 摄）

开口朝向入口公共空间，与入口相对的铺位成为等级最高的区域，称为"玛路"，一般会挂神偶，由男性家族长或年长者落座，妇女不得靠近，单身和受尊敬的男人，也可以住在玛路神位，因此可以看出，在斜仁柱内以中心火塘为分界，会隐含一条平行于"玛路"的界限，对男性和女性的活动区域进行了限定。入口两侧的铺位也具有等级差异，靠北的铺位等级次于玛路，南侧铺位等级最低。根据史禄国的调查显示，斜仁柱一进门的右侧（即北侧）由家长占用，幼童和父母在一起，到一定年龄后即移到左侧（即南侧），一进门的左侧为超过一定年龄的子女使用，一般为成年子女的席位（图7-3-11）[①]。

## 三、晋风民居

### （一）形成背景

内蒙古的晋风民居是受走西口移民影响而产生的典型晋文化延伸和变异的产物，是汉地农耕文化与草原游牧文化碰撞和交融的结果，是西口文化重要的物质载体和典型代表，直到现在也深深影响着内蒙古中部地区的城镇和乡村（图7-3-12）。

走西口发生在中国历史变革最为激烈的明末清初到中华人民共和国成立前这一历史时间段，是以蒙、晋、陕三省为主的农耕文化与游牧文化的交流。走西口的移民大多来自于山西西北部的河曲、保德、偏关和山西雁北地区的朔县、平鲁、左云、右玉、山阴等县，以及陕西北部的府谷、神木、榆次、榆林、靖边、定边等县的贫困地区。这些地区多是典型的黄土高原地带，沟壑纵横、土壤贫瘠、植被鲜少、降雨不足。晋中虽然经济条件较好，但是地少人多，大量的人外出从事商业，所以也是走西口的主要地区之一。这些汉地移民来到蒙地务农或经商，依靠自己家乡的记忆建造民居。由于蒙地没有专门的民居建造工艺，高山大河和遥远的距离又阻碍了陕、冀、京、津等地工匠的进入，大量山西移民建造的房屋逐渐成为农宅的主流样式，内蒙古地区的晋风民居由此形成。

### （二）晋风民居建筑概述

内蒙古晋风民居因走西口而产生，受走西口影响，与走西口移民密不可分。走西口的移民按其生产方式的不同可分为主要两类：一为广大的农民、小手工业者等底层贫苦人民，经济条件较差，文化层次较低。二是以晋商为主的商人以及其他达官显贵等有钱人，有一定的经济基础和社会地位。由此，内蒙古晋风民居可分为由农民为主修建的晋风农宅（图7-3-13）和由以晋商为主建造的晋风商宅（图7-3-14），两者之间既有联系又有差异。

晋风民居的院落布局与内地不同。内蒙古地区地广人稀，移民有充足的条件，围合宽敞的院落，便于接纳更多阳光以抵御冬日严寒。农宅院落内可以进行农具

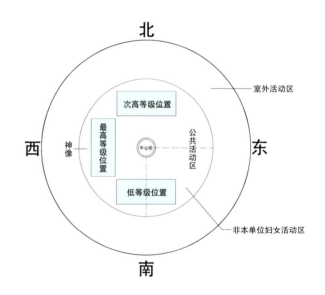

图7-3-11 斜仁柱空间的文化特征（来源：段志超 绘）

---

[①]（俄）史禄国. 北方通古斯的社会组织[M]. 吴有刚等译. 呼和浩特：内蒙古人民出版社，1985.

图7-3-13 典型晋风农宅院落（来源：殷俊峰 摄）

图7-3-14 典型晋风商宅院落（来源：殷俊峰 摄）

图7-3-12 包头市土默特右旗美岱桥村航拍图（来源：郝俊峰 摄）

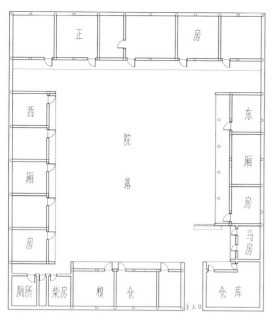
图7-3-15 包头市召梁巷2号曹家大院平面图（来源：殷俊峰 绘）

图7-3-16 典型的晋风商宅入口（来源：殷俊峰 摄）

存放和牲畜养殖以及生活必需的瓜果蔬菜种植。商宅院落内可以进行货物存放与车马安置等不同的商业活动。"一般正房为柜房，是掌柜的办公、住宿用房；东西厢房为账房、伙计们的办公用房和住宅；南房为厨房、货仓间"[①]（图7-3-15）。商宅多设置与山墙合二为一的座山照壁，农宅常不设照壁，便于相互交流照应和互通有无。商宅多采用半圆形砖拱门洞以方便牛、马尤其是骆驼这样的大型牲畜以及拉运货物车辆的进出（图7-3-16）。

晋风民居的建筑形制也突破了内地对传统民居"三间五架"的礼制约束。由于院落宽敞以及移民家庭人口的缓慢增加，父母子女均可不拘泥于礼数而全部住在宽敞明亮的正房中。一般常在五间以上，七间也很常见。东西厢房的功能也发生了变化，在农宅之中取而代之的是简易的鸡窝猪圈或马厩牛棚，而在商宅中成为货物存放买卖以及账房先生、管家和伙计的居住饮食之处。农宅室内均有火炕，布置简单，风格朴素喜庆。

经济条件较好的商宅室内布置相对讲究一些，青砖墁地，有精致几案、座椅，正中靠墙摆放红躺柜，南墙上布置大面积的玻璃。

晋风民居在材料与装饰上常常根据气候特点，就地取材，力求节约，好的材料和装饰优先选用在重要和关键的部位。晋风民居采用的夯土、土坯或土坯外包砖的墙体都较为厚重，多在0.5米左右，北墙尤厚，且不开窗，以抵御夏季的酷热和冬日的严寒。檐柱也由于内蒙古的干旱少雨而随着檐廊逐渐消失，一些晋风民居常采用一出水的单坡"鹌鹑顶"（图7-3-17）。晋风民居中雕刻也常常集中于屋顶、墀头、门窗等重要部位进行简单装饰（图7-3-18）。

（三）特征总结

内蒙古晋风农宅常以简朴的生土住宅居多，以夯土墙或土坯墙围成院落，简易的木栅栏门。院中有水井及

---
[①] 包头城市建设志编撰委员会. 包头城市建设志[M]. 呼和浩特：内蒙古大学出版社2007：51-52.

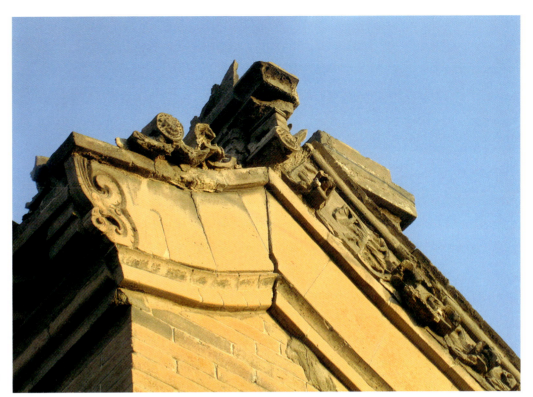

图7-3-17 鹌鹑式屋顶（来源：殷俊峰 摄）

图7-3-18 精致的砖雕（来源：殷俊峰 摄）

窖，可圈养牲畜，放置农具，储存粮食。院落宽敞，基本呈方形。正房采用土木结构，局部添加砖瓦，室内陈设简单，采用火炕取暖。南房和东西厢房多为简易的生土建筑，无过多装饰，常用来放置粮食、杂物或夏季生火做饭等。农宅的整体色调接近于泥土的颜色，朴素自然，与大地融为一体，形成的村落也往往在大地上舒缓地延展开来。

内蒙古晋风商宅多处于地理位置重要的城镇之中，尤其是临近黄河与铁路的水陆要冲之处，便于开展商业活动。商宅多数布置在主要街道两侧，风格简洁明快，局部装饰精美，朴实中带有大气，不求细节完美，注重建筑整体上的一致与协调。商宅的院落外墙高大，开窗较少，防卫性较强。大门洞采用半圆形砖拱，便于车马骆驼以及货物的出入。其正房、南房和厢房往往较为齐全。整体为土木结构，采用外熟内生的砖包土坯墙，并使用传统磨砖对缝的建筑工艺。正房常有墀头等雕刻。厢房相对简单，较少装饰，室内有讲究的家具。

## 四、窑洞民居

### （一）形成背景

窑洞建筑源于黄土高原，天然的黄土层为人类居住提供了条件，民居"率多穴居，十民率多力耕"[①]。由于黄土高原位于长城以南，秦岭以北，贺兰山、日月山以东，太行山以西的段广大地区，所以窑洞民居主要分布在黄土高原所跨越的省区内[②]，大部分位于甘肃、山西、陕西、河南和宁夏，少量分布在河北省中西部和内蒙古中部。近年考古发现，内蒙古中部环岱海（凉城）多处新石器遗址中，就有目前国内规模最大的土窑聚落。这种沿黄土陡坡或向地下开凿的窑洞最小破坏生态环境，节约耕地，造价低廉，也是"天人合一"思想的最佳体现。

内蒙古中部地区属于黄土高原地带，包括正黄旗、乌兰察布盟、丰镇市、鄂尔多斯东部等地，土质细腻、构造坚固，适于穴居。经研究表明，内蒙古中部临近黄河的土默特地区一带，土质多为适合开挖的黏性土，黄土层均匀的质地具有较高的抗压抗剪强度，可作为结构整体，适合窑洞建造[③]。

清代，由于多年的战争、瘟疫与饥荒造成汉地人口锐减，土地荒芜较多，晋陕等地人口零星地往绥远地区迁移。山西地区和陕北、宁夏地区移民逐渐进入这部分地区，带来了窑洞建筑的建造工艺。当地农村都是依山塬而建，靠山洞为居，也有一部分居民在地面上做圆拱形房屋，俗称大窑式（图7-3-19）。目前大部分的窑洞已破损废弃，仅在呼和浩特市托克托县旧城、清水河旧城、晋蒙边界以及鄂尔多斯部分地区有少量遗存。

### （二）窑洞民居概述

内蒙古窑洞民居大多建造在不适宜耕作的坡地沟壑，以简单的营造方式在山坡或者山脚下的朝阳处挖洞，由于窑洞分布地区的自然环境、地质地貌和地方风土的不同，建筑形态差异明显。从建筑总体布局上来看，内蒙古地区主要存在靠崖式、独立式两种。

在沿河谷和冲沟两岸，多见靠崖式窑洞或靠崖的下沉式窑洞，多数分布在内蒙古与陕西交界地带，数量最多、形制最完善。窑洞依靠山崖随等高线布置，所以整体呈曲线或折线形排列。窑洞一般顺山势挖掘，挖出的土方直接填在窑前的坡地上构成半场式窑院。在窑洞聚集区，村民一般习惯将窑洞和房屋结合居住，形成前房后窑和前洞后窑等院落形态。靠崖式窑洞依山势布局形成自己的秩序，虽然聚落形态较散，但是最利于防

---

[①] 胡朴安. 中华全国风俗志[M]. 上海：上海书店出版社，1986.
[②] 杨宏博. 黄土高原地区独立式窑洞营建技艺的优化与传承研究——以晋中南为例[D]. 西安：西安建筑科技大学，2017.
[③] 殷俊峰. 走西口移民与绥远地区晋风民居的演变[J]. 史学月刊，2015（07）：133.

图7-3-19 大窑住宅［来源：李若旻. 内蒙古地区建筑形式的探讨. 内蒙古工业大学学报（自然科学版）. 宋兴荣 抄绘］

御外敌、遮蔽风沙、保持室温，是朴素的原生态建筑（图7-3-20）。

根据山坡的坡度差，有些地区可以形成台阶式窑洞。台阶式窑洞依照等高线层层退台布置，底层窑洞的窑顶作为上一层窑洞的前院。山体稳定的地区，为了争取空间在局部地区会有上下层重叠或者半重叠。例如，晋蒙交界处老牛湾地区仍然保留着完整的台阶式窑洞（图7-3-21）。

在沟壑底部或者平地上，多见村民用砖、石或者土坯砌筑的独立式窑洞。从建筑形式和结构上，独立式窑洞属于覆土的砌筑拱形建筑。这种窑洞不受山体限制，可以灵活布置，建筑前后两面均可开窗，通风采光较好，同时兼具靠山窑冬暖夏凉的优点。内蒙古地区的多数窑洞住户南侧都留出院子，一般三合院、四合院居多，合院式形式围护封闭性好，有利于冬季获得充足的日照。农户根据使用需求在院外建造厕所、鸡窝、猪圈等附属设施，顺应地形灵活布置，形成了富有变化的院落形态[①]。

受地形条件、经济条件以及家庭人口数量等因素影响，窑洞有不同的建造规模及形式，有三孔一院、五孔一院和七孔一院等形式，一般以两孔：一门、一窗为一个套间单元，不讲究严格的平面对称布局形式。室内通常设置灶台、火炕及其他家具，火炕可以起到采暖防潮的作用（图7-3-22）。中部贴近墙体设灶台与火炕相连，利用灶台产生的余温取暖，有助于节能。夏季温度高时则关闭炉门，阻止热量传递给火炕。窑洞生土外墙较厚大约1米多，白天充分吸收、存储热量，夜晚释放热量，门外靠墙设置烟囱，出烟快，不影响室内环境，形成舒适的室内居住环境。

窑洞的装饰主要表现在立面的门窗上（图7-3-23）。窑洞屋门通常做单扇，为了与窑洞的拱形吻合，窗的形式一般采用半圆窗，可以最大限度地引入自然光。多数老宅院的窗心是由棂条花格组成，常见样式有网格纹、菱花纹、梅花纹、方胜纹、灯笼纹、套方纹、盘长纹等

---

[①] 董梅菡，韩瑛. 老牛湾传统窑洞聚落形态初探［J］. 建筑与文化，2015（05）：129-130.

图7-3-20 内蒙古鄂尔多斯准格尔旗靠崖窑（来源：韩瑛 摄）

图7-3-21 产业型馒头窑建筑群（来源：韩瑛 摄）

图7-3-22 窑洞室内（来源：《呼和浩特市黑矾沟传统聚落保护规划研究》）

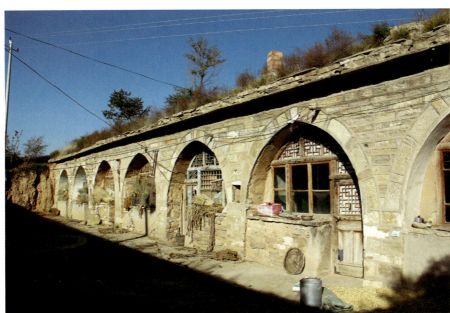

图7-3-23 窑洞立面装饰（来源：韩瑛 摄）

（图7-3-24），不仅表达了美好吉祥的寓意，同时也代表着中国的传统文化。

### （三）特征总结

内蒙古的窑洞民居建造方式与陕北黄土高原地区造房方式相近，多数在土坡中"挖"出房屋，利用天然黄土作为结构，以减法方式建造房屋；或用砖、石、土坯为材料的拱券结构箍窑，常在没有天然崖面的条件下采取这种方式，在拱券上覆盖厚厚的土层达到冬暖夏凉的效果[①]。为了防止人或家畜不慎跌落，常常在窑顶处用石材或土坯砌筑相应的墙垛。外立面所用的饰面材料随着建造技术的不断发展进行更新，从简单的草泥抹面发

---

① 王军. 黄土高原沟壑区传统山地聚落"生存基因"[J]. 海峡两岸传统民居学术研讨会，2002.

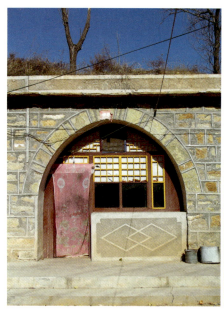 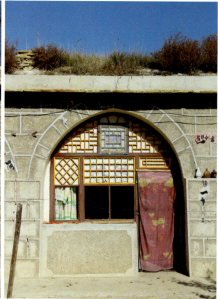 

图7-3-24 窑洞门窗装饰（来源：韩瑛 摄）

展到石片贴面，起到防止雨水冲刷墙面和美观的双重作用。内蒙古中部地区的窑洞民居不仅继承了西北窑洞民居的建造工艺，同时结合当地的环境条件和建筑材料，形成了具有鲜明特征的内蒙古窑洞民居。

## 五、宁夏式民居

### （一）形成背景

内蒙古西部地区原驻民多以游牧生活为主，逐水草而居，没有较为固定的聚居地，这种生活方式决定了他们不具备先进的建造技艺。明清后，随着城镇聚落的出现，加之中原地带甘肃、宁夏等地区的汉民移入，移民者带着原籍地的建造技术居住于此，形成了适应当地气候环境的宁夏式民居。

内蒙古地区的宁夏式民居主要分布在阿拉善盟和巴彦淖尔盟的部分地区，为了适应当地常年干旱少雨的气候特征，民居建筑大都采用宁夏式的无瓦平屋顶样式，除此之外，还借鉴宁夏民居的建造工艺，所以内蒙古西部地区汉族民居又称"宁夏式"民居。

宁夏式民居以阿拉善定远营民居建筑为代表。阿拉善定远营民居建筑群的布局，受定远营整体布局的影响，民居群体分布在定远营一侧，呈兵营式整齐排列。定远营经过参将衙署时期、清代札萨克王时期、民国时期的修建，形成了结构严谨、整体性强的城市建筑布局方式（图7-3-25）。

### （二）宁夏式民居概述

宁夏式民居通常为矩形合院式，布局仍沿用传统四合院的组织手法，由于阿拉善地广人稀，所以相较京师四合院，房屋过于松散，院落尺度较大，便于搁置暂存物品及劳作工具等，房屋之间相离式的格局形成了宁夏式合院民居的特色。院落的大小和规模都因住户的社会身份不同而各不相同，按规模大致可分为独院式（最普通常见的形式为三合院）、多跨或多进式和综合式。

定远营城内的民居多为宅门、正房、耳房、东西厢房组成的三合院。建筑群布局遵循汉族"居中为尊"的传统礼制。正房作为整个院落地位最高的建筑，坐北朝南，居中轴线布置，一般正房（明间用作起居厅，两侧

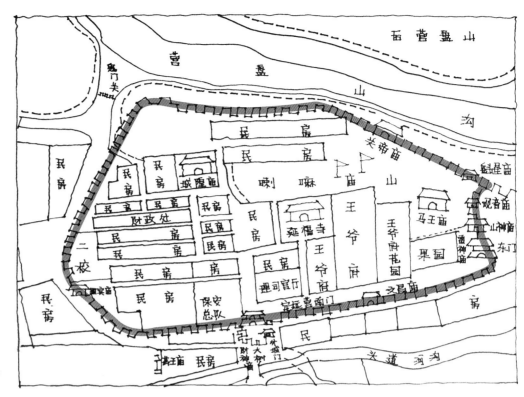

图7-3-25 定远营布局（来源：张帅 绘）

作主人卧室）两侧各有一个耳房，院落两侧还配有东西厢房（供后辈居住或辅助用房），厢房靠宅门一侧也可连接一个外厢房[①]。不同于北京四合院宅门开在院墙东南侧，当地宅门开在南侧院墙正中，常常做成精致的门楼。整个院落大致方正，没有倒座、门房，各建筑房门均开向院落，既保持联系又对外私密[②]（图7-3-26）。

当地有财力的人家，常常将独院式民居沿横向或纵向重复组合形成多跨式院落或是多进式院落。多跨式的院落一般是在主要院落旁再接出一个或两个对称的院落，称为偏院，大多数为晚辈以及佣人生活居住的场所，可以根据住户需求灵活布置[③]（图7-3-27）。例如巴彦浩特镇牌楼巷一处民居，其院落最初为横跨两院式，分

---

① 康锦润, 陈萍, 王卓男. 定远营古民居建筑形制初探[J]. 世界建筑, 2017（12）: 107.
② 同上。
③ 同上。

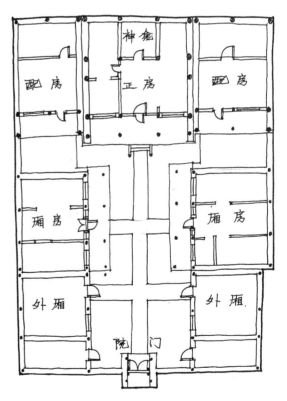

图7-3-26 三合院（来源：陈睿鹏 绘）

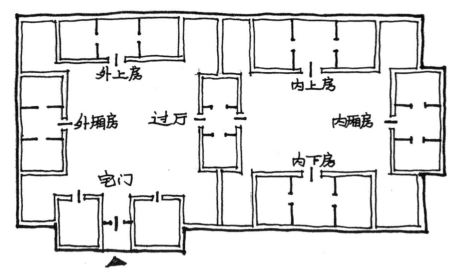

图7-3-27 多跨式院落（来源：陈睿鹏 绘）

正院与偏院，各院落均有正房、厢房，用过厅连接两个院落，正院开阔，上房明间主要为会客和礼佛之用，主人居于次间，厢房也为居室，偏院主要供晚辈居住或各项杂事之用。多进式的院落总体呈纵长形，分为前院、正院、后院。前院位于整体最前面，是一个过渡性的空间，供接待、庆典等之用（图7-3-28）。内院居中，占据轴线上最核心的位置，是家庭成员主要的起居空间，私密性较强。后院在中轴线的最末端，有的作为仆人生活杂务之用，也有的作为饲养、仓储等后勤保障之所[1]。

当地身份显赫的贵族王公府邸多选用多跨或多进的组合院落。功能布局也通常按照院落来划分，正院位于中轴的中心位置，属于"尊""上"区域，开间数一般大于或等于相邻的跨院开间数，体量最为高大，在建筑的材料和质量上都高于其他建筑，装修也最为精致，等级最高[2]。因阿拉善地区贵族王公往往掌管军事大权，其府邸通常兼办公、居住于一体，所以通常在横向划分出不同使用功能的院落[3]。

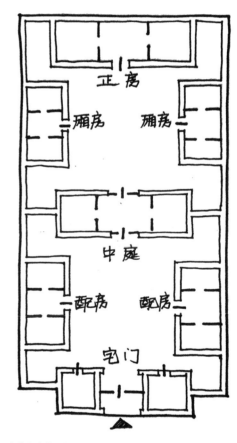

图7-3-28 多进式院落（来源：陈睿鹏 绘）

---

[1] 康锦润，陈萍，王卓男. 定远营古民居建筑形制初探[J]. 世界建筑，2017（12）：107.
[2] 同上。
[3] 同上。

院内的建筑与周边甘肃和宁夏地区的民居结构形式相似，以木质构架作为主要承重体系，包括抬梁式和梁柱平檩式，砖墙或生土墙为外部维护结构；另一种是硬山搁檩式的墙体承重结构，两侧的山墙作为承重构件，檩条直接搭在墙上，此类房屋节省材料，但是抗震性能较差。院落中，多数房屋面向院落方向带有通长的檐廊（图7-3-29），形式分为两种：一种源于甘肃民居的通廊，外墙前设立柱，屋顶出挑落在廊柱上，形成由院子进入房屋的过渡空间；另一种源于宁夏民居挑梁减柱的做法，多数厢房采用这种檐廊，外檐廊柱不直达地面形成垂花吊柱，墙面与吊柱之间加入斜向支撑构件，形成三角形的支撑构架达到稳定，这样的结构形式既实现了力的传导又可以节省材料，同时檐廊更开敞通透[1]。

当地常年干旱少雨，降雨量的多少直接影响着建筑的屋顶形式，因此民居多采用平顶屋面，屋顶不铺设瓦，在靠进院落一侧设雨水口，形成有组织排水（图7-3-30）。由于地处严寒地区，室内均设火炕抵御寒冷，炕体内空，一侧通过坑道与墙外侧地炉连接，一侧在墙壁中设烟道直通屋顶，在室外地炉中生火，火进入炕洞，炕床得热，烟气再经烟囱排向屋顶[2]，所以屋顶上林立着各式烟囱。

（三）特征总结

宁夏式民居院落依照北京府邸的传统布局形式形成三合院、多跨院或多进院落。为了适应当地气候条件，屋顶形式及建造工艺引入宁夏地区的无瓦平屋顶式。同时，造型受到甘肃民居的影响，正房常设檐廊，两侧山墙通常延伸出1.3~1.5米，与顶部屋檐和底部台阶整齐相接，形成了室内外过渡的灰色空间。建筑室内保留了蒙古族多用的木地板，明堂还特意留有佛龛空间。多元建筑文化和建造艺术大大丰富了当地民居建筑群的文化内涵。

图7-3-29　檐廊（来源：陈萍《阿拉善地区传统民居建筑形制研究》）

---

[1] 陈萍，康锦润. 阿拉善传统民居与周边民居形式的对比分析[J]. 南方建筑，2016（06）:103.
[2] 郝秀春. 北方地区合院式传统民居比较研究[D]. 郑州：郑州大学，2006.

图7-3-30 屋顶形态（来源：韩瑛 摄）

## 六、东北民居

### （一）形成背景

内蒙古东部地区汉族民居主要分布在大兴安岭以西及以南的农业带和农牧交错带，包括与黑龙江、吉林、辽宁等地接壤的地区。该区域气候属于寒温带大陆性气候，主要特点是多大风天气，降水集中，冬季漫长严寒，与东北地区的气候较为相近。同时，内蒙古东部区域与东北三省联系紧密。清末，清政府在嫩江上游流域、中东铁路西段沿线蒙地，推行"移民实边"政策，设官局主持丈放蒙地，用所得荒价解决东北"饷需"，因此大量东北农民便进入内蒙古地区屯垦定居。

可见，内蒙古东部移民汉人大多从东北三省迁移过去，民居形态继承了中国东北地区的建筑风格，因此内蒙古东部地区汉族民居被称为"东北民居"。内蒙古东部地区也是北方主要的少数民族聚集区，包括蒙古族、满族、回族以及朝鲜族，当地汉族民居还受到蒙古族、满族以及达斡尔族居住形态的影响，因此形成了独具风格的内蒙古东北民居。

### （二）东北民居概述

内蒙古地区东北民居建筑平面主要分为两开间、三开间和多开间平面布局。两开间布局的正房进深较大，平面呈正方形，外墙面积小，既经济又防寒。三开间的平面通常为"一明两暗"布置：堂屋居中，对称布置东西屋，各功能空间逐个连接，空间流线及分区简单明确（图7-3-31）。堂屋是出入各屋的必经房间，常用作厨房[①]。多开间的房屋一般是多代人共同居住（图7-3-32）。

从建筑形态来看，内蒙古东部的汉族民居主要有双坡屋顶硬山瓦房或悬山土坯房、草坯房等（图7-3-33、图7-3-34），另一种是囤顶式的平房。根据在呼伦贝尔、兴安盟、通辽、赤峰等地的汉族民居调研现状来看，目前保存数量较多、现状较好的是囤顶碱土民居。

囤顶房屋的屋顶形状略呈弧形，前后较低、中央略高，房屋左右两侧的东西山墙高出屋面，从侧面看屋顶轮廓形成一条弧线（图7-3-35）。夏季多雨时期，弧形屋顶更有利于向两侧排雨水[②]。从外观上看，屋顶弧线

---

[①] 张群，王飒. 辽宁盖州汉族堂屋的传统形制与使用方式变迁[J]. 华中建筑，2017（12）.
[②] 冯巍，李慧敏. 辽西民居建筑屋顶对现代住宅设计的启示[J]. 住宅科技，2013（06）：14.

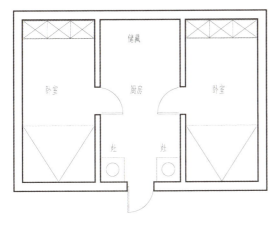
图7-3-31 三开间的平面布局（来源：宋晓云 绘制）

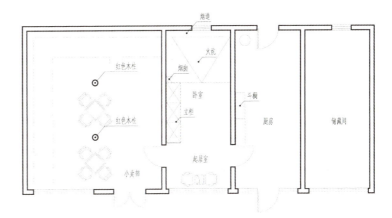
图7-3-32 多开间的平面布局（来源：宋晓云 绘制）

图7-3-33 东北民居悬山双坡草顶房（来源：韩瑛 摄）

图7-3-34 东北民居悬山双坡瓦房（来源：韩瑛 摄）

图7-3-35 囤顶房屋（来源：韩瑛 摄）

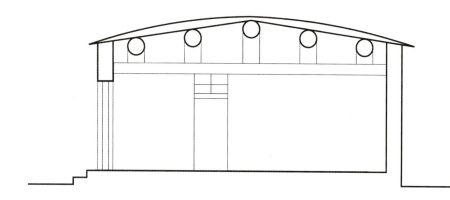

图7-3-36 结构示意图（来源：宋晓云 绘）

的曲度为10%左右，两侧的东西山墙大约高出屋面400毫米，多数时候匠人根据自己的经验建造[1]。囤形的屋顶与简洁、规整的长方形平面相适应，平面布局保证了屋顶的连续性，弧形的结构形式也有效地分散了水平面的受力，同时因为北方春秋风沙较大，冬季雪较多，有效地减小了屋面的荷载，保证了屋顶的耐久性[2]。

内蒙古东北地区传统民居采用木构架承重结构。囤顶主要由檐、柱、檩子、椽子、过梁等构件组成（图7-3-36）。为了采光和日照，南向主要以柱子承重，墙体一般都开有较大的窗户，北墙主要由实体墙体和柱子共同承重，为了冬季保温防寒，一般不开窗户。东西山墙内用木柱和实体墙承重，柱子上的梁一般和山墙宽度一致，山墙内的梁上铺设不同高度的短柱，短柱中间高，两端低，短柱上再铺设檩子以形成屋顶弧度[3]。柱子、檩子、短柱分别以榫卯结构方式相连接，上一层梁比下一层梁略短，最下一层梁固定在对应的柱头上，木梁上再搭木檩，木檩上再搭椽子，椽子上架设屋面层，屋面纵向弧线，与椽子构成屋檐的出挑[4]。

内蒙古东北民居建筑材料通常就地取材。木材、黄土、秸秆、稻草、淤土、碱土、白干土、苇莲等都是当地容易获取的本土材料，不仅减少了造价，同时建造方式体现了对自然环境的尊重。囤顶屋面主要材料是苇莲、秸秆和碱土。屋面围护层最底端部分是连檐，往上依次为：望板上面铺设两层或三层的苇莲，苇莲上面再铺设厚度约为8厘米的干秸秆，这层主要起到冬季保温的作用（图7-3-37）[5]。

图7-3-37 囤顶顶部铺设的苇莲（来源：韩瑛 摄）

## （三）特征总结

内蒙古东北民居多数采用院落式布局，主体建筑以一进三开间为模板，结合自然环境、家庭结构、经济条件、建造技术等因素不断演化为一进多开间、两进三大间、两进三小间等平面形态。从平面上看最典型的是三合院，大门、正房都布置在中轴线上，两端建厢房。传统院落的形态构成中，这种基于厅堂、厢房与门房围合而成的院落基本单元形态，可以沿着纵轴或横轴无限发展、壮大[6]，逐渐扩展为一个院落族群、街坊乃至一个城市区域。

由于长时间与少数民族居住生活，使汉族民居吸收了当地少数民族的居住习惯。例如，蒙古族以西为贵的风俗，在内蒙古东部民居中也有体现，一般情况下长辈住在西向的房间内；达斡尔族民居的平面形式与两进三小间的住房形式极为相似，只是汉族民居一般不会将烟囱置于房屋的两侧。此外，经济结构以及人口结构都直接或者间接地影响着内蒙古东北民居的居住形式。

---

[1] 范新宇. 兴城古城保护研究[D]. 哈尔滨：哈尔滨工业大学，2008.
[2] 冯巍，李慧敏. 辽西民居建筑屋顶对现代住宅设计的启示[J]. 住宅科技，2013（06）：14.
[3] 冯巍，李慧敏. 辽西民居建筑屋顶对现代住宅设计的启示[J]. 住宅科技，2013（06）：14.
[4] 范新宇. 兴城古城保护研究[D]. 哈尔滨：哈尔滨工业大学，2008.
[5] 冯巍，李慧敏. 辽西民居建筑屋顶对现代住宅设计的启示[J]. 住宅科技，2013（06）：15.
[6] 李同予. 东北汉族传统合院式民居院落空间研究[D]. 哈尔滨：哈尔滨工业大学，2018.

# 第八章 传统聚落的保护与发展

# 第一节　内蒙古传统聚落的价值分析

## 一、见证历史的价值

### （一）见证了清政府在不同的时代背景下对蒙政策的变迁

内蒙古传统聚落是清政府对蒙政策的一面镜子，聚落的形成与发展映照出了不同的历史时期清政府对蒙政策的一个变迁过程。

清代内蒙古的绥远将军衙署是清政府对蒙政治和军事管理的有力见证。清朝实现大统一后，对幅员极广的西、北边疆地区实施有效的统治和管辖。管理蒙古的最高机构为理藩院，理藩院最初为专理蒙古事务的"蒙古衙门"。凡蒙古诸部编旗、会盟、赏赐、通婚等均由该衙门负责管理。同时还设置了将军、都统、大臣等职务，共同处理边疆事务，确保了对藩部的有效统治和管辖。在内蒙古呼和浩特的绥远城，就是清朝政府设置绥远将军，有效统治蒙古的有力见证。

蒙古族由游牧到定牧的转变是清代盟旗制度落实的有力见证。盟旗制度盛行于内蒙古、外蒙古、西套蒙古、西北蒙古和青海蒙古，延续200余年，影响至深。盟旗制度建立之后，将原先的各部势力逐渐分散，而且掺入了中央王朝的权利，由政府出面指定驻牧地点，划定旗界，以山川或垒石而成的"鄂博"构成一道边墙，形成"旗界"。旗界一经勘定，编绘成册，从此固定，各旗只能在划定的区域内游牧，不得越境。这实际上是"画地为牢"，把各旗围于一地，使之彼此分隔。建立盟旗以后，游牧的自由度大为缩小，牧猎皆不得越过境界，随着人口的增殖，活动空间日益缩小，加之汉人不断移入垦殖，清末又设立垦务总局，迫使人们逐渐放弃"逐水草而居"的生活方式，改变为小范围的游收、半游牧，乃至发展为半耕半牧或农耕，进而形成了大量的固定建筑和聚落。因此，以蒙古族为主导的聚落形成是清政府对蒙政策的有力见证。盟旗制度对于蒙古民族的社会组织以及生产生活方式都产生了重大的影响。

以藏传佛教为核心的大量性聚落是清政府对蒙古宗教政策的有力见证。清政府利用藏传佛教的影响，柔服和驾驭蒙古民族。在清政府的大力支持下，藏传佛教在蒙古地域形成了一股越来越强大的势力，逐渐渗透到蒙古民族的政治、军事、信仰以及日常生活的各个方面。藏传佛教寺庙的建设也成为蒙古地域的一件大事，上至清政府的经济和政策支持，下至蒙古王公以及百姓的经济支援，同时还有大量蒙、汉工匠们的工艺服务，因此大量寺庙规模宏伟，雕梁画栋，极尽奢华，耗费了蒙古地区的巨额财产。据统计，到清中期，内蒙古有藏传佛教寺庙共计1800多座[①]。随着盟旗制度和汉族移民的影响，蒙古民族逐渐由游牧到定牧，最后基本定居下来。大量的蒙古百姓都围绕寺庙定居，形成了大量性的以藏传佛教寺庙为核心的城镇和乡村聚落。因此，清政府的宗教政策对于以寺庙为核心的聚落形成产生了重要的推动作用。

以汉族为主体的大量性城镇和乡村的依次出现是清代对蒙移民政策的有力见证。清代内蒙古移民是清政府对蒙政策中最具影响力的一项措施。移民政策导致大量汉族移民进入蒙古地区，开垦土地，建设房屋。蒙古地域由原来全部都是以蒙古族为主导的游牧民族演变成，以汉族绝大多数的地区，到内蒙古解放前汉族移民已经是蒙古族的6~7倍。汉族移民的到来，对蒙古

---

① 德勒格. 内蒙古喇嘛教史[M]. 呼和浩特：内蒙古人民出版社，1998：452.

民族的生产生活方式以及社会组织关系都产生了重大的影响。汉族农民进入蒙古地区，形成了大量乡村聚落，汉族旅蒙商人在上路沿线形成大量的买卖城。清政府为了有效管理大量的汉族移民，将汉族地区的行政建制也设置到蒙古地区，形成了大量的行政中心城镇。随着汉族移民的到来，蒙古人民的生活也产生了巨大的影响，一部分蒙古人跟随汉族农民学习耕种，逐渐被汉族同化，隐没到汉族村落中。另一部分蒙古人同汉族混居，他们相互影响，又根据地理和气候条件，形成半农半牧的聚落。大量性的以牧业为主导的蒙古族被迫转移到阴山以北、以东的地区进行放牧，生活也逐渐定居化。因此，清政府对蒙移民政策，不仅形成了大量性的聚落，同时也改变了蒙古民族的社会结构和生活方式，内蒙古地域文化也演变成了蒙汉藏相融合的新的时代文化。

## （二）见证了蒙古及其他游牧民族从游牧到定居的历史过程

在前文所述的一系列政策影响下，蒙古民族结束了几千年的游牧生活，逐渐转向定牧，再到定居的历史过程，这一过程的建筑形态并非一蹴而就，而是经历了从蒙古包—仿蒙古包的固定建筑—汉式土坯房的演变过程。内蒙古的传统聚落和民居建筑遗存恰恰见证了这一历史过程。这对于研究蒙古民族生活方式以及建筑文化的变迁具有重要的历史意义。

俄罗斯学者阿·玛·波兹德涅耶夫在他的《蒙古及蒙古人》中，详细叙述了他旅行所见到的蒙古民族从游牧的蒙古包到定居建筑的变化。原文如下："……毫无疑问，如果在这个谷地停留上两三周，就可以详细了解巴林人从游牧生活转向定居生活的情景。巴林右旗几乎全已定居，但有意思的是没有一个巴林人是从'毡篷（蒙古包）'直接过渡到汉式土房子的。他们是这样过渡的：当毡篷破损时，从事农业的巴林人已经不用新毡来加以更新了，而是在木架子周围造一道芦苇篱笆，用泥抹住。这样，他们就有土房子了，只不过形状像帐篷，天窗和门仍然是毡做的。这时，巴林人住自己的帐篷里仍然保留用铁支架做成的可移动的灶。在过渡的第二阶段，巴林人以不做木架，即作为帐篷的基础和骨架的可移动的格子，而是打下牢固的木桩，用钉子将横檩牢牢地钉在木桩上。房子这时仍保留其原先的帐篷圆形，不过此种帐篷的不动骨架的四周已围上芦苇篱笆，抹上泥，有时还用石灰刷白。这些房子的屋顶也是搭在檩子上，用芦苇或草覆盖，门口设帐幔。房子周围一定有围墙，墙内往往栽种树木。帐篷里仍保持原来的结构，不过灶已固定安装，用砖砌，抹上泥。在第三阶段，巴林人盖的已纯粹是汉式的土房子，有炕和炉子，总之与平常汉人住所毫无区别……。"[①]

圆芦子（图8-1-1）是乌审旗特有的居住形式，其外形很像蒙古包，维护结构为土墙，屋顶以芦苇覆盖，其室内布置延续了蒙古包的布置形式，整个建筑结构也有从蒙古包演变而来的迹象。[②]这种类型的建筑同上文俄罗斯学者所述的过渡性建筑基本一致，这种建筑的出现是蒙古人由移动式的蒙古包向固定建筑过渡的一种表现。

## （三）见证了游牧聚居文化与外来文化碰撞、融合的历史过程

内蒙古大量性的传统聚落，尤其是城镇聚落，多数都是以蒙古族本体文化为聚落基础，在多样化的外来文化冲击下，多种文化相互碰撞，相互融合的历史过程。

---

① （俄罗斯）阿·马·波兹德涅耶夫. 蒙古及蒙古人 第2卷[M]. 刘汉明等译. 呼和浩特：内蒙古人民出版社，1983（05）：428-429.
② 薛剑. 乌审召镇聚落空间形态的形成与演变[D]. 呼和浩特：内蒙古工业大学，2009.

  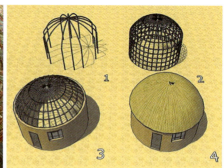

(a) 乌审召圆芦子　　　　　　　　(b) 圆芦子屋顶内部图　　　　　　　　(c) 圆芦子建造过程

图8-1-1　乌审召圆芦子（来源：薛剑《乌审召镇聚落空间形态的形成与演变》）

以游牧民族为主导的内蒙古地域，其聚居的形式是古列延为代表的移动式聚落。但是由于藏传佛教的传入、汉族移民的大量涌入、八旗城建设、王府的建设等一系列因素，内蒙古传统聚落逐渐变得多样化。每一个不同的城市都是不同文化相互融合的历史过程的有力见证。

以呼和浩特为例，传统的呼和浩特聚落是由归化、绥远两城构成的。归化城于16世纪初由蒙古土默特部阿拉坦汗所建。阿拉坦汗做的另一件具有重大历史意义的大事就是把藏传佛教格鲁派引入蒙古地域。因此，藏传佛教最先在归化城附近建立寺庙，并逐步发展起来。从1580年竣工的大召开始，到18世纪20年代的五塔寺，归化城共建有大型寺院15座。这些城市中密布的寺院建筑使得呼和浩特归化城变成了蒙古人称的"召城"——即佛教都市①。根据日本东京大学包慕萍教授的分析，这15座大型寺院是以呼和浩特的汗城为中心，在城外呈环状排列。初期建造的大召、席力图召、小召以及后期建造的寺院虽然前后错位，但都分布在距阿勒坦汗建造的汗城中心900米的圆环上。康熙年间建造的宏庆召、淖尔齐召、朋苏克召以及最后建造的大寺——五塔寺分布在距汗城中心1350米处的圆环上。这种圆形空间布局方式与游牧都市时代汗王居中的"库伦"的空间结构相同。这一过程也见证了汉族城池文化、蒙古民族文化以及宗教文化的融合。

恰克图条约的签订对蒙古的城市和建筑产生了历史性的影响。从归化城，张家口通往蒙古及恰克图的商路上出现了与以往"游牧都市"截然不同的新城市，即晋商们聚居的买卖城。呼和浩特买卖城中的商业建筑都是围绕着蒙古人的喇嘛寺院展开。连接各个喇嘛寺院的路径上形成了山西建筑样式的商业街，面临商业街的商号呈狭长地块，它们的背后，形成仅一进院落的合院式住宅所以从商业街通向住宅地的道路都是死胡同，共用一条死胡同的店铺及住宅组成一个"组团"。这样的"组团"背靠背地靠在一起构成不规则的街坊，数个街坊构成一个大约呈方形的街区，街区的公共道路就是商业街和街坊之间的巷子，也就是说街区之中没有跨越"组团"之间的公共道路，这样形成典型的自然增长型的城市空间结构。所以这个独特的道路组织方式也是买卖城的空间结构特色之一②。

绥远城的建设，又为呼和浩特增加了新的空间组

---

① 包慕萍. 从"游牧都市"、汗城到佛教都市：明清时期呼和浩特的空间结构转型[J]. 中国建筑史论汇刊，2016（02）.
② 包慕萍. 山西建筑文化影响下的19世纪的蒙古买卖城[C]. 全球视野下的中国建筑遗产——第四届中国建筑史学国际研讨会，2017.

织。从雍正十三年（1735年）到乾隆四年（1739年）在当时的归化城西北2.5千米处新建一座军事驻防城（八旗城），命名为"绥远城"。绥远城以军事驻防为目的，以中心的十字街道为核心，周围房屋均按行列式排列，形式规则的棋盘式结构，这是清代军防城（八旗城）的统一布局形式，也是官式八旗城与官式建筑文化直接输入本地域的见证。

上述呼和浩特城市形态变迁的历史过程正是不同文化在相互融合的历史过程的有力见证。

## 二、文化景观的价值

文化景观的概念最早起源于16世纪欧洲的风景画，至20世纪初期，被德国地理学家施吕特尔（Otto Schluter）作为正式的术语引入学界，而对于这一概念起到最大推动作用的当属索尔（Carl O. Sauer），他定义文化景观为"由文化群体在自然景观中创建的样式，文化是动因，自然是载体，文化景观是结果[①]"，强调了自然与文化的互动。其后，文化景观的概念在学术界被广泛地应用、发展、争论和重新定义，任何人与自然交互作用的结果都被称为文化景观，亦即所有人迹所至的地方都成了文化景观，文化景观的概念变得泛化而模糊不清。但学术界的广泛关注最终促使这一概念走进了国际公约。1992年，《世界遗产公约》正式承认并开始保护文化景观，其《申报世界遗产操作指南》（以下简称《指南》）中将文化景观分为"遗址化石类"和"持续发展类"两种，其后又增加了第三种"联想类"。《指南》对于文化景观遗产的分类与解释也在不断发展，目前执行的《指南》中，文化景观被分为三类：人类设计和创作的景观（landscape designed and created intentionally by man）、有机进化的景观（organically evolved landscape）和关联性文化景观（associative cultural landscape）。

独特的文化特征与建筑形态，赋予了内蒙古传统聚落及建筑很高的文化景观价值。首先，从环境层面来看，内蒙古地域独特的沙漠、草地、自然森林以及大量平原和台地地貌构成了传统聚落及其多元化的景观背景。其次，从文化层面来看，内蒙古地域多元文化的碰撞融合，构成了内蒙古地域多样化的聚落形态，也构成了多样化的聚落景观。最后，从建筑层面来看，内蒙古因文化的影响不同，出现了蒙古包、木刻楞、斜仁柱、晋陕民居、宁夏式民居、窑洞民居以及藏式民居等多种类型，这些民居建筑材料、营造技艺、装饰工艺等多方面要素，形成了多样化的建筑景观。

### （一）藏传佛教聚落的文化景观价值

内蒙古藏传佛教寺庙利用地形、顺应自然，无论在高原平原，还是在地形复杂的山地都体现着与自然环境的和谐。内蒙古地貌以蒙古高原为主体，高原四周分布着大兴安岭、阴山、贺兰山等山脉，地形复杂多样，区内镶嵌分布有山地、丘陵、高平原、平原、滩川、沙地、沙漠、戈壁、湖沼、湿地等多种地形，其中盆地（谷底）、平原占11.8%，波状高原占32.1%，石质山地占36.9%，沙漠及沙地占19.2%。

内蒙古的地形复杂多变，是形成多种寺庙选址类型的因素。在寺庙选址与自然环境的结合中，特别重视环境中"山""水"与寺庙之间的关系，从而形成了具有明显特征的寺庙山水格局。根据"相地合宜，构园得体"的论述，再结合佛教讲求净、空、无我的境界，因此寺庙园林在选址上一般都要求环境清幽、静谧。由藏传佛教寺庙发展而形成的传统聚落，在寺庙环境基础上，形成了独特的自然与人文环境景观，具有较高的景观价值。

---

[①] Carl O. Sauer（1925）. The Morphology of Landscape. University of California Publications in Geography. Number 22: 19-53.

图8-1-2 锡林浩特贝子庙山水格局示意图（来源：张海涛 绘）

下面以锡林浩特贝子庙的文化景观为例，分析内蒙古藏传佛教聚落的景观价值。贝子庙的选址是贝子庙一世活佛亲自挑选的地方，庙址选在了依山傍水、自然环境优美的风水宝地之处。这与日本学者江上波夫在《蒙古高原行纪》中记录的内容是基本一致的。1931年（昭和六年）7月，江上波夫对贝子庙进行了学术考察，他在书中也记录了当时贝子庙周边环境的基本状况："该盆地约50公里，大体被三四百米高的群山环绕着，其中较大的有西北的博克多山、东南的汗山（巴彦山）、西南的克塔卡山等。盆地中间是草原，东侧是察伊塔姆湖，西侧是弯弯曲曲的锡林河。盆地中间有一座50米的小山（额尔敦敖包山），南麓是汉式建筑的贝子庙"①。由此可见，庙址的选择充分考虑到了与当地自然环境的结合，注重环境中山水与寺庙的关系格局（图8-1-2）。

寺庙建筑顺应额尔敦敖包山南坡，拾级而上。以朝克沁殿为中心，其他各院落东西方向呈"一"字形布置（图8-1-3）。西侧是明干殿，东侧为却日殿，这三个院落构成了贝子庙建筑群的核心院落。院落南面接着一个由照壁和矮墙围合成的闭合广场，是寺庙广场中较为罕见的一种形式。明干殿往西依次为新拉布仁殿和老苯喇嘛庙，却日殿往东依次是珠都巴殿、曼巴殿和呼图克图喇嘛庙，后者以北为丁克尔殿和甘珠尔殿。贝子庙各院落相互独立，彼此院墙之间留有约6米的通道距离，直接通往北部的敖包山。在空间布局上，朝克沁殿建于坡地最高处，其他院落分置左右两侧，且在同一院落中呈现南低北高态势，视野开阔，高差为8.5米。

---

① （日）江上波夫. 蒙古高原行纪［M］. 呼和浩特：内蒙古人民出版社，2008（01）.

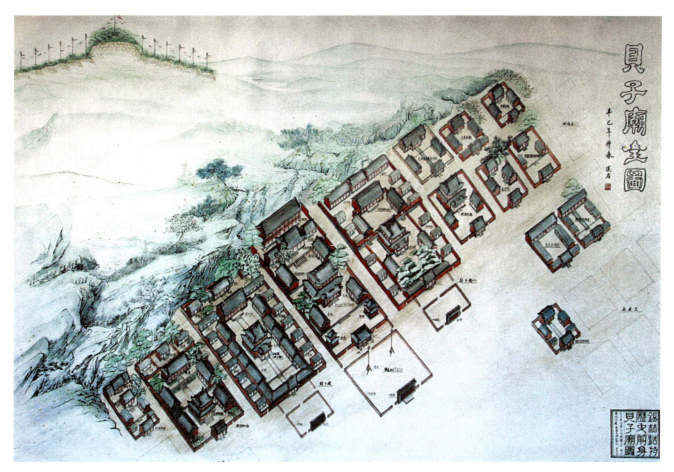

图8-1-3 手绘贝子庙全图（来源：锡林浩特市文物局）

各院落建筑呈明显的汉地寺院布局，中轴对称，尊卑有序，主要建筑均位于中轴线上，顺应自然地势由南向北逐渐增高，渲染并提升了整个宗教场所的空间氛围。

由于贝子庙选址在地势高处，具有明显的景观山水格局，拥有制高的景观视点和宽广的景观视线，站在寺庙高处，一幅幅美丽的自然风景和城市风貌尽收眼底。却日殿前院有两棵古榆树在一进入山门的位置相峙而立，据记载是贝子庙二世活佛亲手栽种，历经近300年的沧桑岁月，如今已是绿树成荫，成为贝子庙一大景观。此外，贝子庙以其宏大的规模和具有特色的建筑造型，勾勒出了锡林浩特城市的天际线。如今，贝子庙身后的额尔敦敖包山经过绿化后焕然一新，草木郁郁葱

葱，鸟燕低空盘旋，愈显得贝子庙建筑群格外威严壮观。贝子庙建筑遗产作为城市历史空间的构成元素，是城市特色肌理和传统风貌的基底（图8-1-4），在人文环境层面主要体现在宗教氛围、民族风情和城市印象三个方面。贝子庙以多个院落组合而成，各院落间通过院墙作为隔离以区分神俗世界，将院内的安宁与院外的喧杂形成了鲜明对比。每当举行法会之时，寺庙内香客络绎不绝，缭绕的香烟、喃喃的诵经声营造出贝子庙庄严而神秘的宗教氛围。十三敖包作为贝子庙建筑遗产周边环境的一部分，每天迎接着大量的族民前来祭祀，祭敖包是蒙古民族传统的习俗，是草原民族崇尚自然思想的表现形式之一，蕴藏着浓郁的民族风情。贝子庙是城市中最重要的古建筑，一直被当地人认为是城市的标志，

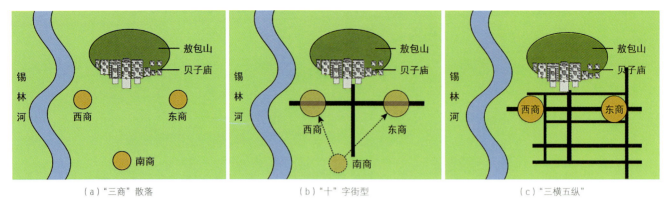

(a)"三商"散落　　　(b)"十"字街型　　　(c)"三横五纵"

图8-1-4　贝子庙到锡林浩特传统聚落空间格局示意图（来源：唐嘉蔚 绘）

提起锡林浩特必然会想到贝子庙，其建筑风格也影响着周边的建筑风貌。

上述自然和人文景观已经成为锡林浩特市最独特的景观特征，也是同类藏传佛教影响下传统聚落的主要特色。

### （二）汉族乡土聚落的文化景观价值

内蒙古地区的汉族乡土聚落主要集中在河套平原、西辽河平原以及黄土高原的局部地区。这些聚落的文化景观价值主要体现在内蒙古独特的地形地貌景观与晋陕文化、鲁冀文化的融合，构成了独具内蒙古特色的乡村聚落，也造就了独特的聚落文化景观价值。

内蒙古地区的黄土高原是我国黄土高原的北部边缘，是内蒙古高原和黄土高原中间地带，其地形特点也是岜崀突起，沟壑遍地。以老牛湾为代表的内蒙古清水河黄土高原地质科学内涵深厚、黄河文化特色显著、旅游资源丰富，既有雄奇瑰丽的黄河大峡谷、形似太极图的太极湾、飞流遥挂的瀑布、千姿百态的黄河黄土地貌景观，又有因势就险的明代长城和墩堡，同时还有汉族移民造就的质朴自然的窑洞聚落景观（图8-1-5）。因此，这些珍贵的地质遗迹景观、深厚的历史文化景观以及独特的窑洞聚落景观构成了内蒙古传统窑洞聚落独特的、不可替代的文化景观价值。

黄河在甘、宁、内蒙古、陕、晋五省区境内形成马蹄形大弯曲，内蒙古自治区境内的河套平原包括巴彦淖尔市、包头市、呼和浩特市的阴山以南地区，以及鄂尔多斯沿黄河的狭长地带。内蒙古河套地区地势平坦，土质较好，有黄河灌溉之利，是清代山陕移民走西口的主要聚集地。走西口汉族移民大量涌入河套地区，租种蒙地，建造院落。村落中大量民居多就地取材，采用土木结构，整体色调接近于泥土的颜色，朴素自然，与大地融为一体。汉族乡村聚落在阴山南部的河套平原地区舒缓地延展开来，处于村落中的开阔地便可以远远望到灰蒙蒙的阴山，这也是内蒙古河套平原地区很多村落所共同的特点，形成了河套地区传统聚落独特的一种文化景观（图8-1-6）。

西辽河地处大兴安岭东南麓和燕山北麓夹角地带的西辽河流域。在中国地理上，这里是衔接东北平原、华北平原和蒙古高原的三角地带，同时也是中原农耕区与北方游牧区的交错区域。就世界范围而言，西辽河地区属于欧亚大陆草原通道南缘东端，濒临北太平洋西岸，这种特殊重要的地理位置意味着古代的西辽河地区，处于连接中国南北和沟通世界东西的交通要冲，因此成为多种经济类型交错、多种民族成分杂居、多种文化因素荟萃的中心带之一。西辽河平原自西、西南、西北向东、东南、东北缓慢倾斜，呈波状起伏。西辽河平原主

图8-1-5　呼和浩特清水河黑矾沟村聚落景观（来源：孟祎军 摄）

要地貌类型为微起伏平地、河漫滩、阶地、沙丘、沙地。历史上的西辽河地区产出了富有生机、极具创造力的优秀文化，从而成为中国古代北方文化的重要策源地的原因。

西辽河地域因特殊的地理位置孕育了早期的聚落和文化遗址，前文提及的著名的兴隆洼聚落遗址、红山文化遗址、夏家店下层文化遗址等，后来西辽河一带逐渐形成了典型的畜牧业文化景观。直到清代的移民政策，农业人口大量迁入西辽河地区，使得西辽河平原形成了平原地貌与闯关东文化相结合的独特的农业文化景观（图8-1-7）。

### （三）传统城镇聚落的文化景观价值

内蒙古传统城镇的形成因素复杂，其文化景观的价值主要体现在内蒙古地域独特的自然景观同多元文化相结合所形成的独特特征。

多样化的地域景观：内蒙古东部距海较近，西部则身居内陆，从东向西干旱程度逐渐增加，由湿润、半湿润、半干旱到干旱，由冷到热的纬度地带性与由湿到干的经度地带性纵横交织，相互作用，结合地貌条件，形成了内蒙古的三大景观类型——草原景观、森林景观和沙漠景观。内蒙古的城镇则主要集中在内蒙古南部交通条件便利的农牧交错地带。

早期游牧民族统治者为了学习先进的农耕文化，引进中原汉地的城镇文明，也开始建造起自己的城镇，例如辽代契丹族建造的上京城、中京城等。内蒙古地区大量性的城镇聚落，是在清至近代开始形成。清代内蒙古城镇的兴起，有着深远的历史原因。首

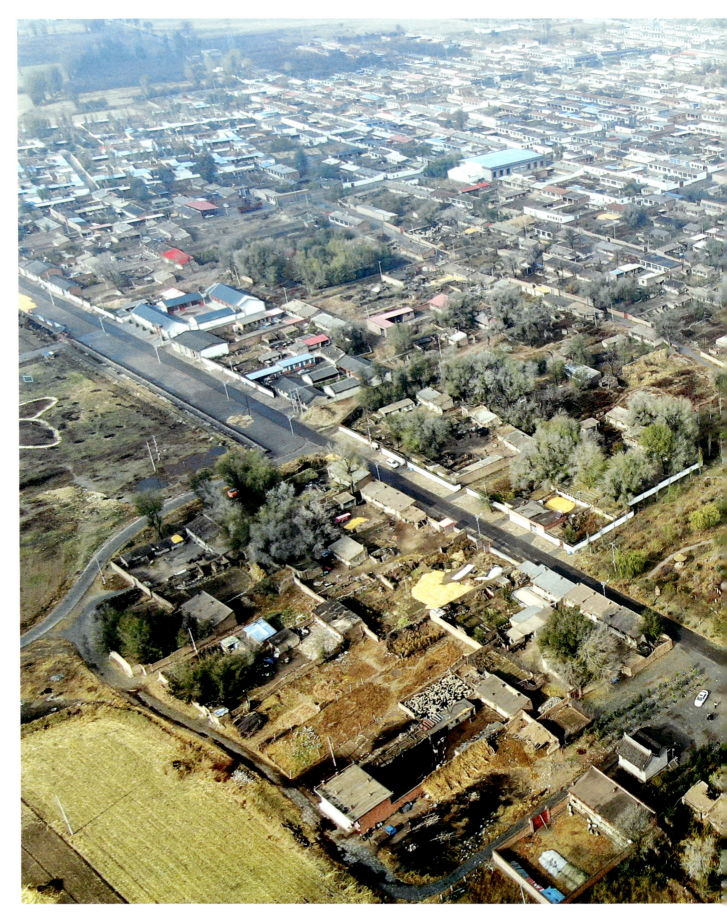

图8-1-6 包头市美岱召传统聚落景观航拍图（来源：刘腾、李昊 摄）

图8-1-7 赤峰市系带沟下村航拍图（来源：孙冠臻 摄）

先，藏传佛教的传入，为城镇的形成奠定了基础；其次，大量汉族移民是大量性城镇形成的根本原因，另外，商业贸易的发展也促进了一部分城镇的形成；最后，盟旗制度形成之后，固定的王府也促进了一部分新型城镇的形成。

多种不同的历史背景和文化要素的传播、碰撞、生根、发芽，形成了今天的传统城镇、乡村和大量地域性建筑文化遗产。也就是说，文化的传播与交流是内蒙古传统聚落与建筑遗产形成的根本动因，不同的文化形态，以聚落实体空间和建筑遗产作为载体，对本地域传统聚落的形成、发展及演变产生了重大影响，并成为本地域最为鲜明的文化特色。

因此，内蒙古城镇聚落的文化景观价值主要表现为独特的草原、森林和沙漠景观同蒙古族文化、藏传佛教文化、汉族移民文化以及商贸文化等相互融合，构成了独特的草原城镇的文化景观。

## 三、空间形态的价值

内蒙古传统聚落的空间形态，因文化因素的不同，体现出多样化的形态特征。单一文化的聚落表现出一种文化影响下的聚落形态特征，例如藏传佛教影响下的传统聚落形态主要是以密宗曼陀罗为主导的聚落形态，受汉族文化影响的宗教聚落则主要表现出多轴线组合的、伽蓝七堂为核心的院落式空间结构。内蒙古地域的大量性的传统聚落都是受到两种或两种以上文化的影响，多重空间结构的组合与叠加，形成了以重构为主要特征的、更加多样化的聚落形态。

笔者在前期研究过程中曾将这些聚落按照文化主导因素的不同分为六类，即王城（汗城）、宗教型聚落、农业型聚落、买卖城、王府型聚落、军防城（八旗城）。从上文不同类型的聚落分布图可以看出，藏传佛教聚落和农业聚落数量最多。王府、买卖城以及军防城等聚落几乎都集中在农牧交错带。

下面将重点探讨不同文化的碰撞与融合过程中以上六类聚落空间之间的组合模式。

### （一）宗教聚落加买卖城的空间模式

寺庙与买卖城的组合是内蒙古传统聚落中特有的一种现象。寺庙附近买卖城的形成有两方面原因，一方面是由于寺庙聚集了蒙古近一半的人口和大量财富，同时居住集中，消费量大，在草原上逐步形成消费集团，这就导致了在大寺庙附近通常驻有一些坐商。另外，寺庙每逢宗教传统法会，举行各种宗教仪式，蒙古人便从四面八方前来朝拜，而庙会期间的集市交易也相继出现。因此，寺庙的建造为旅蒙商渗入蒙古地区开辟了道路，同时也为蒙古地区贸易的繁荣奠定了物质基础。因此，寺庙附近买卖城的形成是必然现象，这也就形成了宗教文化的寺庙聚落加商业文化的买卖城聚落的空间模式，这种组合模式也是以寺庙为主导和依托形成的。主要实例有归化城、多伦诺尔、库伦等。

寺庙与买卖城的重构模式有两种。一种是在距寺庙2～10里的地方建立买卖城，形成双城姘居的空间格局，如多伦诺尔。另外一种是规模较小的买卖街区，这种街区都会布置在寺庙广场前端或两侧，与寺庙聚落融为一体，实例如贝子庙和库伦。这样，藏传佛教文化与晋商建筑文化在这里碰撞，形成了独特的寺庙、买卖城的格局。

### （二）宗教聚落加农业聚落的空间模式

内蒙古地域在移民之前就已经形成大量的寺庙聚落。汉族移民进入蒙古地方后，有一部分移民会因租种寺庙附近的土地而逐渐定居下来。另外，原寺庙附近的蒙古牧民也会逐渐学习务农，在寺庙附近定居。因此这部分移民就会在寺庙附近建房，乡土民居逐渐同寺庙建筑连接起来，形成村落，大量的乡土民居构成的农业聚

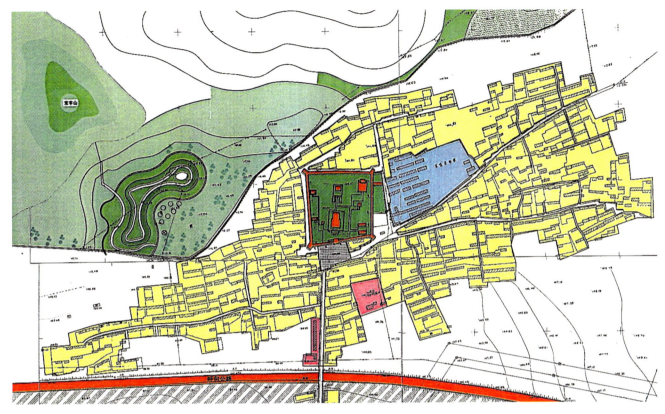

图8-1-8 美岱召聚落总平面图（来源：王崴《土默川美岱召村形态演变初探》）

落组团就成为传统聚落的重要组成部分。藏传佛教寺庙同农业聚落的重构方式有两种，一种是以寺庙为核心，农业聚落包围在寺庙周围，形成内外两种文化的围合与交叠，如美岱召（图8-1-8）。另一种是以寺庙为依托，农业聚落在距寺庙一定距离形成独立的组团，逐渐发展到同寺庙相连、融合的聚落整体。因此，藏传佛教的宗教文化同乡土建筑文化在这里碰撞融合，形成了以寺庙为依托的独具内蒙古特色的传统聚落。

（三）军防城加买卖城的空间模式

清朝在内地以及边疆建设了许多军防城镇即八旗城，蒙古地域的八旗城主要以大库伦、乌里雅苏台、科布多以及呼和浩特绥远城为代表。科布多（图8-1-9）、乌里雅苏台等"买卖城"的出现与随军贸易有关。康熙帝平准时，曾有大批商人从行，康熙帝为维护随军贸易

图8-1-9 科布多军防城与买卖城的双城格局（来源：张海涛 绘）

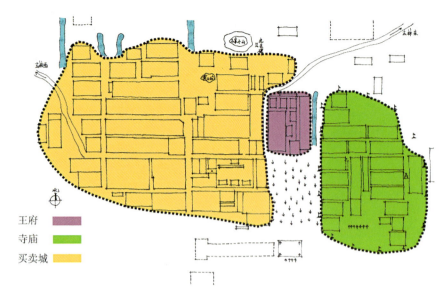

图8-1-10 大板镇王府、寺庙、买卖城的空间格局
（来源：张海涛 绘）

秩序，指出"至于随军贸易之人，固不可少，若纵其贸易，又至紊乱，应于某营相近，即令某营之夸兰大，派出章京，于一里外驻扎，准其贸易。"并指示理藩院另设一买卖营，"中路大军十六营中，每营派官一员，专司贸易之事"，以便于沿途购买蒙古的驼马牛羊等物品[①]。这样形成的买卖城，有完整的规划布局和严格的管理，形成了以十字买卖街为核心、整齐划一的买卖城格局。

由此，军防城加买卖城的双城格局基本形成。军防城是官式做法在军防类城池与建筑的代表，而买卖城则是官式严整的规划与晋商民间建筑文化相结合的代表。这两种不同的聚落与建筑文化相互碰撞融合，形成了内蒙古独特的八旗城与买卖城的双城格局，呼和浩特即是军防城与买卖城的组合模式。

（四）王府或王城、寺庙、买卖城的融合

清代在盟旗制度下，札萨克王拥有很高的政治权力和社会地位。札萨克王府也会成为盟旗的政权中心和经济中心。藏传佛教自明代传入蒙古地域以来，就受到各地王公们的欢迎，纷纷在自己的驻地建设寺庙，王公贵族成为藏传佛教寺庙最大的布施者，大量的寺庙都是为王公贵族们服务。这种传统一直延续到清代，清代的王公贵族们也会在自己的王府周边建设寺庙。因此，王府周边都会聚集很多的大型寺庙。旅蒙商也会看中王府和寺庙所带来的商机，纷纷在其周边开设店铺，逐渐形成规模较大的买卖街区。

这样以王府为核心，寺庙依附于王府，买卖城依附于王府和寺庙的传统聚落开始形成。这样的聚落是王府、寺庙、买卖城三种聚落文化在此碰撞、叠加和融合的产物。以上三类空间的融合方式主要有：王府居中，寺庙和买卖城分别居于王府的左右两翼，形成三个独立的组团，形成了"品"字形聚落形态，实例如巴林右旗大板城（图8-1-10）；另外还有以王府和寺庙融为一体，例如阿拉善定远营，以王府为核心，寺庙以王府家庙的形式附属于王府，居于王府一侧，王府下人居所和寺庙喇嘛居所也融合成一个片区，王府的城外又形成了买卖街区。

---

[①]《清圣祖实录》，卷171，康熙三十五年二月丁未。

## （五）多重文化影响下聚落空间模式

前面分析了两种、三种文化碰撞、融合的过程中产生的聚落空间重构。下面要分析的是四重空间的组合与重构关系。目前内蒙古地区，四重文化影响下的综合性聚落只有呼和浩特一例。传统的呼和浩特聚落是由归化、绥远两城构成的。归化城于16世纪初由蒙古土默特部阿拉坦汗所建。阿拉坦汗做的另一件具有重大历史意义的大事就是把藏传佛教格鲁派引入蒙古地域。因此，藏传佛教最先在归化城附近建立寺庙，并逐步发展起来。从1580年竣工的大召开始，到18世纪20年代的五塔寺，归化城共建有大型寺院15座。这些城市中密布的寺院建筑使得呼和浩特归化城变成了蒙古人称的"召城"——即佛教都市[①]。根据日本东京大学包慕萍教授的分析，这15座大型寺院是以呼和浩特的汗城为中心，在城外呈环状排列。召庙分别布置在900米和1350米的圆环上，这种圆形空间布局方式与游牧都市时代汗王居中的"库伦"的空间结构相同，也就是"召城"归化城基础上的第二重城市空间结构。

恰克图条约的签订对蒙古的城市和建筑产生历史性的影响。恰克图贸易在19世纪50年代达到了极盛时期，归化城也形成了内蒙古地域规模最大、最重要的买卖城。由各商号建立的"买卖城"是以各喇嘛庙为核心逐步形成的，商铺受喇嘛庙租售土地位置的限制，主要分布在喇嘛庙前南北走向的道路两侧，故而形成的商业街都是以喇嘛庙为起点向外延伸。连接各个喇嘛寺院的路径上形成了山西建筑样式的商业街，面临商业街的商号呈狭长地块，它们的背后，形成仅一进院落的合院式住宅，从商业街通向住宅地的道路都是死胡同，共用一条死胡同的店铺及住宅组成一个"组团"[②]。因此，整个买卖城就是一个个的商业组图组团，叠加在召城基础上，形成了第三重城市空间结构。

绥远城的建设，又为呼和浩特增加了新的空间组织。绥远城以军事驻防为目的，以中心的十字街道为核心，周围房屋均按行列式排列，形式规则的棋盘式结构，这是清代军防城（八旗城）的统一布局形式，也是官式八旗城与官式建筑文化直接输入本地域的见证（图8-1-11）。

1912年，民国建立后，将原归化、绥远二厅合并，名为"归绥县"。自此，呼和浩特完成了王城、召城和买卖城三重空间结构叠加基础上的归化城和棋盘式结构的绥远城的组合，形成归、绥二城并立的双城格局。

通过上述多元文化影响下的聚落空间形态的分析，我们发现，多种文化影响下的聚落形态呈现出多样化的特征。内蒙古的传统聚落几乎都是在上述几种类型的相互组合、叠加形成新的聚落形态。呼和浩特作为内蒙古传统城镇聚落的典型代表，集中反映了内蒙古传统聚落的空间形成过程与格局特征。这是内蒙古特殊的历史背景下所形成的独具特色的城镇空间，也是草原传统聚落的典型特征。以上分析，是内蒙古传统聚落的空间形态最为突出的特征。这样的聚落形态主要反映了内蒙古地区在同一历史时期内，多元文化碰撞、融合、并存的历史现象，也是内蒙古传统聚落最为突出的价值所在。

## 四、建筑遗产的价值

内蒙古的建筑遗产是多元文化传入内蒙古地区，多种建筑元素通过空间的地域化改变、材料的地域化适应以及装饰的地域化表达等几种方式，形成了极具内蒙古特色的建筑遗产。

---

[①] 包慕萍. 从"游牧都市"、汗城到佛教都市：明清时期呼和浩特的空间结构转型[J]. 中国建筑史论刊, 2016（02）.
[②] 包慕萍. 山西建筑文化影响下的19世纪的蒙古买卖城[C]. 全球视野下的中国建筑遗产——第四届中国建筑史学国际研讨会, 2017.

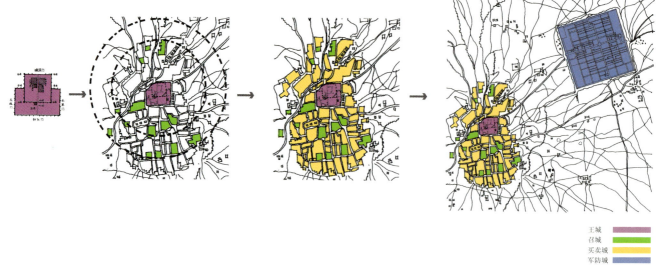

图8-1-11 多元文化影响下的呼和浩特空间格局的演变（来源：张海涛 绘）

## （一）建筑空间的地域化改变

建筑空间的地域化改变主要包括两方面，一方面是乡土民居院落的变化，另一方面是建筑内部空间组织的变化。

内蒙古的乡土民居建筑都是以移民来源地的建筑形态为源头，形成了多样化的建筑形式，但室内空间的变化并不明显，变化最大的是室外院落。下面以内蒙古乌兰浩特市东白音村为例阐述院落空间的地域化改变。东白音村居民多为蒙古族，对于院落的概念相对比较薄弱。

通过对东白音村院落形态的调研测绘（图8-1-12），许多民居并不设置院落，只将农具、大型机器、牲畜棚等功能布置在房屋的附近，方便使用；有院落的民居建筑，依据地理位置、居民需求，以及邻里关系等因素划定院落范围，而且院落的空间布局根据自家需求、院落形态，以及生活习惯的差异，呈现出不同的空间形态，院落形式受汉族礼制思想、儒家传统思想的影响较小，因此民居院落的向心性、围合性，以及对称性均相对较弱。这与蒙古族自由、豪放的游牧生活习俗有着密切的关系。

建筑内部空间组织的变化是以呼和浩特大召为例进行分析：内蒙古大召大殿空间，我们在分类中称之为"都纲作为过渡空间的汉藏混合三段式形制"（表8-1-1），这种型制特征是平面由经堂、佛殿两部分相连，经堂6×7间接近方形平面，佛殿5×5间方形平面，佛殿外围布一圈转经柱廊，中间3×5间的长方形空间加柱并升起，顶部以重檐歇山顶覆盖。殿堂整体空间关系由入口门廊空间—都纲空间—佛殿空间—转经道空间组成，形成了入口起始、都纲承接、佛殿高潮的三段式汉藏混合建筑形态（图8-1-13）[①]。都纲空间以单层藏式回廊加升起的汉式歇山顶组合而成，这种形态既不同于藏区殿堂建筑的空间，又不同于北京、承德殿堂建筑的空间形态，而是以上述地域的殿堂空间为基础，创造性地形成了极具内蒙古地域特色的新的殿堂空间形态。这种空间形态的变化往往体现了建筑对于

---

① 韩瑛. 基于都纲法式演变的内蒙古藏传佛教殿堂空间分类研究［J］. 建筑学报，2016（02）.

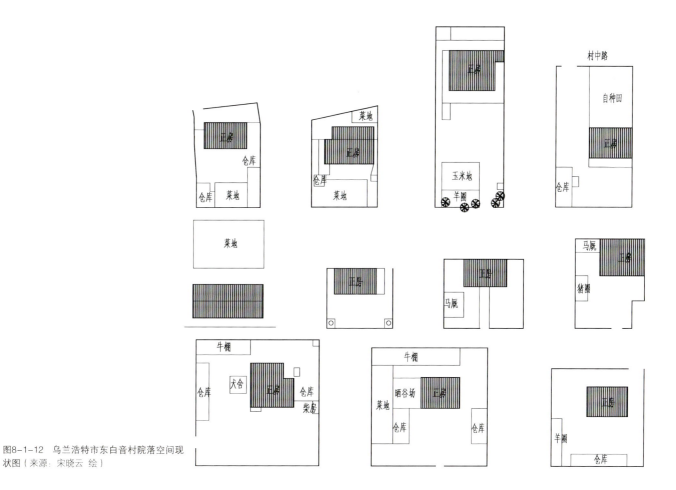

图8-1-12 乌兰浩特市东白音村院落空间现状图（来源：宋晓云 绘）

都纲作为过渡空间的汉藏混合三段式型制（来源：李新飞 绘） 表8-1-1

| 殿堂名称 | 大召大经堂 | 美岱召大经堂 | 乌素图召庆缘寺大殿 | 准噶尔召大殿 |
|---|---|---|---|---|
| 平剖面示意图 | | | | |

| 殿堂名称 | 点布斯格庙大殿 | 百灵庙大殿 | 梅力更召大殿 | 大召乃春庙 |
|---|---|---|---|---|
| 平剖面示意图 | | | | |

图8-1-13　呼和浩特市大召措钦大殿照片（来源：张鹏举《内蒙古藏传佛教建筑2》）

当地生产生活的地域化适应，是内蒙古建筑遗产价值的重要表现。

### （二）建筑材料的地域化适应

建筑材料的地域化适应主要表现在以下几个方面：

首先，从民居建筑来看，以汉族民居为主导的建筑材料，都表现出了鲜明的地域化适应的特征。移入内蒙古的汉族居民绝大多数都是逃荒来的农民，他们极度贫困。通过一代或者几代人的努力才在这里站稳脚跟。同时，从心理和文化层面来看，这些初期移民到这里的中原人始终未把这里当作家乡来看待，落叶归根的心理使他们把这里看作是暂时寻求生存的落脚点。因此内蒙古地域的传统汉族民居建筑为了经济适用，往往就地取材，简化了原有的建筑造型部分、空间和装饰以及相应的建筑规制，使建筑看起来经济适用，又简陋粗犷，建筑色彩也自然淳朴。

内蒙古汉族民居建筑取材都来自于当地的自然材料，有木材、石材、秸秆、柴草以及黏土砖等材料，例如东北个别地区的民居墙体采用当地的"草筏子"为主要建筑材料，当地居民从沼泽地里挖出一块一块连泥带草的草坯，晾干之后就形成了当地建筑墙体的主要材料（图8-1-14）。因此建筑的颜色也是同大自然的颜色极为相近，如土黄、土灰、褐色等，这些材料与颜色使得建筑同自然浑然一体，极为和谐。内蒙古地域辽阔，从东到西地形地貌以及资源的差异较大，这也造就了各地民居建筑材料和色彩方面的多样化特征。

其次，藏传佛教传入蒙古地域后，在建筑材料方面也表现出强烈的地域化适应的特征。以藏传佛教建筑的墙体材料为例，藏区的地理环境山脉众多，石材丰富，因此藏区宗教建筑往往多采用石材砌筑墙体，形成了坚固耐用的殿堂建筑。内蒙古地区山脉较少，而相当一部分藏传佛教寺庙坐落在城镇或平原。为了适应新的环境，这些建筑往往就地取材，建筑外墙要么使用土坯墙体，要么使用砖墙建造，这是宗教建筑地域化适应的一个方面。另一方面，在装饰材料方面，藏区宗教建筑在墙体上使用了大量的边玛草，形成了强烈的装饰效果。但是由于内蒙古地区缺乏边玛草的材料，而在建筑外立面又需要营造出藏庙建筑边玛草类似的装饰效果，因此利用红砖或石材做成红色"叭啦灰"（拉毛）替代边玛草，营造类似的装饰效果。

### （三）建筑装饰的地域化表达

在建筑装饰方面，内蒙古的建筑往往也表现出多种文化相互融合、多重装饰主题和手段杂糅并用的特点。下面以阿拉善王府的装饰艺术为例进行分析介绍。

阿拉善蒙古王爷府地处内蒙古自治区西部阿拉善盟巴彦浩特市旧定远营城内。建筑形制模仿清代官式建筑式样，占地2万平方米。阿拉善蒙古王爷府是和硕特部从游牧走上定居的节点。由于当时蒙古王爷同时在京城设有王府，并来往于北京和阿拉善之间。由此从京城带来了很多关于建筑技术、装饰艺术的新审美理念。因此，王府室内空间装饰与当时的牧民蒙古包以及定居民居建筑装饰相比具有显著的清代内地装饰特色，其室内空间装饰形式展现了蒙、满、汉、藏族等多民族空间装饰艺术相交融的特征（图8-1-15）。

首先，内墙面装饰清晰地勾勒出了草原游牧文化的点点滴滴和厚重的清式家具与大面积白墙相辅相成，形成了简约与精致、朴素与奢华的室内空间艺术特色。

其次，阿拉善蒙古王府室内空间的半实体隔断和空透式隔断，赋予空间隔而不断，私密而不乏开敞，

图8-1-14 巴彦淖尔市善岱古庙大殿边玛墙装饰（来源：张鹏举《内蒙古藏传佛教建筑1》）

图8-1-15　阿拉善定远营王爷府的室内陈设（来源：孟祎军 摄）

模糊而不乏清晰的空间艺术感染力，同时满足了实际功能需要。另外，王府中以空透式隔断方式分隔出世俗与祭祀空间，从而形成了有趣的世俗到信仰的流动空间特点。

第三，室内空间陈设与家具装饰基本沿袭了清代衙署空间装饰的厚重、华丽、威严的空间氛围基础上，加入少许藏传佛教图案和蒙古游牧元素，体现了塞外蒙古文化艺术以及佛教文化相融合的地域陈设艺术形式。

第四，与内地王府建筑空间普遍采用名贵硬木材料相比，阿拉善蒙古王府大量采用了北方草原地区较常见的软木材料。随着时间的推移，空间少了些许豪华，多了一些岁月的痕迹，增添了空间素雅之感。

现存阿拉善蒙古王府建筑室内空间大体上延续了原有面貌，它既有满清宫式建筑的庄重典雅和厚重繁杂的装饰艺术特点，又有以骑马追逐、吉祥图案为主题的蒙古族草原文化以及审美取向的装饰艺术，还有佛龛佛像以及藏传佛教色彩装饰图案为主题的佛教宗教空间装饰艺术[1]。阿拉善王府作为内蒙古传统建筑遗产的代表，其建筑装饰艺术集中体现了内蒙古传统建筑多种文化相互融合，众多艺术手段相辅相成，形成了内蒙古建筑遗产独有的装饰艺术特色。

## 第二节　内蒙古传统聚落的现状分析

### 一、聚落形成时间较晚，基础研究不足

内蒙古地区传统聚落形成时间较晚，大多数聚落形成于清代后期到内蒙古解放前，甚至有部分聚落在内蒙古解放后才开始形成。由于内蒙古地区人口总量较少且分散，占人口多数的蒙古民族多以游牧为生，逐水草而居，农业不发达，故清代早期几乎所有城镇聚落人口较少，城市经济也较为落后，缺乏产业支撑，对人口的吸纳能力十分有限，城镇的规模都较小。直到后期商业贸易的发展以及大量汉族移民的到来，才有力地促进了内蒙古地区城镇以及乡村聚落的发展。上述发展持续到清末甚至内蒙古解放前才完成了这个历史过程。同时，除国家政策形成的军事城镇以外，内蒙古地区的大多数城镇都是自发形成，缺乏统一的选址和规划管理，而土地所有者为了追求利益最大化，往往会在寺庙周围或其他核心地段建设大量商铺出租，导致城市拥挤不堪，脏乱差的现象严重，这些问题严重影响了内蒙古地区城市的整体面貌。内蒙古乡村除明土默特部所在

---

[1] 赵百秋，莫日根. 阿拉善蒙古王爷府建筑室内空间装饰艺术研究［J］. 大连民族大学学报，2016（01）.

的地区之外，其他地区的乡村普遍形成时间较晚，大量性的村庄都在清代中后期甚至民国时期形成。由于汉族移民普遍的归乡心理和贫困等因素影响下，内蒙古地区传统村落的形成没有统一规划，规模较小，建筑简陋，很多建筑往往都是根据需要临时搭建而形成。由于建筑材料有限，建筑技术不成熟，内蒙古地区的传统民居建筑呈现出形态多样化、就地取材、建造粗犷、规制式微等特征，这些特征成为内蒙古地域传统民居建筑的基本特色。

从基础研究来看，内蒙古传统文化方面的研究是以蒙古史和蒙古文化为代表，另外也会有移民史、宗教史、经济发展史、对蒙政策等方面的研究较为广泛，而在传统聚落的形成发展以及空间与形态等方面的研究极少，研究的方向往往也是从社会学的角度探讨内蒙古地区村落以及城镇形成的历史过程。

2010年，内蒙古工业大学建筑学院建筑历史与理论学科团队开始了对内蒙古自治区古建筑以及传统聚落的基础调查与保护研究工作。团队以上述研究成果为基础，在传统城镇以及乡村聚落方面进行了大量的文献查阅以及实地调研工作，形成了一系列的研究成果以及相应的研究项目。然而，跟全国各地的聚落与民居研究相比较，内蒙古地区仍然是研究基础最薄弱的地区之一。直到本书编撰过程中，才有机会系统地整体梳理了内蒙古传统聚落的概况。但由于基础薄弱、时间仓促等因素，整体的梳理依然比较粗糙，传统聚落的选址、布局、空间、形态以及聚落与社会的关系等方面的基础工作仍需要进一步的深入研究与探讨。

## 二、管理部门对传统聚落的价值认识不足

从管理部门的角度来看，内蒙古地区的多数管理人员对于内蒙古自治区传统聚落的价值认知不足，尤其是同江南等地区的传统聚落相比较，内蒙古的传统聚落更显得落后与粗糙，这也是导致管理层面缺乏文化自信的表现。因此，在城镇化的过程中，由于上述原因而导致本地域传统聚落大拆大建，出现了种种建设性破坏的混乱现象。究其原因，主要是管理部门以改善人民生活为基本目标，却忽略了本地域传统聚落遗产的整体保护和文脉传承，导致多数传统聚落陷入了千城一面、千村一面的尴尬境地。

从城镇来看，由于城市化进程加快，大量城镇的规模不断扩大，而城镇的传统历史街区往往是处于城镇最核心的地段。因此，同我国其他城市一样，大量城市传统空间格局与历史街区被整体拆除。笔者在调研的过程中，我们一边调研测绘，一边看到这些房子正在被整体拆除。基础调查和研究的速度远远赶不上城市拆迁的速度。例如内蒙古包头市的百灵庙镇，从历史发展的过程来看，百灵庙是由于贝勒爷王府所在地而形成了王府、寺庙（百灵庙）和蒙汉居住区所构成的极具地域特色的小镇，然而就在2017年我们团队调研的时候，百灵庙镇所有传统历史街区已经全部拆除（图8-2-1），我们只能无奈地在残垣断壁中测绘了几个小房子，看到如此现象，只能喟然长叹。这样的状况在内蒙古属于普遍现象，我们曾经调研过的定远营（图8-2-2），作为国家级文物保护单位，是内蒙古地区唯一的最完整的王府城堡，而目前定远营内的集西北民居与北京四合院于一体的传统民居已大部分被拆光。完整的定远营聚落被改得面目全非，目前只剩下王府和寺庙部分历史建筑，令人惋惜。

内蒙古的传统乡村也经历了彻底的改变。内蒙古地区由于军事防御、宗教传播、移民发展、商业贸易等因素的影响，形成了大量极具地域特色的乡村聚落。然而，由于基础研究落后以及对于传统村落的认识不足等原因，内蒙古大量的传统村落没有被列入传统村落的名单，因而村落的保护资金不足，很多聚落都处于自由发展的状态。

图8-2-1 正在被拆除的百灵庙镇传统街区（来源：王子华 摄）

图8-2-2 定远营总平面现状（来源：根据谷歌地图 朱秀莉 绘）

2014年1月13日，在内蒙古自治区农牧区工作会议上提出，内蒙古将按照"生产发展、生活宽裕、乡风文明、村容整洁、管理民主"要求，扎实推进新农村新牧区建设。其中，计划利用三年时间实施农村牧区"十个全覆盖"工程，以提高公共服务水平。十个全覆盖主要包括以下十项工程：一是危房改造工程；二是安全饮水工程；三是街巷硬化工程；四是电力村村通和农网改造工程；五是村村通广播电视和通信工程；六是校舍建设及安全改造工程；七是标准化卫生室建设工程；八是文化室建设工程；九是便民连锁超市工程；十是农村牧区常住人口养老医疗低保等社会保障工程。其目的是一改过去残墙破房、脏乱泥泞的景象，基础设施迅速改善，公共服务显著提升，环境面貌焕然一新，加快农牧民致富奔小康的步伐。目前，农牧区发生了巨大变化，已基本实现村村通电、村村通广播电视，柏油路修到家门口，农村牧区公共服务设施和生产生活条件日益改善。

上述工程本来是一项非常好的惠民工程。从政府的出发点来看，也是希望投入资金和力量改善百姓的生活条件。然而，上述项目在实施的过程中，各地政府部门对于上述政策的理解不同，其实施的做法就会有很大的差别。同时，实施过程中没有考虑传统村落的特色和文化脉络，而是把聚落变成了一项拆除和包装工程。具体问题表现在以下几个方面：

1. 拆除土房

十个全覆盖在实施的过程中出现了一些激进的现象，其中一个方面就是拆除土房的工程，被业界戏称为"推土房运动"（图8-2-3）。为了让村庄看起来焕然一新，各地政府掀起了一股轰轰烈烈的推土房运动。在这个过程中，大量传统聚落中的传统民居，包

图8-2-3 "推土房运动"现场照片（来源：土左旗陶思浩乡政府 提供）

图8-2-4 海流图庙商业街（来源：朱秀莉 摄）

括东部区极具特色的囤顶房、乌兰察布的土窑房、土默特地区晋风农宅以及圆芦子等极具历史价值和内蒙古地域特色的传统建筑被一刀切地拆除。另外，大量具有传统风貌的历史村落也因传统建筑的拆除而失去了往日的面貌。

2. 过度包装

有些地方会根据个别人的喜好，将一些代表性的传统村落按照徽派传统民居的形式进行改造，把房子都涂成白色、灰色，有的甚至还做一系列徽派民居的高墙来增加气氛。最后整个村庄都被包装得面目全非，不伦不类。另外一些村庄为了突出特色，又会模仿江浙一带的民居风格，进行包装，有的甚至是各种风格的混搭（图8-2-4、图8-2-5）。因此，不同村庄出现了不同风格的包装，很多工作都是表面功夫。例如为了节省投资，很多村庄会把沿马路的民居的一面墙进行重点包装，在隐蔽处的民居和建筑就维持原样。总之，被重点包装过的很多村庄都变得不伦不类，让人看了非常痛心。

3. 兵营式的规划

上述项目在实施过程中，对传统聚落以及传统民居的破坏几乎是毁灭性的，这对于我们传统聚落以及传统民居方面的基础研究与保护工作也造成了巨大的打击。在整体聚落规划方面也出现了传统文脉的缺失，各地兵营式的规划比比皆是（图8-2-6）。传统村落的可识别性不断丢失，大量村落都失去了往日的特色。

图8-2-5 朝格图呼热苏木新居（来源：朱秀莉 摄）

图8-2-6 鄂托克旗脑高岱嘎查新村俯视图（来源：朱秀莉 摄）

## 三、设计部门保护方案和实际发展需求脱节

自20世纪80年代历史文化名城保护制度建立至今,我国已基本形成完善的城乡历史聚落保护方法体系,通过保护区范围划定,聚落与环境的整体保护,格局、肌理的延续,建筑高度、街巷宽度与景观视廊的控制,重点地段与地标建筑的整饬、修复以及非物质文化遗产的传承等具体措施,建构起一套完整的理论框架与操作模式。但既有方法体系总体而言仍旧停留在聚焦"可见对象"的形式表层,而忽略了对聚落中社会、人文因素的深入查考与认知,更多是一种只知其然不知所以然的下意识条件反射,表皮、空体、器用先行,在保护实践中始终难以有效地将"文化"这一抽象但却本质的遗产资源融入聚落的物质空间系统与保护发展进程中[①]。

内蒙古地区传统村落的保护工作也是在上述背景下形成的,其问题同我国其他地区基本相似。首先,设计部门大多地处繁华城市,对于传统村落的文化以及生活方式缺乏必要的了解,对于社会发展以及村民的诉求缺乏一个基本的认识。多数保护方案都缺乏一个基础的调查研究,因而对于传统村落在物质方面以及社会文化等非物质层面的特色与价值把握不足,导致传统村落的保护往往只停留在几条红线划定、建筑小品的包装等方面。从本质上来说,这样的保护方案既不能对村庄整体提出可操作性强的发展方向,又不能满足村民改善居住条件的迫切要求,也不能解决传统建筑保护和经济发展的基本矛盾。另外,几乎所有的传统村落都没有根据具体情况而制定有针对性的发展方向,而是一味地发展旅游。很多村落由于地理位置偏僻,旅游资源不够以及配套设施不齐全等因素而陷入发展的困境。

# 第三节 保护与活化基本思路

## 一、传统聚落保护与活化的基本方向

传统村落的保护与活化,其关注的重点不仅是物质空间载体本身,也包括非物质文化的保护与活态传承。在当前实践中,遗产的物质经济价值的开发利用往往优先于其社会文化价值,而活化目的是协调整合二者关系,使其能在当代社会中活态传承与持续发展。因此对于传统村落不应是任其消亡或是标本式的保存,而应是在传承与再利用中赋予其"活态"的生命力。传统村落的活态传承主要使其能够进行文化活态传承、资源活化利用,能够持续发挥社会、经济价值的"活体"状态。

保护与活化利用村落物质文化遗产,对原有建筑、街巷等进行保护性修缮和现代性的改造,将原有空间与现代功能结合起来,给予其新用途,使其重新焕发生机。这样,既保留了乡土风貌,又适应了新的功能需求,这是乡土建筑在物质层面(或者可见对象的层面)进行保护与活化的基本方向。

乡村传统文化是乡村的根,传统村落的非物质文化遗产是乡村传统文化的精粹,这部分文化兼具历史性

---

① 肖竞. 文化景观视角下我国城乡历史聚落"景观—文化"构成关系解析——以西南地区历史聚落为例. 建筑学报,2014(02):95.

和现实性。这也决定了对村落文化的保护不应该是静止的，而是在发展中获得保护，既要保护遗产的原真性，又要给予遗产"振兴"其生命的活力。这样就需要将非物质的活态遗产保护同消费群体的需求结合起来，实现遗产保护与活态发展的协调与共赢。

让传统村落重新恢复活力的关键在于召回人、留住人，重建村落内生可持续发展机制，建立新的经济生产关系，恢复村落经济功能，激活人在乡村中的生活。因此，上述保护与活化过程中，通过资源分析，进行针对性的发展定位，形成本地域资源优势，激活传统村落的经济活力，使村民愿意回归乡村发展经济。

## 二、以村民合作社或城镇社区为主体

合作社或社区参与旅游发展是把社区视为旅游发展过程中的主体，将其列入当地旅游规划和开发等重要开发事宜的决策和执行体系中。真正的社区参与应该是当地社区居民为了自身的发展在外界的指导下寻找适宜的发展道路，而社区参与旅游发展则是在旅游发展过程中的决策、开发与规划、管理与监督等环节充分地考虑社区的意见和真正需要，并将社区作为主要的参与主体，实现旅游可持续发展和社区的全面发展。

针对保护工作往往脱离群众，不考虑老百姓的实际需求，使保护和改善百姓生活条件的矛盾加剧，保护工作难以实施的现状，内蒙古自治区传统村落的保护与发展应该以村民或社区为主体。村民在乡村建设的过程中要有充分的话语权，一方面可以帮助参与者充分认识到乡村聚落的深层次文化与价值，另一方面可以充分表达村民在聚落保护与发展方面的基本诉求。在村落发展方面，以村民为主体，可以充分调动村民的积极性，为村落的发展方向献计献策，充分挖掘当地的资源优势以及农业产品，同时以村民合作社的形式，可以大力开展农业特色产品的开发和售卖，让村民切实享受到传统村落发展带来的经济利益。

以村民合作社为主体，让村民充分了解到传统村落以及传统建筑遗产的价值，及其所带来的经济利益，使传统建筑由被动式的保护到主动保护，形成良性的循环。另外，以村民合作社为主体，也可以促进乡村活态遗产的有效传承，这对于保持乡村文化的原真性与可持续性等方面也具有重要的意义。

## 三、建筑师搭建平台，多方共建机制

目前，我国各地在传统聚落的保护与发展方面都陆续摸索出了一系列行之有效的方法。通过各地的实践证明，传统聚落的保护与发展单纯依靠建筑师或城市规划师对于历史风貌这一表层的保护是完全不够的。还需要以村民为主体，吸引企业投资为基本助力，政府管理部门为主导，以建筑和规划领域的乡村建设团队为技术支撑，以周边城市的消费者主导意向为参考的多位一体的发展机制。因此，建筑师必须搭建平台，在各方需求和导向之间取得平衡，各方共同探讨保护与发展之间的问题，使传统聚落形成保护与发展相互促进、相得益彰的共赢局面。

内蒙古以内蒙古工业大学建筑学院为依托，联合内蒙古科技大学建筑学院、内蒙古农业大学水利与土木建筑工程学院、内蒙古建筑学院建筑系等几家高校科研单位和内蒙古工大建筑有限责任公司、内蒙古新雅建筑设计院、内蒙古博物馆、内蒙古文物局、呼和浩特市住房和城乡建设局等相关设计院所和管理部门成员，组成内蒙古民族建筑研究会。研究会的宗旨和目的就是针对建筑遗产以及传统聚落保护的课题搭建平台，共同探讨，希望能为传统聚落的基础研究与保护发展贡献一分力量。

## 四、传统聚落保护与发展定位是关键

传统聚落因不同的地理位置，不同的形成原因，不同的聚落现状与资源环境，其保护与发展的定位自然会不同。然而，目前内蒙古地区几乎所有传统村落，都是以旅游作为一个笼统的发展方向。然而，现实问题是，有很多村落地理位置偏僻，其资源与相应的配套设施都不足以支撑旅游业的发展，这样就导致大量传统村落长期无人问津，而老百姓真正关注的改善生活条件和经济创收也无从谈起。

基于上述问题，内蒙古地区传统村落的保护与发展不应该出现一种固定套路，而是深入农村进行位置、地貌、景观、资源、经济发展等一系列的调查与分析。根据不同的资源优势，进行保护与发展定位。传统村落保护与发展的定位准确，往往会成为村落发展的重要契机，大力推动传统村落的自觉保护和经济发展。

以景观资源为主导的发展定位：呼和浩特市老牛湾村，因其独特的地理位置景观风貌而具有得天独厚的自然地理景观和人文历史景观条件，得到了大力发展。老牛湾位于晋蒙交界处，以黄河为界，往南是山西的偏关县，北岸是内蒙古的清水河县，西邻鄂尔多斯高原的准格尔旗，是一个鸡鸣三市的地方。以老牛湾为代表的内蒙古清水河黄土高原地质科学内涵深厚、黄河文化特色显著、旅游资源丰富，既有雄奇瑰丽的黄河大峡谷、形似太极图的太极湾、飞流遥挂的瀑布、千姿百态的黄河黄土地貌景观，又有因势就险的明代长城和墩堡，同时还有汉族移民造就的质朴自然的窑洞聚落景观。因此，这些珍贵的地质遗迹景观、深厚的历史文化景观以及独特的窑洞聚落景观共同构成了内蒙古传统窑洞聚落独特的、不可替代的文化景观价值，这也成了老牛湾主要的旅游资源。

以民俗文化为主导的发展定位：以内蒙古乌兰察布市隆盛庄为例，隆盛庄的形成同明清内蒙古地区的草原丝路息息相关。明洪武二十九年（1396年），不断有晋人来耕种屯粮，乾隆十二年（1747年），被招垦种的农民来此定居，到乾隆三十二年（1767年）已有大量移民垦荒在此设庄为建置之始，到了清嘉庆年间，隆盛庄各地工商农户聚集于此，各谋生业，已形成集镇规模，当时人们寓意兴隆昌盛，故取名"隆盛庄"。隆盛庄的保护与发展主要以保护传统建筑和非物质文化遗产为主要方向。隆盛庄的传统文化丰富，"正月十五元宵日""三官社""民间社火"活动，二月二舞龙灯、耍旱船、四美庄"四脚龙舞"民间舞蹈，四月八（奶奶庙会）、六月二十四传统古庙会，其中传统古庙会从清代延续至今，已经有200多年历史，已于2007年被列为自治区级非物质文化遗产。

现代农业为主导的发展定位：随着现代农业转型，内蒙古农业聚落的现状产业结构，经由劳动生产率极低的传统农业生产方式转变为用现代科技武装、以现代理论和方法管理经营的生产效率较高的现代农业，要以设施农业为主进行蔬菜种植，以农业现代化为发展目标。设施农业与传统的农业生产方式相比较，不仅增大科技含量，还逐步扩大经营规模，增加了村民的收入，提高了他们的生活水平。内蒙古黄河流域的河套平原有大量的农业较发达的村落，例如巴彦淖尔市的传统村落，就可以利用黄河流域的资源优势，发展现代农业，成为内蒙古现代农业聚落的示范基地。

以健康养老为主导的发展定位：内蒙古包头市土默特右旗，地处呼包中间。地理位置优越，交通方便，如美岱召、毛岱村、楼房沟村等。这些传统村庄距离包头市萨拉齐镇仅50公里左右，驾车20多分钟即可到达。因此，萨拉齐镇的医院、超市、商场、酒店、餐馆等公共服务设施都可以成为本地域传统村落的重要基础设施，吸引包头市以及呼和浩特等地的城市人到这些地方来长期居住。这几个传统村落就可以按照健康养老的基本模式进行发展，保留传统聚落和建筑的基本风貌，对其院落和建筑室内功能进行必要的改造，形成周边城镇的健康养老基地。这样，不仅有利于传统建筑的保护，同时也能增加收入，改善百姓生活。

以宗教文化为主导的发展定位：内蒙古地区有很多传统村落是因宗教寺庙而形成的。例如呼和浩特的乌素图村，包头市的美岱召村、小召子村、梅力更嘎查、昆都仑嘎查等。这些村落有着悠久的历史，村落的形成同宗教传播、汉族移民以及蒙古族的定居息息相关。因此，这些聚落都极具内蒙古独特的文化特色。这一类村落的发展可以依托召庙进行发展。以美岱召为例，美岱召村的发展跟召庙息息相关。美岱召的庙会活动往往会有大量的汉族商人来摆摊设点，同时也会吸引周边的农民来赶庙会，购买当地的一些服装、日用品等。这样的庙会活动不仅促进了当地民俗文化活动的发展，也带动了乡村经济的发展，这对于当地传统聚落的保护和发展具有重要的意义。

以艺术写生为主导的发展定位：内蒙古很多传统村落都具有得天独厚的自然景观，这样就吸引了大量的美术写生爱好者。例如，呼和浩特乌素图村、呼和浩特清水河的北堡等地，都是因非常优美的自然资源吸引了高校美术系的师生以及大量的美术写生爱好者。但是由于配套设施的不足，这些写生基地规模不大，同时经济的发展也受到限制。因此这一类传统村落就需要同高校研究团队、企业，以及政府部门的密切合作，共同探索出一条聚落保护与艺术写生基地相互促进的发展模式。

# 索引

| 聚落（村落名称） | 地点 | 现存主体聚落形成年代 | 类型 | 规模（面积等） | 户数/人口 | 民族 | 级别（历史文化名村名镇、第几批传统村落、文保等级等） | 页码 |
|---|---|---|---|---|---|---|---|---|
| 库伦镇 | 内蒙古自治区通辽市下辖库伦旗库伦镇 | 1634年 | 政教合一喇嘛旗库伦聚落 | 4714平方千米 | 7.2万 | 蒙古族、汉族、藏族、满族等 | — | 056 |
| 赤峰市 | 内蒙古自治区赤峰市 | 1748年 | 汉族移民城镇 | 9.0万平方千米 | 460万 | 蒙古族、汉族、满族、回族、朝鲜族、达斡尔族、藏族 | — | 068 |
| 包头市 | 内蒙古自治区包头市 | 1870年 | 商业贸易城镇 | 2.8万平方千米 | 241.1万 | 汉族、蒙古族、回族、满族 | — | 071 |
| 定远营 | 内蒙古阿拉善盟巴彦浩特镇 | 1730年 | 王公府第 | 780平方千米 | 5.2万 | 汉族、蒙古族、回族、满族、藏族等 | 国家级文物保护单位 | 081 |
| 多伦诺尔 | 内蒙古锡林郭勒盟多伦诺尔镇 | 1701年 | 宗教与商业文化影响下的聚落 | 3863平方千米 | 10.9万 | 汉族、蒙古族、回族、满族、朝鲜族、达斡尔族、藏族等 | 全国历史文化名镇 | 085 |
| 大板镇 | 内蒙古自治区赤峰市巴林右旗 | 1705年 | 王府、宗教与商业影响下的聚落 | 1906平方千米 | 7.5万 | 蒙古族、汉族、回族、满族 | — | 088 |
| 呼和浩特 | 内蒙古呼和浩特市 | 1575年 | 多元文化影响下的传统城镇 | 1.72万平方千米 | 312.6万 | 汉族、蒙古族、回族、满族、达斡尔族、鄂温克族等 | 全国历史文化名城 | 092 |
| 美岱召村 | 内蒙古包头市土默特右旗美岱召镇 | 16世纪60年代 | 宗教文化影响下的内外围合型聚落 | 5.1平方千米 | 0.45万 | 汉族、蒙古族 | 国家级历史文化名村 | 122 |
| 乌审召嘎查 | 内蒙古鄂尔多斯市乌审旗 | 17世纪40年代 | 宗教文化影响下的曼陀罗原型聚落 | 420平方千米 | 0.12万 | 蒙古族、汉族 | — | 139 |
| 乌素图村 | 内蒙古呼和浩特市回民区攸攸板镇 | 16世纪60年代 | 宗教文化影响下的双组团聚落 | 9平方千米 | 0.13万 | 蒙古族、汉族 | 中国少数民族特色村寨 | 147 |
| 鄂门高勒嘎查 | 内蒙古阿拉善左旗超格图呼热苏木 | 1739年 | 藏传佛教文化影响下的三组团围合型聚落 | 1.33平方千米 | 0.02万 | 蒙古族、汉族 | — | 161 |
| 口子上村 | 内蒙古呼和浩特市清水河县北堡乡 | 明代崇祯年间 | 汉族移民村落 | 12平方千米 | 314（户）105（常住） | 汉族 | — | 189 |
| 河口村 | 内蒙古自治区呼和浩特市托克托县 | 清康熙年间 | 河套平原聚落 | 3平方千米 | 2368人 | 汉族、回族、蒙古族 | — | 190 |
| 井子沟村 | 内蒙古赤峰市松山区城子乡 | 清乾隆年间 | 西辽河农业聚落 | 9平方千米 | 328人（户）267人（常住） | 汉族 | 中国传统村落 | 199 |

# 参考文献

## 一、专著

[1] 张鹏举. 内蒙古古建筑 [M]. 北京：中国建筑工业出版社，2012.
[2] (清) 姚明辉. 蒙古志 [M]. 台北：文海出版社，1966.
[3] 王文辉. 内蒙古气候 [M]. 北京：气象出版社，1990：50.
[4] 内蒙古自治区气象学会. 内蒙古气象漫谈 [M]. 北京：气象出版社，1987：86.
[5] 乔吉. 内蒙古寺庙 [M]. 呼和浩特：内蒙古人民出版社，1994.
[6] 闫天灵. 汉族移民与近代内蒙古社会变迁研究 [M]. 北京：民族出版社，2004.
[7] 《中国少数民族社会历史调查资料丛刊》修订编辑委员会. 蒙古族社会历史调查 [M]. 北京：民族出版社，2009：65.
[8] 张鹏举. 内蒙古藏传佛教建筑1 [M]. 北京：中国建筑工业出版社，2011.
[9] 张鹏举. 内蒙古藏传佛教建筑2 [M]. 北京：中国建筑工业出版社，2011.
[10] 梁丽霞. 阿拉善蒙古研究 [M]. 北京：民族出版社，2009.
[11] 定宜庄. 清代八旗驻防研究 [M]. 沈阳：辽宁民族出版社，2003.
[12] 项春松. 辽代历史与考古 [M]. 呼和浩特：内蒙古人民出版社，1996.
[13] 乌云格日勒. 十八至二十世纪初内蒙古城镇研究 [M]. 呼和浩特：内蒙古人民出版社，2005.
[14] Humphrey Caroline, Ujeed Hurelbaatar. A monastery in time: the making of Mongolian Buddhism [M]. Chicago: University of Chicago Press, 2013.
[15] 额尔登泰等. 蒙古秘史 [M]. 呼和浩特：内蒙古人民出版社，1980：90.
[16] (波斯) 拉施特. 史集 [M]. 余大钧译. 北京：商务印书馆，1983：18.
[17] 珠荣嘎. 阿勒坦汗传 [M]. 呼和浩特：内蒙古人民出版社，1990：170.
[18] (苏联) Б·Я·符拉基米尔佐夫. 蒙古社会制度史 [M]. 刘荣焌译. 北京：中国社会科学出版社，1980：200.
[19] 中国第一历史档案馆，承德市普宁寺管理处. 清宫普宁寺档案 [M]. 北京：中国档案出版社，2003.
[20] 谭其骧. 中国历史地图集 第5册 [M]. 北京：中国地图出版社，1982.
[21] 谭其骧. 中国历史地图集 第6册 [M]. 北京：中国地图出版社，1982.
[22] 贾洪榛. 赤峰沧桑 [M]. 呼和浩特：内蒙古文化出版社，2011.
[23] 李严，张玉坤，解丹. 明长城九边重镇防御体系与军事聚落 [M]. 北京：中国建筑工业出版社，2018.
[24] (清) 黄可润. 口北三厅志 [M]. 乾隆二十三年石印本.
[25] 《巴林右旗志》编纂委员会. 巴林右旗志 [M]. 呼和浩特：内蒙古人民出版社，1990.
[26] 内蒙古自治区地名委员会. 内蒙古自治区地名志 包头市分册 [M]. 内蒙古自治区地名委员会，1985.
[27] 赵复兴. 鄂伦春族游猎文化 [M]. 呼和浩特：内蒙古人民出版社，1991.
[28] 周立军，陈伯超，张成龙等. 东北民居 [M]. 北京：中国建筑工业出版社，2009.
[29] 何群. 环境与小民族生存 鄂伦春文化的变迁 Oronqen people in China [M]. 北京：社会科学文献出版社，2006.
[30] 盖山林. 蒙古学百科全书：文物考古 [M]. 呼和浩特：内蒙古人民出版社，2004.
[31] 薄音湖，于默颖. 明代蒙古汉籍史料汇编 第6辑 卢龙塞略·九边考·三云筹俎考 [M]. 呼和浩特：内蒙古大学出版社，2009：262.
[32] 亦邻真等. 内蒙古历史地理 [M]. 呼和浩特：内蒙古大学出版社，1994.
[33] 邢莉，邢旗. 内蒙古区域游牧文化的变迁 [M]. 北京：中国社会科学出版社，2013：96-97.
[34] 薄音湖编辑点校. 明代蒙古汉籍史料汇编 第12辑 九边图论·九边图说·宣大山西三镇图说 [M]. 呼和浩特：内蒙古大学出版社，2015.
[35] 绥远通志馆. 绥远通志稿 第10册 卷78至卷86 [M]. 呼和浩特：内蒙古人民出版社，2007：176.
[36] 托克托县志编写委员会. 托克托县志（修订稿）[M]. 呼和浩特：内蒙古人民出版社，1984：9.
[37] 陆元鼎，杨兴平. 乡土建筑遗产的研究与保护 [M]. 上海：同济大学出版社，2008：6.
[38] 清圣祖实录. 卷171. 康熙三十五年二月丁未.
[39] (美) 凯文·林奇. 城市意象 [M]. 方益萍，何晓军译. 北京：华夏出版社，2001.
[40] (日) 江上波夫. 蒙古高原行纪 [M]. 呼和浩特：内蒙古人民出版社，2008.
[41] (俄罗斯) 阿·马·波兹德涅耶夫. 蒙古及蒙古人 第2卷 [M]. 刘汉明等译. 呼和浩特：内蒙古人民出版社，1983.
[42] 德勒格. 内蒙古喇嘛教史 [M]. 呼和浩特：内蒙古人民出版社，1998.
[43] 阿拉善盟政协文史资料委员会. 阿拉善往事 阿拉善盟文史资料选辑 甲编 上 [M]. 银川：宁夏人民出版社，2007.
[44] 阿拉善左旗地方志编纂委员会. 阿拉善左旗志 [M]. 呼和浩特：内蒙古教育出版社，2000.

[45] 政协阿拉善盟文史学习委员会. 阿拉善寺庙与宗教神迹 [M]. 银川：宁夏人民出版社, 2016.
[46] 史继法. 在神秘的阿拉善 [M]. 呼和浩特：内蒙古人民出版社, 2001.
[47] 胡日查, 乔吉, 乌云. 藏传佛教在蒙古地区的传播研究 [M]. 北京：民族出版社, 2012.
[48] 内蒙古乌兰夫研究会. 乌兰夫论民族工作 [M]. 北京：中共党史出版社, 1997.
[49] 谭其骧. 中国历史地图集 第8册 [M]. 北京：中国地图出版社, 1982.
[50]（俄）史禄国. 北方通古斯的社会组织 [M]. 吴有刚等译. 呼和浩特：内蒙古人民出版社, 1985.
[51] 耿志强. 包头城市建设志 [M]. 呼和浩特：内蒙古大学出版社, 2007.
[52] 胡朴安. 中华全国风俗志 [M]. 上海：上海书店出版社, 1986.
[53] 中华人民共和国住房和城乡建设部. 中国传统建筑解析与传承 内蒙古卷 [M]. 北京：中国建筑工业出版社, 2016.
[54] 王军. 西北民居 [M]. 北京：中国建筑工业出版社, 2009.
[55]（明）官修. 明实录 [M]. 黄彰健校勘. 北京：中华书局, 2016.
[56] 谷应泰. 明史纪事本末 [M]. 北京：中华书局, 1977.
[57]（清）张廷玉等. 明史 [M]. 北京：中华书局, 1974.
[58]（明）瞿九思. 万历武功录 [M]. 北京：中华书局, 1962.
[59]（清）萨冈彻辰. 蒙古源流 [M]. 呼和浩特：内蒙古大学出版社, 2014.
[60] 张树培. 萨拉齐县志 [M]. 内蒙古自治区图书馆, 2012.
[61] 忒莫勒, 乌云格日勒. 中国边疆研究文库 初编 北部边疆卷 口北三厅志 [M]. 哈尔滨：黑龙江教育出版社, 2015.
[62] 查汉东, 艾吉姆. 乌审简史 [M]. 呼和浩特：阿儿含只文化有限责任公司, 2006.
[63]（清）刘鸿逵. 归化城厅志 [M]. 北京：中央民族大学出版社, 2010.
[64] 土默特右旗《土默特志》编纂委员会. 土默特志 [M]. 呼和浩特：内蒙古人民出版社, 1997.
[65] 土默特左旗《土默特志》编纂委员会. 土默特史料 第15辑 [M]. 1982.
[66] 郑裕孚. 归绥县志（全）[M]. 台北：成文出版社, 1968.
[67] 佟靖仁点校注. 绥远城驻防志 [M]. 1984.

## 二、连续出版物

[1] 张鹏举, 高旭. 内蒙古地域藏传佛教建筑形态的一般特征 [J]. 新建筑, 2013（01）.
[2] 崔岩勤. 红山文化聚落探析 [J]. 赤峰学院学报（汉文哲学社会科学版）, 2012（08）：6-10.
[3] 郭治中, 胡春柏. 内蒙古赤峰市三座店夏家店下层文化石城遗址 [J]. 考古, 2007（07）：17-27+101-102.
[4] 陈同滨, 蔡超, 俞锋, 徐新云, 李敏. 元上都遗址突出普遍价值的对比分析研究 [J]. 中国文化遗产, 2012（03）.
[5] 双宝. 清代锡勒图库伦札萨克喇嘛旗若干问题再探 [J]. 西北民族论丛, 2018（02）.
[6] 赵云田. 清政府对蒙古、东北封禁政策的变化 [J]. 中国边疆史地研究, 1994（03）：20-27.
[7] 包慕萍. 清朝时期内蒙古呼和浩特满洲八旗城的都市及建筑空间构造相关研究 [J]. 日本建筑学会计划系论文集, 2002（04）.
[8] 包慕萍. 建筑文化传播与交流的研究现状与课题——以中国少数民族地区为例 [J]. 中国建筑史论汇刊, 2015（02）.
[9] 王卓男. 阿拉善定远营古城建筑文化研究 [J]. 南方建筑, 2015（01）.
[10] 乌云格日勒. 清代边城多伦诺尔的地位及其兴衰 [J]. 中国边疆史地研究, 2000（02）.
[11] 陈未. 蒙古国藏传佛教建筑的分期与特色探析 [C]. 2019年中国建筑学会建筑史学分会年会暨学术研讨会论文集（上）, 2019（11）.
[12] 顾士明. 呼和浩特的形成发展与城市规划 [J]. 城市规划, 1987（04）：56-59.
[13] 阿拉腾. 草原游牧民与森林游猎民的超自然循环——以内蒙古呼伦贝尔为例 [J]. 满语研究, 2011（02）：105-109.
[14] 唐卫青. 蒙古族起源、发展及其游牧文化的变迁研究 [J]. 赤峰学院学报（汉文哲学社会科学版）, 2009（09）：9-12.
[15] 于学斌. 草原鄂温克族毡帐文化 [J]. 满语研究, 2010（01）：109-122.
[16] 牛清臣. 鄂伦春族部落及"乌力楞" [J]. 学理论, 2010（27）：126.
[17] 满都尔图. 鄂温克人的"乌力楞"公社 [J]. 社会科学战线, 1981（01）.
[18] 孙一丹. 独特的鄂伦春原始建筑 [J]. 艺术研究, 2008（03）：28-29.
[19] 段友文, 张雄艳. 走西口移民运动带来的祖籍地与迁入地民俗文化变迁——以山西河曲、保德、偏关三县和内蒙古中西部村落为个案 [J]. 民俗研究, 2011（03）.
[20] 崔思朋. 清代土默特川平原环境印象变迁的历史考察 [J]. 形象史学, 2018（02）：184-202.

[21] 杨建林. 内蒙古中南部明长城大边兴废考[J]. 河北地质大学学报, 2019（03）: 128-134.
[22] 王杰瑜. 明朝"烧荒"对长城沿线生态环境的影响[J]. 环境保护, 2009（14）: 64-65.
[23] 段友文, 高瑞芬. "走西口"习俗对蒙汉交汇区村落文化构建的影响[J]. 山西大学学报（哲学社会科学版）, 2006（5）: 94.
[24] 韩茂莉, 张一, 方晨, 赵玉蕙. 全新世以来西辽河流域聚落环境选择与人地关系[J]. 地理研究, 2008（05）: 1118-1128+1225.
[25] 包慕萍. 从"游牧都市"、汗城到佛教都市：明清时期呼和浩特的空间结构转型[J]. 中国建筑史论汇刊, 2016（02）.
[26] 包慕萍. 山西建筑文化影响下的19世纪的蒙古买卖城[C]. 全球视野下的中国建筑遗产——第四届中国建筑史学国际研讨会, 2017.
[27] 韩瑛. 基于都纲法式演变的内蒙古藏传佛教殿堂空间分类研究[J]. 建筑学报, 2016（02）.
[28] 赵百秋, 莫日根. 阿拉善蒙古王爷府建筑室内空间装饰艺术研究[J]. 大连民族大学学报, 2016（01）.
[29] 肖竞. 文化景观视角下我国城乡历史聚落"景观-文化"构成关系解析——以西南地区历史聚落为例[J]. 建筑学报, 2014（S2）: 89-97.
[30] 曹珂, 肖竞. 体用之殇——体制逻辑下中国城市化工具理论的过程演绎及问题分析[J]. 城市发展研究, 2013（08）: 7-15.
[31] 林源, 李双双. 社群·文化遗产与景观——《关于作为人类价值的遗产与景观的佛罗伦萨宣言（2014）》导读[J]. 建筑师, 2016（02）.
[32] Gazzola, P. ea. The International Charter for the Conservation and Restoration of Monuments and Sites（Venice Charter）[J]. cancer, 1964, 29（6）:1575-8.
[33] Kolonias S A. Charter for the Conservation of Historic Towns and Urban Areas（Washington 1987）[J]. 2014.
[34] Carl O. Sauer（1925）. The Morphology of Landscape. University of California Publications in Geography. Number 22. Pages 19-53.
[35] 王崴, 刘铮. 土默川美岱召形态演变初探[J]. 内蒙古工业大学学报（自然科学版）, 2015（01）: 57-61.
[36] 阿拉腾敖德. 蒙古族传统游牧聚落"古列延"的历史变迁[M]. 内蒙古青年《这一代》, 2015（12）.
[37] 呼拉尔顿泰·策·斯琴巴特尔. 蒙古高原游牧文化的特质及其成因[J]. 青海民族学院学报, 2006（03）: 24-27.
[38] 张海斌, 姚桂轩, 郭建中. 包头主要寺庙教堂调查[J]. 内蒙古文物考古, 2000（01）: 133-145.
[39] 江瑛. 包头地区寺庙以及宗教文化特点概述[J]. 内蒙古科技与经济, 2007（21）: 351-353.
[40] 殷俊峰. 走西口移民与绥远地区晋风民居的演变[J]. 史学月刊, 2015（07）: 133.
[41] 董梅菡, 韩瑛. 老牛湾传统窑洞聚落形态初探[J]. 建筑与文化, 2015（05）: 129-130.
[42] 王军. 黄土高原沟壑区传统山地聚落"生存基因"探索[C]. 2002年海峡两岸传统民居学术研讨会论文汇编, 2002（08）.
[43] 陈喆. 内蒙古民居建筑的多元文化特色探析[J]. 古建园林技术, 2000（04）: 30-32.
[44] 康锦润, 陈萍, 王卓男. 定远营古民居建筑形制初探[J]. 世界建筑, 2017（12）: 107.
[45] 王卓男, 陈萍, 张晓东. 阿拉善左旗传统民居建筑初探[J]. 南方建筑, 2013（03）: 39.
[46] 宋晓云. 内蒙古东部地区汉族民居正房平面形式及形成因素简析[J]. 城市建筑, 2015（35）: 211.
[47] 张群, 王飒. 辽宁盖州汉族堂屋的传统制形与使用方式变迁[J]. 华中建筑, 2017（12）: 76-81.
[48] 冯巍, 李慧敏. 辽西民居建筑屋顶对现代住宅设计的启示[J]. 住宅科技, 2013（06）: 14.
[49] 李娜. 内蒙古乌审召镇喇嘛僧房形态分析[J]. 建筑与文化, 2018（03）.
[50] 孙乐, 朴玉顺. 内蒙古乌审召地区传统民居调查与分析[J]. 沈阳建筑大学学报（社会科学版）, 2013（01）.
[51] 尚大为, 托亚. 呼和浩特居住形态演变研究——以乌素图村为例[C]. 中国民族建筑研究会第二十一届学术年会论文特辑, 2018（11）.
[52] 白凤岐. 清代对蒙古族的政策述略[J]. 黑龙江民族丛刊, 1991（03）.
[53] 卢明辉. 略析清代前期治理蒙古的几项重要政策[J]. 内蒙古社会科学（文史哲版）, 1991（04）.

## 三、学位论文

[1] 张昊雁. 清代长城北侧城镇研究——以漠南地区为例[D]. 天津：天津大学, 2015.
[2] 张鹏举. 内蒙古地域藏传佛教建筑形态研究[D]. 天津：天津大学, 2011.
[3] 杨天姣. 呼和浩特城市空间演变研究（1912-1958）[D]. 西安：西安建筑科技大学, 2011.
[4] 薛剑. 乌审召镇聚落空间形态的形成与演变[D]. 呼和浩特：内蒙古工业大学, 2009.
[5] 高鹏. 呼和浩特清公主府第建筑研究[D]. 西安：西安建筑科技大学, 2004.
[6] 张立华. 草原蒙古清代喀喇沁王府建筑研究[D]. 呼和浩特：内蒙古工业大学, 2009.
[7] 王敏. 阿拉善定远营建筑布局研究[D]. 呼和浩特：内蒙古工业大学, 2013.
[8] 杨宏博. 黄土高原地区独立式窑洞营建技艺的优化与传承研究——以晋中南为例[D]. 西安：西安建筑科技大学, 2017.
[9] 郝秀春. 北方地区合院式传统民居比较研究[D]. 郑州：郑州大学, 2006.
[10] 李同予. 东北汉族传统合院式民居院落空间研究[D]. 哈尔滨：哈尔滨工业大学, 2008.
[11] 范新宇. 兴城古城保护研究[D]. 哈尔滨：哈尔滨工业大学, 2008.
[12] 宁世威. 呼和浩特市黑矾沟传统聚落保护规划研究[D]. 呼和浩特：内蒙古工业大学, 2019.

# 后 记

关于内蒙古的传统城镇与乡村聚落，其研究成果甚少。早期有日本和俄国学者的相关调查成果，近年来主要有包穆萍教授关于呼和浩特城市空间研究的系列成果、乌云格日勒教授关于18至20世纪内蒙古城镇的历史研究、闫天灵教授关于内蒙古汉族移民史的研究以及张鹏举教授关于内蒙古藏传佛教以及内蒙古古建筑的研究是本书编撰最重要的研究基础。另外还有大量考古学领域、历史学领域、宗教学领域、经济学以及社会学领域的相关成果也为本书的聚落研究提供了大量有价值的史料。

在聚落调研过程中，内蒙古自治区文化厅、内蒙古自治区建设厅、内蒙古博物院、锡林浩特市文体局、包头市规划局、萨拉齐镇规划局以及美岱召村委会、贝子庙管委会等大量相关单位与个人的帮助与支持，笔者在此一并致谢。

另外，笔者2015~2019级的研究生们，从选题、调研、资料查阅到书稿编撰的过程中都付出了大量的辛苦劳动，为本书的写作提供了大量的基础资料和技术服务，他（她）们的辛勤付出，为本书的编撰作出了重要的贡献。

本书的编写是以内蒙古工业大学院士工作站和内蒙古工业大学地域建筑研究所的教师团队为基础，邀请了相关方面的专家学者，在"中国传统聚落保护研究丛书"编写委员会设置的总体要求下，由张鹏举教授指导，韩瑛负责全书的策划、大纲编写以及全文的统编和审定，其他团队成员共同完成，具体编撰分工如下：

第一章、第二章、第三章、第八章：由韩瑛编撰完成（其中第三章商业贸易聚落——包头城由刘冲编撰，汉族移民城镇——赤峰州城由王腾编撰）；

第四章：第一节由任中龙负责编撰完成，第二节由阿拉腾敖德编撰完成；

第五章：第一、二、三节由刘玮编撰完成，第四节由朱秀莉编撰完成；

第六章：第一节由李超明编撰完成，第二节由殷俊峰编撰完成，第三节由李佳编撰完成；

第七章：第一、二节由李佳编撰，第三节蒙古包由白苏日吐编撰，斜仁柱由齐卓彦编撰，晋风民居由殷俊峰编撰，窑洞民居、宁夏式民居和东北民居由马悦编撰完成。

李昊完成了全书的文稿校对、格式审查以及图片的整理工作。

对以上参与人员近三年来的辛苦付出表示感谢！

图书在版编目（CIP）数据

中国传统聚落保护研究丛书. 内蒙古聚落 / 韩瑛编著. —北京：中国建筑工业出版社，2021.12
ISBN 978-7-112-20867-8

Ⅰ.①中… Ⅱ.①韩… Ⅲ.①乡村地理—聚落地理—研究—内蒙古 Ⅳ.①K928.5

中国版本图书馆CIP数据核字（2019）第273432号

本书以内蒙古地域为研究范围，从文化传播与交流的角度，介绍了蒙古民族文化在藏传佛教文化、移民文化、商贸文化等多重文化影响下，形成的内蒙古传统聚落特征及其保护策略。全书分为三个主要部分，分别是多重文化影响下的城镇聚落，汉族、蒙古族农牧业聚落以及藏传佛教宗教聚落，以及传统聚落保护策略三部分。前两部分各自介绍了不同文化影响下聚落的形成历史、聚落布局、景观风貌、建筑形态等，第三部分介绍了内蒙古传统聚落的突出特征、价值评定以及保护策略。本书可供建筑、城乡规划、风景园林、人文地理、文物保护等相关专业的读者及文化旅游爱好者参考阅读。

扫一扫
观看本卷聚落视频资源

责任编辑：胡永旭　唐　旭　吴　绫　贺　伟　张　华
文字编辑：孙　硕　李东禧
书籍设计：付金红　李永晶
责任校对：王　烨

中国传统聚落保护研究丛书
# 内蒙古聚落
韩瑛　编著

\*

中国建筑工业出版社出版、发行（北京海淀三里河路9号）
各地新华书店、建筑书店经销
北京锋尚制版有限公司制版
北京富诚彩色印刷有限公司印刷

\*

开本：889毫米×1194毫米　1/16　印张：21　插页：9　字数：548千字
2022年12月第一版　　2022年12月第一次印刷
定价：228.00元（含视频资源）
ISBN 978-7-112-20867-8
　　　（35035）

版权所有　翻印必究
如有印装质量问题，可寄本社图书出版中心退换
（邮政编码100037）